高等职业

信息技术基础模块

Windows 11+WPS Office | 微课版

路俊维 张小志◎主编
杨平 钱孟杰◎副主编

人民邮电出版社
北京

图书在版编目（CIP）数据

信息技术 : 基础模块 : Windows 11+WPS Office : 微课版 / 路俊维，张小志主编. -- 北京 : 人民邮电出版社，2025. -- （高等职业院校信息技术基础系列教材）.
ISBN 978-7-115-67827-0

Ⅰ. TP3

中国国家版本馆 CIP 数据核字第 20251BT587 号

内 容 提 要

在数字化浪潮席卷全球的今天，信息技术已成为个人发展与社会进步的核心驱动力之一。本书以“夯实基础、聚焦应用、面向未来”为核心理念，系统讲解六大核心模块：计算机基础知识、Windows 11 操作系统、WPS Office 办公软件（聚焦文字、表格、演示文稿的高效协作与智能功能）、计算机网络及信息检索技术、信息规范与信息安全、新一代信息技术。本书内容对标教育部信息技术课程标准、全国计算机等级考试大纲考核要求，紧跟信息技术发展态势，内容全面、实用性强、通俗易懂。

作为国家级精品在线开放课程的配套教材，本书配有丰富的数字化学习资源，包括课程标准、授课计划、授课教案、微课视频、PPT 课件、习题及参考答案等。与本书配套的在线开放课程已发布在智慧职教 MOOC 平台，读者可以登录网站平台，开展线上学习。

本书可作为应用型本科院校、高等职业院校、中等职业学校各专业信息技术公共基础课的教材，也可作为信息技术的培训教材，还可以作为计算机爱好者自学的参考书。

◆ 主　　编　路俊维　张小志
　副 主 编　杨　平　钱孟杰
　责任编辑　徐金鹏
　责任印制　王　郁　焦志炜

◆ 人民邮电出版社出版发行　　北京市丰台区成寿寺路 11 号
　邮编　100164　　电子邮件　315@ptpress.com.cn
　网址　https://www.ptpress.com.cn
　三河市君旺印务有限公司印刷

◆ 开本：787×1092　1/16
　印张：17.25　　2025 年 9 月第 1 版
　字数：499 千字　　2025 年 9 月河北第 1 次印刷

定价：59.80 元

读者服务热线：(010)81055256　印装质量热线：(010)81055316
反盗版热线：(010)81055315

前 言

在 21 世纪的今天，信息技术（Information Technology，IT）已经深刻改变了人类社会的生产、生活和学习方式。无论是日常办公、在线教育、电子商务，还是智能制造、智慧城市、人工智能，信息技术的应用无处不在。掌握信息技术基础知识，不仅是现代职业发展的必备技能，更是提升个人数字素养、适应未来社会发展的关键能力。

随着云计算、大数据、人工智能、物联网等新兴技术的快速发展，信息技术正以前所未有的速度渗透到各行各业。与此同时，我国正在大力推进“数字中国”建设，加快数字化转型，提升全民数字素养。在此背景下，信息技术教育的重要性日益凸显。而信息技术课程作为应用型本科院校、高等职业院校、中等职业学校各专业必修的公共基础课，可以培养学生的信息素养、计算思维、数字化创新能力，帮助学生树立正确的信息社会价值观和责任感。本书旨在为信息技术公共基础课提供一本内容全面、案例丰富、实用性强的新形态教材。

本书以目前较为流行的 Windows 11 操作系统和 WPS Office 办公软件为基础进行编写，对标教育部信息技术课程标准，内容紧扣新版全国计算机等级考试一级计算机基础及 WPS Office 应用考试大纲的要求，WPS Office 办公软件的内容涵盖了全国计算机等级考试二级 WPS Office 高级应用与设计考试大纲的要求；本书强调基础性与实用性，内容新颖、图文并茂、层次清楚。通过本书的学习，学生将牢固掌握计算机应用方面的基础知识和基本操作技能，能够完成日常工作中的文档编辑、数据处理以及日常网络应用等任务，以适应现代社会发展的需要。

全书内容共分为 8 章，主要内容有：计算机基础知识、Windows 11 操作系统、WPS 文字、WPS 表格、WPS 演示、计算机网络及信息检索技术（包括计算机网络基础知识、互联网基础、常用的互联网应用、信息检索等内容）、信息规范与信息安全（包括信息安全相关的法律法规、信息安全面临的常见威胁、常用的安全防御技术）、新一代信息技术（包括物联网、云计算、大数据、人工智能、区块链、虚拟现实、下一代互联网、新一代移动通信（5G）等新技术的基础知识、主要应用场景等）。

本书同步开发了配套的《信息技术（应用模块）（Windows 11+WPS Office）（微课版）》一书，该书提供丰富的实践案例指导、实用性强的训练任务、多样化的练习资源，可以帮助学生深化理解、强化技能、拓展视野。

本书由河北科技工程职业技术大学路俊维、张小志任主编，杨平、钱孟杰任副主编，路俊维、张小志负责本书的总体规划和内容组织。本书第 1 章由张小志编写，第 2 章由苗瑞编写，第 3 章由褚建立、路俊维编写，第 4 章由杨平编写，第 5 章由钱孟杰编写，第 6 章由路俊维、张小志编写，第 7 章由郗君甫、徐晓莹、吴伯雄编写，第 8 章由张小志、褚建立编写。在本书的编写过程中，我们还得到了河北科技工程职业技术大学众多同事的支持和帮助，在此一并表示深深的感谢。

由于时间紧迫，加上作者水平所限，书中难免有不足之处，恳请广大读者批评指正。

编　者

2025 年 4 月

目 录

第1章 计算机基础知识

现代计算机是一种用于高速计算的电子计算机器，可以进行数值计算，又可以进行逻辑运算，还具有存储记忆功能。它能够按照程序运行，自动、高速地处理海量数据。计算机的出现极大地改变了人们的生活方式和工作方式。人们可以利用计算机进行网上购物、在线学习、远程办公等活动，相比于线下活动，这些线上活动不仅节省了时间和精力，还提高了生活质量和工作效率。

掌握以计算机为核心的信息技术的基础知识和应用能力，是信息社会中个人必备的基本素质。本章从计算机的基础知识讲起，为读者进一步学习与使用计算机打下必要的基础。通过本章的学习，读者应掌握以下内容。

（1）计算机的产生与发展过程、特点、分类及其应用领域；

（2）计算机中数据、字符和汉字的编码知识；

（3）计算机系统的组成；

（4）多媒体技术的基本知识。

1.1 计算机的发展过程

计算工具的演化经历了由简单到复杂、从低级到高级的不同阶段，例如从“结绳记事”中的绳结到算筹、算盘、计算尺、机械计算机等。计算工具在不同的历史时期发挥了各自的历史作用，同时也为现代计算机的研制提供了借鉴。

1.1.1 计算机的产生

19 世纪末，美国科学家赫尔曼·霍利里思研制出以电力为基础的电动制表机，它可以大规模处理数据。1930 年，美国科学家万尼瓦尔·布什造出世界上首台模拟电子计算机。1946 年 2 月 14 日，世界上第一台电子计算机——“电子数字积分计算机”ENIAC（Electronic Numerical Integrator And Computer）在美国宾夕法尼亚大学问世。ENIAC（中文名：埃尼阿克）使用了约 18000 支电子管，占地面积约为 170m^2，重约 30t，功率为 170kW，其每秒能进行 5000 次的加法运算，造价为 40 多万美元。ENIAC 的问世具有划时代的意义，表明电子计算机时代的到来。在以后的几十年里，计算机技术以惊人的速度向前发展。

电子计算机最重要的奠基人是英国科学家艾伦·图灵和美籍匈牙利科学家冯·诺依曼。图林的贡献是提出了图灵机、图灵测试等概念，为计算机逻辑奠定了基础。冯·诺依曼则提出了计算机体系结构的设想，即计算机制造的三个基本原则。

- 采用二进制：以 0、1 表示数值，将其作为计算机数值计算的基础，不采用人类常用的十进制计数方法。二进制使得计算机容易进行数值的计算。
- 顺序执行：计算机按照程序或指令的顺序执行，即人预先编好程序，然后将其交给计算机，计算机按照程序中预先定义好的顺序进行数值计算。
- 计算机的五个组成部分：运算器、控制器、存储器、输入设备、输出设备。

几十年来，计算机制造技术发生了巨大变化，但冯·诺依曼体系结构仍然沿用至今，人们把冯·诺依曼称为“现代计算机之父”。

1.1.2 计算机的发展阶段

随着电子技术的不断发展，计算机先后以电子管、晶体管、集成电路、大规模和超大规模集成电路为主要元器件，共经历了四代变革。每一代的变革在技术上都是一次新的突破，计算机在性能上都是一次质的飞跃。

（1）第一代计算机：电子管计算机（1946—1957 年）

硬件方面，电子管计算机的逻辑元件使用的是真空电子管，主存储器使用汞延迟线、阴极射线示波管静电存储器、磁鼓、磁芯，外存储器使用的是磁带。编程语言使用的是机器语言、汇编语言。应用领域以军事和科学研究为主。

电子管计算机的缺点是体积大、功耗高、可靠性差、运算速度慢（一般为每秒数千次）、价格昂贵，但它为以后的计算机发展奠定了基础。

（2）第二代计算机：晶体管计算机（1958—1964 年）

晶体管计算机主要应用于科学计算和事务处理等领域，并开始进入工业控制领域。相比于第一代计算机，它体积缩小、能耗降低、可靠性提高、运算速度提高（一般为数万次至数十万次每秒，最高可达 300 万次每秒），性能有很大的提高。

（3）第三代计算机：集成电路计算机（1964—1970 年）

硬件方面，集成电路计算机的逻辑元件采用中、小规模集成电路，主存储器仍采用磁芯。软件方面，集成电路计算机开始使用分时操作系统以及结构化、规模化的程序设计方法。它的特点是速度更快（一般为每秒数十万次至数百万次），可靠性显著提高，价格进一步下降，以通用化、系列化和标准化为发展方向。集成电路计算机开始应用于文字处理和图形图像处理领域。

（4）第四代计算机：大规模和超大规模集成电路计算机（1971 年至今）

硬件方面，大规模和超大规模集成电路计算机的逻辑元件采用大规模集成电路和超大规模集成电路。软件方面，大规模和超大规模集成电路计算机开始使用数据库管理系统、网络管理系统和面向对象的编程语言等。世界上第一台商用微处理器于 1971 年在美国硅谷诞生，开创了微型计算机的新时代。计算机的应用领域从科学计算、事务管理、过程控制逐步走向生活。

从 20 世纪 80 年代开始，发达国家开始研制第五代计算机，目标是能够打破以往计算机固有的体系结构，推动计算机的智能化发展，使计算机能够具有像人一样的思维、推理和判断能力，实现接近人的思考方式。

1958 年，我国研制出第一台电子计算机。

1964 年，我国研制出第二代晶体管计算机。

20 世纪 70 年代初，我国研制出第三代集成电路计算机。

1977 年，我国研制出第一台微型计算机 DJS-050。

1983 年，我国研制出“银河一号”巨型计算机，其峰值运算速度达 1 亿次/秒。

2009 年，国防科技大学研制出“天河一号”，其峰值运算速度达千万亿次/秒。

2013 年，国防科技大学研制出“天河二号”，其峰值运算速度达亿亿次/秒。

2015 年，由国家并行计算机工程技术研究中心研制的“神威 • 太湖之光”成为世界上第一台峰值运算速度突破 10 亿亿次/秒的超级计算机。

1.1.3 计算机的特点及应用

计算机自诞生以来，其发展速度非常惊人，应用范围不断扩大，目前已应用于人类生活的各个方面。

1. 计算机的特点

计算机技术是信息化社会的基础、信息技术的核心，这是由计算机的特点决定的。概括地说，计算机和过去的计算工具相比，具有以下几个方面的特点。

（1）高速运算。计算机采用高速电子器件和先进的计算技术，使得其运算速度极高。得益于先进的处理器技术和高效的算法，计算机能够在极短的时间内完成大量的计算任务。当今计算机的运算速度最高能达到每秒百亿亿次，微机也可达每秒亿次以上，这种高速运算能力使得计算机在科学研究、工程设计、金融分析等领域中发挥着重要作用，极大地提高了工作效率和准确性。

（2）高精度计算。计算机采用二进制表示数据，二进制易于扩充机器字长，因此其计算精度非常高。一般计算机可以有十几位甚至几十位（二进制）有效数字，计算精度可由千分之几到百万分之几，甚至更高，目前是任何计算工具所无法比拟的。这种精确性在科学研究、医学诊断、金融交易等需要高度精确数据的领域中至关重要。计算机通过精确地计算，为这些领域提供了可靠的数据支持，推动了相关领域的快速发展。

（3）大容量存储。计算机的存储器不仅可以存储大量的信息，还能够快速而准确地存入或读取这些信息。这使得计算机有了“记忆”的能力。随着存储技术的不断进步，计算机的存储容量也在不断扩展。这种强大的存储能力使得计算机能够轻松应对大数据时代的挑战，为数据存储、备份和恢复提供了有力的支持。

（4）逻辑运算与判断。计算机不仅具有基本的算术运算能力，还具有逻辑运算能力，能进行诸如资料分类、情报检索等具有逻辑加工性质的工作。此外，计算机能够根据存储的程序和数据进行逻辑判断，通过逻辑判断，计算机能够模拟人类的思维过程，实现智能化的决策和推理，从而做出决策和选择。这种能力使得计算机在人工智能、机器学习等领域中取得了显著的成果。

（5）高度自动化。由于计算机具有存储记忆能力和逻辑判断能力，所以人们可以将预先编好的程序组加载到计算机内存中。在程序控制下，计算机可以连续、自动地工作，不需要人的干预。因此，计算机的自动化程度非常高。这种自动化特点使得计算机在工业生产、智能家居、自动驾驶等领域中得到了广泛的应用。

（6）高性价比。随着科技的进步和生产规模的扩大，计算机的价格已经大幅度降低，而性能却得到了极大的提升，这使得计算机具有很高的性价比。如今，计算机已经越来越大众化，成为许多家庭不可或缺的电器之一。

（7）高可靠性。计算机的设计和生产都遵循严格的标准和规范，这能确保其运行的稳定性和可靠性。计算机能够在各种复杂环境中稳定运行，为用户提供持续、可靠的服务。

（8）丰富的软件支持。计算机具有丰富的软件资源，这些软件包括操作系统、应用软件、开发工具等。丰富的软件为计算机提供了强大的功能和灵活的操作方式，使得用户能够根据需要定制和使用计算机。

（9）稳定的网络通信能力。通过计算机网络，人们可以实现信息的快速传递和共享，促进全球范围内的交流与合作。同时，计算机通信技术的发展也使得人们能够随时随地进行通信和交流，极大地便利了人们的生活和工作。

（10）强大的多媒体处理能力。计算机能够处理各种多媒体信息，如图像、音频、视频等。这使得计算机在娱乐、教育、广告等领域中发挥着重要作用。例如，人们在计算机上可以观看电影、玩游戏、听音乐、制作视频等，享受丰富多彩的娱乐生活。

（11）可扩展性与可升级性。计算机具有良好的可扩展性和可升级性。用户可以根据需要增加内存、硬盘、显卡等硬件设备，或者升级操作系统、应用软件等，以提高计算机的性能。

2. 计算机的应用

计算机问世之初，主要用于数值计算，“计算机”也因此得名。如今的计算机几乎和所有学科相结合，使得计算机的应用渗透到社会的各个领域，如科学技术、国民经济、国防建设及家庭生活等。计算机的应用大致可分为如下几个领域。

（1）科学计算。科学计算主要是数值计算，是指利用计算机来完成科学研究和工程技术中提出的数学问题的计算。在现代科学技术工作中，科学计算问题是大量的和复杂的，利用计算机的高速计算、大存储容量和连续运算的能力，可以处理人工无法解决的各种科学计算问题。例如，在气象预报、工程设计、地震预测等领域，科学计算都发挥着重要作用。

（2）数据处理。数据处理是指对各种数据进行收集、存储、整理、分类、统计、加工、利用、传输等一系列活动的统称。据统计，80%以上的计算机主要用于数据处理。这类工作量大面宽，是计算机应用的主导方向之一。数据处理已广泛地应用于办公自动化、计算机辅助管理与决策、情报检索、图书管理、动画设计、会计电算化等各行各业。随着信息技术的发展，数据处理已经从简单的电子数据处理发展到信息系统和决策支持系统管理等高级阶段。

（3）辅助技术。辅助技术主要包括计算机辅助设计、计算机辅助制造和计算机辅助教学等。

- 计算机辅助设计：利用计算机系统辅助设计人员进行工程或产品设计，以提高设计效果的一种技术。它已广泛地应用于飞机和汽车设计、机械、电子、建筑和轻工等领域。
- 计算机辅助制造：利用计算机系统进行生产设备的管理、控制和操作的一种技术。使用计算机辅助制造技术可以提高产品质量、降低成本、缩短生产周期、提高生产率和改善劳动条件。
- 计算机辅助教学：利用计算机系统辅助各种教学活动的一种技术。例如，可以用各种工具软件来开发、制作课件，它能引导学生循序渐进地学习，使学生轻松自如地从课件中学到所需要的知识。

（4）过程控制。过程控制是利用计算机及时采集检测数据，按最优值迅速地对控制对象进行自动调节或自动控制的一种技术。采用计算机进行过程控制，不仅可以大大提高控制的自动化水平，而且可以提高控制的及时性和准确性，从而改善劳动条件、提高产品质量及合格率。因此，计算机过程控制已在机械、冶金、石油、化工、纺织、水电、航天等领域得到广泛的应用。

（5）人工智能。人工智能是使用计算机模拟延伸或扩展人类的智能活动，诸如感知、判断、理解、学习、问题求解和图像识别等。人工智能的研究已取得不少成果，有些已开始走向实用阶段，例如能模拟高水平医学专家进行疾病诊疗的专家系统，具有一定思维能力的智能机器人以及广泛应用于语音识别、自然语言处理、计算机视觉等领域的深度学习技术。

（6）网络应用。计算机技术与现代通信技术的结合构成了计算机网络。网络应用已经成为计算机应用中不可或缺的一部分。通过计算机网络，人们可以实现信息的快速传递和共享，进行网络购物、在线学习、远程办公等活动。此外，云计算、大数据等技术的发展也为网络应用提供了更加广阔的空间和可能性。

（7）多媒体应用。多媒体包括文本（Text）、图形（Graphic）、图像（Image）、音频（Audio）、视频（Video）、动画（Animation）等多种信息类型。多媒体技术是指人和计算机交互进行上述多种媒介信息的捕捉、传输、转换、编辑、存储、管理，并由计算机综合处理为表格、文字、图形、动画、音频和视频等视听信息有机结合的表现形式的技术。多媒体技术扩宽了计算机的应用领域，使计算机广泛应用于商业、服务业、教育、广告宣传、文化娱乐、家庭生活等领域。同时，多媒体技术与人工智能技术的有机结合还促进了虚拟现实（Virtual Reality）、虚拟制造（Virtual Manufacturing）技术的发展，人们可以在计算机上感受真实的场景，感受产品各方面的功能和性能。

（8）嵌入式系统。并不是所有计算机都是通用的。许多特殊的计算机用于不同的设备中，其中包括大量的消费电子产品和工业制造系统。这些把处理器芯片嵌入其中，完成特定的处理任务的系统称为嵌入式系统。例如，数码相机、数码摄像机以及一些高档电动玩具等都使用了不同功能的处理器。

1.1.4 计算机的分类

计算机及其相关技术的迅速发展带动了计算机类型的不断分化，形成了各种不同种类的计算机。

1. 传统计算机的分类方法

自计算机诞生以来，先后出现了多种计算机的分类方法，其中较为常见的计算机分类方法主要包括如下几种。

（1）按信息表示与处理方法的不同，传统计算机可分为模拟计算机、数字计算机和混合计算机。

（2）按计算机用途的不同，传统计算机可分为通用计算机和专用计算机。通用计算机能解决多种类型的问题，通用性强，如个人计算机（Personal Computer，PC）；专用计算机则配备解决特定问题的软件和硬件，能够高速、可靠地解决特定问题，如在导弹和火箭上使用的计算机大部分都是专用计算机。

2. 现代计算机的分类方法

随着技术的进步，各种型号计算机的性能都在不断地改进和提高，过去的一台大型计算机的性能可能还比不上今天的一台微型计算机。根据计算机的综合性能指标并结合计算机的应用领域，可将现代计算机分为以下几类。

（1）高性能计算机。高性能计算机（High Performance Computer，HPC）俗称超级计算机，通常是指使用多个处理器（作为单个机器的一部分）或者某一集群中组织的几台计算机（作为单个计算资源操作）的计算机系统。2020 年 6 月 23 日，TOP500 组织发布了全球超级计算机 TOP500 榜单。榜单显示，中国部署的超级计算机数量继续位列全球第一，共部署了 226 台，占总体份额的 45%以上。中国厂商联想、曙光、浪潮是全球前三的超算供应商。

（2）微型计算机。微型计算机简称“微型机”或“微机”。微型计算机是以微处理器为基础，配以内存储器及输入输出接口电路和相应辅助电路的计算机。目前微型计算机已广泛应用于办公、学习、娱乐等社会生活的方方面面，是发展最快、应用最为普及的计算机。我们日常使用的台式计算机、笔记本计算机、掌上计算机等都属于微型计算机。

（3）工作站。工作站是一种高档的微型计算机，通常配有高分辨率的大屏幕显示器及容量很大的内存储器和外存储器，主要面向专业应用领域，具备强大的数据运算与图形、图像处理能力。工作站主要是为了满足工程设计、动画制作、科学研究、软件开发、金融管理、信息服务、模拟仿真等专业领域需求而设计开发的高性能微型计算机。

（4）服务器。服务器是指在网络环境下为网上多个用户提供共享信息资源和各种服务的一种高性能计算机，在服务器上需要安装网络操作系统和各种网络服务软件并配置网络协议。服务器主要为网络用户提供文件、数据库、应用及通信方面的服务。

（5）嵌入式计算机。嵌入式计算机是指嵌入到对象体系中，实现对象体系智能化控制的专用计算机系统。嵌入式计算机以应用为中心，以计算机技术为基础，软硬件可裁剪，适用于应用系统对功能、可靠性、成本、体积、功耗有严格要求的专用计算机系统。它一般由嵌入式微处理器、外围硬件设备、嵌入式操作系统以及用户的应用程序 4 部分组成，用于实现对其他设备的控制、监视或管理等功能。例如，我们日常生活中使用的电冰箱、全自动洗衣机、空调、电饭煲、数码产品等都应用了嵌入式计算机技术。

1.1.5　计算机的发展趋势

1. 电子计算机的发展趋势

目前，科学家们正在使计算机朝着巨型化、微型化、网络化、智能化和多功能化的方向发展。巨型机的研制、开发和利用，代表着一个国家的经济实力和科学水平；微型机的研制、开发和广泛应用，则标志着一个国家科学普及的程度。

（1）向巨型化和微型化两极方向发展。巨型化是指要研制运算速度极高、存储容量极大、整体功能极强，以及外设完备的计算机系统。巨型机主要用于尖端科学技术及军事、国防系统；而微型机是随着大规模集成电路技术的不断发展和微处理器芯片的产生，以及为了不断扩大计算机的应用领域而研制的高性价比的通用计算机，微型机操作简单，使用方便，配套软件丰富。

（2）智能化是未来计算机发展的总趋势。智能化是指使用计算机模拟人的感知和思维过程的能力。智能化是计算机发展的一个重要方向。智能计算机具有解决问题和逻辑推理的功能以及知识处理和知识库管理的功能等。未来的计算机能接受自然语言的命令，有“视觉”“听觉”“触觉”，但可能不再有现在计算机的外形，体系结构会不同。

（3）网络化是今后计算机应用的主流。计算机网络技术是在计算机技术和通信技术的基础上发展起来的一种新型技术。目前世界上最大的计算机网络就是广大用户所使用的互联网（Internet）。

2. 下一代计算机的发展趋势

计算机中最重要的核心部件之一是芯片，芯片制造技术的不断进步是推动计算机技术发展的动力。目前的芯片制造主要采用光刻和蚀刻技术，光刻技术让光线透过刻有线路图的掩模，照射在硅片表面形成线路，然后利用蚀刻技术进行线路蚀刻。当前主要是用紫外光进行光刻操作，随着集成度的提高，光刻技术所面临的困难也越来越多。因此，研究人员正在研究下一代光刻技术，包括极紫外光刻技术、离子束投影光刻技术、散射角度限制投影电子束光刻技术以及 X 射线光刻技术。

然而，以硅为基础的芯片制造技术的发展不是无限的。下一代计算机无论从体系结构、工作原理，还是器件及制造技术，都将进行颠覆性变革。目前有可能发展的技术至少有四种：纳米技术、光技术、生物技术和量子技术。利用这些技术研制下一代计算机已成为世界各国研究的焦点。在这里我们主要介绍量子计算机，对其他技术感兴趣的读者可上网查询。

（1）量子计算机的基础知识

简单地说，量子计算机（Quantum Computer），是一种可以实现量子计算的机器，是一种通过量子力学规律进行数学和逻辑运算、处理和储存信息的系统。它以量子态为记忆单元和信息载体，以量子动力学演化为信息传递与加工基础的量子通信与量子计算。量子计算机中硬件的各种元件的尺寸可达到原子或分子的量级。量子计算机是一个物理系统，它能存储和处理用量子比特表示的信息。

中国科学技术大学潘建伟团队致力于光量子计算机研究。2017 年 5 月，潘建伟团队宣布已取得世界领先的成果。2020 年 12 月 4 日，该团队构建的量子计算机“九章”实现了对玻色采样问题的快速求解，其计算速度比目前最快的超级计算机快一百万亿倍。2021 年 2 月 8 日，中科院量子信息重点实验室的科技成果转化平台合肥本源量子科技公司，发布了具有自主知识产权的量子计算机操作系统“本源司南”。

（2）量子计算机的组成

量子计算机也是由许多硬件和软件组成的，硬件方面包括量子控制器、量子存储器、量子纠缠源等；软件方面包括量子算法、量子编码等。

1.2　信息技术

信息技术（Information Technology，IT）的飞速发展促进了信息社会的到来。人类社会正由工业社会全面进入信息社会，其主要动力就是以计算机技术、通信技术和控制技术为核心的现代信息技术的飞速发展和广泛应用。随着科学技术的飞速发展，各种高新技术层出不穷、日新月异，但是最主要、发展最快的仍然是信息技术。

在现代信息社会中，通过数字化手段产生的数据和内容都可以称为信息。一般来说，信息的采集、加工、存储、传输和利用过程中的每一种技术都是信息技术，包括一系列与计算机相关的技术，如微电子技术、光电子技术、通信技术、网络技术、感测技术、控制技术、显示技术等。

1.2.1　信息技术的内容

一般来说，信息技术包含三个层次的内容：信息基础技术、信息系统技术、信息应用技术。

（1）信息基础技术。信息基础技术是信息技术的基础，包括新材料、新能源、新器件的开发和制造技术。近几十年来，发展最快、应用最广、对信息技术及整个高科技领域的发展影响最大的技术是微电子技术和光电子技术。

（2）信息系统技术。信息系统技术是指有关信息的获取、传输、处理、控制的设备和系统技术。感测技术、通信技术、计算机技术、控制技术是信息系统技术的核心和支撑。

（3）信息应用技术。信息应用技术是针对各种实用目的，如信息管理、信息控制及信息决策而发展起来的具体应用技术，包括企业生产自动化、办公自动化、家庭自动化、人工智能和互联网技术等，它们是信息技术开发的根本目的。信息技术在社会的各个领域得到广泛的应用，显示出强大的生命力。

1.2.2　信息技术的发展趋势

在社会生产力发展、人类认识和实践活动的推动下，信息技术将得到更深、更广、更快的发展。当前信息技术发展的总趋势是以互联网技术的发展和应用为中心，从典型的技术驱动发展模式向技术驱动与应用驱动相结合的模式转变，其发展趋势可以概括为数字化、多媒体化、高速化、网络化、宽带化和智能化等。

1.2.3　信息化技术和信息产业

（1）信息化技术。信息化技术是以现代通信、网络、数据库技术为基础，将研究对象的各要素汇总至数据库，供特定人群生活、工作、学习等并和人类息息相关的各种行为相结合的一种技术。信息化技术的使用可以极大提高各种行为的效率，为推动人类社会进步提供极大的技术支持。

（2）信息产业。信息产业属于第四产业范畴，它包括电信、电话、印刷、出版、新闻、广播、电视等传统产业和新兴的电子计算机、激光、光导纤维（简称光纤）、通信卫星等产业。信息产业主要以电子计算机为基础，从事信息的生产、传递、储存、加工和处理。

1.3 信息的表示与存储

计算机科学的研究主要包括信息的采集、存储、处理和传输，而这些都与信息的量化和表示密切相关。

1.3.1 数据与信息

数据是对客观事物的符号表示。数值、文字、语言、图形、图像等都是不同形式的数据。

计算机科学中的信息通常被认为是能够用计算机处理的、有意义的内容或消息，它们以数据的形式出现。

数据是信息的载体。数据与信息的区别是：数据处理之后产生的结果为信息，信息具有针对性、时效性。信息同物质、能源一样重要，是人类生存和社会发展的三大基本资源之一。可以说，信息不仅维系着社会的生存，而且在不断地推动着社会和经济的发展。

1.3.2 计算机中的数据

ENIAC 是一台十进制的计算机，它采用十个真空管来表示一个十进制数。冯·诺依曼在研究 IAS（Institute for Advanced Study，普林斯顿高等研究院）计算机时，感觉十进制的表示和实现方式十分麻烦，故提出以二进制作为计算机的数据表示方法，从此改变了整个计算机的发展历史。

二进制只有“0”“1”两个数码。相对十进制而言，二进制表示不但运算简单、易于物理实现、通用性强，更重要的优点是数据所占用的空间和所消耗的能量少得多以及机器可靠性高。

计算机内部均采用二进制来表示各种信息，但计算机与外部的交往仍采用人们熟悉和便于阅读的形式，如十进制数据、文字显示以及图形描述等。数据形式的转换，则由计算机系统的硬件和软件来实现，转换过程如图 1.1 所示。例如，各种声音被话筒接收，生成的电信号为模拟信号，必须经过模/数转换器将其转换为数字信号，才能将其送入计算机中进行处理和存储；同样，先将处理结果通过数/模转换器将数字信号转换为模拟信号，我们通过扬声器听到的才是连续的声音。

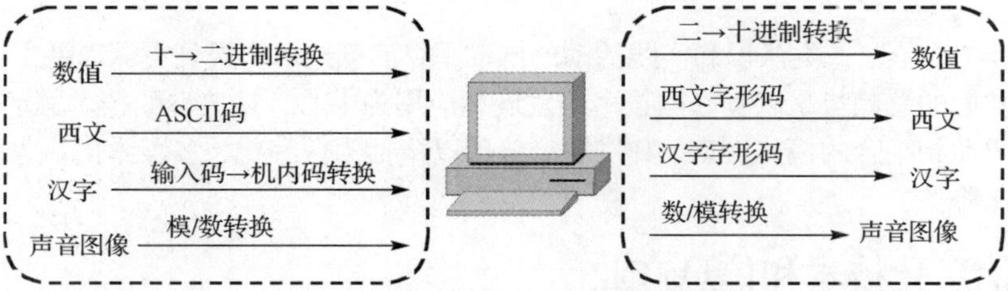

图 1.1 各类数据在计算机中的转换过程

1.3.3 计算机中数据的单位

计算机中数据的最小单位是位。存储容量的基本单位是字节。

1. 位（bit）

位是度量数据的最小单位，也称为比特。计算机采用二进制表示数据，具体表示方法是用多个数码（0 和 1 的组合）来表示一个数，其中的每一个 0 或 1 称为 1 位。

2. 字节（Byte）

1 个字节由 8 位二进制数组成（1 Byte=8 bit）。字节是描述计算机存储容量的基本单位，也是计算机体系结构的基本单位。

随着计算机存储容量的不断扩大，用字节来表示存储容量就显得太小，为此又出现千字节（KB）、兆字节（MB）、吉字节（GB）、太字节（TB）等单位，它们之间的转换关系如下。

1 KB=1024 B=2^{10} B　　1 MB=1024 KB=2^{20} B

1 GB=1024 MB=2^{30} B　　1 TB=1024 GB=2^{40} B

3. 字长（word）

计算机一次能够并行处理的二进制位称为计算机的字长，也称为计算机的一个“字”。计算机的字通常是字节的整倍数，如 8 位、16 位、32 位。在计算机诞生初期，计算机一次能够同时处理 8 个二进制位。随着电子技术的发展，计算机的并行处理能力越来越强，发展到今天，微型计算机的字长通常为 64 位，大型计算机的字长已达 128 位。计算机的字长越长，其运算越快、计算精度越高。

1.3.4　计算机中的数制

日常生活中，人们使用的数据一般是用十进制表示的。但在计算机中，所有的数普遍使用二进制来表示。但为了书写方便，有时也采用八进制或十六进制。本节介绍数制的基本概念及不同数制之间的转换方法。在具体讨论计算机常用数制之前，首先介绍几个有关数制的基本概念。

1. 进位计数制

在十进制数中，一个数可以用 0～9 这 10 个阿拉伯数字的组合来表示，这 10 个数字再加上权值的概念，可以表示任何一个十进制数。例如：

$$2181=2\times10^3+1\times10^2+8\times10^1+1\times10^0=2000+100+80+1$$

式中：

（1）0～9 这些数字符号称为数码。

（2）全部数码的个数称为基数，十进制数的基数为 10。

（3）用“逢基数进位”的原则进行计数，称为进位计数制。十进制数的基数为 10，所以其计数原则是“逢十进一”。

（4）权值就是数字在数中所处位置的单位值。

（5）权值与基数的关系是：权值表示为基数的若干次方。

在十进制数中，各位的权值分别是 10^i（i 为整数）。例如：

$$12\ 345.67=1\times10^4+2\times10^3+3\times10^2+4\times10^1+5\times10^0+6\times10^{-1}+7\times10^{-2}$$

式中，10^4、10^3、10^2、10^1、10^0、10^{-1}、10^{-2} 为各位的权值，每一位上的数码与该位权值的乘积，就是该位的数值。

（6）任何一个十进制数 A 都可以用如下形式的展开式表示出来。

设 $A=(a_na_{n-1}a_{n-2}\cdots a_1a_0a_{-1}a_{-2}\cdots a_{-m})_{10}$，

则 $A=a_n\times10^n+a_{n-1}\times10^{n-1}+\cdots+a_1\times10^1+a_0\times10^0+a_{-1}\times10^{-1}+a_{-2}\times10^{-2}+\cdots+a_{-m}\times10^{-m}$

$=\sum a_i\times10^i$

式中，a_i 为第 i 位数码，10 为基数，i 的取值是 n～$-m$ 范围内的任一整数，n、m 为正整数。

同理，任何一个 R 进制的数 $B=(b_nb_{n-1}b_{n-2}\cdots b_1b_0b_{-1}b_{-2}\cdots b_{-m})_R$ 可按一般展开式展开为：

$$B=b_n\times R^n+b_{n-1}\times R^{n-1}+\cdots+b_1\times R^1+b_0\times R^0+b_{-1}\times R^{-1}+b_{-2}\times R^{-2}+\cdots+b_{-m}\times R^{-m}$$

$$=\sum b_i\times R^i$$

式中，b_i为第 i 位数码，R 为基数，i 的取值是 n～$-m$ 范围内的任一整数，n、m 为正整数。

表 1.1 给出了常用计数制的基数、数码权值和形式表示，十六进制的数字符号除了十进制中的 10 个数字符号外，还使用了 A、B、C、D、E、F 这 6 个英文字母，这 6 个英文字母相当于十进制数的 10、11、12、13、14、15。

表 1.1　常用计数制的参数

数制	基数	数码	权值	形式表示
二进制	2	0、1	2^1	B
八进制	8	0、1、2、3、4、5、6、7	8^1	O
十进制	10	0、1、2、3、4、5、6、7、8、9	10^1	D
十六进制	16	0、1、2、3、4、5、6、7、8、9、A、B、C、D、E、F	16^1	H

在数字电路和计算机中，可以用括号加数制基数下标的方式表示不同数制的数，如（1011）$_2$、（1011）$_8$、（1234）$_{10}$、（23AD）$_{16}$。也可以用大写英文字母的方式将这 4 个数表示为 1011B、1011O、1234D、23ADH。

表 1.2 是十进制数 0～15 与等值二进制数、八进制数、十六进制数的对照表。

表 1.2　各种进制数对照表

十进制	二进制	八进制	十六进制	十进制	二进制	八进制	十六进制
0	0000	0	0	8	1000	10	8
1	0001	1	1	9	1001	11	9
2	0010	2	2	10	1010	12	A
3	0011	3	3	11	1011	13	B
4	0100	4	4	12	1100	14	C
5	0101	5	5	13	1101	15	D
6	0110	6	6	14	1110	16	E
7	0111	7	7	15	1111	17	F

从表 1.2 中可以看出，采用不同的数制表示同一个数时，基数越大，使用的位数可能越少。因为对于 N 进制来说，它的进位规则就是“逢 N 进一”，如十进制就是“逢十进一”，二进制就是“逢二进一”。

进制数转换

2. 各种进制数转换为十进制数

（1）二进制数转换成十进制数。

根据二进制数的定义，只要将各位数码按权值展开求和，就可以得到相应的十进制数，这种方法称为“按权值乘基数相加法”。例如：

$$(100110.101)_2=1\times2^5+1\times2^2+1\times2^1+1\times2^{-1}+1\times2^{-3}=32+4+2+0.5+0.125=(38.625)_{10}$$

（2）八进制数或十六进制数转换成十进制数。

八进制数或十六进制数转换成十进制数的方法与二进制数转换成十过制数的方法类似，只是各个数位的权值不同而已。

3. 十进制数转换为各种进制数

根据不同计数制之间的转换原则，将一个十进制数转换为二进制数，通常是将其整数部分和小数部分分别进行转换，然后再将转换结果组合在一起。

（1）整数部分的转换（十进制数转换为二进制数）。

转换方法是除 2 取余法。具体做法为：将十进制的整数部分除以 2，得到一个商和一个余数（0 或 1），记下余数，并将所得的商再除以 2，又得到一个新的商和一个新的余数，如此反复进行，直到商为 0 为止，将依次得到的余数反序排列起来，便可得到相应的二进制整数。例如将十进制整数 83 转换成二进制整数，转换过程如图 1.2 所示，转换结果为 $(83)_{10}=(1010011)_2$

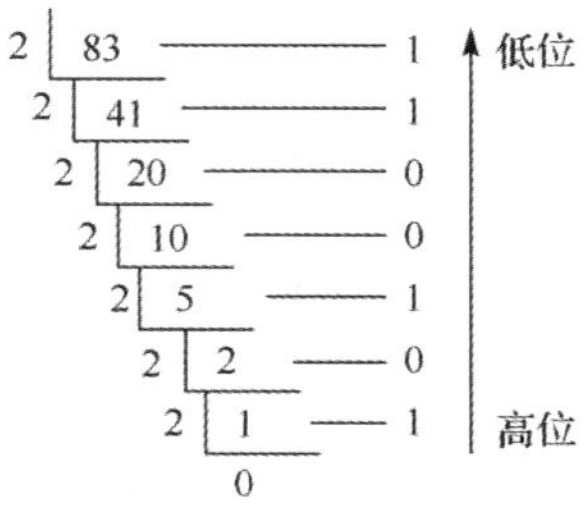

图 1.2　除 2 取余法

（2）小数部分的转换（十进制数转换为二进制数）。

转换方法是乘 2 取整法。具体做法为：将给定的十进制小数部分乘以 2，得到一个乘积，将乘积的整数部分取出并记录（0 或 1），将剩余的小数部分再乘以 2，又得到一个新的乘积，如此反复进行，直到乘积的小数部分为 0 或满足指定的精度要求为止，将依次得到并记录的各次整数顺序排列起来，便可得到相应的二进制数小数。例如，将十进制小数 0.6875 和 0.30695 转换成二进制小数，转换过程如表 1.3 所示。

表 1.3　二进制小数转换过程

0.687 5×2=1.375	取出整数 1	0.306 95×2=0.613 9	取出整数 0
0.375×2=0.75	取出整数 0	0.613 9×2=1.227 8	取出整数 1
0.75×2=1.50	取出整数 1	0.227 8×2=0.455 6	取出整数 0
0.50×2=1.00	取出整数 1	0.455 6×2=0.911 2	取出整数 0
		0.911 2×2=1.822 4	取出整数 1

$(0.6875)_{10}=(0.1011)_2$　$(0.30695)_{10}=(0.01001)_2$

注意

多余的位数可以按“0 舍 1 入”的规律取近似值，保留指定的小数位数。

对于包含整数和小数的十进制数，先将整数和小数分别转换为对应的二进制数后，还需将它们组合起来，例如，$(83.6875)_{10}=(1010011.1011)_2$

（3）十进制数转换为其他进制数。十进制数转换为其他进制数的方法与十进制数转换为二进制数的方法相似，也需要将整数部分和小数部分分别进行转换，只是每次所要乘除的不是“2”。当把十进制数转换为八进制数或十六进制数时，每次将乘除“8”或“16”。

总之，将十进制数转换为任何进制数时，对于整数部分的转换，所采用的方法都是“除基数取余法”；而对于小数部分的转换，则采用“乘基数取整法”。

4. 二进制数和十六进制数之间的转换

（1）二进制数转换成十六进制数。

由于 $2^4=16$，可以用 4 位二进制数对应 1 位十六进制数（0000～1111 对应 0～F），所以将二进制数转换成十六进制数时可以采用“四位一并法”，即从小数点开始向左或向右，每 4 位为 1 组，不足 4 位的用 0 补足，将每 4 位二进制数用 1 位与之相对应的十六进制数来代替即可。例如：

（0010　1100　1010　0110　.1000　1110　1000）$_2$

|　|　|　|　|　|　|

（2　C　A　6　.8　E　8）$_{16}$

即（10110010100110.100011101）$_2$=（2CA6.8E8）$_{16}$

（2）十六进制数转换成二进制数。

其转换过程是二进制数转换成十六进制数的反过程，可以采用“一分为四法”。例如：

（3　A　5　E　.7　B）$_{16}$

|　|　|　|　|　|

（0011　1010　0101　1110　.0111　1011）$_2$

即（3A5E.78）$_{16}$=（11101001011110.01111011）$_2$

1.3.5　字符编码

字符包括西文字符（字母、数字、各种符号）和中文字符。由于计算机是以二进制的形式存储和处理数据的，因此字符也必须按特定的规则转换为二进制数据，才能被计算机存储和处理。字符编码首先需要确定编码的字符总数，然后为每一个字符分配唯一的序号编码。符号的大小无意义，仅作为识别与使用这些字符的依据。字符的数量决定了编码的位数。由于形式的不同，西文字符和中文字符使用不同的编码。

1. 西文字符的编码

计算机中的字符都是用二进制编码表示的，表示字符的二进制编码称为字符编码。计算机中最常用的字符编码是 ASCII 码，即美国信息标准交换代码（American Standard Code for Information Interchange）。ASCII 码包括 32 个通用控制字符、10 个十进制数码、52 个英文大小写字母和 34 个非图形字符[又称为控制字符，如空格（SP）、回车（CR）、删除（DLE）、退格（BS）等]，共 128 个字符，故需要用 7 位二进制数进行编码，以区分每个字符。通常使用一个字节（8 个二进制位）表示一个 ASCII 码字符，规定其最高位总是 0。表 1.4 列出了 ASCII 码的编码表。每个字符的表示格式为 $d_6d_5d_4d_3d_2d_1d_0$，其中 d_6 为最高位，d_0 为最低位。

表 1.4　ASCII 码的二进制编码表

$d_3d_2d_1d_0$	$d_6d_5d_4$								$d_3d_2d_1d_0$	$d_6d_5d_4$							
	000	001	010	011	100	101	110	111		000	001	010	011	100	101	110	111
0000	NUL	DLE	空格	0	@	P	、	p	1000	BS	CAN	（	8	H	X	h	x
0001	SOL	DC1	！	1	A	Q	a	q	1001	HT	EM	）	9	I	Y	i	y
0010	STX	DC2	”	2	B	R	b	r	1010	LF	SUB	*	:	J	Z	j	z
0011	ETX	DC3	#	3	C	S	c	s	1011	VT	ESC	+	;	K	[	k	{
0100	EOT	DC4	$	4	D	T	d	t	1100	FF	FS	,	<	L	\	l	|
0101	ENQ	NAK	%	5	E	U	e	u	1101	CR	GS	–	=	M	]	m	}
0110	ACK	SYN	&	6	F	V	f	v	1110	SO	RS	.	>	N	↑	n	-
0111	BEL	ETB	’	7	G	W	g	w	1111	SI	US	/	?	O	–	o	DEL

例如，分别用二进制数和十六进制数写出“GOOD!”的 ASCII 编码。

用二进制数表示：01000111B 01001111B 01001111B 01000100B 00100001B

用十六进制数表示：47H 4FH 4FH 44H 21H

2. 汉字的编码

除西文字符外，为了使计算机能够处理、显示、打印、交换中文字符，同样也需要对中文字符进行编码。我国于 1980 年发布了国家汉字编码标准 GB2312-1980，标准全称是《信息交换用汉字编码字符集·基本集》（简称 GB 码或国标码）。国标码把最常用的 6763 个汉字分为两级。一级汉字有 3755

个，按汉语拼音字母顺序排列；二级汉字有 3008 个，按部首、部首外笔画数排列。由于一个字节只能表示 256 种字符，不足以表示 6763 个汉字，所以一个国标码用两个字节表示一个汉字，每个字节的最高位为 1。两个字节共可表示 128×128=16384 种字符，而国标码的基本字符集中只有 7445 个字符。

为了避开 ASCII 码中的控制码，国标码将 6763 个汉字分为 94 区（行）、94 位（列）。区号（行号）和位号（列号）构成了区位码。区位码最多可以表示 94×94=8836 个汉字。区位码由 4 位十进制数字组成，前两位为区号，后两位为位号。在区位码中，01～09 区中的为 682 个特殊字符，10～55 区中的为 3755 个一级汉字，56～87 区中的为 3008 个二级汉字。例如，汉字的“华”的区位码为 2710，即它位于第 27 行、第 10 列。

区位码是一个 4 位十进制数，国标码是一个 4 位十六进制数。为了与 ASCII 码兼容，汉字区位码与国标码之间有一个简单的转换关系。具体方法是将一个汉字的十进制区号和十进制位号分别转换为十六进制，然后再分别加上 20H（十进制数是 32），就得到了汉字的国标码。汉字“华”的区位码与国标码及转换过程如下：

区位码：2710D=1B0AH

国标码：1B0AH+2020H=3B2AH

2000 年，我国发布了 GB18030－2000 编码标准，即《信息交换用汉字编码字符集·基本集的扩充》，纳入编码的汉字约为 2.7 万个。

3. 汉字信息处理过程中的编码

从汉字编码的角度看，计算机对汉字信息的处理过程实际上是各种汉字编码间的转换过程。这些编码主要包括汉字输入码、汉字机内码、汉字字形码、汉字地址码等。汉字信息处理过程中的各种编码及转换流程如图 1.3 所示。

图 1.3　汉字信息处理系统的模型

（1）汉字输入码。为将汉字输入计算机而编制的代码称为汉字输入码，也称外码。汉字输入码利用计算机标准键盘上按键的不同排列组合对汉字输入进行编码。目前已有几百种汉字输入编码法。对于一个好的输入编码来说，其应该编码短，可以减少击键的次数；重码少，可以实现盲打；好学好记，便于学习和掌握。目前常用的输入法类别有：音码、形码、语音输入、手写输入或扫描输入等。对于同一个汉字，不同的输入法有不同的输入码，例如，“中”字的全拼输入码是“zhong”，其双拼输入码是“vs”。不同的输入码通过输入字典转换为标准的国标码。

（2）汉字机内码，也称汉字内码，是在计算机内部对汉字进行存储、处理、传输的汉字编码，它应满足汉字的存储、处理和传输的要求。当一个汉字输入计算机并被转换为内码后，它才能在计算机内传输、处理。汉字内码的形式多种多样。对应于国标码，一个汉字的内码用 2 个字节存储，并把每个字节的最高二进制位置“1”作为汉字内码的标识，以免与单字节的 ASCII 码发生混淆。如果用十六进制来表述，就是把汉字国标码的每个字节上加一个（80）H（即二进制数 10000000）。所以，汉字的国标码与其内码存在下列关系。

汉字的内码=汉字的国标码+（8080）H

例如，“华”字的国标码为 1B0AH，则“华”字的内码=1B0AH+8080H=9B8AH

（3）汉字字形码。经过计算机处理的汉字信息，如果要将其显示或打印出来阅读，则必须将汉字内码转换成人们可读的汉字。汉字字形码又称汉字字模，用于汉字的显示或打印输出。汉字字形码通常有两种表示方式，分别为点阵表示和矢量表示。

用点阵表示字形时，汉字字形码指的是这个汉字字形点阵的代码。根据输出汉字的要求不同，点阵的多少也不同。简易型汉字为 16×16 点阵。提高型汉字为 24×24 点阵、32×32 点阵、48×48 点阵等，多用于打印输出。点阵规模越大，字形越清晰、美观，所占存储空间也越大。点阵表示方式的缺点是字形放大后，显示效果较差。

矢量表示方式存储的是描述汉字字形的轮廓特征，当要输出汉字时，通过计算机的计算，根据对汉字字型的描述生成所需大小和形状的汉字点阵。矢量化字形描述与最终文字显示的大小、分辨率无关，因此可以输出高质量的汉字。Windows 操作系统中使用的 TrueType 技术就是汉字的矢量表示方式，它解决了汉字点阵字形放大后出现锯齿现象的问题。

（4）汉字地址码。汉字地址码是指汉字库（主要是指字形的点阵式字模库）中存储汉字字形信息的逻辑地址码。当需要向输出设备输出汉字时，必须通过地址码。汉字库中，字形信息都是按一定顺序（大多数按标准汉字信息交换码中汉字的排列顺序）连续存放的，所以汉字地址码也大多是连续有序的，而且与汉字内码间有着简单的对应关系，以简化汉字内码到汉字地址码的转换过程。

1.4 计算机系统的组成

一个完整的计算机系统是由硬件系统和软件系统两部分组成的，如图 1.4 所示。

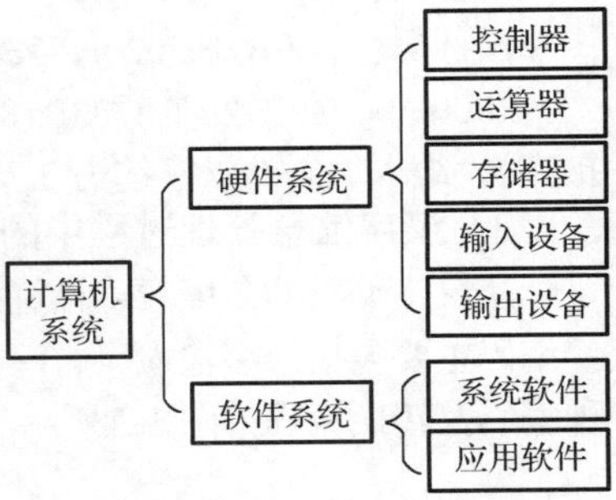

图 1.4 计算机系统的组成

（1）硬件系统是构成计算机系统的物理实体或物理装置，是计算机的实体，主要由各种电子部件和机电装置组成。硬件系统的基本功能是接受计算机程序指令，并在程序的控制下完成数据输入、数据处理和输出结果等任务。

（2）软件系统是用于管理、运行和维护计算机的各种各样的程序的集合，是计算机系统的“灵魂”，其主要作用是提高计算机系统的工作效率，方便用户的使用，扩展计算机系统的功能。

（3）二者关系。硬件系统和软件系统是密切相关和互相依存的。硬件系统所提供的机器指令、编程接口和运算控制能力，是实现软件系统功能的基础。没有安装软件的硬件机器称为“裸机”。

1.4.1 计算机硬件系统

初识计算机硬件系统

目前所使用的各种型号的计算机几乎都属于冯・诺依曼结构计算机，计算机硬件系统由控制器、运算器、存储器、输入设备和输出设备五大部分组成。

在计算机内部，两种信息在流动，流动过程如图 1.5 所示。一种是数据信息，即各种原始数据、中间结果、程序等，这些数据信息由输入设备输入至存储器中，经运算器的运算，再将运算结果存于存储器中。在运算处理过程中，数据信息从存储器读入运算器中进行运算，运算的结果要存入存储器中，或由运算器经输出设备输出。另一种为控制信息，即用户给计算机的各种命令（程序），其以数据的形式由存储器送入控制器，由控制器译码后变为各种控制信号，由控制器控制输入设备的启动或停止，控制器、运算器按规定一步步地进行各种运算和处理，控制存储器的读或写，控制输出设备的输出结果。

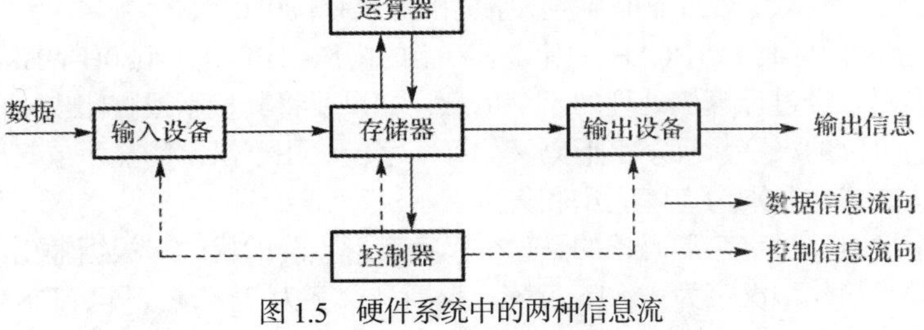

图 1.5 硬件系统中的两种信息流

（1）控制器。控制器是整个计算机的指挥中心，它从存储器取出程序中的控制信息，经过分析后，按照要求给其他部分发出控制信号，使各部分能够协调一致地工作。

（2）运算器。运算器是一个“信息加工厂”，大量数据的运算和处理工作就是在运算器中完成的。其中的运算主要包括基本算术运算和基本逻辑运算。

（3）存储器。存储器是计算机用来存放程序和数据的地方，并根据指令要求提供数据给有关部件进行使用。计算机中的存储器实际上是指由主存储器（内存）、辅助存储器（外存）和高速缓冲存储器组成的存储器系统。三者按存取速度、存储容量组成层次结构，以适应 CPU 越来越快的速度要求。它们之间交换数据的层次结构如图 1.6 所示。

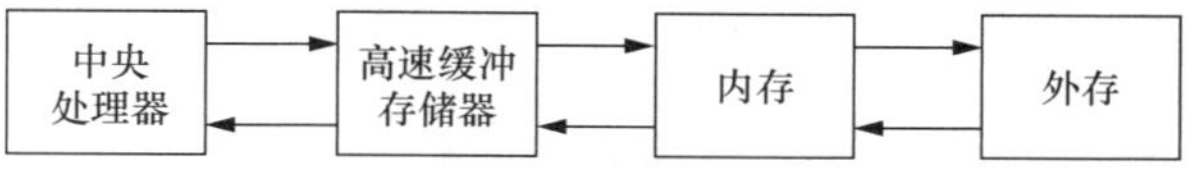

图 1.6　存储器系统交换数据的层次结构

（4）输入设备。输入设备的主要作用是把数据等信息转换成计算机所能识别的编码，并按顺序送往存储器。常见的输入设备有键盘、鼠标、扫描仪、数码相机、摄像机、卡片输入机等。

（5）输出设备。输出设备的主要作用是把计算机处理后的数据（或中间过程）等内部信息按人们要求的形式输出。常见的输出设备主要有显示器、打印机、绘图仪等。通常把输入设备和输出设备合称为 I/O（输入/输出）设备。

在计算机系统中，输入和输出设备属于计算机的外部设备。近几年来，随着多媒体技术的迅速发展，各种类型的音频、视频设备都已列入计算机外部设备的范围之内。

1.4.2　计算机软件系统

初识计算机软件系统

计算机软件系统是为运行、管理和维护计算机而编制的各种程序、数据和文档的总称。没有软件，计算机是无法正常工作的，它只是一台机器。实际上，用户所面对的是经过若干层软件“包装”的计算机，计算机的功能不仅取决于硬件系统，更大程度上是由所安装的软件系统决定的。硬件系统和软件系统互相依赖，不可分割。

计算机硬件、软件与终端用户之间的关系是一种层次关系，其中，计算机硬件处于内层、终端用户在最外层，而软件则处于计算机硬件和终端用户之间，终端用户通过软件使用计算机硬件，计算机系统的层次结构如图 1.7 所示。

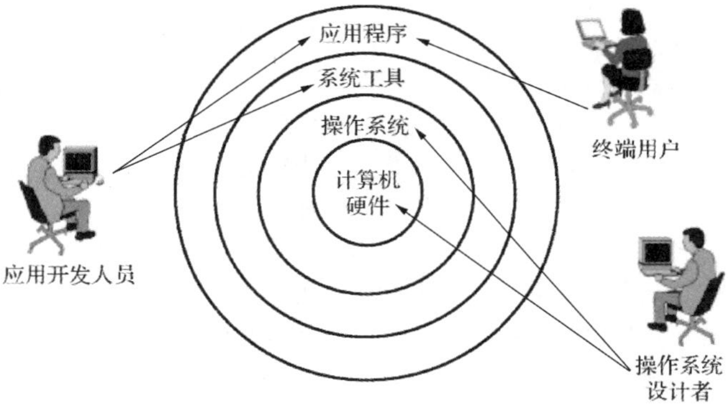

图 1.7　计算机系统层次结构

1.5　多媒体技术

多媒体技术是一种涉及面极广的综合技术，它集文字、声音、图像、视频等多项技术于一体，采用计算机的数字记录和传输传送方式，对各种媒体信息进行处理。

1.5.1 多媒体技术的概念

1. 多媒体的组成

计算机领域的多媒体（Multimedia）包括文本（Text）、图形（Graphic）、音频（Audio）、动画（Animation）、视频（Video）等。

2. 多媒体技术的定义

多媒体技术是指能够同时对两种或两种以上的媒体进行采集、编辑、存储、传输、分析和应用等综合处理的技术。多媒体技术以计算机软、硬件技术为主体，包括数字化信息技术、音频和视频技术、图像处理技术，以及人工智能技术和模式识别技术等，是一门多学科、多领域的高新技术。

3. 多媒体技术的特征

多媒体技术融合两种或两种以上媒体，主要用于人机交互式信息的交流和传播，具有以下特征。

（1）信息载体的多样性。这是相对于计算机而言的，即指信息媒体的多样性；

（2）多媒体的交互性。用户可以与计算机的多种信息媒体进行交互操作，用户获得了更加有效地控制和使用信息的手段；

（3）集成性。集成性是指以计算机为中心，可综合处理多种信息媒体，包括信息媒体的集成和处理这些媒体的设备的集成；

（4）数字化。数字化是指媒体以数字形式存在；

（5）实时性。实时性是指多媒体系统中声音及活动的视频图像是实时的。

1.5.2 多媒体的数字化

多媒体信息可以在计算机输出界面向人们展示丰富多彩的文、图、声等信息，而在计算机内部，其都是作为二进制的数字化信息，经处理后，以不同文件类型进行存储的。

1. 音频

音频是声音的技术载体，是人们用来传递信息和交流感情最方便、最熟悉的方式之一。对声音元素的处理水平往往被当成评判一个多媒体软件是否为专业级的重要依据。

（1）声音的数字化。

声音是由振动的声波组成的，其特性包括振幅、周期与频率等。声音用电信号表示时，在时间上和幅度上都是连续的模拟信号。而计算机只能存储和处理离散的数字信号。将连续的模拟信号变成离散的数字信号的过程就是数字化，数字化的基本技术是脉冲编码调制（Pulse Code Modulation，PCM），主要包括采样、量化、编码 3 个基本过程。

为了记录声音信号，需要每隔一定的时间间隔获取声音信号的幅度值并记录下来，这个过程称为采样。采样以固定的时间间隔对模拟波形的幅度值进行抽取，把时间上连续的信号变成时间上离散的信号。该时间间隔称为采样周期，其倒数称为采样频率。根据奈奎斯特采样定理，当采样频率至少大于模拟信号最大频率的两倍时，采样之后的数字信号可以完整地保留原始信号中的信息。

获取的样本幅度值用数字量来表示，这个过程称为量化。量化就是将一定范围内的模拟量离散化，将它们变成某一最小数量单位的整数倍。表示采样点幅值的二进制位数称为量化位数，它是决定数字音频质量的重要参数，一般为 8 位、16 位、24 位。量化位数越大，采集到的样本精度就越高，声音的质量就越高，需要的存储空间也就越多。

音频信号通过单声道进行录制、处理和播放的音频模式称为单声道；通过两个独立声道进行录制、处理和播放的音频模式称为双声道。双声道具有空间立体效果。

声音信号经过采样、量化后，还需要进行编码，即将量化后的数值转换为二进制码组。编码将量化的结果用二进制数的形式表示。有时也将量化和编码过程统称为量化。

最终产生的音频数据量（B）=采样时间（S）×采样频率（Hz）×量化位数（b）×声道数/8

（2）声音文件格式。

存储声音信息的文件格式有很多种，常用的有 WAV、MP3、WMA、AAC、VOC 等。

① WAV（Waveform Audio File，波形音频文件）是微软公司专门为 Windows 开发的一种标准数字音频文件，该文件能记录各种单声道或双声道的声音信息，并能保证声音不失真。它以“.wav”作为文件的扩展名，主要针对外部音源（话筒、录音机）的录制，然后经声卡将电信号转换成数字信号，最后将数字信号还原成模拟信号，由扬声器输出。WAV 文件直接记录了真实声音的二进制采样数据，是个人计算机上最为流行的声音文件格式之一，但其文件较大，多用于存储简短的声音片段。

② MP3（Moving Picture Experts Group Audio Layer Ⅲ，动态影像专家压缩标准层面 3），是一种高效的计算机音频编码方案，它以较大的压缩比将音频文件转换成较小的、扩展名为“.mp3”的文件，基本保持原文件的音质。MP3 音乐在日常生活中和网络上非常普及，其音质稍差于 WAV 文件。

③ RealAudio 是 Real Network 公司推出的一种网络音频文件格式，采用“音频流”技术，最大的特点就是可以实时传输音频信息，尤其是在网速较慢的情况下，仍然可以较为流畅地传送数据，因此 RealAudio 主要用于在线播放。现在的 RealAudio 文件的扩展名主要有“.ra”“.rm”“.ram”三种，不同扩展名文件的共性在于随着网络带宽的不同而改变声音的质量，在保证大多数人听到流畅声音的前提下，使带宽较高的听众获得较好的音质。

④ MIDI（Musical Instrument Digital Interface，音乐设备数字接口），是 MIDI 协会设计的音乐文件标准。它是电子乐器之间，以及电子乐器与计算机之间的统一国际标准交流协议，扩展名有“.mid”“.midi”。

MIDI 音频文件是一系列音乐动作的记录，如按下钢琴键、踩下踏板、控制滑动器等。它以某一种乐器的发声为其数据记录的基础，因而在播出时也要有这种乐器与之相应，否则声音效果就会大打折扣。一个精巧的 MIDI 文件能够产生复杂的声音序列，控制乐器或合成器进行播放，它占用很小的存储空间，而且可以做细微的修改。

MIDI 音频文件的缺点是它的音质依赖外部音源以及缺乏音频细节等。

⑤ CD-DA（Compact Disc Digital Audio，数字音频光盘），它的文件采样频率为 44.1kHz，量化位数为 16 位。用光盘存储音频文件不仅提供了高质量的音源，还无须硬盘存储声音文件，声音直接通过光盘由 CD-ROM（Compact Disc Read-Only Memory，只读光盘存储器）处理后，再由扬声器发出。

2. 图形和静态图像

（1）图形是指从点、线、面到三维空间的黑白或彩色几何图，也称矢量图（Vector Graphic），主要由直线和弧线（包括圆）等线条实体组成。计算机中图形的表示常常使用“矢量法”而不采用位图来表示。图形主要用于线条的绘制、美术字、统计图和工程制图等，多以“绘制”“创作”的方法产生，其特点是占据的存储空间较小，但不适于表现较复杂的图画。

图形有二维和三维之分。二维图形是只有 x、y 两个坐标的平面图形，三维图形是具有 x、y、z 三个坐标的立体图形。

图形的绘制需要专门的图形编辑软件。CAD（Computer Aided Design，计算机辅助设计）是著名的图形设计软件，它使用的“.dwg”图形文件就是典型的矢量图形文件。

（2）静态图像（Still Image）不像图形那样有明显规律的线条，因此在计算机中难以用矢量来表示，适合用点阵来表示。图像的基本组成单位称之为像素（Pixel）。静态图像通常也称为位图。

图形与静态图像对多媒体信息制作来说是完全不同的。同样一个圆，若采用图形表示，则数据文件中只需记录圆心坐标点（x，y）、半径 r 及色彩编码；若采用图像表示，在数据文件中必须记录在哪些位置上有什么颜色的像素点。

静态图像主要用于表示真实照片和包含复杂细节的绘画等，其特点是显示速度快，但占用的存储空间较大。

（3）图形和静态图像的参数。图形技术的关键是图形的生成与再现，而静态图像的关键技术是图像的扫描、编辑、无失真压缩、快速解码和色彩一致性再现等。静态图像处理时要考虑以下 4 个因素。

① 分辨率。分辨率影响图像质量，通常包括以下 3 种。

- 屏幕分辨率：是指计算机屏幕显示的像素总数量，以水平像素点数×垂直像素点数的形式表示。
- 图像分辨率：是指数字图像的像素总数量，以水平像素点数×垂直像素点数的形式表示。
- 像素分辨率：是指像素的高宽比，一般为 1：1。在像素分辨率不同的计算机间传输图像时会产生畸变。

② 图像灰度。它包含图像的亮度信息。屏幕上每个像素都用一个或多个二进制位描述其颜色信息。常采用 1 个二进制位表示黑白图像；常用 4 个二进制位或 8 个二进制位表示灰度图像；常用 16 个二进制位或 24 个二进制位表示彩色图像，还可以采用 32 个二进制位进行表示。采用 24 个二进制位表示的图像称为真彩色图像。彩色图像的像素颜色通常由红（R）、绿（G）、蓝（B）三种颜色搭配而成。当 R、G、B 三色以不同的值搭配时，可形成 1600 多万种颜色。若 R、G、B 全部设置为 0，颜色则为黑色；若 R、G、B 全部设置为 255，颜色则为白色。

③ 图像文件的大小。图像文件的大小用字节数来表示，其计算公式为：水平像素数×垂直像素数×灰度位数÷8。

例如，一张 3 英寸（1 英寸=2.54 厘米）×5 英寸的彩色照片，经扫措仪扫描进计算机中成为数字图像（24 位），若扫描分辨率为 1200 dpi（点/英寸），则数字图像文件的大小为

$$5\times1200\times3\times1200\times24\div8 = 64\ 800\ 000\ \text{B}\approx62\ \text{MB}$$

④ 图像、图形文件的类型。图像文件的格式非常多，常见的有 BMP、JPG、GIF 格式，还有 DIB、TIF、TGA、PIC 等格式。同一内容的素材，采用不同的格式，其形成的文件的大小和质量有很大的差别。如一幅 640 像素×480 像素的、24 位颜色深度的图像，如果采用 BMP 格式，则这个图像的文件大小为 900 KB 左右；若转用 JPG 格式，则该图像文件的大小能达到 35 KB 左右。考虑到文件的传输或存储方便，有时候要选用文件较小的格式，如网页制作时一般都不采用 BMP 格式，而采用 JPG、GIF 格式。另外，图形的主要格式有 WMF、EMF、DXF 等。

3. 视频

视频是一种活动影像，它的原理与电影和电视节目的原理是一样的，都是利用人眼的视觉暂留现象，将足够多的画面连续播放，只要画面的播放速度能够达到每秒 24 帧以上，人的眼睛就察觉不出画面之间的不连续性。电影一般是以每秒 24 帧的速度播放，电视播放速度有 25 帧/秒（PAL 制）和 29.97 帧/秒（NTSC 制）两种。视频帧率在临界闪烁频率以下，人则会感知到画面明显的闪烁甚至停顿；相反，若提高视频帧率至 50 帧/秒甚至 100 帧/秒，人则会感觉到画面极为稳定。

视频的每一帧实际上是一幅静态图像，所以未经压缩的长视频文件占用的存储空间很大。视频文件的格式主要有以下 3 种。

（1）AVI（Audio Video Interleaved，音频视频交错）格式是 Windows 操作系统所使用的动态图像格式，不需要特殊的设备就可以将视频和音频同步播出。

（2）MPG 格式。MPG 格式是 MPEG（Moving Picture Experts Group，运动图像专家组）制定的压缩标准所对应的文件格式，供动画和视频影像用。这种格式的数据量较小。

（3）ASF（Advanced Stream Format）是微软公司采用的流媒体播放格式，比较适合在网络上进行连续的视频播放。

4. 动画

动画也是一种活动影像，最典型的动画是卡通片。动画与视频不同的是：视频一般取材于现实世界，而动画通常是指人工创作出来的连续图像所组合成的动态影像。

动画帧率也需要达到每秒 24 帧，每个画面可以是逐幅手绘出来的，也可以是实时“计算”出来的。

FLI/FLC 是 Autodesk 设计的动画文件格式，AVI 格式、MPG 格式也可以用于动画。著名的三

维动画制作软件有 Autodesk 公司的 3DS MAX 软件和 MAYA 软件。

5. 超文本

超文本（Hyper Text）是一种非线性的信息组织与表达方式。从实现手段看，超文本也是一种文本文件，它在文本的适当位置创建链接（通常称为超链接），链接用来指向和文本相关的内容，使阅读者仅对感兴趣的内容进行跳跃式阅读。阅读者用鼠标单击超链接，就可以直接跳转到与该超链接相关联的内容。

与超链接相关联的内容可以是普通的文本，也可以是图像、声音、图形、动画、视频等多媒体信息，甚至可以是相关资源的网络站点。

Windows 操作系统的帮助文件是超文本应用的一个实例。阅读帮助文件时，在“目录”对话框标签上单击鼠标左键，并将鼠标指针移动到“目录”纲目上，此时鼠标指针就变成手指形指针，同时纲目的颜色变成蓝色，并自动加上下画线，这就暗示读者此处有一个超链接，单击鼠标左键，与该超链接相关联的内容就会立即呈现出来。万维网页面使用的是一种超媒体的文件格式，称为超文本标记语言（Hyper Text Markup Language，简称 HTML），它的扩展名为“.html”或“.htm”。

目前，可视化的超文本编辑工具如 Word、FrontPage 等可用来创建超文本。

1.5.3　多媒体数据的压缩技术

多媒体数据之所以能够压缩，是因为视频、图像、音频这些多媒体数据中通常包含大量的冗余信息。以目前常用的位图为例，在这种形式的图像数据中，像素与像素之间无论在行方向还是在列方向都具有很大的相关性，因而整体上数据的冗余度很大，在允许一定限度失真的前提下，能对图像数据进行很大程度的压缩。

1. 数据压缩技术指标

衡量一种数据压缩技术的好坏有三个重要的指标。一是压缩比。压缩比越大，压缩前后所需的信息存储量之比就越大；二是压缩的算法。实现压缩的算法越简单，压缩、解压缩的速度越快，就越可能做到实时压缩和解压缩；三是恢复效果。恢复效果越好，恢复原始数据的可能性越高。

2. 数据压缩技术

随着数字通信技术和计算机技术的发展，数据压缩技术也已日臻成熟，适合各种应用场合的编码方法不断产生，目前常用的压缩编码方法可以分为两大类：一类是冗余压缩法，也称无损压缩法；另一类是熵压缩法，也称有损压缩法。

（1）冗余压缩法去掉或减少了数据中的冗余值，但这些冗余值可以重新插入到原数据中，因此，冗余压缩是可逆的过程。例如，需压缩的数据长时间不发生变化，此时连续的多个数据样值将会重复。这时若只存储不变样值的重复数目，显然会减少存储数据量，且原数据是可以从压缩后的数据中重新构造出来的，信息没有损失，因此冗余压缩法也称无损压缩法。典型的冗余压缩法有哈夫曼编码、香农-费诺编码、算术编码、游程编码等。

（2）熵压缩法是指经过压缩、解压缩的数据与原数据不同但是非常接近的压缩方法。熵压缩又称破坏型压缩，即将次要的信息数据压缩，牺牲信息的一些质量来减少数据量，使压缩比提高。压缩时损失的信息是不能再恢复的，因此这种压缩法是不可逆的。这种方法经常用于互联网、流媒体以及电话领域。

习题

一、选择题

1. 1946 年，世界上第一台电子计算机诞生，它的英文名字是（　　）。

　A. UNIVAC-I　　B. EDVAC　　C. ENIAC　　D. Mark-2

2. 现代计算机正朝两极方向发展，即（　　）。
   A. 专用机和通用机　　B. 微型机和巨型机
   C. 模拟机和数字机　　D. 个人机和工作站
3. CAD 的中文含义是（　　）。
   A. 计算机辅助设计　　B. 计算机辅助制造
   C. 计算机辅助工程　　D. 计算机辅助教学
4. 关于电子计算机的特点，以下论述错误的是（　　）。
   A. 运算速度快　　B. 运算精度高
   C. 具有记忆和逻辑判断能力　　D. 运行过程不能自动、连续，需人工干预
5. 数值 10H 是（　　）的一种表示方法。
   A. 二进制数　　B. 八进制数　　C. 十进制数　　D. 十六进制数
6. 国标码（GB2312—1980）依据使用频度，把汉字分成（　　）。
   A. 简化字和繁体字　　B. 一级汉字、二级汉字、三级汉字
   C. 常用汉字和图形符号　　D. 一级汉字、二级汉字
7. BCD 是专门用二进制数表示（　　）的编码。
   A. 字母符号　　B. 数字字符　　C. 十进制数　　D. 十六进制数
8. 国标码（GB2312—1980）是（　　）的标准编码。
   A. 汉字输入码　　B. 汉字字形码　　C. 汉字机内码　　D. 汉字交换码
9. 在计算机的工作过程中，（　　）从存储器中取出指令，进行分析，然后发出控制信号。
   A. 运算器　　B. 控制器　　C. 接口电路　　D. 系统总线
10. 电子计算机的存储器可以分为（　　）、辅助存储器和高速缓冲存储器。
   A. 外存储器　　B. C 盘　　C. 大容量存储器　　D. 主存储器
11. 工作中电源突然中断，则计算机（　　）中的信息全部丢失，再次通电后也不能恢复。
   A. ROM　　B. ROM 和 RAM　　C. RAM　　D. 硬盘

二、简答题

1. 世界上第一台电子计算机产生的时间、地点是？被命名为什么？
2. 冯·诺依曼结构计算机的工作原理的核心是什么？它所具有的三个要点是什么？
3. 计算机的发展经历了哪几个阶段？各阶段的主要特征是什么？
4. 计算机的发展趋势是什么？
5. 计算机具有哪几个方面的特点？
6. 计算机的主要应用范围是什么？
7. 计算机都有哪些分类方法？各分为哪几类？
8. 什么是 BCD 码？3908 的 BCD 码是什么？
9. 什么是 ASCII 码？大写英文字母、小写英文字母与数字三者 ASCII 码的大小顺序如何？
10. 常用的汉字编码有几种？它们各自的用途是什么？
11. 微型计算机的内存和外存的功能各是什么？两者有何区别？
12. 什么是字长？什么是计算机的主频？
13. 什么是多媒体技术？多媒体技术有何特征？

第2章 Windows 11 操作系统

操作系统（Operating System，简称 OS）是计算机系统中一个至关重要的软件，它负责管理计算机的硬件和软件资源，为上层应用程序提供一个稳定、统一的运行环境。

Windows 11 操作系统是目前主流的操作系统之一，本章向读者详细介绍 Windows 11 操作系统的基本知识、操作方法，帮助读者全面掌握 Windows 11 操作系统重要功能的使用方法。通过对本章的学习，读者应掌握以下内容。

（1）Windows 11 操作系统的版本；

（2）Windows 11 操作系统的桌面与窗口设置；

（3）Windows 11 操作系统的文件与文件夹的管理；

（4）Windows 11 操作系统的账户设置；

（5）Windows 11 操作系统的网络设置；

（6）Windows 11 操作系统的性能监控与系统优化；

（7）Windows 11 操作系统的安全防护；

（8）Windows 11 操作系统的备份与恢复。

2.1 Windows 11 操作系统概述

Windows 11 操作系统是微软公司开发的桌面端操作系统，于 2021 年 6 月 24 日正式推出，2021 年 10 月 5 日正式上市，它适用于预装 Windows 11 操作系统的新设备和符合升级条件的 Windows 10 设备。Windows 11 操作系统采用了全新的设计风格，界面更加简洁、现代，任务栏和开始菜单等的布局也有所优化，为用户带来了更加舒适的视觉体验和更加便捷的操作方式。

2.1.1 Windows 11 操作系统的版本

Windows 11 操作系统的版本

微软公司面向不同的用户群体发布了含有不同功能的 Windows 11 操作系统版本，比如家庭版、专业版、教育版、企业版等。以下是 Windows 11 操作系统常见的版本及其功能介绍。

（1）家庭版

Windows 11 操作系统家庭版是为家庭和普通用户提供的版本，具有最基本的功能。普通用户建议选择此版本，大部分预装系统的品牌机提供的都是家庭版的系统。

（2）专业版

Windows 11 操作系统专业版在家庭版的基础上，额外提供企业级管理工具，允许用户管理设备及应用、保护企业敏感数据、支持远程及移动生产力场景下的使用等，可以让企业管理者更快地获取安全更新，并控制更新部署。有一定基础和兴趣的读者推荐安装该版本。

（3）企业版

Windows 11 操作系统企业版是功能最全的版本，几乎包含所有的功能，主要供企业级用户使用。LTSB 和 LTSC 是企业版的特殊版本，属于长期服务版本，在更新时只进行安全性的更新，而不进行功能性升级，并且服务时间可达 10 年（最新的标准企业版 LTSC 提供的是 5 年的支持期）。这种版本没有应用商店、Edge 浏览器等，相当于企业版的精简版，主要特色是稳定。如果用户的机器配置不高，或者用户不希望频繁更新、非常讨厌臃肿的系统，又需要非常稳定的、可长期使用的系统，可以选择这个版本。LTSC 版本也被戏称为“老坛酸菜”版本。

（4）教育版

Windows 11 操作系统教育版基于企业版，主要用户是科研机构、学校的人员。它的功能与企业版的相似性很高，主要是面向的用户不同，一些默认参数针对教育系统进行了配置。

2.1.2　Windows 11 操作系统的新特性

（1）控制中心的变化。右下角的通知和控制中心已经消失了，Wi-Fi/网络、音量图标组成一个模块，成为新版控制中心的入口，如图 2.1 所示。如果使用的是笔记本计算机，控制中心中还会出现“WLAN”“飞行模式”“节能模式”等按钮。“日期和时间”已经和“通知中心”组成一个模块，如图 2.2 所示。

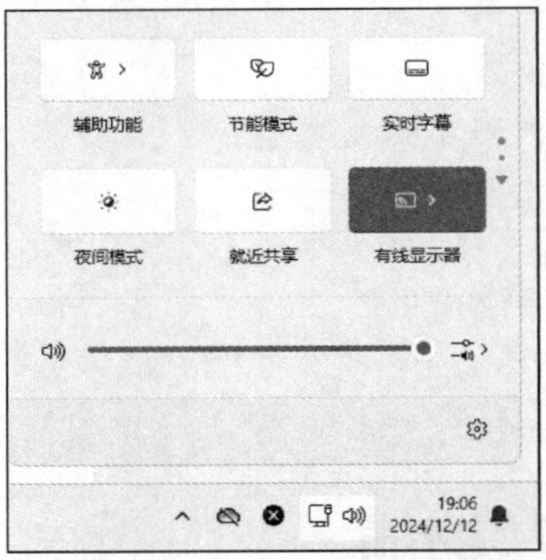

图 2.1　新版控制中心

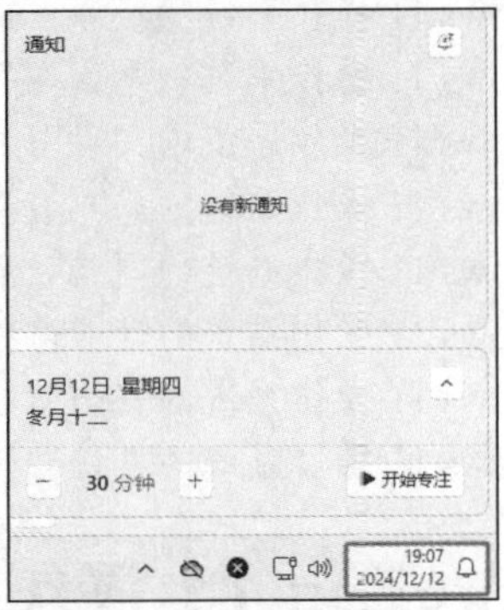

图 2.2　日期和通知中心

（2）新的分屏模式。如果打开了多个窗口，在其中一个窗口的“最大化”按钮上悬停鼠标指针，会显示分屏模式，用户可以设置这些窗口的分屏布局，如图 2.3 所示。

（3）新的多任务窗口和多桌面。全新的多任务窗口替代了以往的时间线设计，而且切换方便，新建桌面的功能也更加直观，如图 2.4 所示。

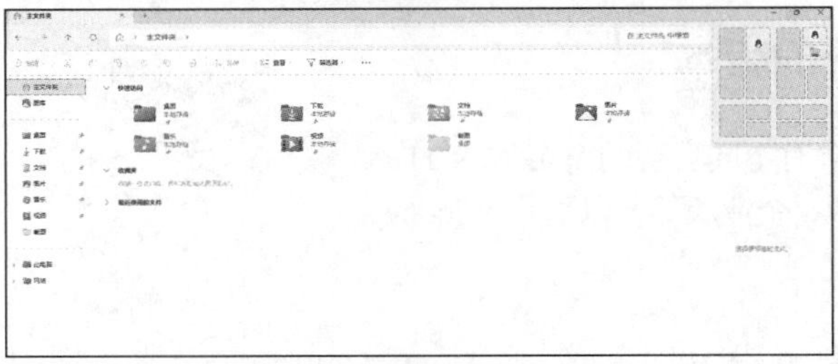

图 2.3　新的分屏模式

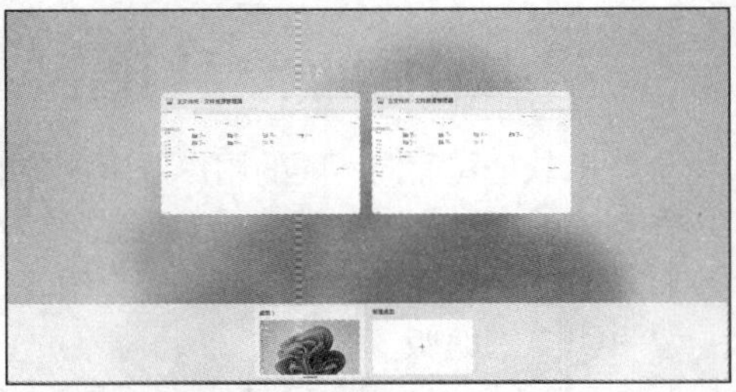

图 2.4　新的多任务窗口和多桌面

（4）新的系统设置。在早期版本中，各功能都有独自的入口界面。在 Windows 11 操作系统中，很多功能都被整合到了一起，通过左侧导航栏可以快速进入各功能界面，如图 2.5 所示。

（5）新的小组件。小组件的功能类似于现在的手机显示模式，小组件包括天气、股票行情、新闻、日历等各种资讯，如图 2.6 所示。

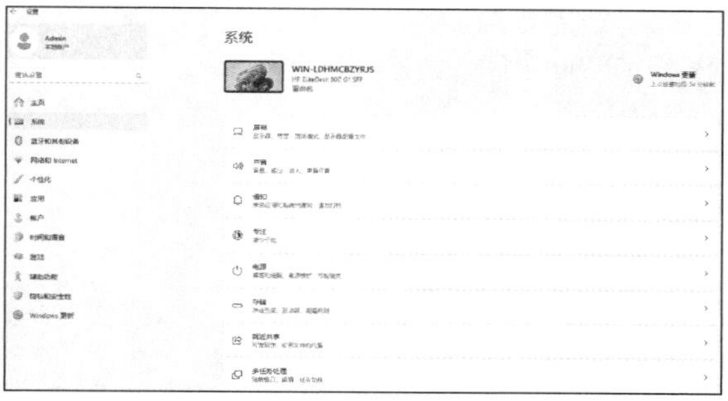

图 2.5　新的系统设置

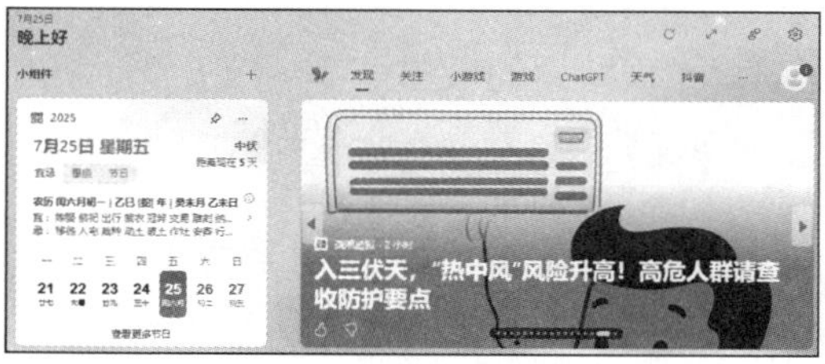

图 2.6　新的小组件

（6）全新的触控体验。系统针对平板及其他可触控的设备进行了优化，在手势触控、手写笔的触控方面也进行了调整。

（7）与 Intel 深度合作与硬件优化。Windows 11 操作系统可以更好地利用英特尔的新处理器，这是微软与英特尔合作带来的处理器优化结果。但微软表示即便是在比较旧的硬件上，Windows 11 操作系统的响应速度也非常快。硬件优化包括内存管理、睡眠恢复、减少磁盘占用、兼容性以及服务模型等。例如，采取的内存优先策略可以对内存管理进行优化，前台应用程序的优先级更高，可以获得更多的硬件资源。另外，Windows 11 操作系统对磁盘空间占用也进行了优化，改进了数据压缩技术，同时对非关键应用不提前预装，使用时才进行自动下载。

2.1.3　Windows 11 操作系统的安装方式

Windows 11 操作系统的主要安装方式包括升级安装和全新安装两种。

如果计算机已经安装了早期版本的操作系统，可以采用升级安装的方式将操作系统升级到 Windows 11。在正版的 Windows 10 操作系统中，只要设备硬件符合 Windows 11 操作系统的配置要求，用户都会收到升级到 Windows 11 操作系统的提示信息。没有收到推送提示的用户也可以采用手动升级的方法进行升级。手动升级主要包括手动在线升级和手动离线升级。手动在线升级，就是在系统满足升级要求且可以联网的情况下，下载 Windows 的安装助手"Windows 11 Installation Assistant"，通过这个工具，可以手动进行升级。如果当前可以进入系统，但无法联网，或者系统不满足 Windows 11 操作系统硬件要求的情况下，可以采用手动离线升级的方式来更新系统。要采用该方法进行更新，需要到微软官网下载 ISO 镜像文件，然后根据指示进行更新。无论是自动升级还是手动升级，都建议读者提前对重要的文件进行备份。

如果计算机并未安装操作系统，或者现有操作系统出现故障，可以考虑采用全新安装的方式。全新安装对计算机用户的水平要求较高，如果操作不当，尤其是在进行数据分区操作时，会造成硬盘中现有数据的丢失。在安装前，应做好重要数据的备份操作。

2.2　Windows 11 操作系统的个性化设置

Windows 11 操作系统的界面可以称得上是"颜值爆表"。对于个人来说，无论是彰显个性，还是使界面更符合自己的操作习惯，用户都需要对操作系统进行一些个性化设置。本节向读者介绍

Windows 11 操作系统中一些常用的个性化设置。通过对本节的学习，读者可以打造出更符合自己品味的 Windows 11 操作系统的功能界面。

2.2.1　桌面与窗口设置

桌面与窗口设置

Windows 操作系统中最常见的个性化设置就是背景、主题等的设置。Windows 11 操作系统的个性化设置步骤与 Windows 10 操作系统的有些不同。另外，个性化设置需要操作系统激活后才能使用。

1. 桌面背景的设置

桌面背景的设置分为静态壁纸的设置和动态壁纸的设置，下面介绍具体的设置方法。

（1）静态壁纸的设置

静态壁纸的设置比较简单。在桌面空白处单击鼠标右键，选择“个性化”选项，如图 2.7 所示，在“个性化”窗口中，选择“背景”选项，如图 2.8 所示。

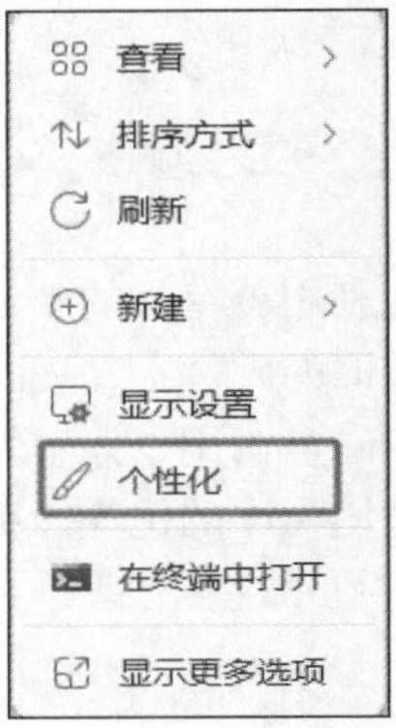

图 2.7　“个性化”选项

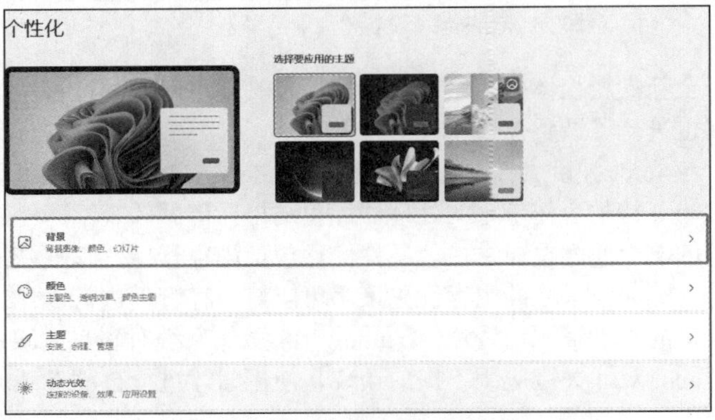

图 2.8　“个性化”窗口

在“个性化设置背景”下拉列表中选择“图片”选项，可以从“最近使用的图像”列表中选择一张图片作为背景，然后在“为桌面图像选择适应模式”下拉列表中选择“填充”选项，如图 2.9 所示，此时桌面背景被更换成刚才选择的图片，并以填充的方式布满整个屏幕。

也可以在“背景”窗口中单击“浏览照片”按钮，弹出“打开”对话框，在对话框中找到并选中需要设为背景的图片，单击“选择图片”按钮，如图 2.10 所示，桌面背景就被更换成所选图片，而且系统会根据所选图片自动生成主题色并将其应用于桌面元素。

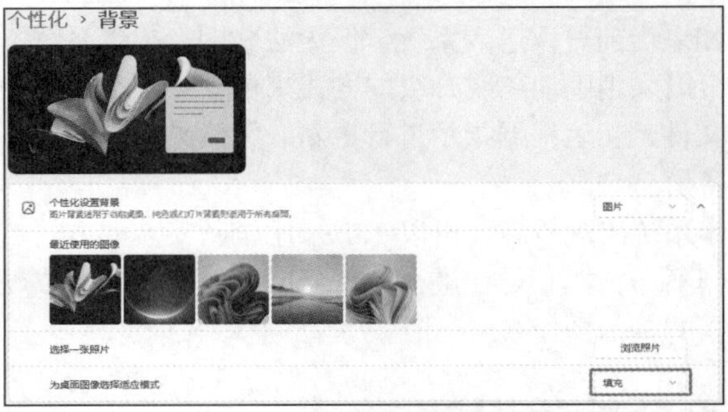

图 2.9　选择“填充”选项

图 2.10　“打开”对话框

（2）动态壁纸的设置

默认情况下，背景是不变的，用户也可以选中多张图片作为背景，定时更换。设置方法是在“个性化设置背景”下拉列表中选择“幻灯片放映”选项，如图 2.11 所示。

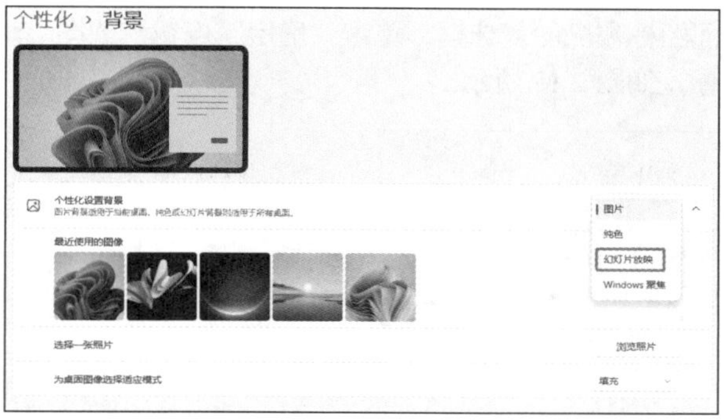

图 2.11　“幻灯片放映”选项

在下方的选项中，可以设置图片切换频率、是否顺序播放等。单击“浏览”按钮，如图 2.12 所示，在弹出的“选择文件夹”对话框中，选择壁纸图片所在的文件夹，单击“选择此文件夹”按钮，如图 2.13 所示。

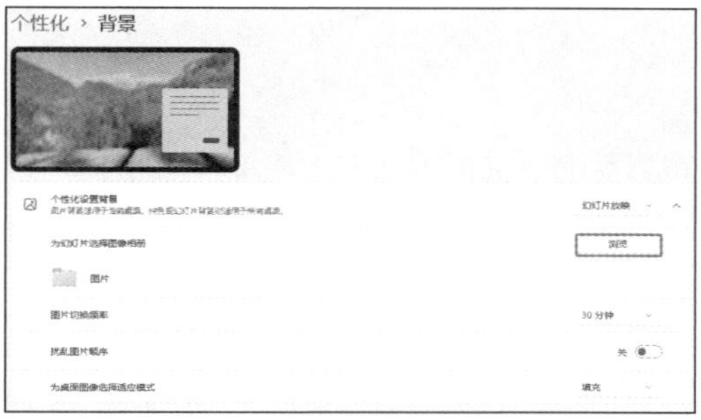

图 2.12　为幻灯片选择图像相册

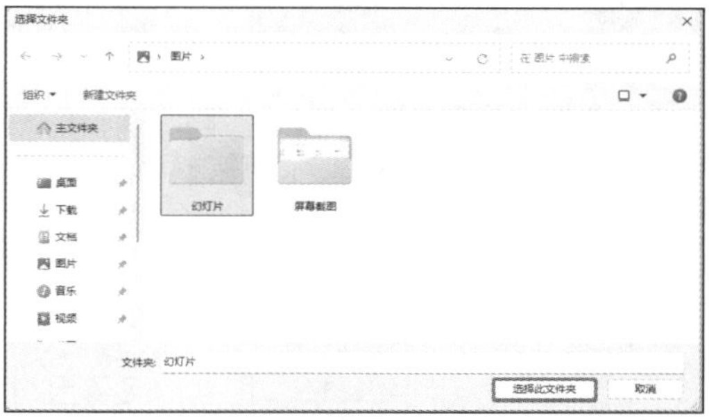

图 2.13　“选择文件夹”对话框

Windows 11 操作系统会逐张将文件夹中的图片作为壁纸进行显示，类似于幻灯片放映。在选择文件夹前，请将所有壁纸图片放置到选中的文件夹当中。

2. 桌面图标设置

Windows 11 操作系统的图标体系也进行了大量的改进，现在的 Windows 11 操作系统的图标不仅效果美观，而且用户可以更加容易分辨出各种图标对应的程序或功能。图标的设置主要包括以下几种。

（1）显示常用图标

安装好系统后，正常情况下桌面上只有“回收站”“Microsoft Edge”两个图标，其他的常用图标可以按照下面的步骤显示出来，以方便日常操作。

在桌面空白处单击鼠标右键，选择“个性化”选项，找到并选择“主题”选项，如图 2.14 所示。在“相关设置”区域中，选择“桌面图标设置”选项，如图 2.15 所示。

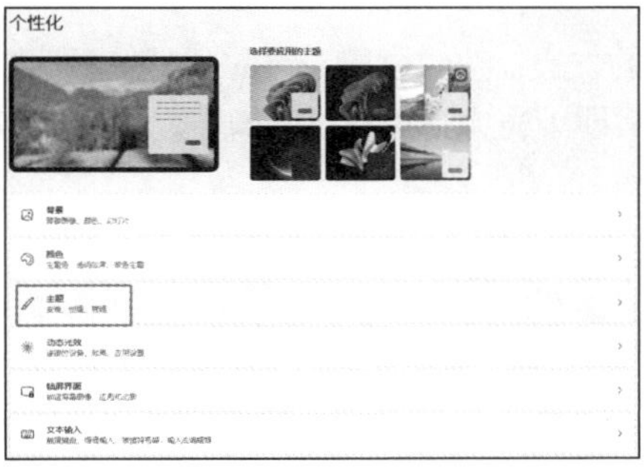

图 2.14　选择“主题”选项

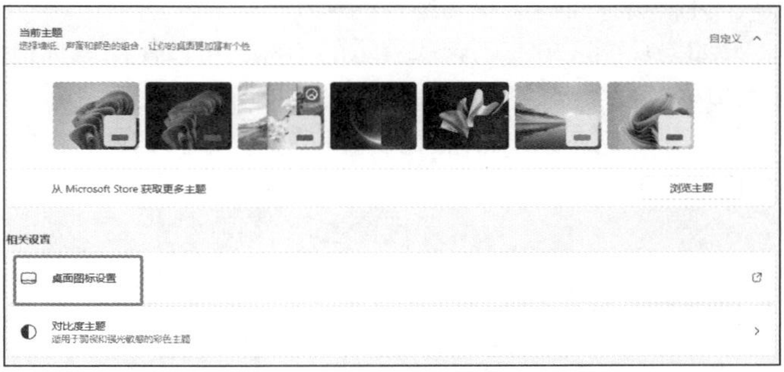

图 2.15　选择“桌面图标设置”选项

勾选需要显示的桌面图标左侧的复选框，单击“确定”按钮，如图 2.16 所示，返回到桌面后，桌面上会出现选中的图标，如图 2.17 所示。

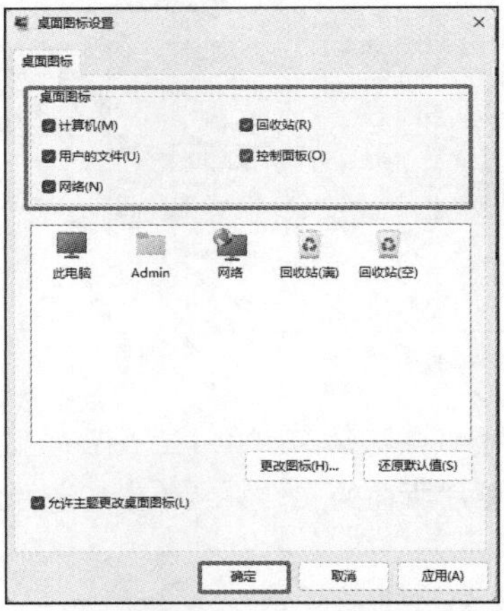

图 2.16　勾选要显示的桌面图标复选框

图 2.17　桌面图标

（2）调整图标顺序

默认情况下，图标的排列顺序有可能比较乱，可以按照下面的方法调整图标的顺序。

在桌面空白处单击鼠标右键，从“排序方式”子菜单中，选择“名称”选项，如图 2.18 所示。完成后可以看到桌面图标已经按照名称重新排序，如图 2.19 所示。

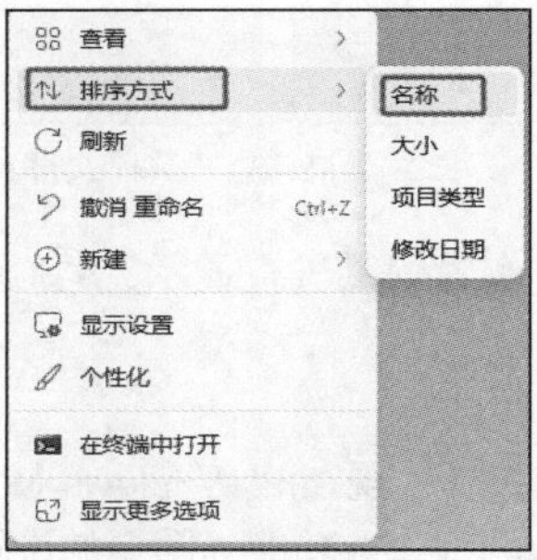

图 2.18　按照名称排序

图 2.19　排序后的图标效果

2.2.2　功能区的设置

1. 功能区程序图标的操作

Windows 11 操作系统在任务栏右侧的功能区中显示一些常驻后台的程序图标，如果程序图标太多，会影响界面的美观和用户的操作。

如果功能区中有不希望展示的图标，可以使用鼠标拖动的方法：按住鼠标左键的同时将图标拖动到功能区的“^”按钮上，如图 2.20 所示，松开鼠标左键后即可完成隐藏图标的操作，如图 2.21 所示。如果想还原，将程序图标从隐藏区拖出到任务栏中即可。

图 2.20　拖动图标

图 2.21　图标隐藏后的效果

2. 控制中心的使用

Windows 10 操作系统的“控制中心”“通知”功能合并在一个面板中，Windows 11 操作系统将其分开，将“控制中心”“网络”“声音”功能进行了组合，形成了新的控制中心。在“网络”图标上单击鼠标右键，弹出对应的网络菜单，如图 2.22 所示。在“声音”图标上单击鼠标右键，也可以弹出对应的声音菜单，如图 2.23 所示。

在“网络”或“声音”图标上单击鼠标左键，都会弹出“控制中心”面板，如图 2.24 所示。其中包含常用的“辅助功能”“节能模式”“实时字幕”“夜间模式”和声音控制条等选项。

图 2.22　网络菜单

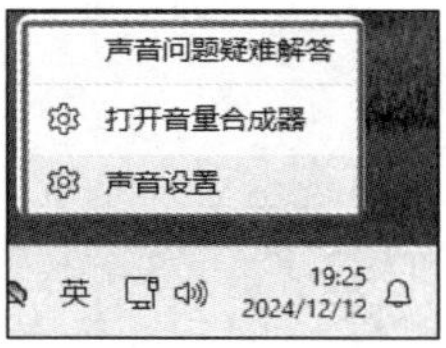

图 2.23　声音菜单

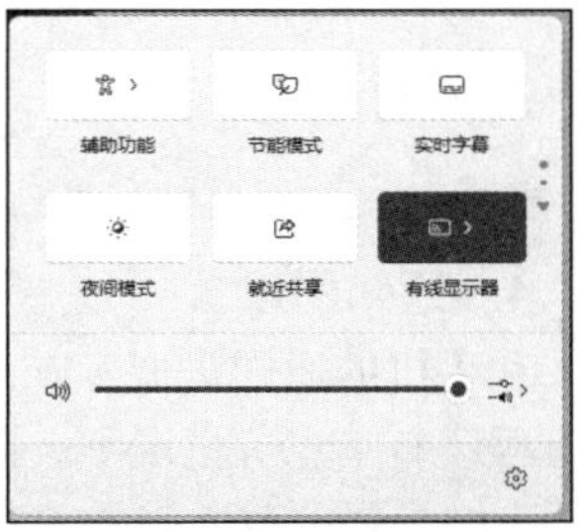

图 2.24 “控制中心“面板

3. 日期和时间的调整

Windows 11 操作系统的“日期和时间”设置与“通知”设置合并到了一起，下面首先介绍日期和时间的设置和调整。单击“日期和时间”图标后，会显示“日期和时间”面板，如图 2.25 所示，滚动鼠标滚轮或者单击上、下按钮，就可以查看其他月份的日期。

在任务栏的“日期和时间”图标上单击鼠标右键，如图 2.26 所示，选择“调整日期和时间”选项，打开图 2.27 所示的“日期和时间”窗口，在窗口中可以看到，当前是自动设置时间模式。

图 2.25 “日期和时间”面板

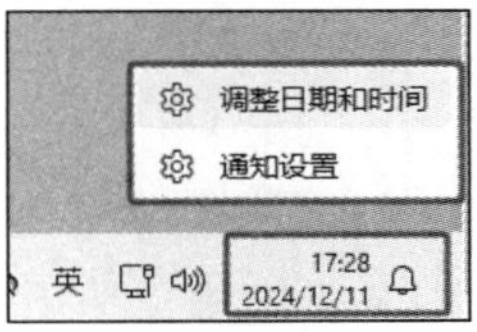

图 2.26 “调整日期和时间”菜单

如果用户需要自己设置时间，则要将“自动设置时间”开关关闭，单击“手动设置日期和时间”选项右侧的“更改”按钮，如图 2.28 所示。

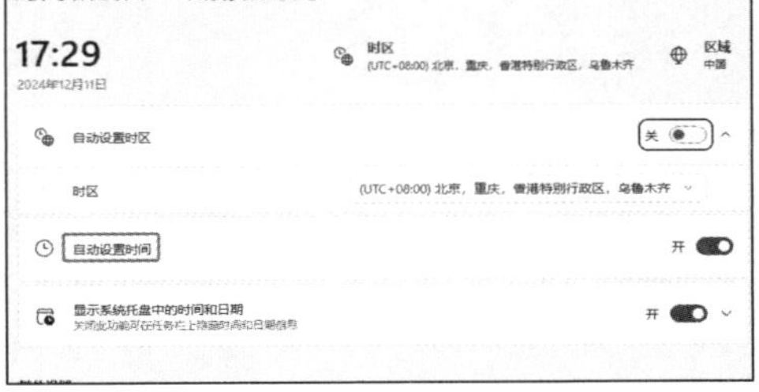

图 2.27　自动设置时间

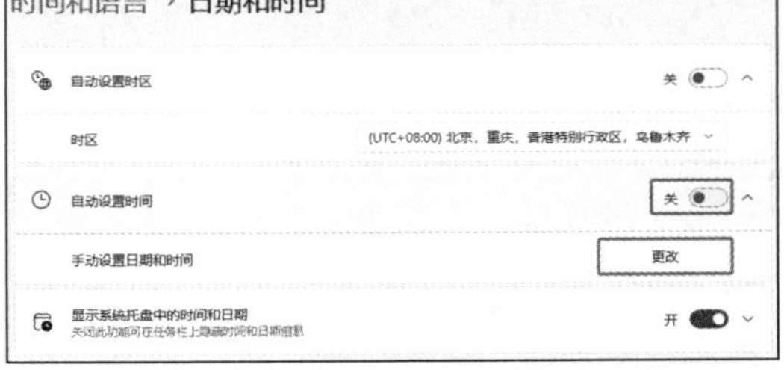

图 2.28　手动设置时间

在弹出的“更改日期和时间”对话框中，可以设置新的日期和时间。设置完成后，单击“更改”按钮即可生效，如图 2.29 所示。

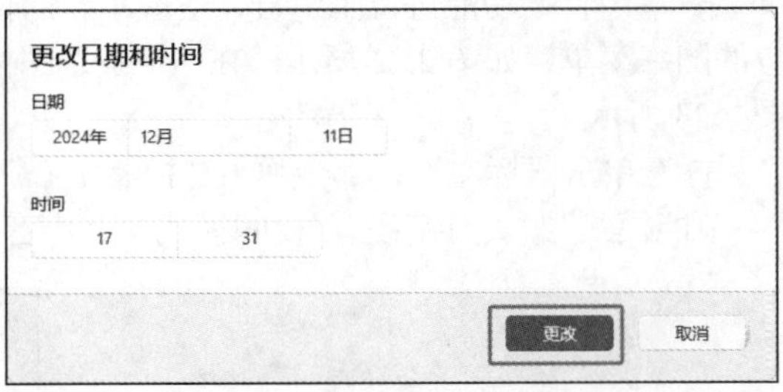

图 2.29　“更改日期和时间”对话框

4. 通知的设置

和手机的通知类似，Windows 11 操作系统也会在系统产生故障、加入硬件、系统重要参数被修改、程序有消息等情况下，向用户发送通知。通知会显示在“时间和日期”面板的上方，如图 2.30 所示。如果要更改通知的内容和程序，可以在“时间和日期”图标上单击鼠标右键，如图 2.31 所示，在弹出的菜单中选择“通知设置”选项。

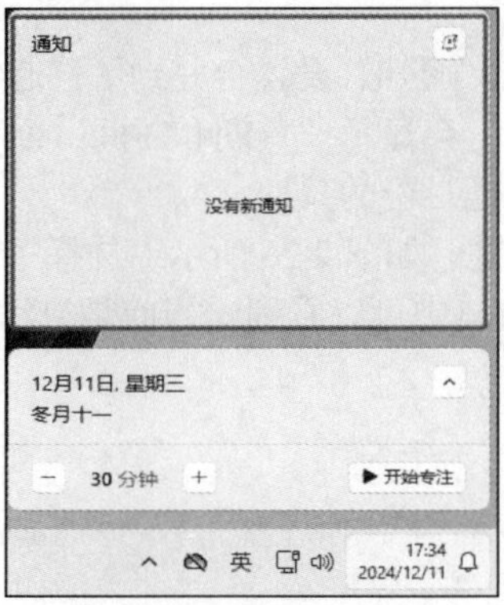

图 2.30　“通知”面板

图 2.31　“通知设置”选项

在“通知”窗口中，最上方的“通知”开关如果关闭，则任务栏右侧将不显示任何通知。展开“通知”下拉列表，其中可以设置通知显示的位置、通知提示音等，如图 2.32 所示。窗口下方可以设置允许通知的程序，如图 2.33 所示。

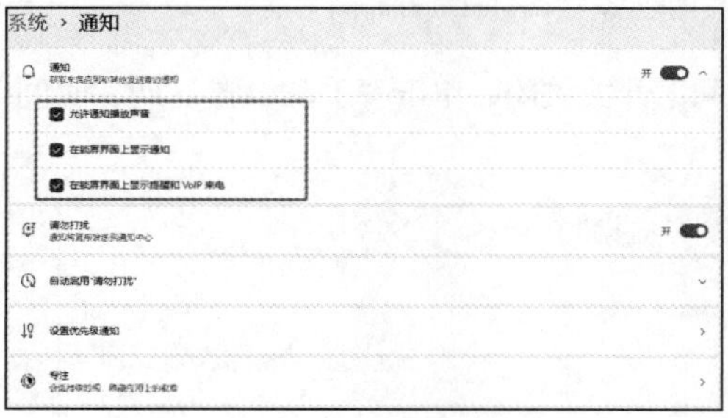

图 2.32　“通知”窗口

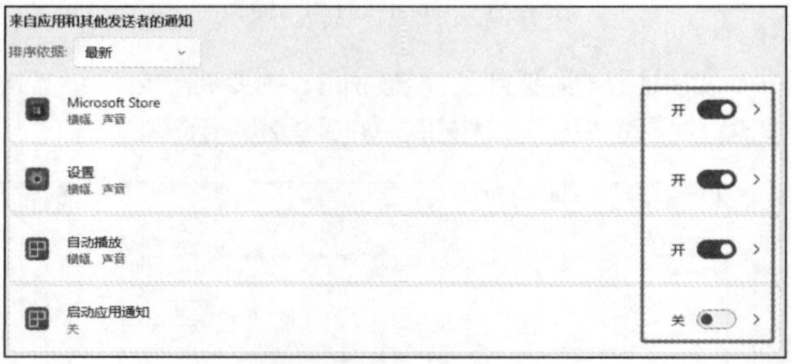

图 2.33　设置允许通知的程序

单击任一程序选项，在对应的程序窗口中可以设置该程序的通知位置、通知状态、通知中心优先级等，如图 2.34、图 2.35 所示。

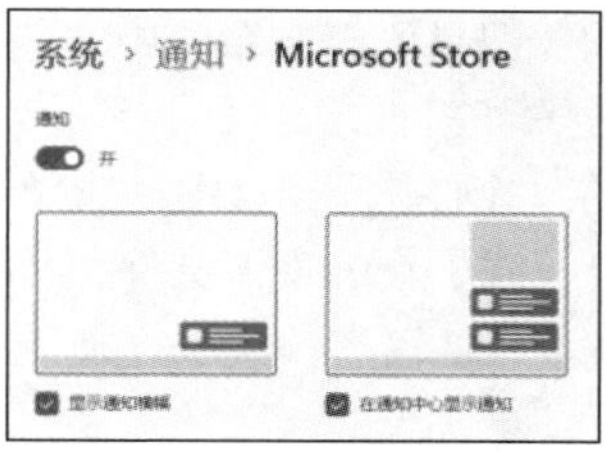

图 2.34　开启通知开关

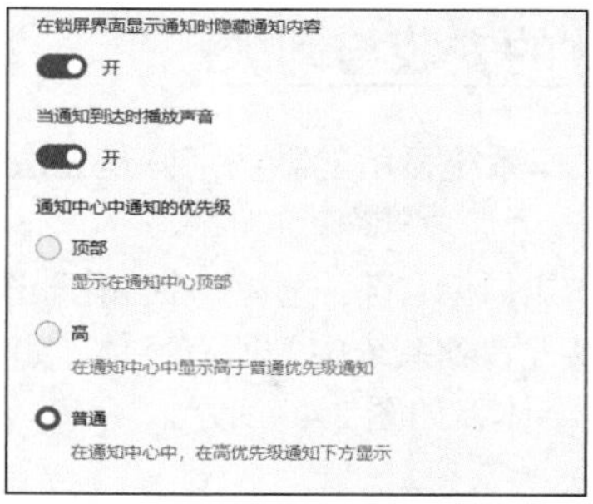

图 2.35　通知设置

5. 输入法的设置和使用

控制中心图标旁边是输入法图标。输入法默认是英文输入状态，在输入法图标上单击鼠标左键或者按“Shift”键可以切换到中文输入法，此时就可以输入汉字了。

（1）调出输入法工具栏

用户在输入法图标上单击鼠标右键，弹出图 2.36 所示的菜单，选择“输入法工具栏(关)”选项，就可以调出输入法工具栏，如图 2.37 所示。

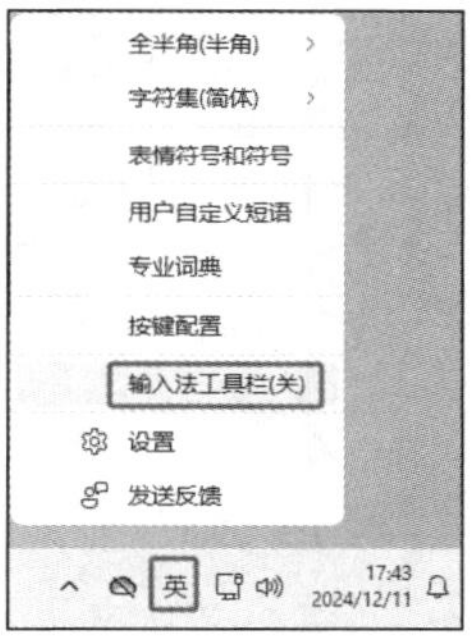

图 2.36　输入法菜单

图 2.37　输入法工具栏

（2）输入表情符号

在 Windows 11 操作系统中，可以用系统自带的输入法输入 emoji 表情符号和动图。用户可以将光标定位到输入位置，在输入法工具栏上单击“表情符号”按钮，在弹出的界面中可以选择表情符号、GIF（Graphics Interchange Format，图形交换格式）动图、颜文字、符号等内容，如图 2.38 所示，也可以在搜索栏中搜索需要的符号。

（3）其他设置

在输入法菜单中，还可以设置全角/半角显示、字符集、用户自定义短语、专业词典、按键配置等，如图 2.39 所示。

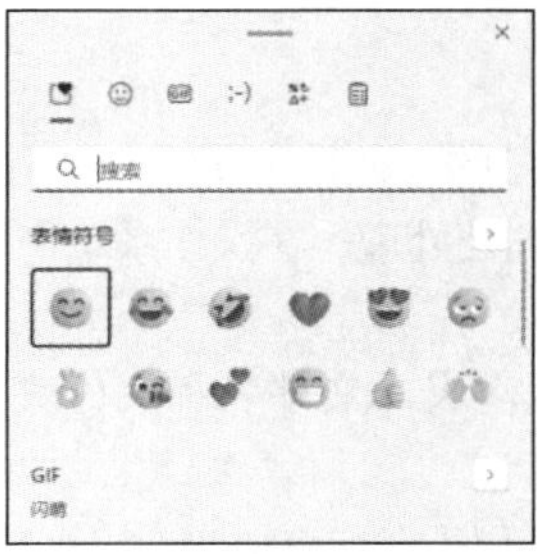

图 2.38　表情符号

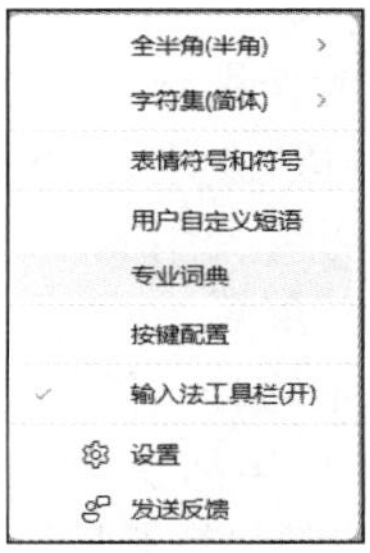

图 2.39　其他输入法设置

2.2.3 字体的安装与卸载

Windows 11 操作系统显示的默认字体是无法修改的，但是可以在系统中安装或卸载字体。

1. 安装字体

在桌面空白处单击鼠标右键，选择“个性化”选项，在“个性化”窗口中，选择“字体”选项，在“字体”窗口中可以查看到系统中的所有字体。如果用户下载了新的字体文件，可以将字体文件拖入虚线框中，以安装字体，如图 2.40 所示。

2. 卸载字体

卸载字体的方法很简单。单击需要卸载的字体，进入字体详细信息页面中，找到并单击“卸载”按钮，如图 2.41 所示，在弹出的提示框中，单击“卸载”按钮，即可完成字体的卸载。

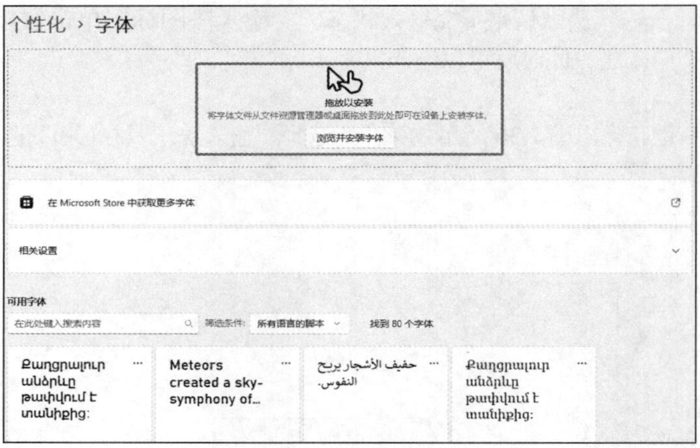

图 2.40 “字体”窗口

图 2.41 卸载字体

2.3 文件与文件夹的管理

文件与文件夹的管理

文件和文件夹是 Windows 操作系统中存储和管理数据的两种结构。本节着重介绍 Windows 11 操作系统中的文件及文件夹的管理，包括文件及文件夹的种类、查看方式、基本操作等。通过对本节的学习，读者可以对 Windows 11 操作系统中的文件及文件夹的使用有更进一步的了解。

2.3.1 文件及文件夹的简介

在 Windows 11 操作系统中，大部分的资源都以文件或文件夹的形式保存在磁盘中。下面介绍文件及文件夹的基础知识。

1. 文件及文件夹的作用

在计算机磁盘中，可以看到各种文件与文件夹。常见的各种程序文件、文档、电影、歌曲、照片等，都是文件的形式。而文件夹主要用于对文件进行分类并归档处理，在操作系统中以目录树的形式展现。

2. 文件名及文件扩展名

Windows 操作系统中的文件名由文件名和扩展名构成，文件名和文件夹名的命名规则如下。

- 文件或者文件夹的名称不得超过 255 个字符。
- 文件及文件夹的名称除了开头和结尾之外的任何地方都可以使用空格，开头和结尾的空格会被自动省略。

- 文件及文件夹的名称中不能有“?”“、”“/”“\”“*”“<”“>”“|”等符号。
- 文件及文件夹的名称不区分大小写，但在显示时可以保留大小写格式。
- 同一个目录中不允许有相同名称的文件或文件夹。
- 一些操作系统保留的设备名，不能用来为文件命名，如“AUX”“COM1”“LPT2”等。

文件扩展名可用来识别文件类型，通过扩展名可以确定该文件的类型、打开它的软件等。Windows 操作系统的常见文件扩展名及说明如下。

- exe:可执行文件
- sys:系统文件
- txt:文本文档文件
- mp4/avi/mkv:视频文件
- rar/zip:压缩文件
- mp3/wma:音频文件
- html:网页文件
- iso:镜像文件
- doc/docx:Word 文档。
- ppt/pptx:PowerPoint 演示文稿
- xls/xlsx:Excel 表格
- pdf:便携式文档

2.3.2　文件及文件夹的高级操作

1. 文件或文件夹的隐藏及显示

如果文件或文件夹比较重要，为防止其被其他人查看或者误删除，可以将该文件或文件夹隐藏起来，以达到保护的目的。下面介绍具体的操作步骤。

在需隐藏的文件或文件夹上单击鼠标右键，如图 2.42 所示，选择“属性”选项，打开属性对话框，在“常规”选项卡中，勾选“隐藏”复选框，单击“确定”按钮，如图 2.43 所示。

此时在原文件夹中就无法看到隐藏的文件或文件夹了。如果要查看隐藏文件或文件夹，可以在快捷工具栏中单击“查看”下拉按钮，选择“显示”子菜单中的“隐藏的项目”选项，如图 2.44 所示，此时隐藏的文件或文件夹就显示出来了。

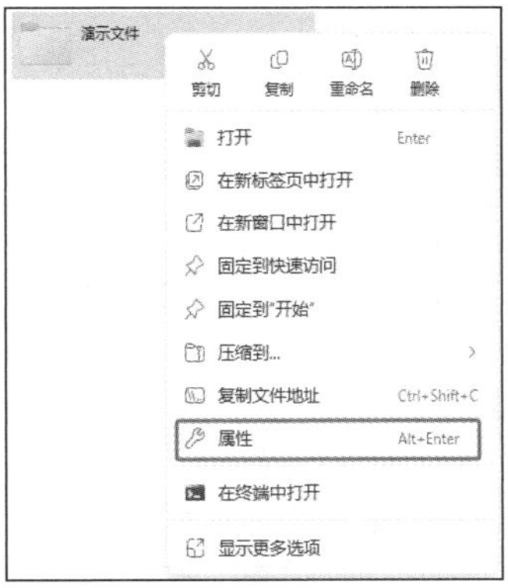

图 2.42　选择“属性”选项

图 2.43　勾选“隐藏”复选框

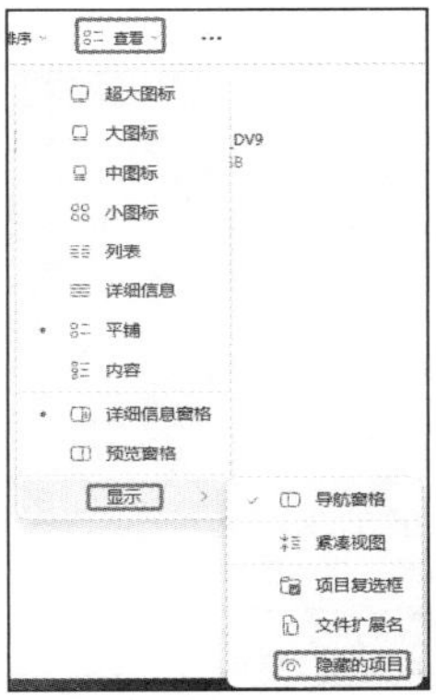

图 2.44　显示隐藏的项目

用户可以再次选择“隐藏的项目”选项，将具有“隐藏”属性的文件或文件夹隐藏起来。如果要取消隐藏，可以进入这些文件或文件夹的属性对话框中，取消勾选“隐藏”复选框即可。

2. 只读文件设置

有些文件比较重要，为了防止文件内容被随意修改，可以将文件设置为“只读”状态，即该文件只能阅读内容而无法进行修改。具体的操作步骤如下。

在需要修改的文件上单击鼠标右键，选择“属性”选项，打开属性对话框，在“常规”选项卡中，勾选“只读”复选框，单击“确定”按钮，如图 2.45 所示。

打开文档并修改文档内容，执行保存操作，此时文档会弹出“另存为”对话框，因为文件不能更改，只能另存到其他位置或者保存为其他文件名，如图 2.46 所示。

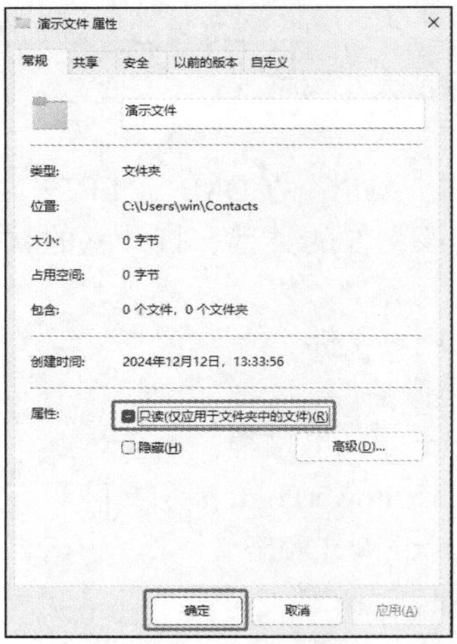

图 2.45　勾选“只读”复选框

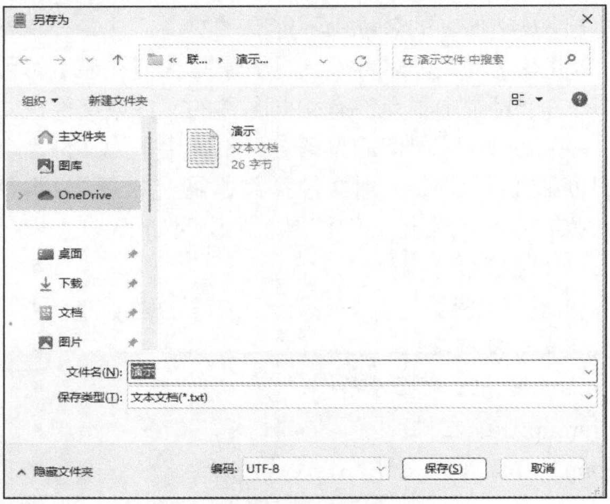

图 2.46　执行另存为操作

3. 对文件或文件夹的加密

加密是将数据转换为代码以防止未经授权的访问过程。在 Windows 操作系统中，可以使用内置工具来加密文件和文件夹，确保只有具有正确解密密钥的用户才能访问内容。

在文件上单击鼠标右键，选择“属性”选项，在图 2.47 所示的属性对话框的“常规”选项卡中，单击“高级”按钮，打开“高级属性”对话框，如图 2.48 所示，勾选“加密内容以便保护数据”复选框，单击“确定”按钮。确定并返回后，可以看到此时文件的图标上增加了锁形标签，如图 2.49 所示，这代表文件已经加密，系统也会提示用户备份加密密钥以防止重装系统后无法打开该文件。

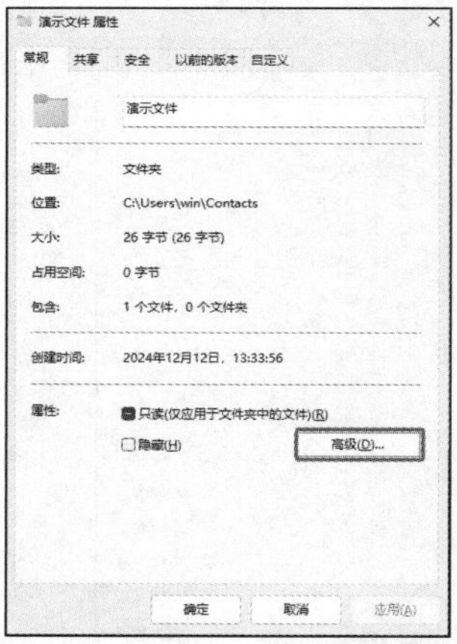

图 2.47　单击“高级”按钮

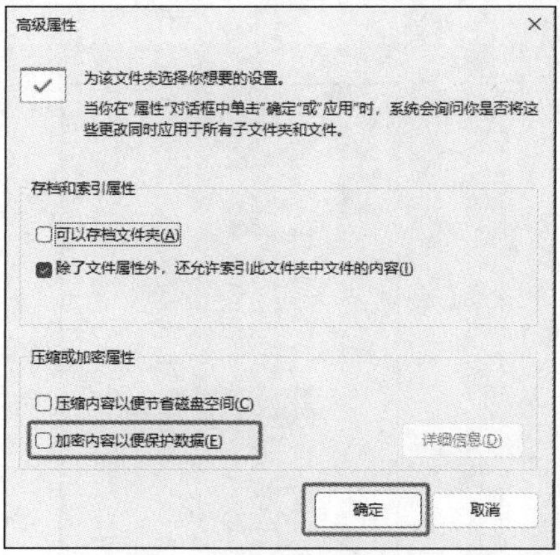

图 2.48　在“高级属性”对话框中进行设置

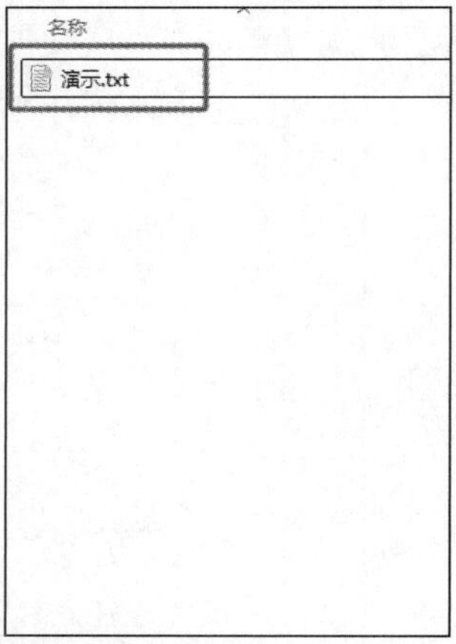

图 2.49　添加锁形标签的文件

4. 调整文件资源管理器的打开界面

在“开始”菜单上单击鼠标右键，在弹出的快捷菜单中选择“文件资源管理器”选项，打开“主文件夹”窗口。窗口中的“快速访问”区域显示常用的几个文件夹，如图 2.50 所示。如果想将“主文件夹”窗口更换成“此电脑”窗口，可以按照下面的方法操作。

在“主文件夹”窗口的快捷工具栏中，单击“...”按钮，从下拉菜单中选择“选项”选项，打开图 2.51 所示的“文件夹选项”对话框，单击“打开文件资源管理器时打开”下拉列表，选择“此电脑”选项，单击“确定”按钮。

按“Win+E”组合键，再次打开“文件资源管理器”，此时就会显示“此电脑”窗口，如图 2.52 所示。

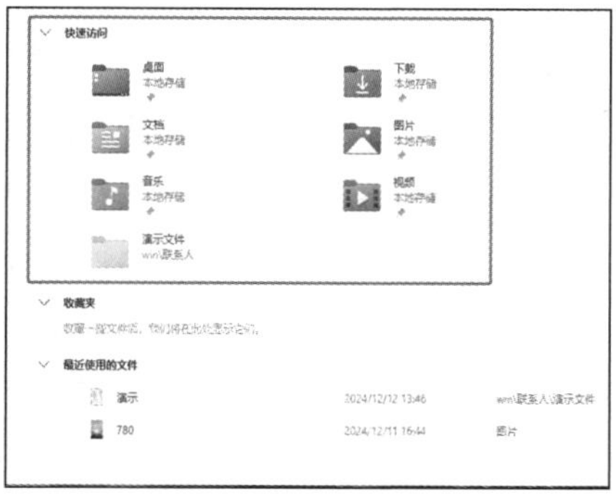

图 2.50　“快速访问”区域

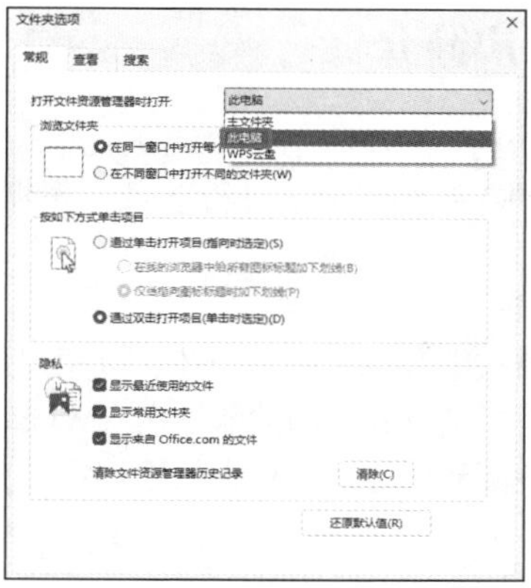

图 2.51　“文件夹选项”对话框

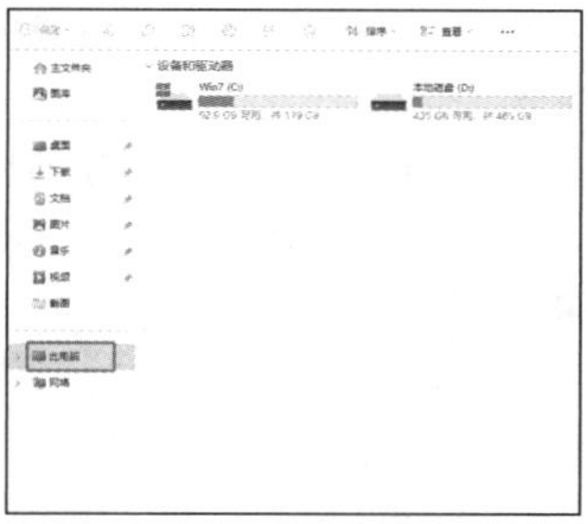

图 2.52　“此电脑”窗口

5. 文件夹选项的高级设置

（1）“常规”选项卡

“常规”选项卡如图 2.53 所示，在这里可以设置在同一个窗口或不同窗口中打开文件夹，设置以单击或双击的形式打开项目，设置是否在“快速访问”区域显示常用文件夹，以及清除文件资源管理器历史记录等。

（2）“查看”选项卡

“查看”选项卡如图 2.54 所示，在这里可以设置在“导航窗格”中显示的项目，设置在文件或文件夹中显示的项目，设置隐藏或显示系统文件、文件扩展名等常见的功能选项，用户可以在这里根据需要进行修改。

图 2.53　“常规”选项卡

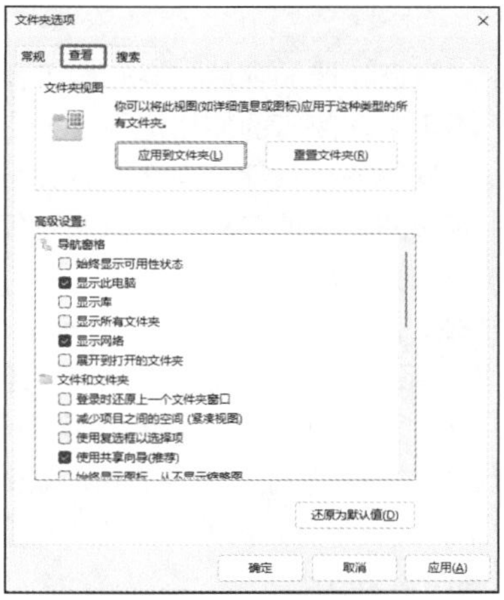

图 2.54　“查看”选项卡

（3）“搜索”选项卡

在“搜索”选项卡中，可以设置搜索方式、未建立索引位置时搜索的范围等。

2.4　Windows 账户的设置

Windows 账户的
设置

Windows 操作系统中各种程序的启动、参数设置、配置文件的修改、文档的创建和编辑都需要权限，权限和账户紧密相关。Windows 操作系统是一个多用户、多任务的操作系统，通过不同的账户，同一个操作系统可以被多人使用。本节向读者着重介绍账户的相关知识和操作。

2.4.1 Windows账户简介

在安装 Windows 操作系统时，系统提示用“Microsoft 账户”登录，用户可以根据提示进行注册并登录，还可以使用本地账户（脱机账户）进行登录，本节对 Windows 账户的相关知识进行具体介绍。

1. Windows 账户的功能

Windows 账户其实是一组权限和标记的组合体，以用户 ID（Identity Document，身份证件）号的形式存在于系统中，每个用户都有其不同的账户名。Windows 操作系统会根据不同的账户创建不同的使用环境、登录界面、桌面环境等，并根据权限规定，允许或限制用户运行程序、查看文件、编辑文档等操作。

2. Windows 账户的分类

Windows 账户被分成了多种类型，下面对不同的账户进行介绍。

（1）管理员账户

管理员账户具有系统最高权限，可以执行计算机的所有操作，可以访问计算机中的所有文件，可以管理其他类型的账户。用户在安装 Windows 操作系统时创建的本地账户属于管理员账户。

（2）标准账户

标准账户就是普通账户，由管理员账户创建并由管理员账户管理。该账户的权限比较少而且简单，可以启动软件、设置自己账户的参数，但无权更改大部分的系统参数设置。

（3）来宾账户

来宾账户也叫 Guest 账户，权限最低，无法进行任何系统设置的修改，可以用来远程登录系统，也可以叫作临时账户。由于安全问题，来宾账户默认是禁用状态。

（4）微软账户

微软账户是用户自己注册的存储在微软服务器的特殊账户，不仅可以用来登录系统，还可以用来在多台设备之间同步微软商店的使用记录、云盘、电脑设置、日程安排、照片、联系人等。而且微软账户和系统、微软的各种软件的激活也有关系，使用账户登录微软系统或软件，才可以完成激活。与微软账户相对应的是本地账户，本地账户仅具有本地性，不具备微软账户的互联网功能。用户也可以在本地账户和微软账户之间切换。

3. Windows 组

在 Windows 操作系统中，除了账户外还有“组”的概念。组是账户的存放容器，一个组可以包含多个账户。系统中的组也是权限分配的载体，而且只要把用户加入不同的组中，该用户就会有对应的权限。比如创建管理员账户时，管理员默认加入管理员组中，而普通用户默认加入普通用户组中。默认情况下，创建的账户本身的权限是相同的，之所以用户会有不同权限，是因为其加入了不同的管理组中。

（1）普通用户组

普通用户组权限比较低，可参考标准账户的权限。该组中的用户无法修改操作系统的设置和其他用户资料，不能修改注册表设置、操作系统文件或者程序文件。它因为权限较低，对系统影响也小，所以比较安全。

（2）管理员账户组

该组中的用户有计算机的完全控制权和访问权，可以对系统进行设置和修改，权限非常大。正因为对系统的影响非常大，所以该组中的账户一定要妥善保管。

（3）来宾账户组

来宾账户组的权限限制会更多，其中的账户适用于本地临时访问。

（4）系统账户组

该组中的用户账户主要用于保证系统服务的正常运行，赋予系统及系统服务的权限。

（5）所有用户组

默认情况下计算机的所有用户都属于该组，对一些文件夹设置权限时，可以使用 Everyone 设置，以便于所有用户可以进行操作。

2.4.2　Windows 账户的创建及管理

一般都是在安装系统时创建本地账户或者微软账户，然后进行登录。由于 Windows 11 操作系统的操作界面发生了很大的变化，因此接下来介绍在 Windows 11 操作系统中创建账户及管理账户的方法。

1. 创建账户

使用 Windows 11 操作系统的“账户”功能可以创建账户。按“Win+I”组合键进入“设置”窗口，选择左侧的“账户”选项，显示图 2.55 所示的“账户”设置界面，单击“其他用户”选项，单击“添加账户”按钮开始创建账户，如图 2.56 所示。

图 2.55　账户设置

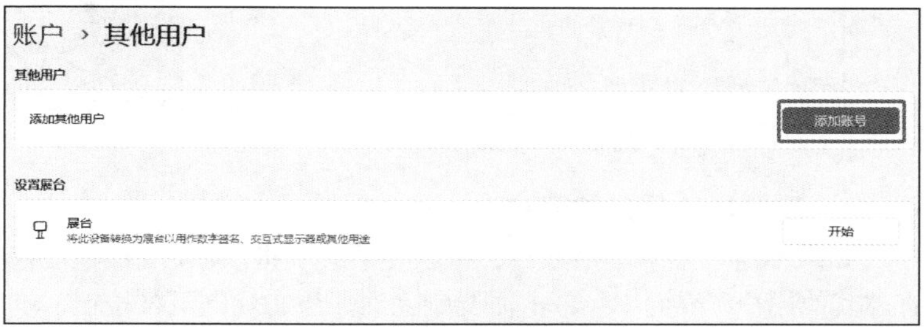

图 2.56　添加账户

此处默认创建的是微软用户，如果需要创建本地账户，应在弹出的对话框中单击“我没有这个人的登录信息”文字链接，接下来单击“同意并继续”按钮，单击“添加一个没有 Microsoft 账户的用户”文字链接，在这里输入本地账户的用户名和密码，并设置安全问题和答案，如图 2.57 所示，完成后单击“下一步”按钮，在“其他用户”列表中可以看到该用户的信息，如图 2.58 所示。

图 2.57　设置本地账户的用户名和密码

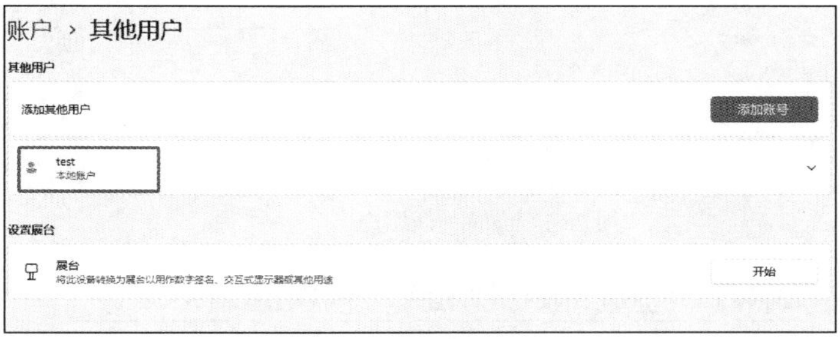

图 2.58　其他用户信息

2. 切换登录账户

要切换登录账户，可以单击“开始”菜单，在弹出的面板中单击当前用户的头像，在弹出的小面板中单击“注销”按钮，即可注销当前登录的账户。返回到登录界面后，用户可以选择其他账户进行登录，输入登录密码后，按回车键即可登录系统。

3. 修改账户的登录密码

账户的登录密码可以在系统中进行更改。在登录状态下，按“Win+I”组合键进入“设置”窗口，选择左侧的“账户”选项，选择“登录选项”，可以看到登录方式中出现“密码”登录方式，单击右侧的下拉按钮，然后单击“更改”按钮，如图 2.59 所示，输入当前账户的登录密码，如图 2.60 所示，单击“下一页”按钮，输入新的密码以及密码提示后，单击“完成”按钮即可。下次登录时需使用新的密码。

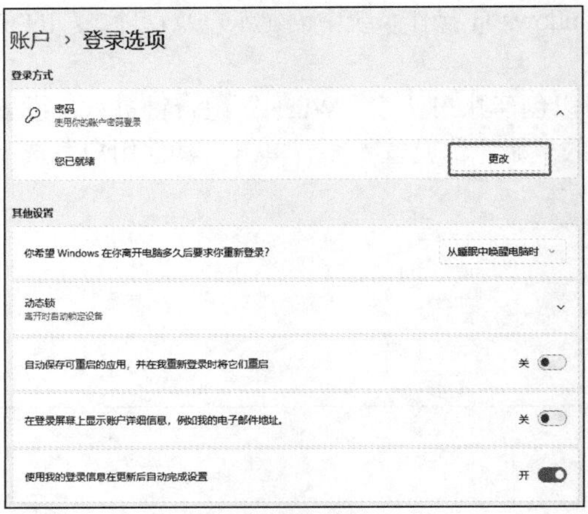

图 2.59　登录选项

图 2.60　更改密码

4. 删除本地用户的账户

如果不需要某个本地账户，可以在系统中将该账户删除。删除本地账户的方法比较简单，同样在“其他用户”界面中，单击需要删除的账户右侧的下拉按钮，单击“删除”按钮，如图 2.61 所示，弹出图 2.62 所示的确认对话框，单击“删除账户和数据”按钮，即可完成账户的删除操作。需要注意的是，在删除账户前需要使用有权限的账户进行登录。

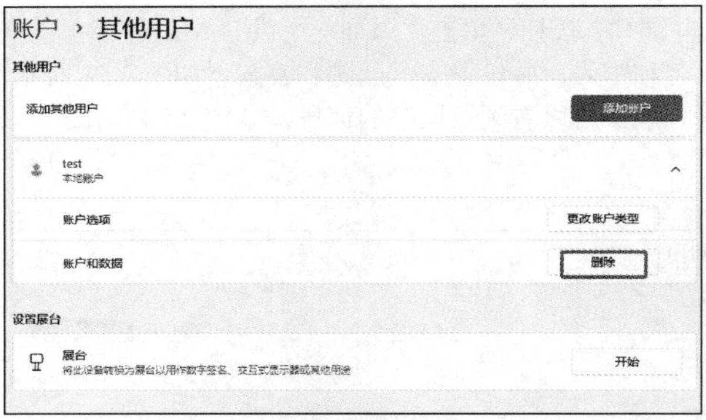

图 2.61　删除其他用户

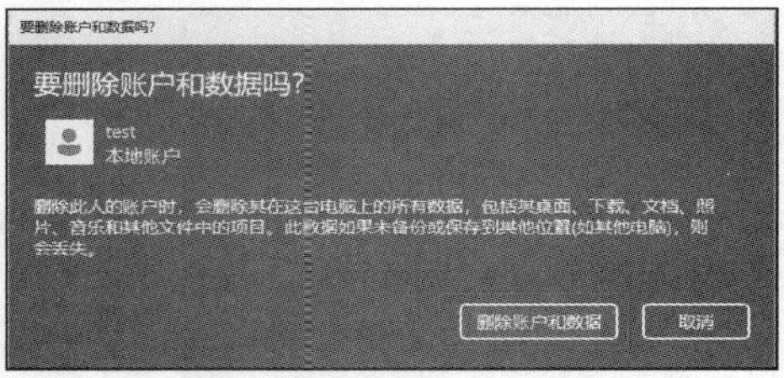

图 2.62　删除账户和数据

2.4.3　通过 Netplwiz 管理 Windows 账户

Netplwiz 全称为 Net Places Wizard（网络位置向导），使用该工具可以非常方便地管理账户。

1. 运行网络位置向导

按“Win+R”组合键启动“运行”对话框，输入命令“netplwiz”，如图 2.63 所示，单击“确定”按钮，打开“用户账户”面板，如图 2.64 所示。在“本机用户”列表中可以查看到当前系统中存在的用户账户的信息，以及该账户所在的用户组。

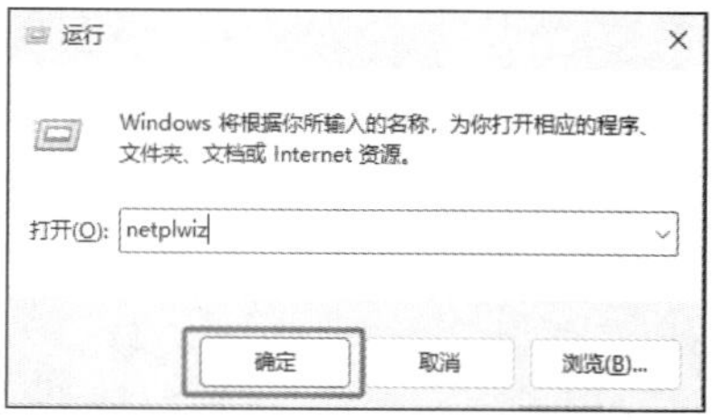

图 2.63　“运行”对话框

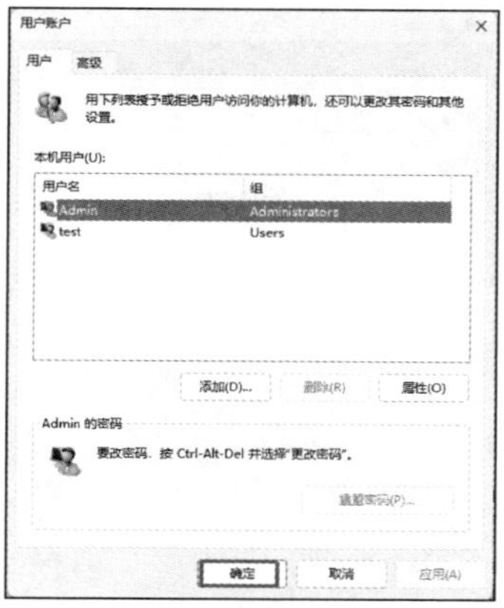

图 2.64　“用户账户”面板

2. 管理 Windows 账户

（1）添加用户

单击“本机用户”列表下方的“添加”按钮，可以在弹出的“此用户如何登录”向导面板（见图 2.65）中输入微软账户；单击“注册新电子邮件地址”文字链接，注册新的微软账户；单击“不使用 Microsoft 账户登录”文字链接，则可以创建本地账户。

（2）删除用户

选中用户后，可以单击“删除”按钮以删除该用户，需要注意的是当前登录的账户不能删除，需要先切换到其他管理员账户中。

（3）重置密码

重置密码只能针对本地账户，选中用户名后，如图 2.66 所示，单击下方“重置密码”按钮，会弹出“重置密码”对话框，不需要知道原密码就可以直接设置新密码。

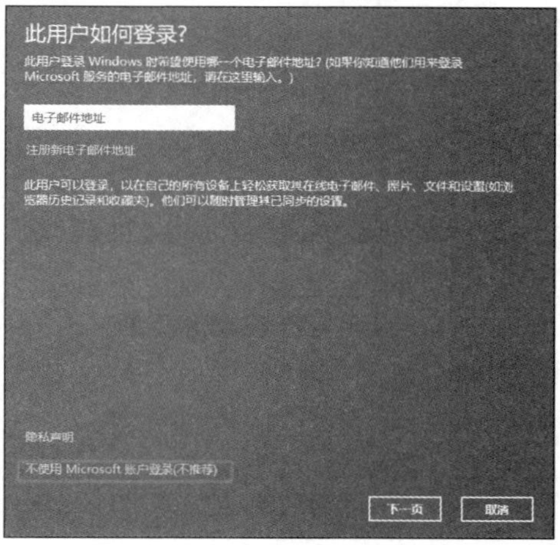

图 2.65　设置用户如何登录

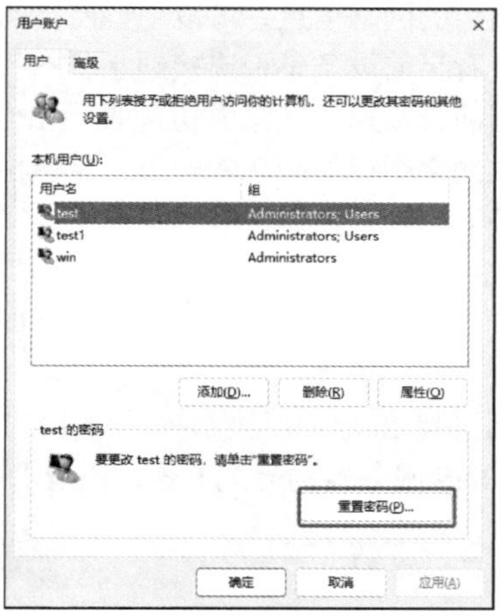

图 2.66　重置密码

（4）修改账户名

可以修改本地账户和微软账户在本机的显示名称。选中某个用户名后，单击“属性”按钮，在弹出的面板中可以查看当前账户的用户名和全名，如图 2.67 所示。

“用户名”是操作系统给该用户分配的一个名称，是系统识别用户使用的，和系统中的 UID（User Identifier，用户标识）相对应。而“全名”则可以理解成“用户名”的备注。

用户可以在此面板中修改账户的用户名和全名，如图 2.68 所示，单击“确定”按钮即可。

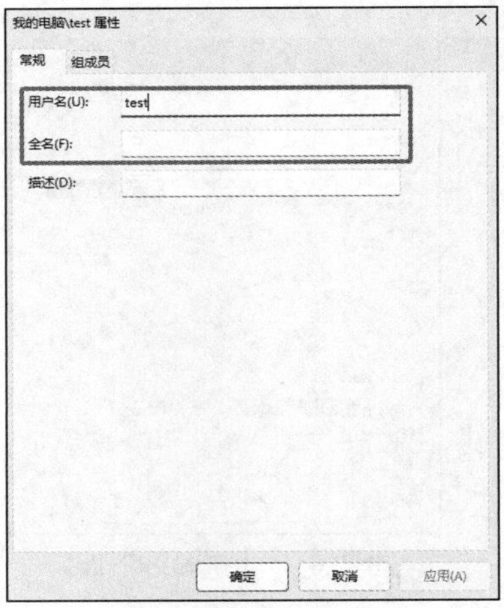

图 2.67　查看账户的用户名和全名

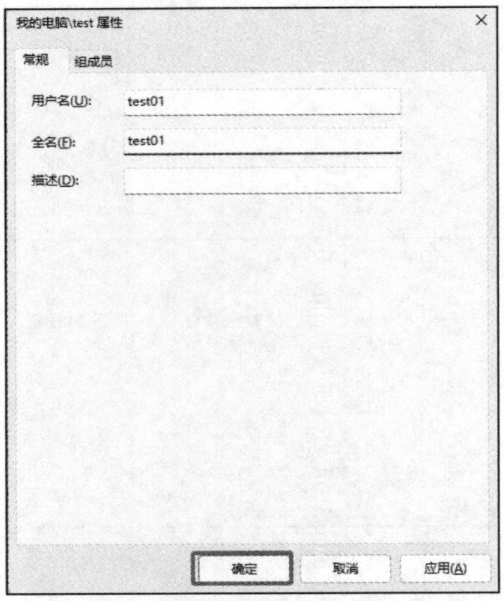

图 2.68　修改账户的用户名和全名

2.5　网络设置

网络设置

现在的操作系统大都集成网络功能，Windows 操作系统也不例外，越来越侧重于网络应用。如微软账户的登录、设备配置、信息的上传和下载、网页的浏览、各种网络客户端的应用、网盘等，都在日益凸显网络的强大。本节向读者介绍 Windows 11 操作系统的网络连接设置、网络共享的实现方式、网络的应用等。

2.5.1　网络连接设置

1. 查看当前的网络连接信息

查看当前的网络信息，可以了解网络的状态、IP 地址等信息。

（1）查看当前设备是否连接到互联网

如果当前设备通过网线成功获取了 IP 地址并连接到互联网中，任务栏中的网络图标如图 2.69 所示，将鼠标悬停在网络图标上，会提示用户已经连接到互联网。

图 2.69　网络图标

用户也可以按“Win+I”组合键打开“设置”窗口，选择“网络和 Internet”选项，从右侧界面中也可以看到计算机当前是否连接到互联网，如图 2.70 所示。

（2）查看网络信息

在“网络和 Internet”窗口中，单击“属性”按钮，如图 2.71 所示。在其中可以查看到当前的 IP 地址和 DNS 服务器的分配方式，以及 DNS 服务器、物理地址等信息。

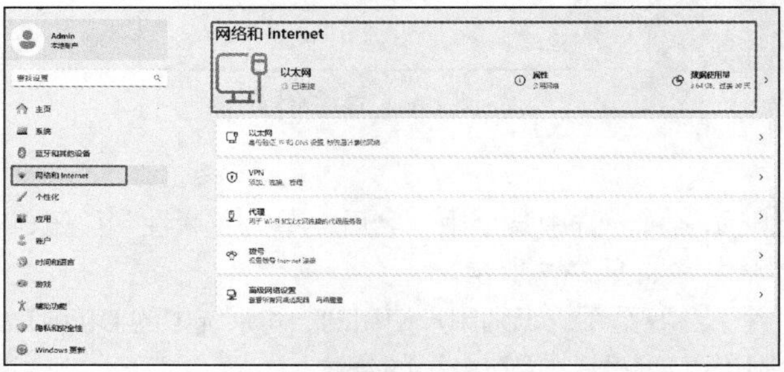

图 2.70　“网络和 Internet”选项

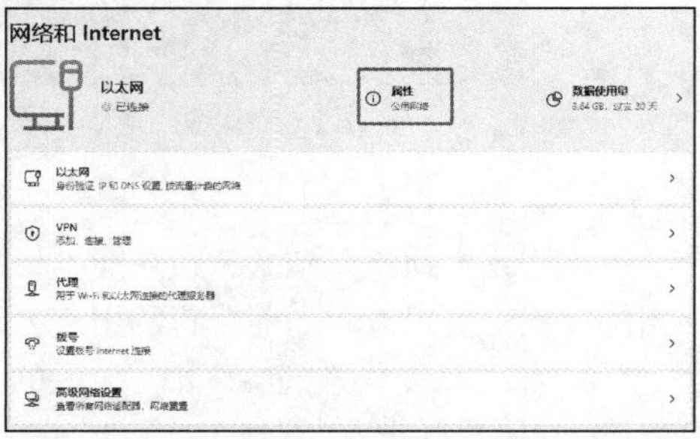

图 2.71　查看网络信息

2. 修改网络连接参数

默认情况下，网卡都是使用 DHCP（Dynamic Host Configuration Protocol，动态主机配置协议）自动获取 IP 地址，用户也可以手动配置 IP 地址等网络参数。进入“网络和 Internet”窗口中，单击“以太网”右侧的下拉按钮，单击“IP 分配”右侧的“编辑”按钮，如图 2.72 所示，弹出“编辑 IP 设置”对话框。在下拉列表中选择“手动”选项，开启“IPv4”的配置开关，手动输入 IP 地址、子网掩码、网关、DNS 信息，如图 2.73 所示，设置完成后单击“保存”按钮即可。

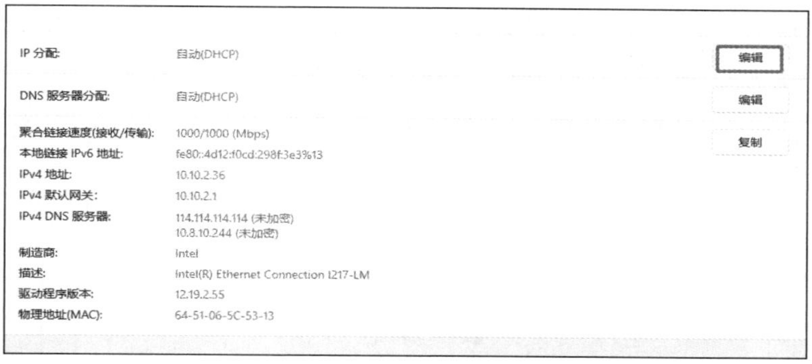

图 2.72 “以太网”窗口

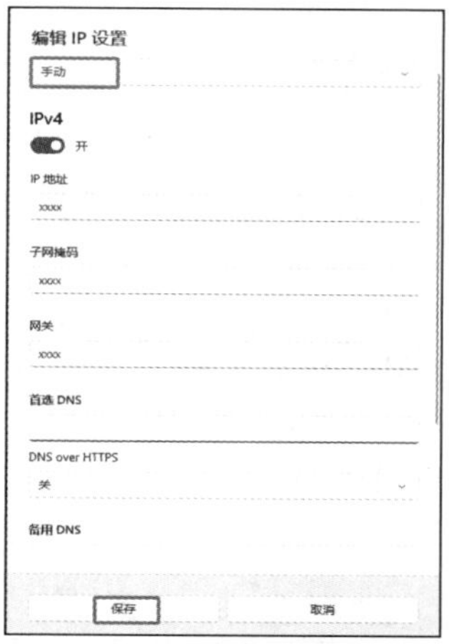

图 2.73 编辑 IP 设置

2.5.2 共享资源

1. 配置共享环境

单击“开始”菜单，在弹出的面板中，搜索“管理高级共享设置”功能，如图 2.74 所示，单击“高级管理共享设置”选项右侧的“打开”按钮，打开图 2.75 所示的“高级共享设置”窗口。在“专用网络”区域中，启用“网络发现”“启用文件和打印机共享”开关。

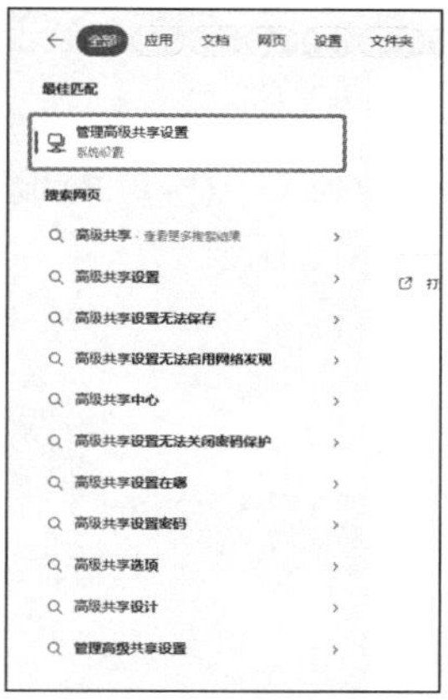

图 2.74 搜索“管理高级共享设置”功能

图 2.75 “高级共享设置”窗口

在“所有网络”区域中，启用“公用文件夹共享”开关，如图 2.76 所示。关闭“密码保护的共享”开关，如图 2.77 所示。至此，共享环境设置完毕，其他设备可以访问本机的“公用共享文件夹”，并且可以在共享中显示本机；同时关闭了密码保护开关，在访问本机的共享文件夹时，就无须输入用户名和密码了。

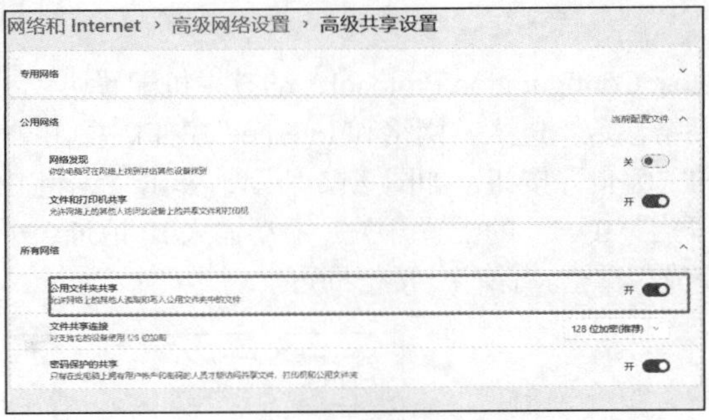

图 2.76　启用“公用文件夹共享”功能选项

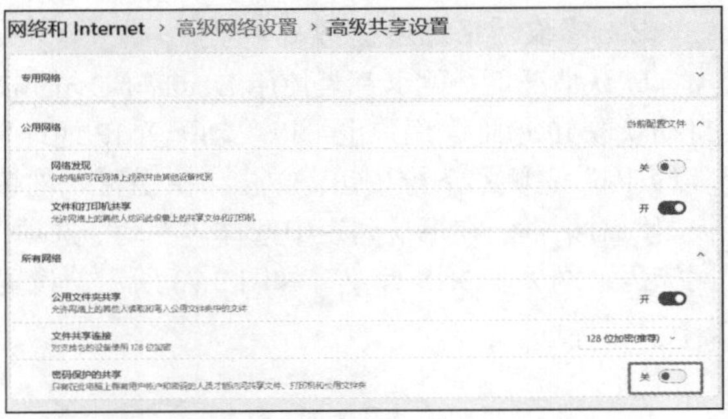

图 2.77　关闭“密码保护的共享”功能选项

2. 设置共享文件夹

在准备共享的文件夹上单击鼠标右键，在弹出的快捷菜单中选择“属性”选项，切换到“共享”选项卡，如图 2.78 所示，单击“共享”按钮，在添加文本框中输入“everyone”，如图 2.79 所示，单击“添加”按钮。

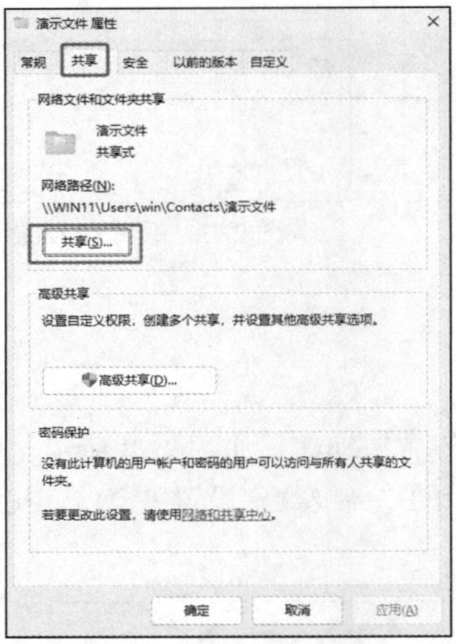

图 2.78　“共享”选项卡

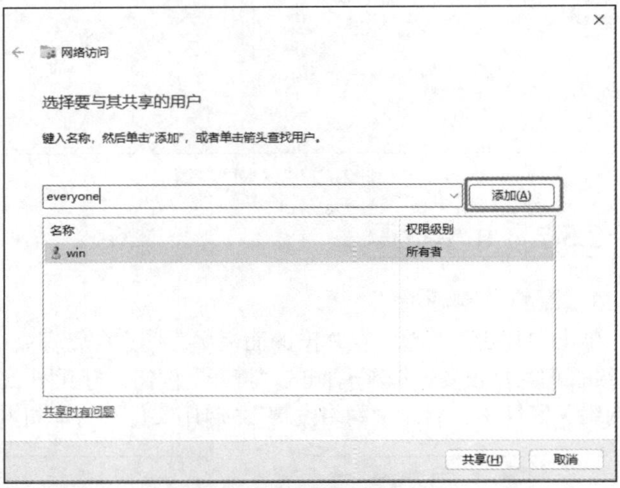

图 2.79　添加需要共享的用户

添加该用户组后，单击其右侧“权限级别”下拉按钮，在弹出的下拉列表中选择“读取”选项，如图 2.80 所示，单击“共享”按钮，弹出文件夹已共享的提示，如图 2.81 所示。

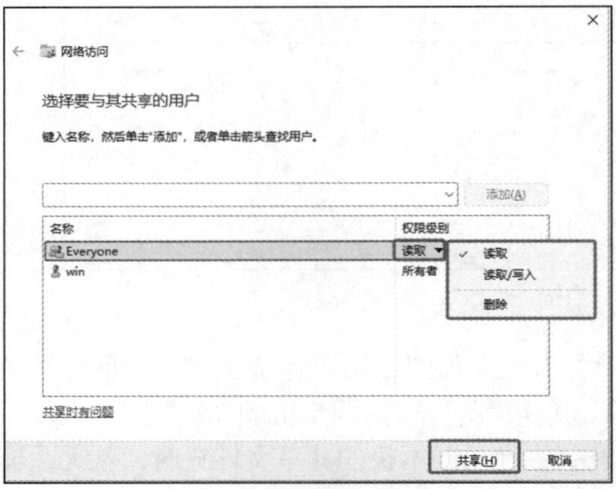

图 2.80　设置“权限级别”

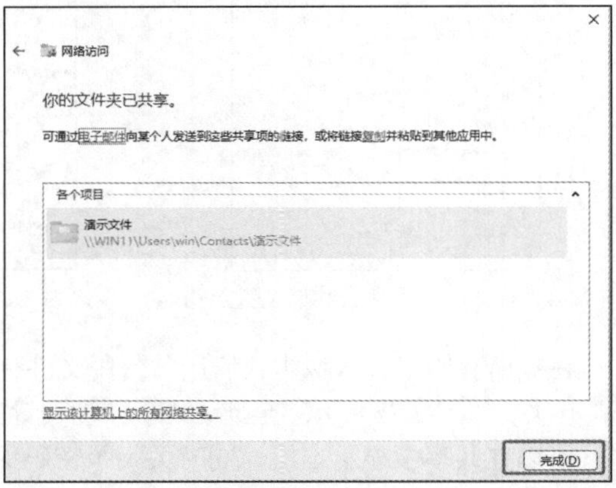

图 2.81　完成共享

2.5.3　通过远程桌面管理计算机

远程桌面功能可以配置在局域网中，也可以通过广域网实现。它主要用来远程帮助用户实现远程办公或远程操作计算机。

1. 设置被控端

需要别人来控制的设备叫作被控端，控制其他设备的设备叫作主控端。被控端需要先进行设置，主控端才能访问被控端计算机。

按“Win+I”组合键打开“设置”窗口，单击“系统”选项，打开图 2.82 所示的“系统”窗口，单击“远程桌面”选项，打开图 2.83 所示的“远程桌面”窗口，启用“远程桌面”开关。

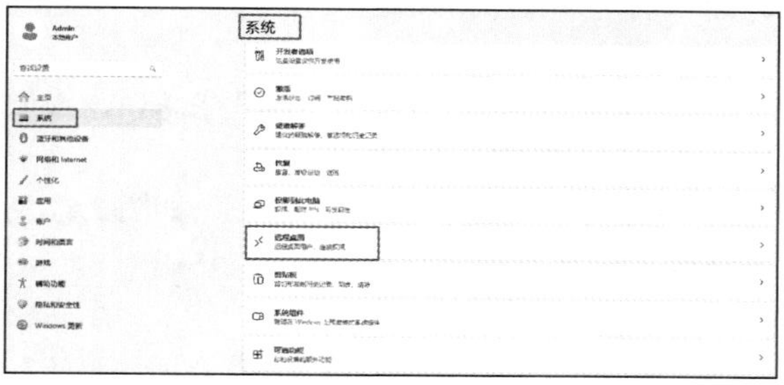

图 2.82　“系统”窗口中的“远程桌面”选项

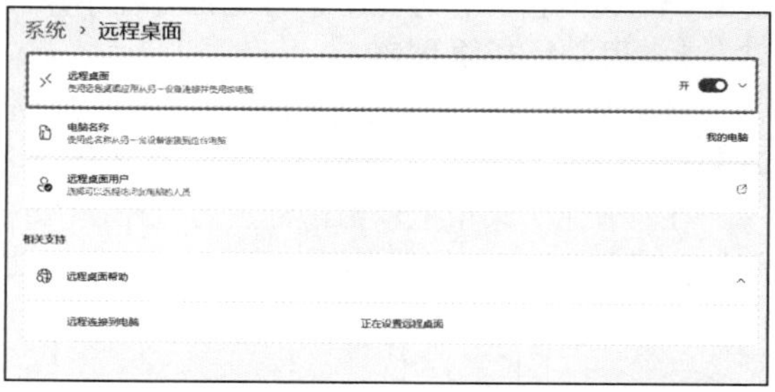

图 2.83　开启远程桌面

单击“远程桌面用户”右侧的按钮，如图 2.84 所示，打开“远程桌面用户”对话框，如图 2.85 所示，在这里可以看到当前用户 win 已经有访问权。在这里也可以添加其他用户，授权其远程登录系统。

需要注意的是，Windows 11 操作系统家庭版并不支持远程桌面访问这项功能。

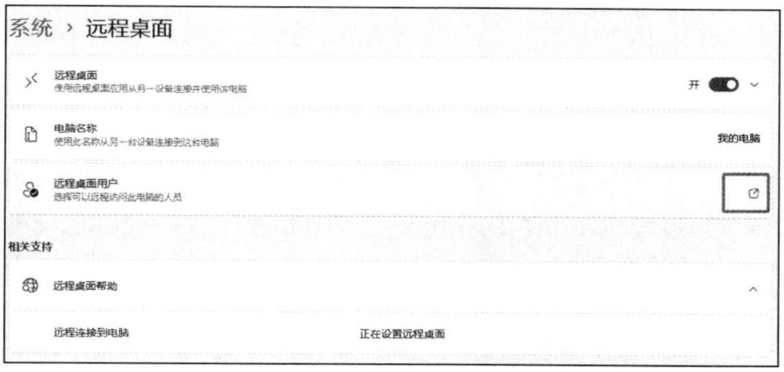

图 2.84　单击“远程桌面用户”右侧的按钮

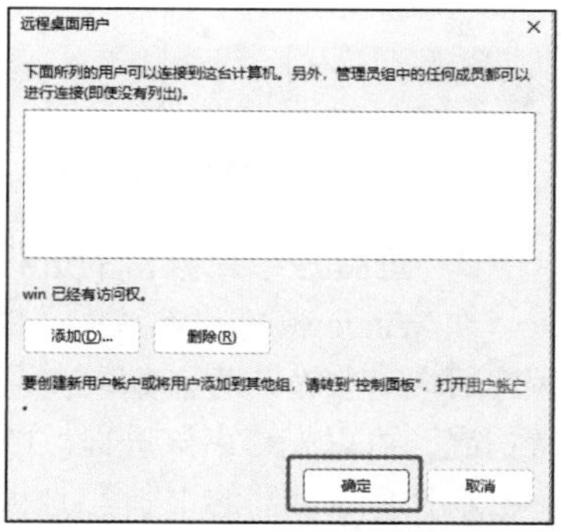

图 2.85　确定远程桌面用户

2. 启动主控端远程访问程序

主控端的计算机需要先启动远程访问程序，然后才能远程连接被控端计算机。

在“开始”菜单的搜索框中搜索“远程桌面连接”，单击“打开”按钮，输入远程计算机名或计算机 IP 地址，单击“连接”按钮，如图 2.86 所示。

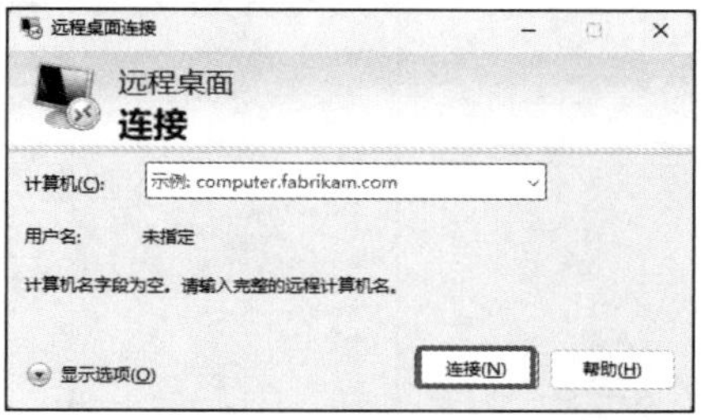

图 2.86　连接远程桌面

输入管理员账户和密码或者允许的其他用户的账户和密码，单击“确定”按钮，被控端计算机的当前登录会被注销，主控端计算机会显示其桌面环境，可以实现对被控端计算机的远程控制、传输文件等操作，和使用本地计算机一样。

需要注意的是，主控端和被控端的计算机要保持网络畅通。

2.6 性能监控及系统优化

性能监控及系统优化

在使用计算机的过程中，可能会出现计算机卡顿、响应速度慢的情况。此时要查看系统运行状态的变化，来确定并排除故障。而且要定期对系统进行优化设置，保证系统长期处于正常且高效的运行状态。

2.6.1 任务管理器的使用

任务管理器的作用就是查看当前的系统进程、硬件资源占用率等情况。在系统出现不正常的情况时，可以到任务管理器中查看是否有程序异常或硬件资源占用过高的情况。

1. 启动任务管理器

对于 Windows 10 及之前的操作系统，可以在任务栏上单击鼠标右键，启动任务管理器，但 Windows 11 操作系统的任务栏重新调整了，启动任务管理器可以按照下面的步骤进行。

在“开始”菜单上单击鼠标右键，在弹出的快捷菜单中选择“任务管理器”选项，如图 2.87 所示，接着就会打开“任务管理器”窗口，如图 2.88 所示。

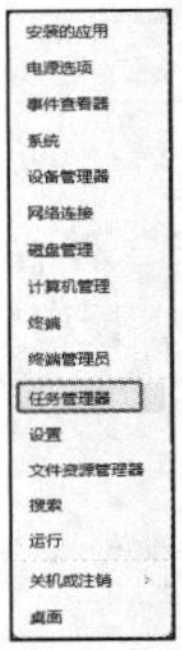

图 2.87 “开始”快捷菜单

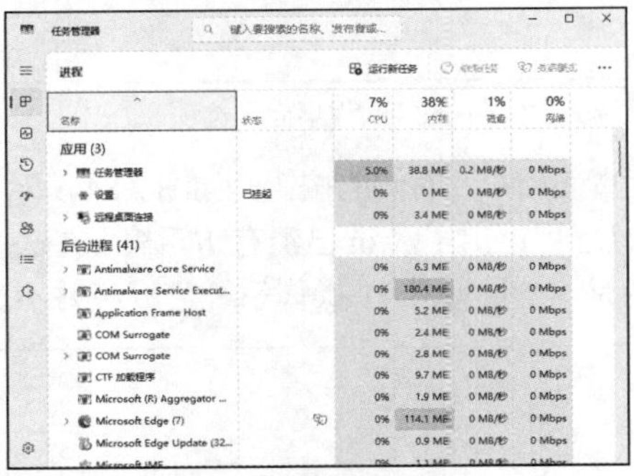

图 2.88 任务管理器窗口

2. 查看并结束异常的进程

在 Windows 操作系统中，程序通常以进程的方式存在，每个进程都是该程序的一个实例，每个程序可以有多个进程。如果在系统中发现异常的进程，如占用率过高、疑似病毒或木马、失去响应等情况，可以先结束该进程，再排查问题的根源。

在任务管理器的“进程”选项卡中，可以查看各个进程以及每个进程的资源占用情况，单击“CPU”按钮，可以看到所有进程按照 CPU 占用情况由高到低进行排序，并且可以实时更新，如图 2.89 所示。

在标题栏上单击鼠标右键，选择“PID”选项，调出进程号，如图 2.90 所示，以便通过其他工具快速定位到异常进程。

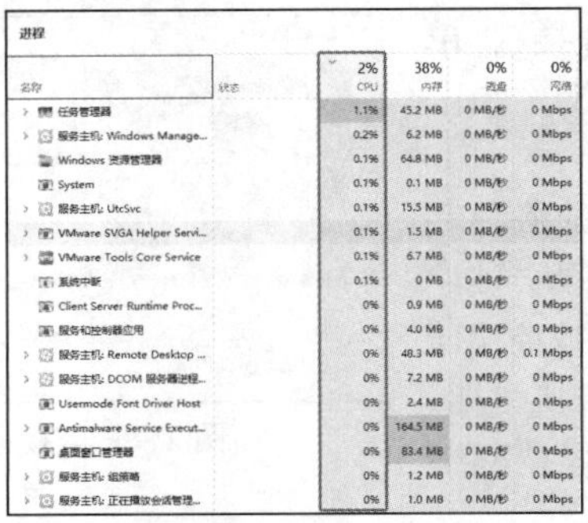

图 2.89 CPU 占用情况

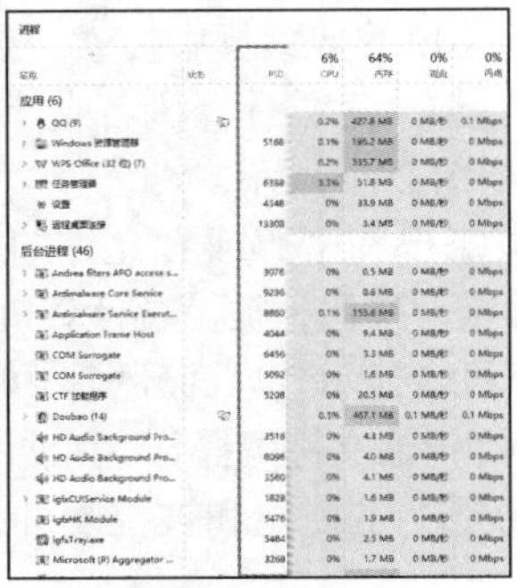

图 2.90 进程号

找到要结束的进程，在进程上单击鼠标右键，选择“结束任务”选项，如图 2.91 所示，即可结束该任务。在进程上单击鼠标右键，选择“打开文件所在的位置”选项，如图 2.92 所示，可以快速进入该程序所在的文件夹，然后即可查看程序文件。

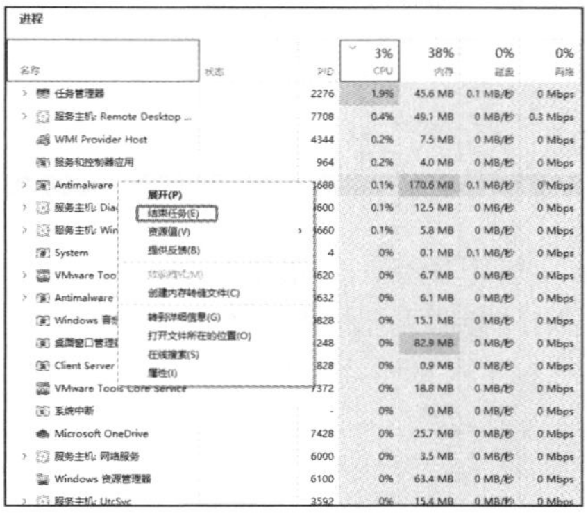

图 2.91　结束进程

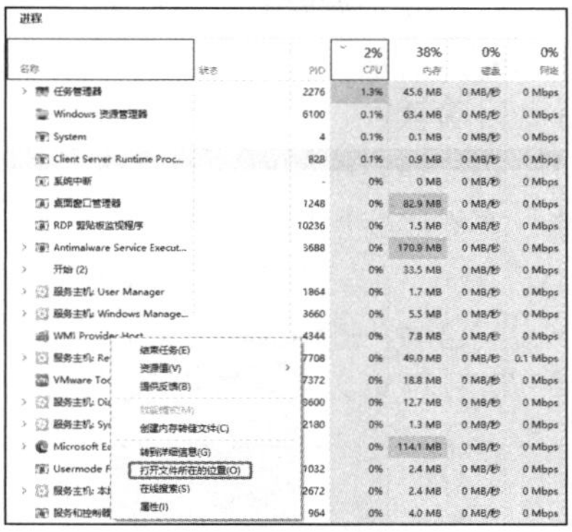

图 2.92　查看程序文件

3. 查看资源实时占用情况

打开“性能”选项卡，可以查看到当前计算机的 CPU、内存、硬盘、以太网等资源的使用情况。如选择“CPU”选项，如图 2.93 所示，可以查看到 CPU 的型号、利用率、速度、正常运行时间等。单击图 2.94 所示的“资源监视器”按钮，打开图 2.95 所示的“资源监视器”窗口。

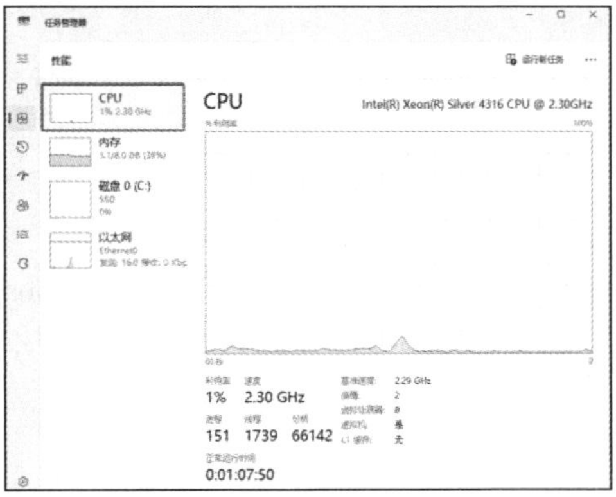

图 2.93　查看 CPU 信息

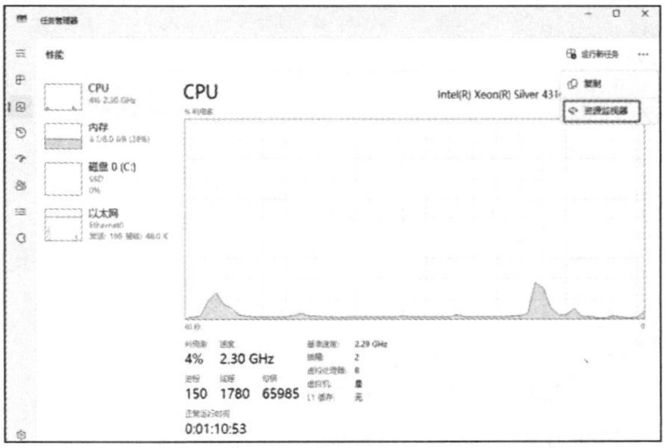

图 2.94　单击“资源监视器”按钮

勾选需要监视的进程左侧的复选框，窗口下方显示该进程所有相关实时信息。

可以选择“内存”“磁盘”“网络”选项卡，查看当前这些资源的占用情况，如图 2.96 所示。

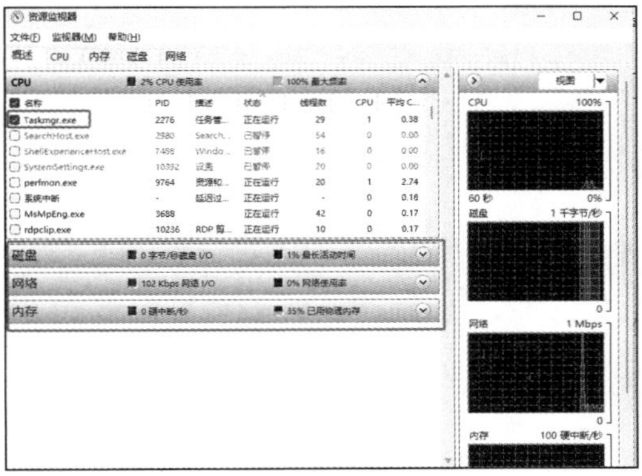

图 2.95　显示进程实时信息

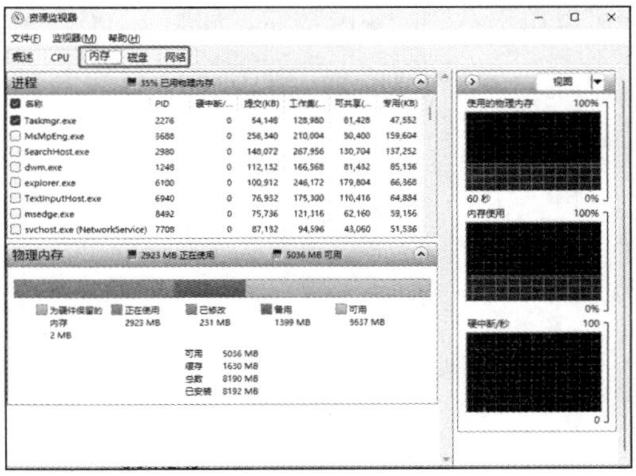

图 2.96　查看资源占用情况

2.6.2 手动优化 Windows 11 操作系统

因为 Windows 操作系统本身的磁盘管理、存储策略和运行方式的原因，在使用过程中会产生磁盘碎片、垃圾文件等冗余数据。所以在日常使用过程中，就要定期对系统进行设置的调整、垃圾文件的清理和磁盘碎片的整理。下面介绍手动对系统进行优化的常用操作。

1. 禁用自启动软件

有些软件会自动随系统的启动而启动，不仅占用内存，而且拖慢开机速度，可以关闭这些软件的自启动功能，在需要时再启动。

按“Win+I”组合键打开“设置”窗口，选择“应用”选项，如图 2.97 所示，从“应用”窗口的列表中，单击“启动”按钮。所有开机自启动的项目会罗列出来，如图 2.98 所示，用户只需要关闭程序右侧的开关，就可以禁止该程序开机自启动。

图 2.97 单击“应用”窗口中的“启动”按钮

图 2.98 关闭开机自启动开关

2. 设置默认应用程序

系统中的有些文件可以由多个应用程序来打开，比如 docx 格式的文件既可以使用 Microsoft Word 打开，也可以使用 WPS Word 打开。一般情况下，文件由默认应用程序来打开。默认应用程序可以修改，下面介绍具体的操作步骤。

（1）通过扩展名更换默认应用程序

前面介绍了扩展名可以区别不同的文件类型，确定打开方式。可以通过扩展名来指定该类文件该由哪个程序打开。

在“应用”窗口中，单击“默认应用”选项，打开“默认应用”窗口，输入要搜索的文件类型扩展名，如输入“.mp4”，此时窗口中会显示该格式的文件由“媒体播放器”打开，如图 2.99 所示，用户可以单击右侧的更改按钮，如图 2.100 所示。

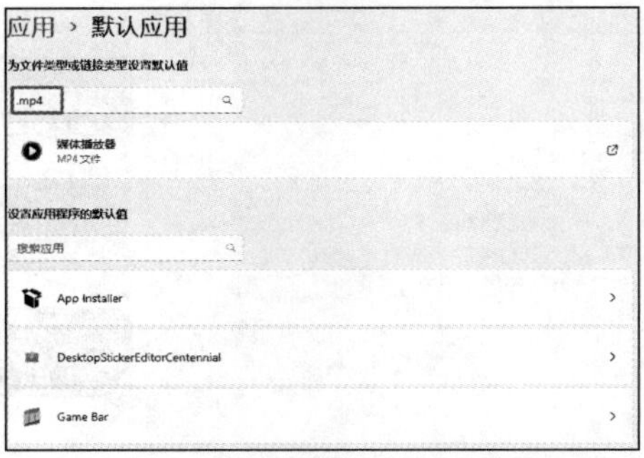

图 2.99 搜索“.MP4”格式的默认应用

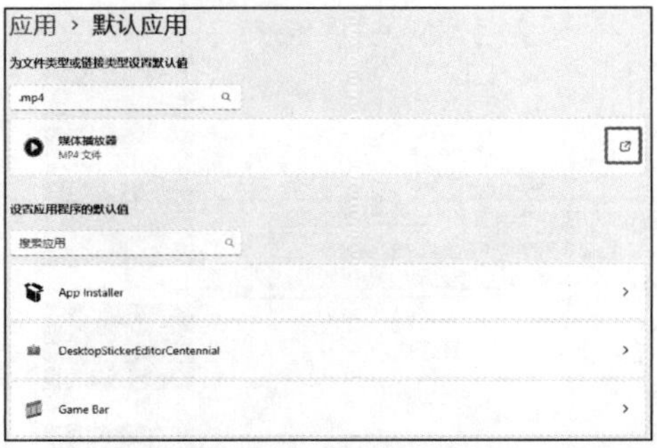

图 2.100 单击更改按钮

打开默认应用编辑面板，从应用列表中选择其他打开该格式文件的程序，如“旧版 Windows Media Player”，单击“设置默认值”按钮，如图 2.101 所示。返回到“默认应用”窗口中，可以查看到该格式的文件的默认应用程序已经改为“Windows Media Player”。

（2）通过现在的默认程序来重新指定

除了通过扩展名指定外，还可以通过现在的默认程序，找到要修改的文件格式，进而更换打开的程序。在“默认应用”列表中，找到现在的默认程序，如“媒体播放器”，单击该选项，从列表中找到“.mp4”格式，如图 2.102 所示，后续更换步骤跟（1）中的步骤一样。

图 2.101　选择默认应用程序

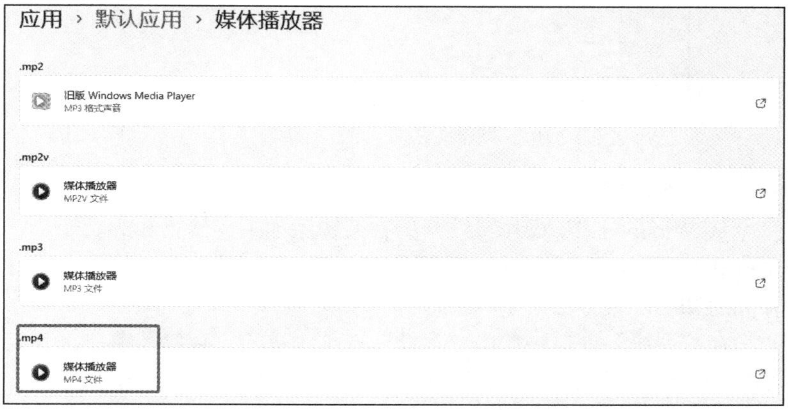

图 2.102　重新指定默认应用程序

3. 系统垃圾清理

Windows 在运行过程中会产生大量的临时文件和缓存文件，它们会占用大量的硬盘空间，定期清理这些文件可以加快软件的读取和运行速度。下面介绍具体的操作步骤。

（1）手动清理文件

用户可以手动清理系统产生的临时文件，按“Win+I”组合键打开“设置”窗口。在“系统”选项中，找到并单击“存储”选项，如图 2.103 所示。Windows 11 操作系统会自动统计磁盘的使用情况并自动分类，如图 2.104 所示。

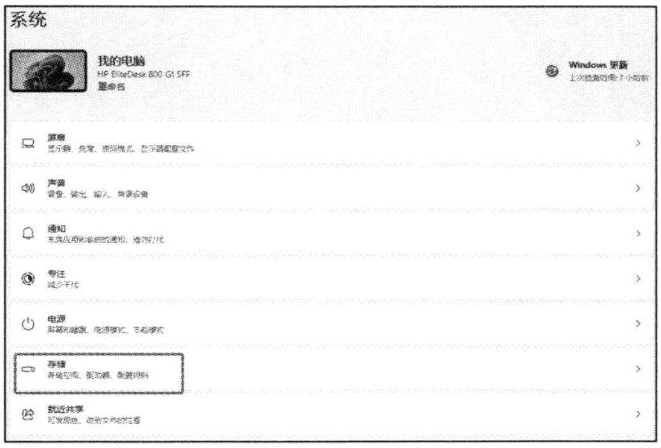

图 2.103　“存储”选项

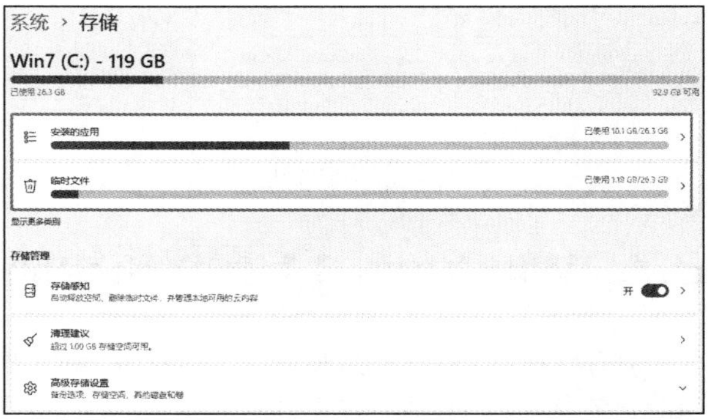

图 2.104　存储情况

单击“临时文件”选项，打开“临时文件”窗口，如图 2.105 所示，勾选需要删除的临时文件复选框，单击“删除文件”按钮。在弹出的对话框中单击“继续”按钮，系统将自动清除选中的文件。清理完成后，窗口中会显示“已完成临时文件清理”的提示，如图 2.106 所示。

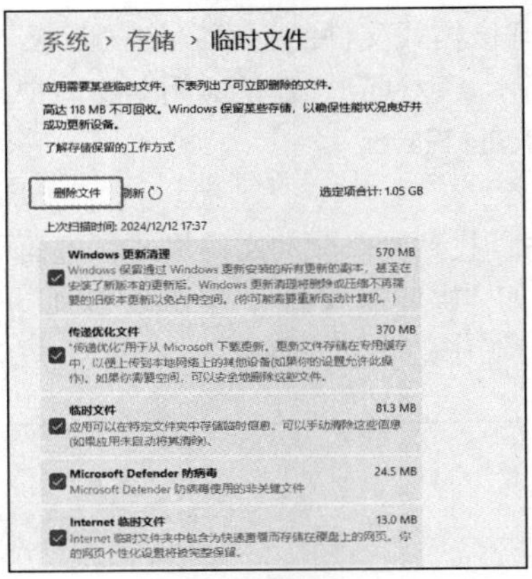

图 2.105　删除文件

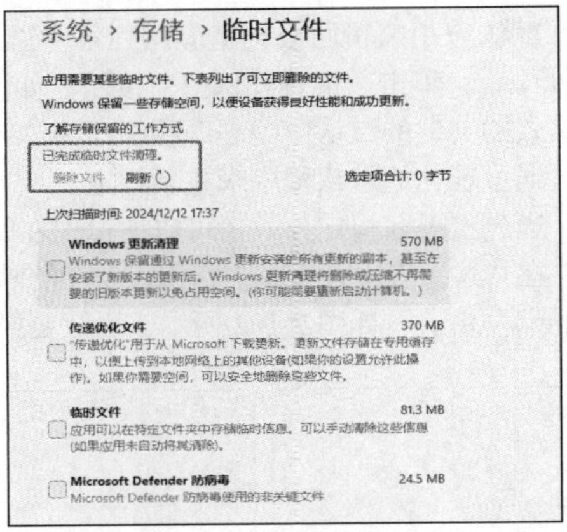

图 2.106　完成临时文件的删除

（2）存储感知的配置

从 Windows 10 操作系统开始，系统添加了存储感知的功能。它可以自动统计计算机中的临时文件和其他不需要的文件，按照设定周期自动删除这些文件以达到自动释放空间的目的。下面介绍存储感知的配置方法。

在“系统”窗口中单击“存储”选项，进入“存储”窗口，开启“存储感知”功能开关，单击右侧的“>”按钮，进入“存储感知”窗口。在“配置清理计划”区域中，设置“运行存储感知”的频率为“每天”，回收站存放时间为“14 天”，如图 2.107 所示。

在窗口最下方，可以单击“立即运行存储感知”按钮，立即运行存储感知功能，如图 2.108 所示。

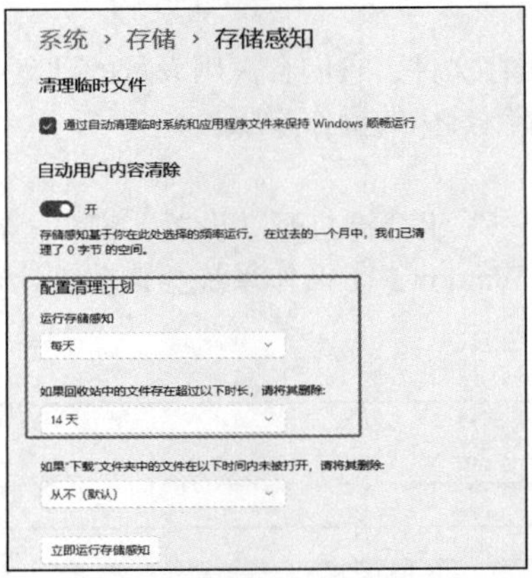

图 2.107　配置清理计划

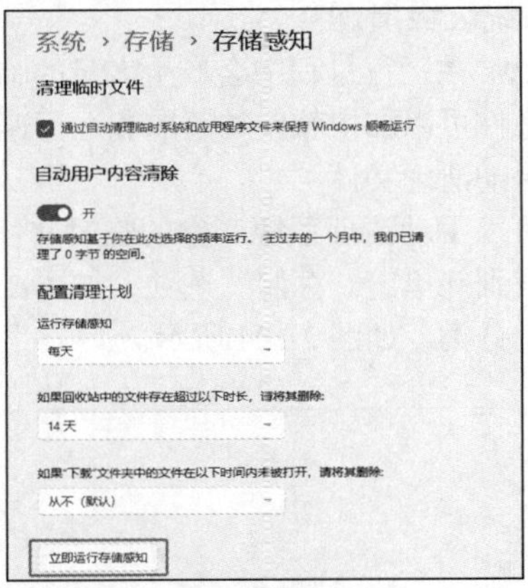

图 2.108　立即运行存储感知

2.7　Windows 11 操作系统的安全防护

对普通用户来说，养成良好的使用习惯，学会使用安全工具并对 Windows 11 操作系统进行适当的安全设置，可以大幅度提升系统的安全性。

2.7.1　使用 Windows 安全中心进行安全防护

Windows 安全中心是 Windows 操作系统中安全功能的集合，包括杀毒、防毒、防火墙、账户保护、应用和浏览器控制、设备安全、设备性能监测等功能，主要负责系统的安全性控制。通过 Windows 安全中心可以非常好地保护系统安全。

1. 进入 Windows 安全中心

按“Win+I”组合键打开“设置”窗口，单击“隐私和安全”选项，在右侧的列表中找到“Windows 安全中心”选项，如图 2.109 所示。

单击其右侧的“>”按钮，打开“Windows 安全中心”窗口，在这里可以看到 Windows 安全中心的保护区域，单击“打开 Windows 安全中心”按钮，打开“Windows 安全中心”窗口，在这里可以看到系统的“安全性概览”区域，如图 2.110 所示。

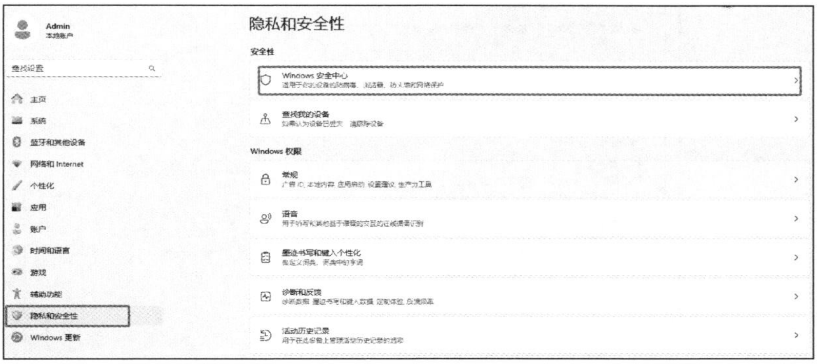

图 2.109　“Windows 安全中心”选项

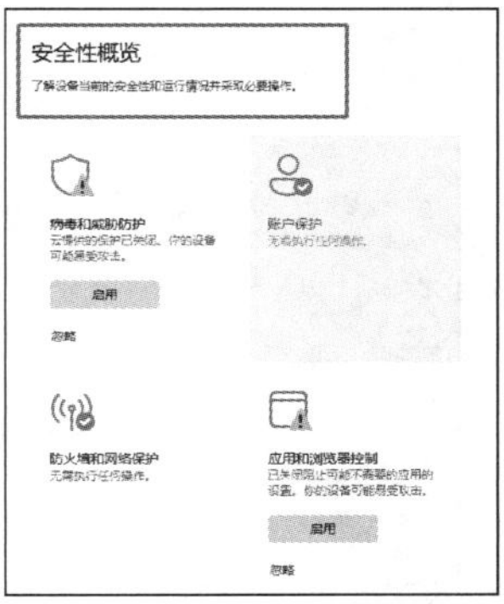

图 2.110　“安全性概览”区域

2. 使用病毒和威胁防护功能

病毒和威胁防护功能不仅可以杀毒，还可以实时监测系统中的文件和软件，发现病毒木马后会立即处理。其查毒、杀毒能力达到国际一流水平，而且病毒库的更新也非常及时，查杀率大幅度提升。如果安装了其他杀毒软件，病毒和防护功能会自动降为备用防护以免产生冲突。

（1）查杀计算机中的病毒

应对病毒和威胁最常用的手段就是查杀病毒，用户完全可以使用系统的“病毒和威胁防护”功能来查杀病毒。

在“Windows 安全中心”窗口的“安全性概览”区域，单击“病毒和威胁防护”选项，单击“扫描选项”文字链接来设置扫描的方式，如图 2.111 所示。

默认扫描方式是快速扫描，单击“立即扫描”按钮，如图 2.112 所示，系统启动快速扫描，扫描完毕后弹出扫描结果。

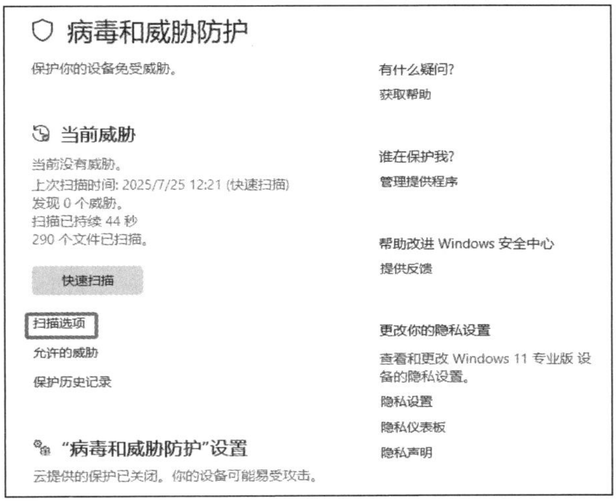

图 2.111　单击“扫描选项”文字链接

图 2.112　单击“立即扫描”按钮

（2）更新病毒库

病毒库是杀毒软件查杀病毒的关键之一，通过病毒库的更新，计算机可以获取到最新的病毒特征，从而有效地识别出病毒。在“病毒和威胁防护”界面中，找到并单击“保护更新”文字链接，如图 2.113 所示，跳转到“保护更新”界面，单击“检查更新”按钮，如图 2.114 所示。稍等片刻即可完成病毒库的更新。

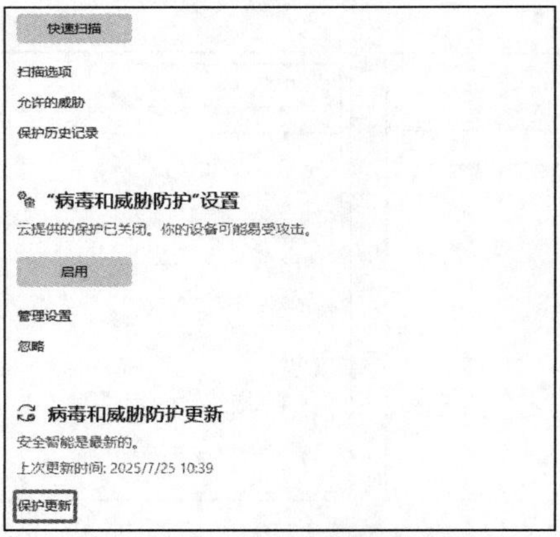

图 2.113　单击“保护更新”文字链接

图 2.114　单击“检查更新”按钮

（3）防毒的设置

除了杀毒外，“病毒和威胁防护”功能还可以实时监测系统中的文件，及时发现并处理病毒。在“病毒和威胁防护”界面中，找到并单击“管理设置”文字链接，如图 2.115 所示。如果不需要使用实时监测功能，可以关闭“实时保护”开关，如图 2.116 所示。

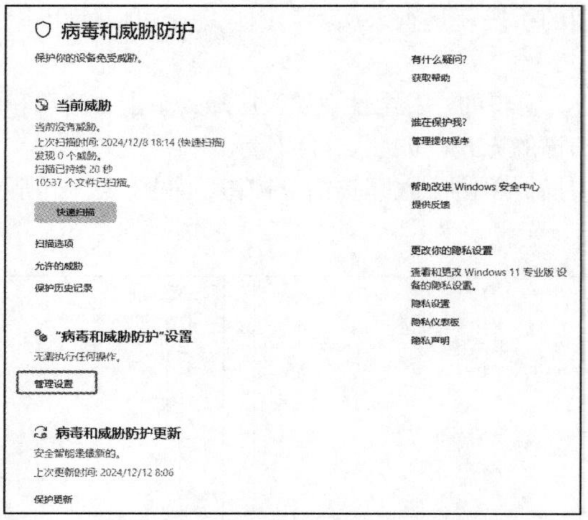

图 2.115　单击“管理设置”文字链接

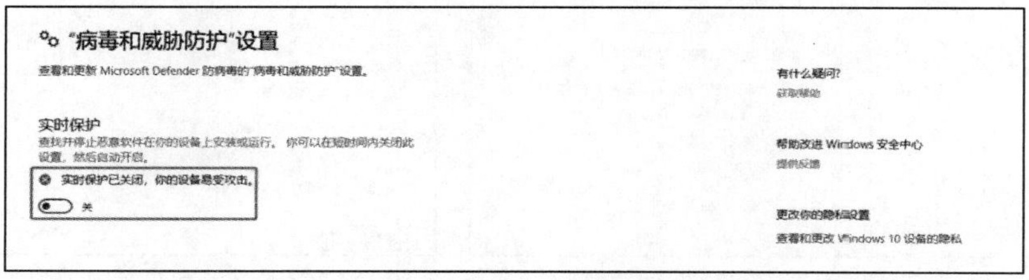

图 2.116　关闭“实时保护”开关

3. 使用防火墙功能

防火墙可以监测本计算机发送或接收的网络数据包，根据不同的策略，截获或丢弃可疑的数据包，只让安全的、可信任的数据包通过。这在一定程度上可以保障系统的网络安全。

在“Windows 安全中心”窗口中，单击“防火墙和网络”选项，打开“防火墙和网络保护”窗口，在窗口中可以看到网络防火墙的运行状态，如图 2.117 所示。单击“公用网络”文字链接，打开“公用网络”防火墙设置窗口，如图 2.118 所示。在这里可以关闭或者开启该网络上的防火墙，如果选中“阻止所有传入连接，包括位于允许应用列表中的应用。”复选框，则会阻止包括 Ping 命令在内的数据包的传入。

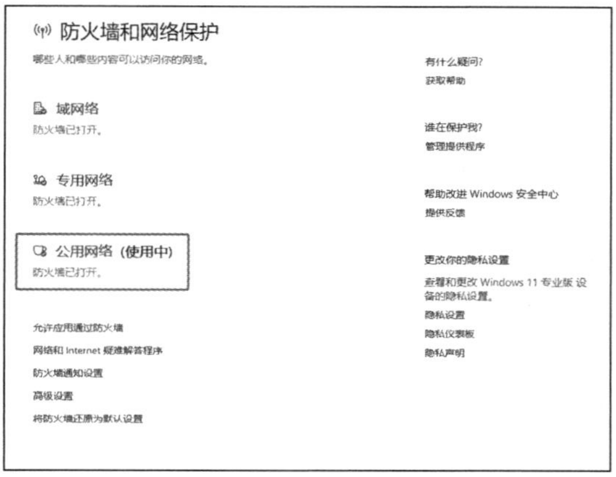

图 2.117　公用网络

图 2.118　传入连接

返回上级窗口后，单击图 2.119 所示的“允许应用通过防火墙”文字链接，打开图 2.120 所示的对话框，单击“更改设置”按钮，取消勾选应用程序前面的复选框，该程序就无法联网使用。

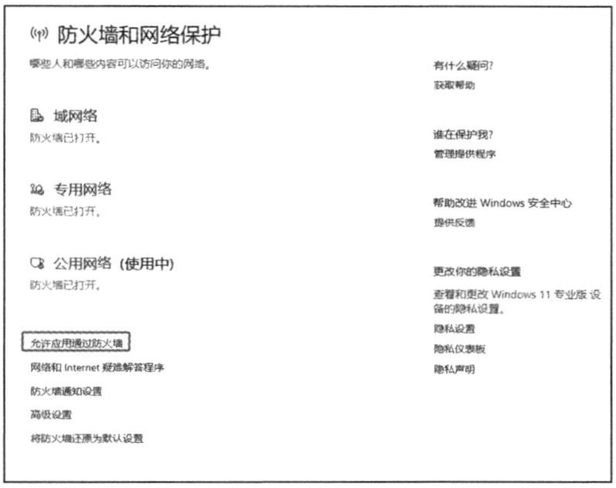

图 2.119　单击“允许应用通过防火墙”文字链接

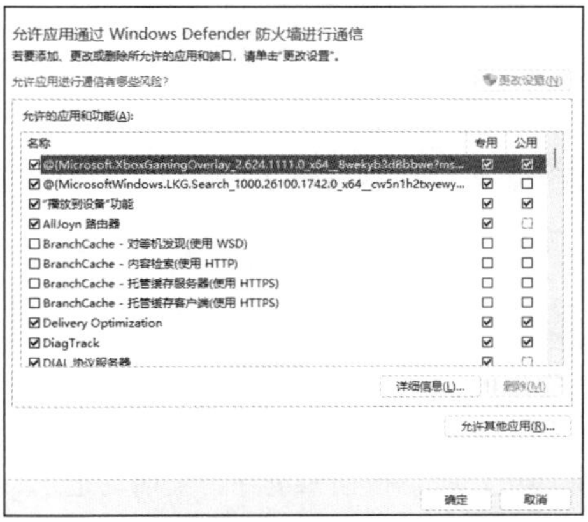

图 2.120　允许联网的应用和功能

4. 其他安全设置

除了杀毒防毒和防火墙功能外，安全中心中还有很多其他的保护功能。例如，“账户保护”功能可以查看账户信息、设置各种安全锁，“应用和浏览器控制”功能可以保护系统的应用程序，“设备安全性”功能可以隔离内核，“设备性能和运行状况”功能可以自动检测性能问题并提供优化建议。

2.7.2　设置隐私和权限

在 Windows 11 操作系统中，也可以通过设置系统中的隐私和权限来提高系统的安全性。

1. 关闭数据收集功能

如果不希望 Windows 操作系统上传本地数据给微软，可以按照下面的方法进行操作。

按“Win+I”组合键打开“设置”窗口，单击“隐私和安全性”选项，找到并单击“常规”选项，在“常规”窗口中可以关闭个性化广告、跟踪应用的启动、显示建议内容等，如图 2.121 所示。

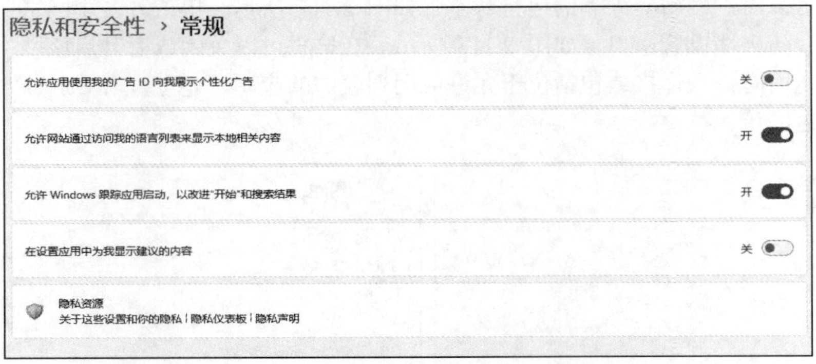

图 2.121 “常规”窗口

返回到“隐私和安全性”窗口，单击“诊断和反馈”选项，在打开的界面中关闭“发送可选诊断数据”开关，如图 2.122 所示。

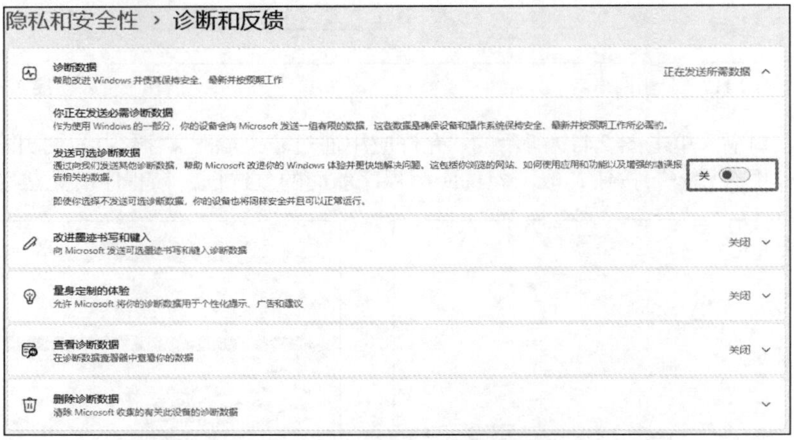

图 2.122 关闭“发送可选诊断数据”开关

关闭下方的“量身定制的体验”开关，并删除诊断数据，返回“隐私和安全性”窗口后，单击“活动历史记录”选项，如图 2.123 所示。关闭“在此设备上存储我的活动历史记录”开关，并单击“清除历史记录”按钮来清除历史活动记录，如图 2.124 所示。

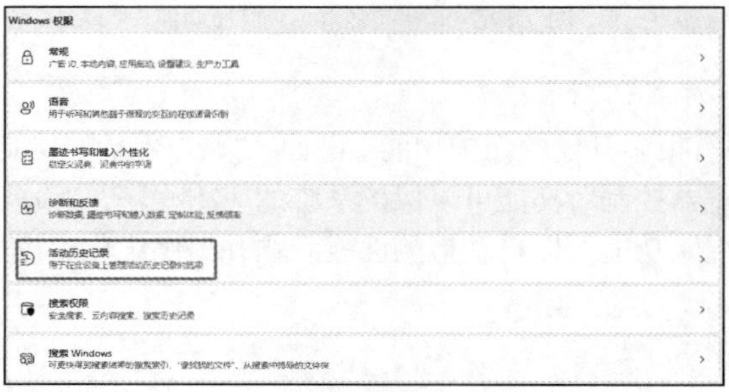

图 2.123 单击“活动历史记录”选项

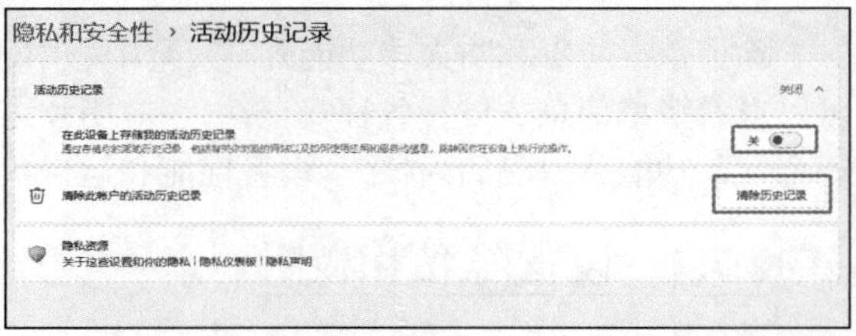

图 2.124 在“活动历史记录”窗口中进行设置

2. 设置应用的权限

在 Windows 11 操作系统中，可以通过权限设置控制应用的权限范围，更好地保护系统安全。

进入“隐私和安全性”窗口的“应用权限”设置区，应用权限列表如图 2.125 所示，单击需要设置的应用权限，如单击“位置”权限，打开图 2.126 所示的“位置”窗口，在这里可以开启或关闭“定位服务”开关，也可以设置允许哪些应用访问位置。

图 2.125　应用权限列表

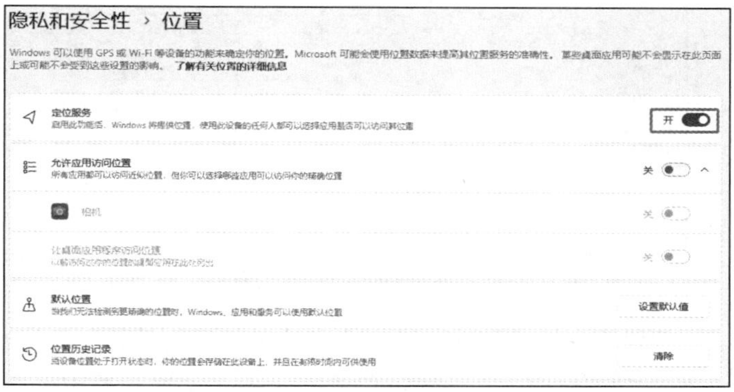

图 2.126　位置权限

单击“位置历史记录”右侧的“清除”按钮，可以清除位置信息，如图 2.127 所示。

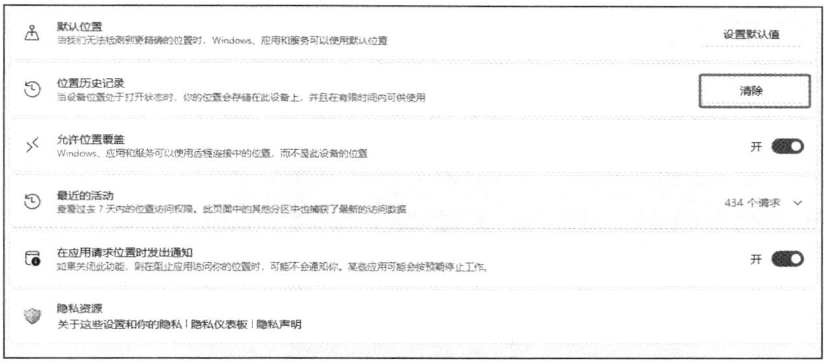

图 2.127　清除位置历史记录

其他权限的设置与此类似，在此不一一赘述。

2.7.3　高级安全防护设置

除了前面介绍的安全防护设置外，还有一些高级系统安全设置，这些设置可供有一定基础且动手能力强的读者使用。

1. 服务的设置

在 Windows 操作系统中有很多后台服务，通过服务功能来监听程序或响应客户端的请求，并提供各种支持服务。如果服务停止，将会导致系统的功能失效或者应用程序无法运行。

按“Win+R”组合键，打开“运行”对话框，输入“Services.msc”，单击“确定”按钮，启动服务管理组件，在打开的“服务”窗口中，可以查看本地运行的各种服务、描述等，如图 2.128 所示。

“Windows 更新”是 Windows 操作系统更新的关键服务。双击该服务，打开图 2.129 所示的对话框，单击“停止”按钮可以停止该服务的运行。也可以在“启动类型”下拉列表中设置该服务的启动类型。

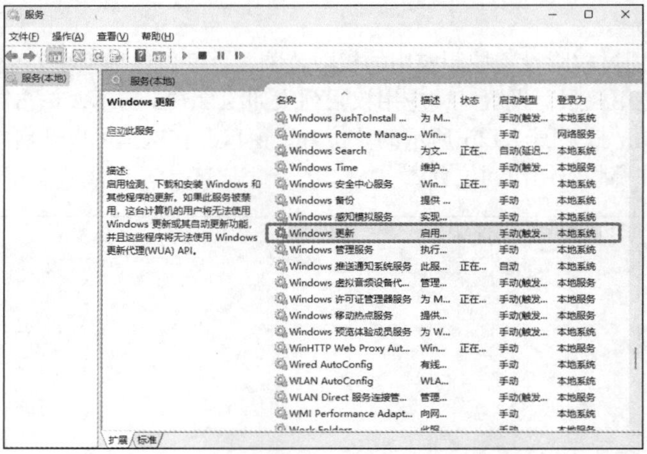

图 2.128 “服务”窗口

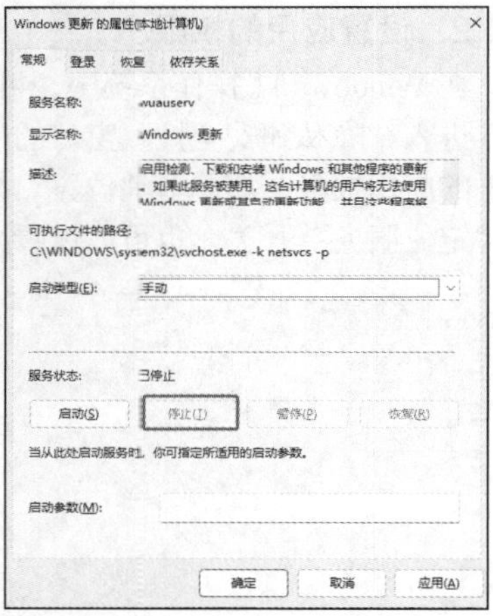

图 2.129 停止服务

其中，选择“自动”，选项表示该服务跟随系统自动启动，选择“延时”选项，表示该服务是在系统启动后延时启动，选择“手动”选项，表示需要用户手动启动。如果服务有错误或属于可疑服务，可以直接将其禁用。

2. 组策略的使用

组策略是 Windows 操作系统中的功能集合，通过组策略可以完成一些关键安全参数的配置。

按“Win+R”组合键，打开“运行”对话框，输入“gpedit.msc”，单击“确定”按钮，打开图 2.130 所示的“本地组策略编辑器”窗口。在左侧的窗格中，依次展开“计算机配置→Windows 设置→安全设置→账户策略→密码策略”选项，双击右侧的“密码长度最小值”选项，如图 2.131 所示。

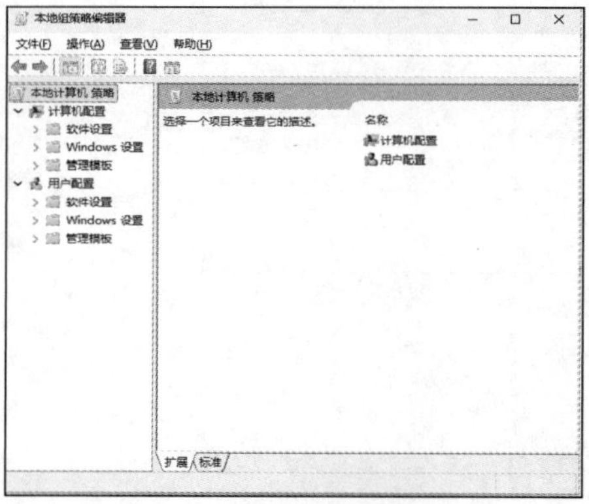

图 2.130 “本地组策略编辑器”窗口

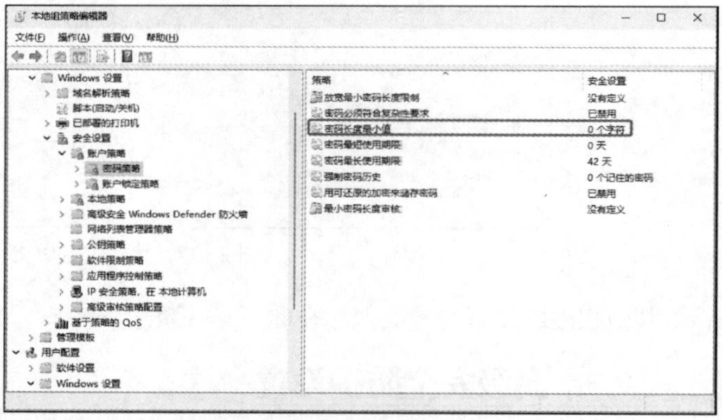

图 2.131 双击“密码长度最小值”选项

设置长度最小值为 6 个字符，单击“确定”按钮，保存该设置。该设置可以限制账户的密码必须大于或等于 6 个字符。

按照同样的方法，可以设置密码最长使用期限，如图 2.132 所示，密码使用期限到期后必须更改密码后才能登录。

依次展开“计算机配置→Windows 设置→安全设置→本地策略→安全选项”选项，在右侧找到并双击“账户：重命名系统管理员账户”选项，如图 2.133 所示，可以修改“Administrator”为新的用户名。

因为组策略编辑器中的策略非常多，其中很多都是针对操作系统的设置，如果设置不当会导致系统的运行出现问题，所以不建议初学者对组策略进行编辑。其他的策略可以按照用户需求进行单独配置，这里就不再一一赘述。

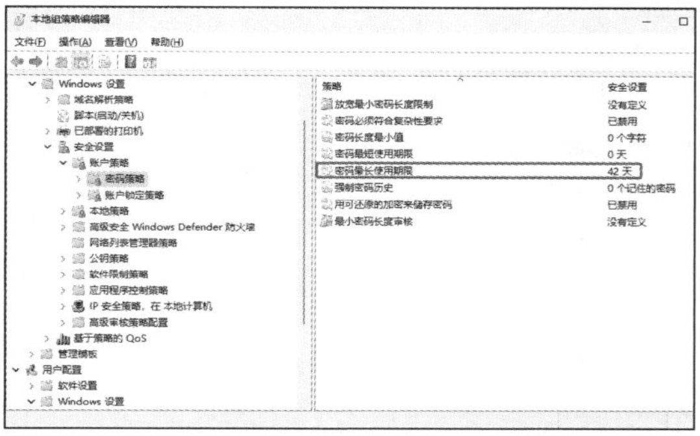

图 2.132　设置密码最长使用期限

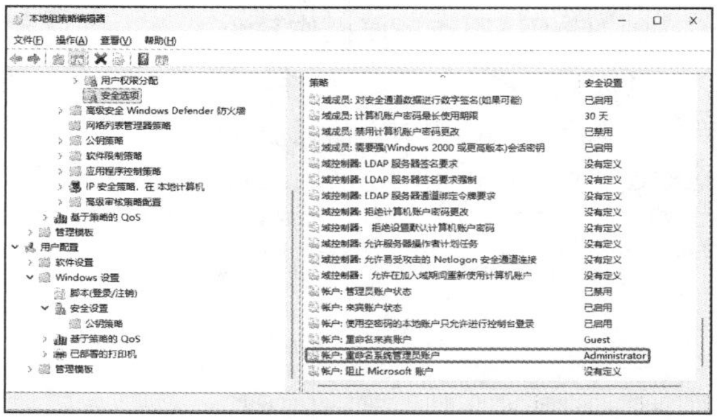

图 2.133　重命名系统管理员账户

2.8　Windows 11 操作系统的备份与恢复

Windows 11 操作系统

系统的备份与恢复

Windows 11 操作系统运行的稳定性较强，但是也会出现因操作系统被破坏导致的崩溃风险，为避免数据丢失，建议读者养成良好的备份习惯。Windows 11 操作系统提供了不同的备份和还原功能，这些功能帮助用户对操作系统设置和数据进行备份，一旦出现系统崩溃的情况，可以借助之前的备份来恢复操作系统设置和数据。

2.8.1　使用还原点功能

操作系统的还原点存储了其主要状态，其中包括一些关键的配置信息和参数。将此时的状态进行备份，在系统发生故障时，可以将系统还原到此还原点的状态。

1. 手动备份还原点

操作系统会自动对还原点进行备份，也可以手动备份还原点。下面将介绍手动备份还原点的步骤。

在任务栏的搜索框中输入关键字“创建还原点”，然后进行搜索，在搜索结果中单击“创建还原点”选项，打开图 2.134 所示的“系统属性”面板，单击“保护设置”设置区中的“本地磁盘(C:)(系统)”选项，单击“配置”按钮，打开图 2.135 所示的“系统保护本地磁盘(C:)”面板，单击“启用系统保护”单选按钮，设置还原点的使用空间，单击“确定”按钮。

返回“系统属性”面板，单击“创建”按钮，创建还原点，在弹出的“系统保护”对话框中设置还原点的名称，单击“创建”按钮，如图 2.136 所示。

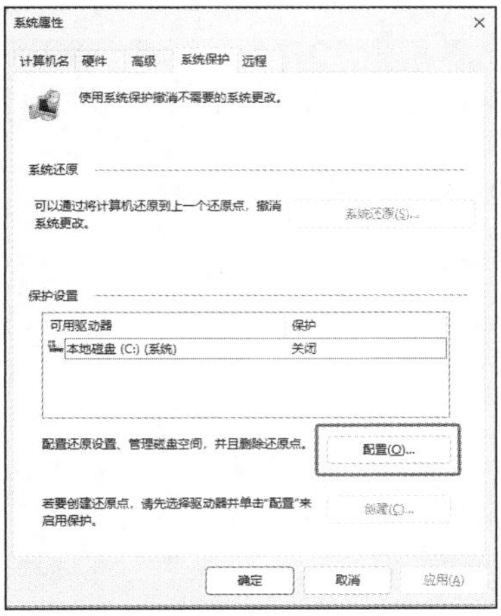

图 2.134　配置还原设置

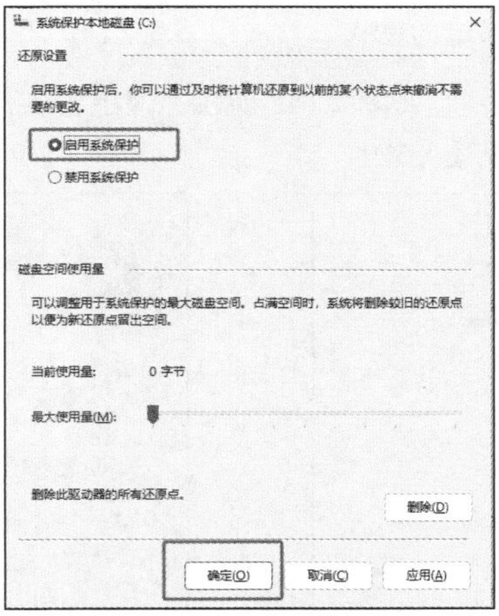

图 2.135　启用系统保护

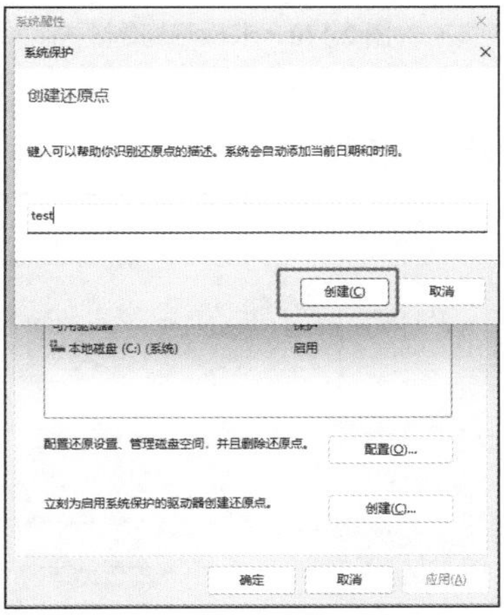

图 2.136　创建还原点

完成创建后，面板中会弹出成功提示，单击“关闭”按钮，如图 2.137 所示。

2. 使用还原点还原操作系统

还原点创建完毕后，就可以对操作系统进行还原。在“系统属性”面板中，单击“系统还原”按钮，如图 2.138 所示。在“系统还原”向导界面中，单击“下一步”按钮，看到有自动和手动创建的还原点，选择刚刚手动创建的还原点，单击“扫描受影响的程序”按钮，如图 2.139 所示。

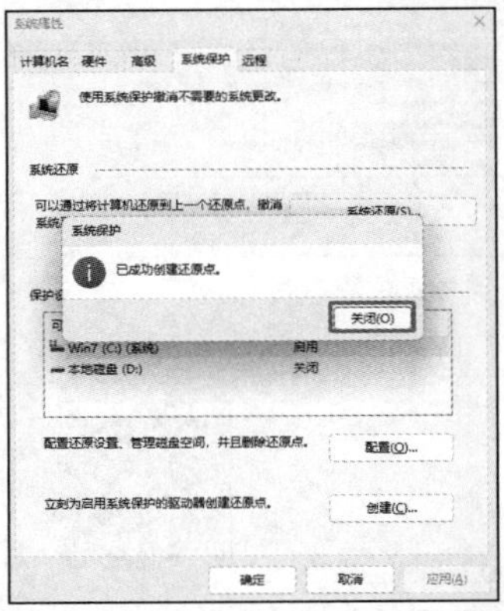

图 2.137　单击“关闭”按钮

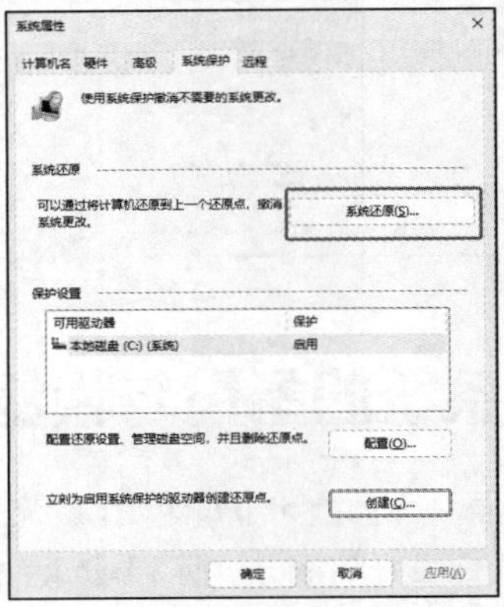

图 2.138　单击“系统还原”按钮

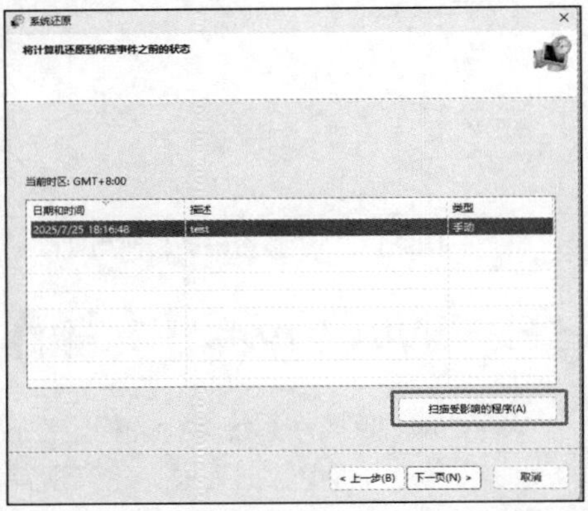

图 2.139　单击“扫描受影响的程序”按钮

操作系统会将还原后无法使用的程序列举出来，用户可以记录并在操作系统还原后重新安装该程序。图 2.140 显示了没有需要删除和安装的程序，单击“关闭”按钮。返回“系统还原”面板后，选择该还原点，单击“下一步”按钮，如图 2.141 所示。

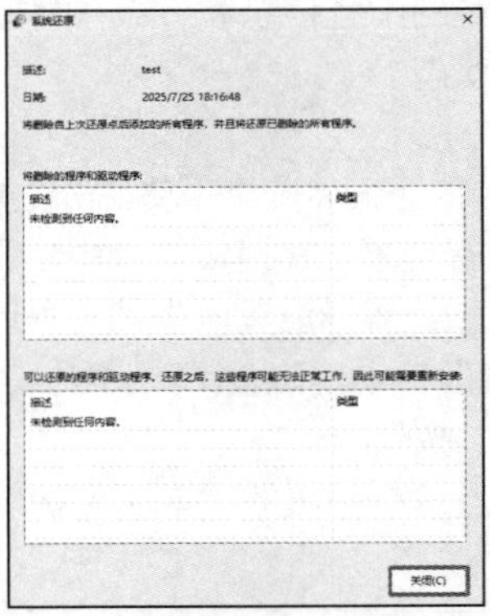

图 2.140　未检测到需要删除和安装的程序

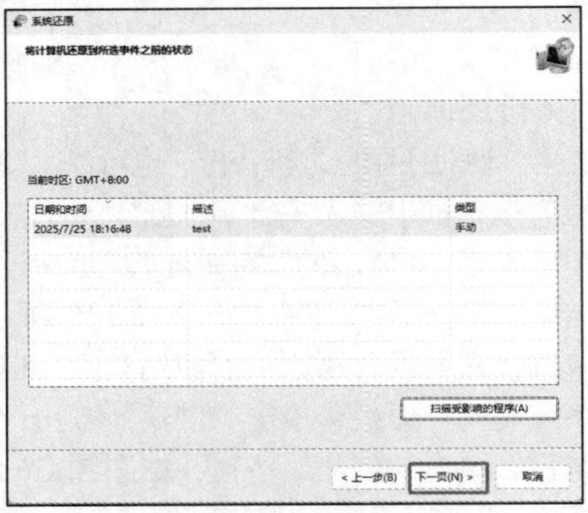

图 2.141　单击“下一步”按钮

确认无误后，单击“完成”按钮，如图 2.142 所示，弹出警告信息，单击“是”按钮，如图 2.143 所示，操作系统会重新启动，完成还原操作。

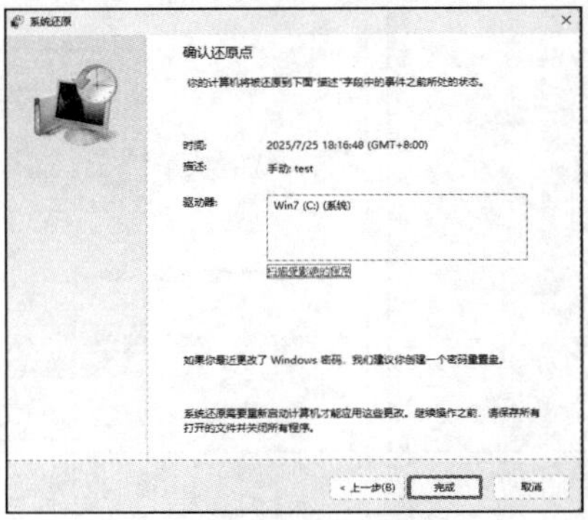

图 2.142　单击“完成”按钮

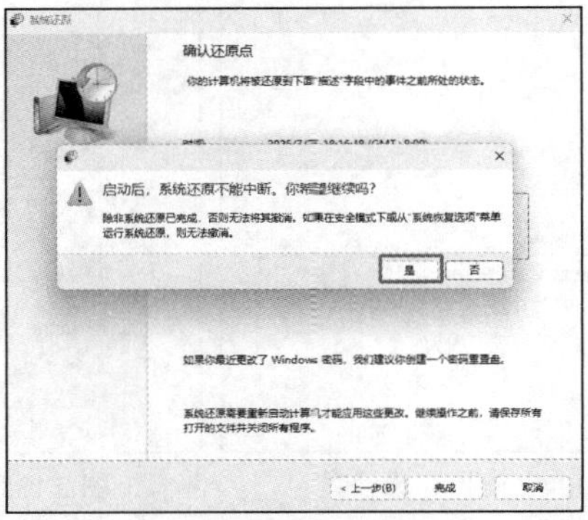

图 2.143　单击“是”按钮

2.8.2　使用备份和还原功能

Windows 11 操作系统的备份和还原功能从 Windows 7 操作系统的发展而来，功能非常强大，下面介绍该功能的使用方法。

（1）创建备份

打开“控制面板”窗口，单击“备份和还原(Windows 7)”文字链接，打开“备份和还原(Windows 7)”窗口。默认情况下是没有备份的，单击“设置备份”文字链接，弹出备份向导面板，选择保存备份的位置，单击“下一步”按钮，如图 2.144 所示。

接着选择需要备份的内容，如图 2.145 所示，选择“让我选择”单选按钮，单击“下一步”按钮，打开图 2.146 所示的面板，选择需要备份的内容，取消勾选“包括驱动器 EFI 系统分区，(C:)，Windows 恢复环境的系统映像(S)”复选框，单击“下一步”按钮。

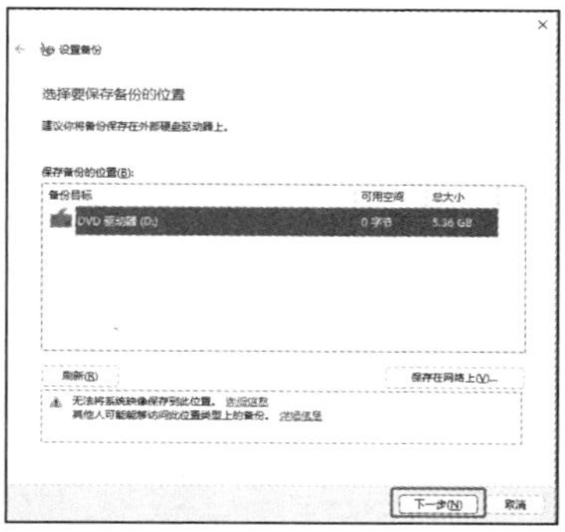

图 2.144　选择备份位置

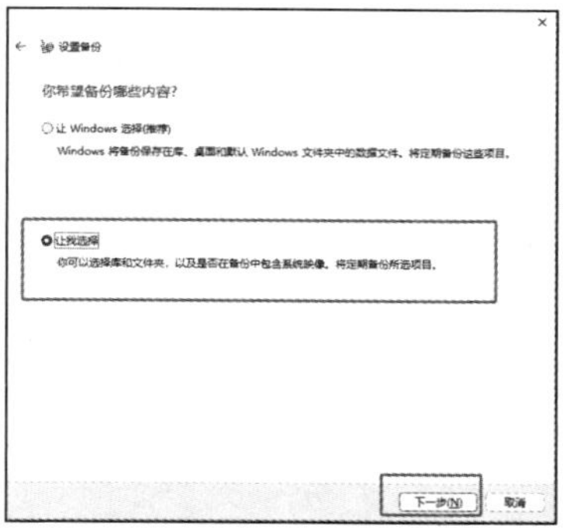

图 2.145　选择备份选项

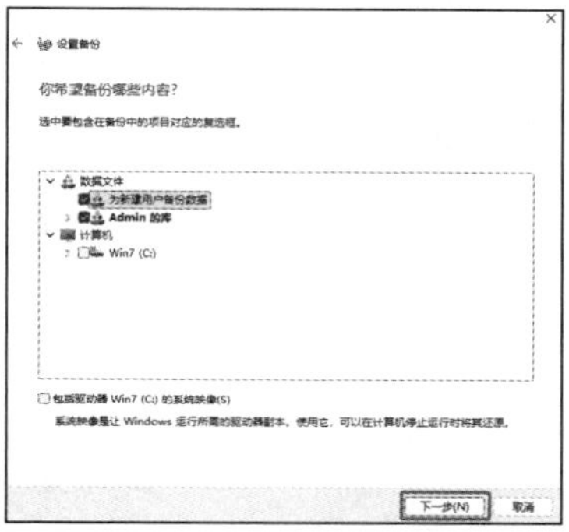

图 2.146　设置备份内容

核对好备份的内容后，单击“保存设置并运行备份”按钮，如图 2.147 所示，会自动启动备份，备份系统数据和刚才设置的内容，完成后会弹出备份的信息，如图 2.148 所示。

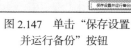

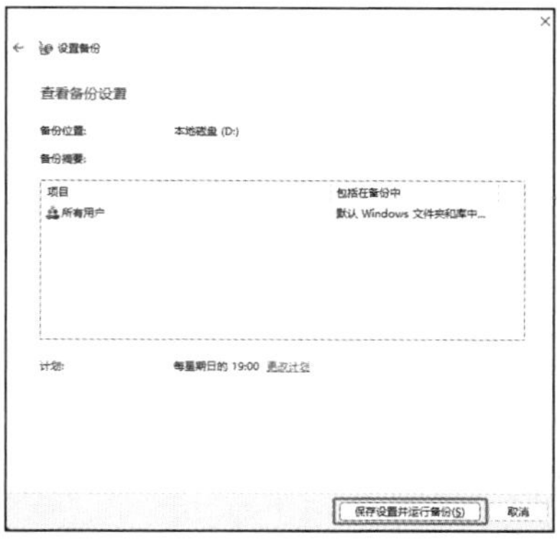

图 2.147　单击“保存设置并运行备份”按钮

图 2.148　备份完成后弹出备份信息

（2）还原文件

如果操作系统出现故障或者文件被误删除，可以使用“备份和还原(Windows 7)”功能进行还原，下面介绍还原的过程。

按照（1）中介绍的步骤进入“备份和还原(Windows 7)”窗口中，单击“还原我的文件”按钮，如图 2.149 所示。在弹出的面板中，单击“浏览文件”按钮，如图 2.150 所示，找到并选择需要还原的文件，单击“还原”按钮，如图 2.151 所示。

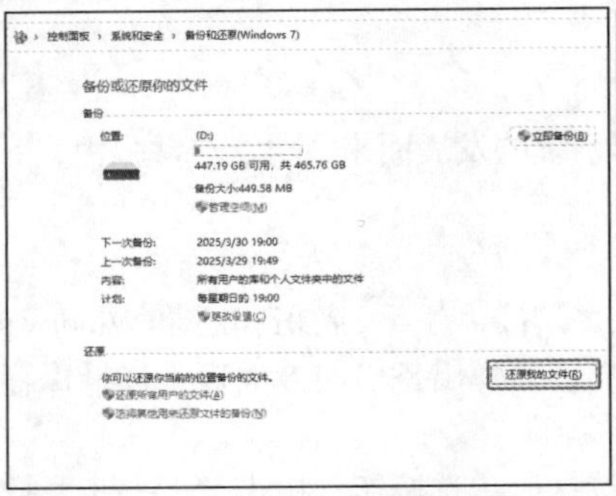

图 2.149　单击“还原我的文件”按钮

图 2.150　单击“浏览文件”按钮

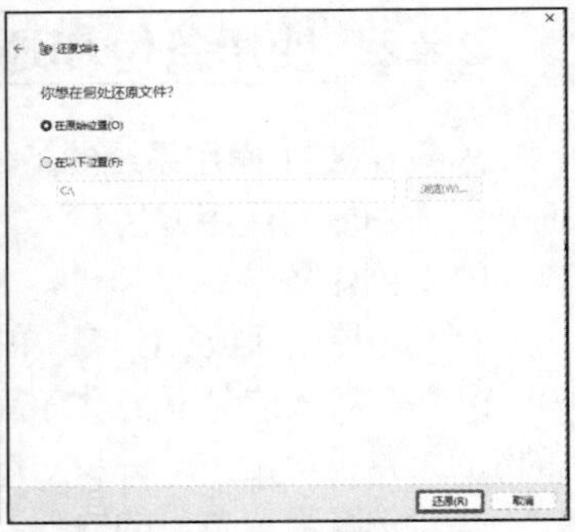

图 2.151　单击“还原”按钮

文件还原后，弹出成功提示，单击“完成”按钮，如图 2.152 所示，之后可以到文件的原始位置查看文件是否正常还原。

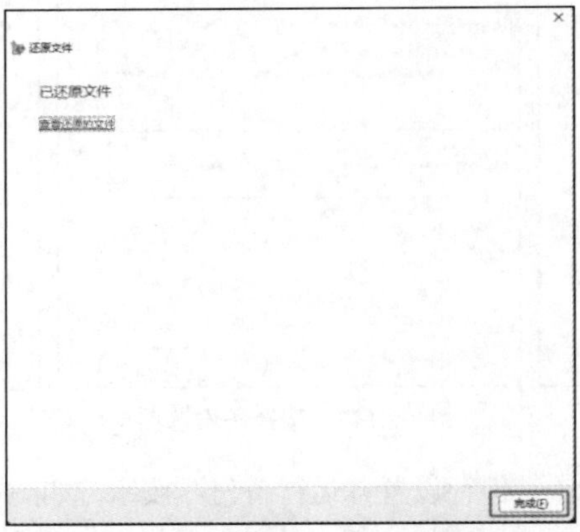

图 2.152　单击“完成”按钮

习题

一、选择题

1. Windows 11 操作系统是一个（　　）。

   A. 多用户操作系统　　B. 图形化界面的单用户、多任务操作系统

   C. 网络操作系统　　D. 多用户、多任务操作系统

2. “控制面板”窗口（　　）。

   A. 是硬盘系统区的一个文件　　B. 是硬盘上的一个文件夹

   C. 是内存中的一个存储区域　　D. 包含一组系统管理程序

3. 在 Windows 11 操作系统的各个版本中，支持的功能最多的是（　　）。

   A. 家庭版　　B. 教育版　　C. 专业版　　D. 企业版

4. 在 Windows 11 操作系统中，将打开的窗口拖动到屏幕顶端，窗口会（　　）。

   A. 关闭　　B. 消失　　C. 最大化　　D. 触发分屏布局

5. Windows 11 操作系统的桌面指的是（　　）。

   A. 整个屏幕　　B. 全部窗口　　C. 整个窗口　　D. 活动窗口

6. 在 Windows 11 操作系统中，显示桌面的组合键是（　　）。

   A. “Win+D”　　B. “Win+P”　　C. “Win+Tab”　　D. “Alt+Tab”

7. 下列操作中，不能打开“此电脑”窗口的是（　　）。
   A. 用鼠标右键单击“此电脑”图标，从弹出的快捷菜单中选择“打开”命令
   B. 用鼠标右键单击“开始”菜单，然后从文件资源管理器中选取
   C. 用鼠标左键单击“开始”菜单，然后选择“此电脑”选项
   D. 用鼠标左键双击“此电脑”图标
8. 关于 Windows 11 操作系统的“开始”菜单的描述，不正确的是（　　）。
   A. Windows 11 操作系统的“开始”菜单中包含应用区和磁贴区两个部分
   B. Windows 11 操作系统“开始”菜单的应用区中包含常用项目和最近添加的项目以及所有应用程序列表
   C. Windows 11 操作系统“开始”菜单的磁贴区主要是用来固定应用磁贴或图标的
   D. 在 Windows 11 操作系统中，已经被固定到磁贴区的某项应用的快捷方式不能从屏幕上取消
9. 下列描述中，正确的是（　　）。
   A. 置入回收站的内容，不占用硬盘的存储空间
   B. 在回收站被清空之前，可以恢复从硬盘上删除的文件或文件夹
   C. 软磁盘上被删除的文件或文件夹，可以利用回收站将其恢复
   D. 执行回收站窗口中的“清空回收站”命令，可以将回收站中的内容还原到原来位置
10. 利用“开始”菜单能够完成的操作有（　　）。
   A. 运行某个应用程序　　B. 查找文件
   C. 设置系统参数　　D. 上述三项操作均可进行
11. 任务栏的位置是可以改变的，通过拖动任务栏可以将它移到（　　）。
   A. 桌面横向中部　　B. 桌面纵向中部
   C. 桌面四个边缘位置均可　　D. 任意位置
12. 任务栏的宽度最宽可以（　　）。
   A. 占据整个窗口　　B. 占据整个桌面
   C. 占据窗口的二分之一　　D. 占据桌面的二分之一
13. 任务栏上的应用程序图标处于被按下状态时，对应（　　）。
   A. 最小化的窗口　B. 当前活动窗口　C. 最大化的窗口　D. 任意窗口
14. 回收站是（　　）。
   A. 硬盘上的一个文件　　B. 内存中的一个特殊存储区域
   C. 软盘上的一个文件夹　　D. 硬盘上的一个文件夹
15. 放入回收站中的内容（　　）。
   A. 不能再被删除了　　B. 只能被恢复到原处
   C. 可以直接编辑修改　　D. 可以真正被删除
16. 关于对窗口的描述，正确的是（　　）。
   A. 窗口最大化后将充满整个屏幕，不论是应用程序窗口还是文档窗口
   B. 当应用程序窗口被最小化时，就意味着该应用程序暂时停止运行
   C. 文档窗口只存在于应用程序窗口内，且没有菜单栏
   D. 在窗口之间切换时，必须先关闭当前活动窗口，才能使另外一个窗口成为活动窗口
17. 在 Windows 11 操作系统中，当一个应用程序窗口被最小化后，该应用程序将（　　）。
   A. 继续在前台运行　　B. 暂停运行
   C. 转入后台运行　　D. 中止运行

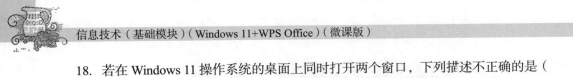

18. 若在 Windows 11 操作系统的桌面上同时打开两个窗口，下列描述不正确的是（　　）。
A. 在 Windows 11 操作系统中打开的多个窗口，既可以平铺也可以层叠
B. 用户打开的多个窗口，只有一个是当前活动窗口
C. 在 Windows 11 操作系统桌面上，可以同时有两个以上的活动窗口
D. 只有活动窗口的标题栏是高亮显示的

19. 文件的类型可以根据什么来识别（　　）。
A. 文件的大小　B. 文件的用途　C. 文件的扩展名　D. 文件的存放位置

20. 下面描述不正确的是（　　）。
A. 窗口是 Windows 11 操作系统中最重要的组成部分，其主要组成为标题栏、地址栏、工具面板、导航窗格、最小化按钮、最大化按钮、关闭按钮和窗口边框等
B. 菜单是操作命令的列表，用户选择其中的命令即可进行相应操作
C. 对话框是程序从用户获得信息的地方，其主要作用是接收用户输入的信息、系统显示信息
D. 窗口和对话框都可以被最小化

21. 关于 Windows 11 操作系统剪贴板的操作，正确的是（　　）。
A. 剪贴板中的内容可以多次被使用，以便粘贴到不同的文档中或同一文档的不同地方
B. 将当前窗口的画面信息存入剪贴板的组合键是 Ctrl+PrintScreen
C. 多次进行剪切或复制的操作将导致剪贴板中的内容越积越多
D. Windows 11 操作系统关闭后，剪贴板中的内容仍不会消失

22. 在桌面上的“此电脑”图标上单击鼠标右键，弹出的菜单被称为（　　）。
A. 下拉菜单　B. 弹出菜单　C. 快捷菜单　D. 级联菜单

23. 在菜单中，前面有√标记的项目表示（　　）。
A. 复选选中　B. 单选选中　C. 有级联菜单　D. 有对话框

24. 在菜单中，前面有 • 标记的项目表示（　　）。
A. 复选选中　B. 单选选中　C. 有子菜单　D. 有对话框

25. 在菜单中，后面有右箭头标记的命令表示（　　）。
A. 开关命令　B. 单选命令　C. 有级联菜单　D. 有对话框

26. 在菜单中，后面有…标记的命令表示（　　）。
A. 开关命令　B. 单选命令　C. 有子菜单　D. 有对话框

27. 在 Windows 11 操作系统中可以完成窗口切换的方法是（　　）。
A. 按“Alt+Tab”组合键　B. 按“Win+Tab”组合键
C. 单击要切换窗口中的任何可见部位　D. 单击任务栏上要切换的应用程序图标

28. Windows 11 操作系统在多个应用程序间可以进行信息传递，在源应用程序中通常要使用（　　）命令。
A. 复制或剪切　B. 粘贴　C. 删除　D. 选择

29. Windows 11 操作系统任务栏上的内容为（　　）。
A. 当前窗口的图标　B. 已启动并正在执行的程序名
C. 已经打开的文件名　D. 所有固定在任务栏的应用程序的图标

30. 在某个文档窗口中已进行了多次剪切（复制）操作，当关闭了该文档窗口后，当前剪贴板中的内容为（　　）。
A. 空白　B. 所有剪切（复制）的内容
C. 第一次剪切（复制）的内容　D. 最后一次剪切（复制）的内容

31. 剪贴板中临时存放（　　）。
A. 被删除的文件的内容　　B. 用户曾进行的操作序列
C. 被复制或剪切的内容　　D. 文件的格式信息
32. 在 Windows 11 操作系统中，要将整个桌面的内容存入剪贴板，应按（　　）键/组合键。
A. PrintScreen　B. Ctrl+PrintScreen　C. Alt+PrintScreen　D. Ctrl+Alt+PrintScreen
33. 用鼠标拖放功能实现文件或文件夹的快速移动时，下列操作一定可以成功的是（　　）。
A. 用鼠标左键拖动文件或文件夹到目的文件夹
B. 按住 Shift 键，同时用鼠标左键拖动文件或文件夹到目的文件夹
C. 按住 Ctrl 键，同时用鼠标左键拖动文件或文件夹到目的文件夹
D. 按住鼠标右键，拖动文件或文件夹到目的文件夹，然后在弹出的菜单中选择“移动到当前位置”命令
34. 在 Windows 11 操作系统中，对文件和文件夹的管理可以使用（　　）。
A. 文件资源管理器或控制面板窗口　　B. 文件夹窗口或控制面板窗口
C. 文件资源管理器或文件夹窗口　　D. 快捷菜单
35. 快捷方式确切的含义是（　　）。
A. 特殊文件夹　　B. 特殊磁盘文件
C. 各类可执行文件　　D. 指向某对象的指针
36. 有关快捷方式的描述，说法正确的是（　　）。
A. 在桌面上创建快捷方式，就是将相应的文件复制到桌面
B. 在桌面上创建快捷方式，就是通过指针使桌面上的快捷方式指向相应的磁盘文件
C. 删除桌面上的快捷方式，即删除快捷方式所指向的磁盘文件
D. 对快捷方式的名称重新命名后，双击该快捷方式将不能打开相应的磁盘文件
37. DOS 中的每个目录在 Windows 11 操作系统中可以对应一个（　　）。
A. 文件　B. 文件夹　C. 快捷方式　D. 快捷菜单
38. 在 Windows 11 操作系统中，每运行一个应用程序就（　　）。
A. 创建一个快捷方式　　B. 打开一个应用程序窗口
C. 在开始菜单中添加一项　　D. 创建一个文件夹
39. 在 Windows 11 操作系统中，下列叙述中正确的是（　　）。
A. 在 Windows 11 操作系统中，只能用鼠标操作
B. 在不同的磁盘间移动文件，不能用鼠标拖动文件图标的方式实现
C. Windows 11 操作系统为每个任务自动建立一个显示窗口，其位置和大小不能改变
D. Windows 11 操作系统中打开的多个窗口，既可平铺，也可层叠
40. 剪贴板是在（　　）中开辟的一个特殊存储区域。
A. 硬盘　B. 外存　C. 内存　D. 窗口

二、判断题

1. 正版 Windows 11 操作系统不需要激活即可使用。（　　）
2. Windows 11 操作系统企业版支持的功能最多。（　　）
3. Windows 11 操作系统家庭版支持的功能最少。（　　）
4. Windows 11 操作系统的所有基本操作都可以通过文件资源管理器窗口来实现。（　　）
5. 在 Windows 11 操作系统中，使用 Win 键 + 四个方向键（↑、↓、←、→）可实现窗口切换。（　　）
6. 正版 Windows 11 操作系统不需要安装安全防护软件。（　　）
7. 已经安装 Windows 10 操作系统的计算机不可以升级为 Windows 11 操作系统。（　　）

8. 文件夹中只能包含文件。(　　)

9. 窗口的大小可以通过拖动鼠标来改变。(　　)

10. Windows 11 操作系统中，文件或文件夹的属性通常有“只读”“隐藏”“存档”三种属性。(　　)

11. 桌面上的任务栏可根据需要移动到桌面上的任意位置。(　　)

12. 在 Windows 11 操作系统的窗口中，选中末尾带有省略号（…）的命令意味着该命令已被选用。(　　)

13. 将应用程序窗口最小化后，该程序将立即关闭。(　　)

14. 当改变窗口的大小，使窗口中的内容显示不下时，窗口中会自动出现垂直滚动条或水平滚动条。(　　)

15. 本地磁盘中刚刚被删除的文件或文件夹都可以从回收站中恢复。(　　)

16. 在菜单中，有些命令显灰色，它表示该命令已经被使用过。(　　)

17. 设置桌面背景时，无论背景图片大小都可以全屏显示背景。(　　)

18. 打开文件或文件夹只能双击打开。(　　)

19. Windows 11 操作系统中的任务栏既能改变位置也能改变大小。(　　)

20. 用鼠标左键双击和右键双击均可打开一个文件。(　　)

21. 从桌面删除应用程序的快捷方式就可以删除应用程序了。(　　)

22. 复制文件只能在“编辑”菜单中操作。(　　)

23. 对话框可以移动，也可以改变大小。(　　)

24. 当选定文件或文件夹后，不将文件或文件夹放到回收站而直接删除的操作是按 Delete 键。(　　)

25. 所有使用同一台计算机的用户都可以看到这台计算机上其他账户的密码提示。(　　)

26. 窗口被最大化后要调整窗口大小，正确的操作是用拖动窗口的边框线。(　　)

27. 如果想一次选定多个分散的文件或文件夹，操作方法是按住 Shift 键，逐个选取。(　　)

28. 在 Windows 11 操作系统中可以同时打开多个窗口，但某一时刻只有一个窗口是活动的。(　　)

29. 使用“发送到”命令可以将文件或文件夹添加到压缩文件夹或创建桌面快捷方式。(　　)

30. 在文件夹属性中可以为文件夹进行重命名。(　　)

第3章 WPS 文字

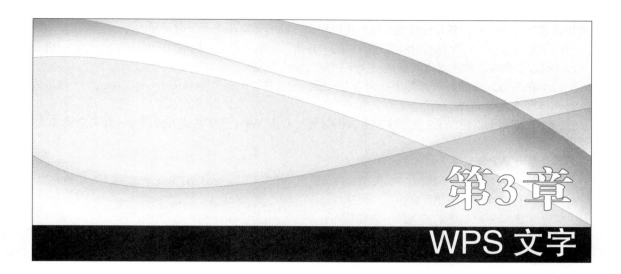

WPS Office，全称 Kingsoft Office WPS，是由中国金山办公软件股份有限公司（简称金山办公）开发的一款集文字处理、表格计算、演示文稿制作于一体的国产综合办公软件。它不仅支持 Windows、macOS、Linux 等多种操作系统，还推出了适用于移动操作系统（如 iOS、Android）的版本，支持跨平台、跨设备的数据同步与编辑，极大地提高了工作效率。

WPS Office 最初发布于 1988 年，经过多年的发展和更新，已经成为一个功能强大、兼容性好的办公软件。它包括三个核心组件——WPS 文字（WPS Writer）、WPS 表格（WPS Spreadsheets）和 WPS 演示（WPS Presentation），三者分别对应于 Microsoft Office 中的 Word、Excel 和 PowerPoint，为用户提供全方位的办公支持。

WPS 文字，作为 WPS Office 套件中的核心组件，是一个文字处理功能丰富、支持图文表格混排、易学易用的文字处理软件，是当前世界上应用最广泛的文字处理和文档编排软件之一。

本章主要介绍 WPS 文字的基本功能和使用 WPS 文字编辑文档、排版、设置页面、制作表格和绘制图形等基本操作。通过本章的学习，读者应掌握以下内容。

（1）WPS 文字的基本功能、运行环境、启动和退出的方法；

（2）文档的创建、打开、输入、保护、美化和打印等基本操作；

（3）文本的选定、插入与删除、复制与移动、查找与替换等基本编辑操作，多窗口和多文档的编辑；

（4）字体格式设置、段落格式设置、文档页面设置和文档分栏等基本排版操作；

（5）表格的创建与修改，表格中数据的输入与编辑，数据的排序和计算；

（6）图形和图片的插入，图形的建立和编辑，文本框的使用；

（7）文档的修订与共享，长文档的编辑与管理。

3.1 WPS 文字的基本操作

3.1.1 WPS 文字的启动与退出

1. 启动 WPS 文字

WPS 文字的启动非常简便而且方法很多，在 Windows 11 操作系统中，概括起来主要有以下几种方法，它们各有优缺点，用户可以根据不同的环境和个人习惯灵活选择。

（1）常规方法：将鼠标指针移至任务栏的“开始”菜单按钮上，执行“开始→WPS 文字→启动 WPS Office”命令，依次单击“新建→文字→空白文档”按钮，启动 WPS 文字。

（2）在 Windows 资源管理器中找到带有图标的文件（扩展名为“.wps”或“.docx”），双击该文件图标即可启动 WPS 文字。

（3）在桌面上创建 WPS 文字快捷方式图标。双击 WPS 文字快捷方式图标，即可启动 WPS 文字。

2. 退出 WPS 文字

在完成对所有文档的编辑后，要关闭文件，退出 WPS 文字。退出 WPS 文字常用以下几种方法。

（1）执行“文件→退出”命令。

（2）单击标题栏右侧的“关闭”按钮。

（3）单击标题栏上文档名称右侧的“关闭”按钮。

（4）按组合键“Alt + F4”。

（5）右键单击“任务栏”上要关闭的 WPS 文档图标，在弹出的快捷菜单中单击“关闭窗口”命令。

在退出 WPS 文字前，如果文档尚未保存，那么 WPS 文字将会弹出一个对话框，询问用户是否要保存未保存的文档。

3.1.2 WPS 文字工作窗口的组成

作为 Windows 环境下的一个应用程序，WPS 文字工作窗口的组成与其他应用程序的窗口类似，其中包括标题栏、快速访问工具栏、编辑区、功能区、状态栏、视图切换区、显示比例调控区、滚动条、标尺等。启动 WPS 文字，进入图 3.1 所示的 WPS 文字工作窗口。位于 WPS 文字工作窗口顶端的带状区域几乎包含了用户使用 WPS 文字时需要的所有功能，其中包括开始、插入、页面布局、引用、审阅、视图、章节、开发工具等选项卡。

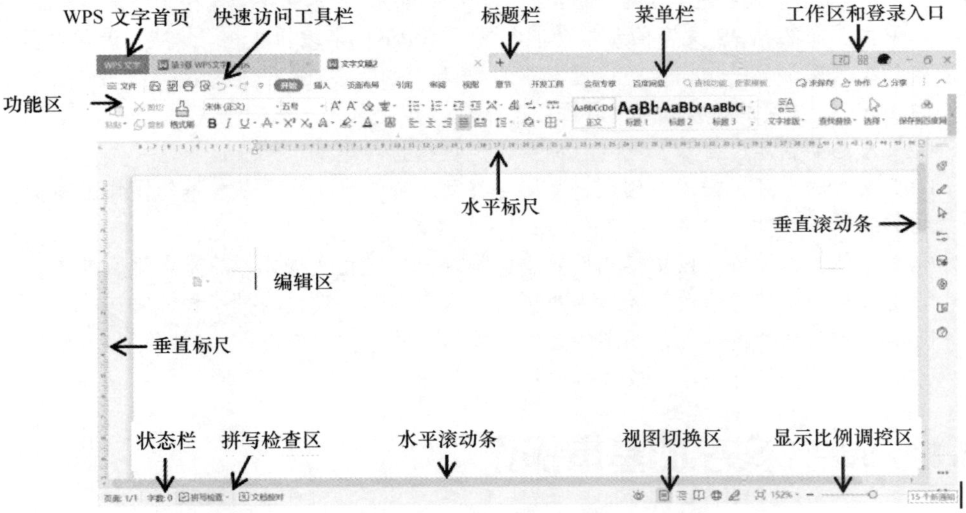

图 3.1　WPS 文字工作窗口

（1）标题栏。标题栏位于 WPS 文字工作窗口的顶部，其中显示文档的文件名，在标题栏中可以快速切换打开的文档。标题的右侧是工作区和登录入口。在工作区中可以查看已经打开的所有文档。WPS Office 支持多种登录方式，登录后，可以将文档保存到云端。标题栏最右侧是窗口操作按钮［依次为最小化、最大化（向下还原）和关闭］。标题栏左侧是 WPS 文字首页，在此可以管理所有的文档，包括最近打开的文档、计算机中的文档、云文档、回收站的文件等等。

（2）菜单栏和选项卡。菜单栏的左侧是快速访问工具栏。利用快速访问工具栏中的按钮可以快速地编辑文本。快速访问工具栏默认位于菜单栏的左边、功能区的上方，用户可以根据需要修改设置。它的作用是使用户能快速使用经常使用的命令。用户可以根据需要，在“自定义快速访问工具栏”面板中添加或自定义自己的常用命令。WPS 文字默认的快速访问工具栏包括保存、输出为 PDF、打印、打印预览、撤销、恢复和自定义快速访问工具栏按钮。

在菜单栏内单击不同的选项卡，会显示不同的操作工具。WPS 文字菜单栏中包括“开始”“插入”等选项卡。

①“开始”选项卡。它包含了有关文字编辑和排版格式设置的各种功能，包括剪贴板、字体、段落、样式、文字排版、查找替换、选择等命令。

②“插入”选项卡。它主要用于在文档中插入各种元素，包括封面页、空白页、分页符、分节符、表格、图片、链接、页眉、页脚、页码、文本框、符号、公式等。

③“页面布局”选项卡。它用于帮助用户设置文档的页面样式，包括页面设置、段落、排列、主题、文档格式、页面背景等命令。

④“引用”选项卡。它用于在文档中设置索引功能，包括目录、脚注、引文与书目、题注、索引和引文目录、邮件合并等命令。

⑤“审阅”选项卡。它主要用于对文档进行审阅、校对和修订等，适用于大文档的多人协作和处理，其中包括校对、中文简繁转换、批注、修订、更改、比较和保护等命令。

⑥“视图”选项卡。它主要用于帮助用户设置 WPS 文字操作窗口的查看方式、操作对象的显示比例等，以便用户获得较好的视觉效果，其中包括视图、显示、显示比例、窗口和宏等命令。

（3）功能区。在 WPS 文字中，传统的菜单和工具栏被功能区所代替。功能区是一个全新的设计，它以选项卡的方式对命令进行分组和显示。同时，功能区中选项卡的排列方式与用户所要完成任务的顺序相匹配，并且选项卡中命令的组合方式更加直观，大大提升了应用程序的可操作性。

（4）后台视图。在窗口中单击“文件”菜单，即可查看 WPS 后台视图。在后台视图中可以管理文档和文档的相关内容，其中集成了对文档可执行的命令，包括新建、保存、输出、打印、分享文档、文档加密、备份与恢复等。

（5）编辑区。编辑区是水平标尺以下和状态栏以上的一个屏幕显示区域。在 WPS 文字工作窗口的编辑区中可以显示打开的文档，在编辑区中可输入文字、生成表格、插入图形，并可方便地对文档进行编辑、校对、排版。编辑区中的光标用于指明输入字符时的位置。可以通过单击功能区右上角的“折叠功能区”按钮来折叠/展开编辑区。

（6）状态栏。状态栏在 WPS 文字工作窗口的底部左侧，用来显示当前文档的状态，如当前页面数、字数等，其中还有拼写检查以及文档校对等命令。

（7）视图切换区。视图就是文档的不同呈现方式，同一个文档可以在不同的视图下查看，虽然显示方式不同，但是文档的内容是不变的。视图有以下 5 种，可以通过单击窗口下方的视图切换按钮来切换。

① 页面视图。页面视图主要用于版面设计，显示文档的每一页，其呈现效果与打印所得的页面效果相同，即“所见即所得”。在页面视图下可以进行文档的输入、编辑和排版，也可以对页边距、文本框、分栏、页眉和页脚、图片和图形等进行设置。

② 阅读视图。阅读视图适用于阅读长篇文章，分为左、右两个窗口。

③ Web 版式视图。在该视图下，用户无须离开 WPS 文字窗口即可查看文档在 Web 浏览器中的发布效果（最佳网上发布视图）。

④ 大纲视图。大纲视图显示文档的层次结构，如章、节、标题等，这对于长文档来说，可以让用户清晰地看到它的结构。在大纲视图中，可折叠文档，从而只查看到某级标题，或者扩展文档以查看整个文档，还可以通过拖动标题来移动、复制或重新组织正文。进入大纲视图时，窗口中会自动出现大纲工具栏。

⑤ 草稿视图。草稿视图隐藏了页面边距、分栏、页眉和页脚以及图片等元素，仅显示标题和正文，是最节省计算机系统资源的视图方式。

（8）标尺。标尺分为水平标尺和垂直标尺两种。在写作模式下，默认只显示水平标尺，只有在页面视图下才能将标尺全部显示出来。标尺可以显示文字所在的实际位置、页边距尺寸，并且可以用来设置制表位、段落、页边距尺寸、左右缩进、首行缩进等。有两种方法可以隐藏或显示标尺。

① 方法 1：勾选“视图”选项卡下的“标尺”复选框，可以显示或隐藏标尺。

② 方法 2：单击 WPS 文字工作窗口右侧滚动条顶部的标尺按钮 ，可以显示或隐藏标尺。

（9）滚动条。滚动条有垂直滚动条和水平滚动条，拖动滚动条上的滑块或单击滚动箭头，可以切换文档页面，查看文档的不同位置。

（10）插入点。在 WPS 文字启动后，系统自动创建一个名为“文字文稿 1”的文档，其编辑区是空的，在文档开始处有一个闪烁的黑色竖条，其被称为插入点（或称光标）。

3.2 文档基本操作

3.2.1 文档处理流程

在 WPS 文字中要完成一份文字文稿的处理工作，一般流程如下。

（1）启动 WPS 文字；

（2）创建或打开一个文档；

（3）设置页面；

（4）在文档中的插入点处输入文档的内容；

（5）编辑和排版；

（6）打印输出。

为了安全起见，在文档处理过程中要及时保存文档。

3.2.2 创建新文档

每次启动 WPS 文字时，会自动打开一个新的空白文档。通常这个文档对应的默认文件名为“文字文稿 1”，在保存时，也可按照需要更改它的名称。创建一个新的 WPS 文字文档可以使用以下方法。

（1）执行“文件→新建→新建→文字→空白文档”命令，或按组合键“Alt+F”，再执行“新建→新建→文字→空白文档”命令，即可创建 WPS 文字文档；

（2）按组合键“Ctrl+N”，即可创建 WPS 文字文档。

3.2.3 打开已存在的文档

当要查看、修改或打印已存在的 WPS 文字文档时，首先应该打开它。WPS 文字支持打开的文档类型可以是 WPS 文字文档，也可以是利用 WPS 文字软件的兼容性，经过自动转换打开的非 WPS 文字文档（如 Microsoft Word 文件、纯文本文件等）。

1. 打开一个已存在的文档

在资源管理器中，双击 WPS 文字文档的文件名是打开 WPS 文字文档最快捷的方式。除此之外，在 WPS 文字窗口中打开一个已存在的文档，通常还有以下几种方法。

（1）执行“文件→打开”命令。

（2）按组合键“Ctrl+O”。

这时 WPS 文字会打开 WPS 后台视图的“打开文件”对话框，如图 3.2 所示。对话框中默认列出的是最近使用过的项目，可以从中选择要打开的文件，单击“打开”按钮，或双击要打开的文档名即可。

图 3.2　“打开文件”对话框

如果要打开的文档不在最近使用过的项目中，则单击图 3.2 中的“我的电脑”命令，对话框如图 3.3 所示。

在“打开文件”对话框右侧“设备和驱动器”列表中选择驱动器，“名称”列表中列出了该驱动器下包含的文件夹和文件。双击打开所选的文件夹，“名称”列表中会列出该文件夹所包含的文件夹和文件。重复这一操作，直到打开包含有要打开文档的文件夹为止。单击文档名，然后单击“打开”按钮，或双击要打开的文档名即可。

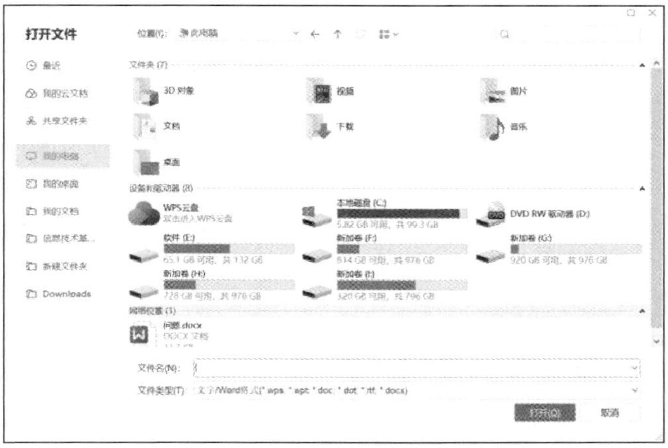

图 3.3　单击“我的电脑”命令

2. 同时打开多个文档

WPS 文字可以同时打开多个文档，通常有两种操作方法：一是逐一使用“打开”命令打开多个文档；二是使用“打开文件”对话框，选中多个文档后一次性打开。

打开一个文档后，任务栏中就有一个相应的文档选项与之对应。当打开的文档数量多于一个时，这些文档便以重叠的选项组的形式出现。将鼠标指针移至选项上并停留片刻，其文档窗口缩略图便会展开显示，单击文档窗口缩略图可实现文档的切换。另外，也可以通过单击“视图”选项卡中“切换窗口”下拉菜单中所列的文件名进行文档的切换。

3. 打开最近使用过的文档

如果要打开最近使用过的文档，WPS 文字提供了更快捷的操作方式，其中两种常用的操作方法如下。

（1）单击“文件→打开→打开文件”命令，打开“打开文件”面板，如图 3.2 所示，双击文档名，即可打开指定的文档。

（2）若当前已打开了一个（或多个）文档，则右击任务栏中的 WPS 文字图标，此时会弹出“最近”列表，如图 3.4 所示。列表中含有最近使用过的 WPS 文字文档，单击需要打开的文档名即可打开指定的文档。

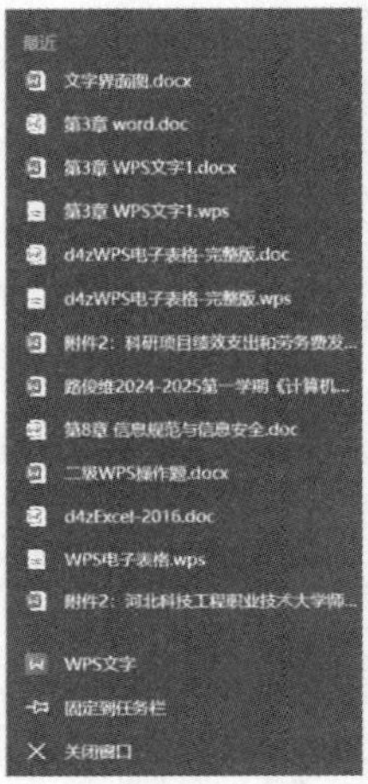

图 3.4 “最近”列表

3.2.4 保存文档

用户编辑的文档内容在未保存时仅暂时存放在计算机内存中，为了将其持久化存储以备将来使用，需要给文档起一个文件名并存盘。保存文档不仅指的是文档编辑结束后的保存，同时也指编辑过程中的保存。

1. 保存新建文档

保存文档的常用方法有以下几种。

（1）单击快速访问工具栏的“保存”按钮。

（2）执行“文件→保存”命令。

（3）直接按“Ctrl+S”组合键。

若是第一次保存文档，执行“保存”命令后会弹出“另存文件”对话框，单击“我的电脑”选项，在弹出的“另存文件”对话框中，选定要保存文档的驱动器。

在“文件类型”下拉列表中可以选择合适的保存类型，如“WPS 文字文档”。

单击“保存”按钮可以存盘，单击“取消”按钮可以取消存盘并返回编辑窗口。

2. 保存已有文档

对已有的文件进行修改后，同样可用上述方法将修改后的文档以原来的文件名保存在原来的文件夹中，此时不再出现“另存为”对话框。

3. 另存为其他文档

单击“文件”菜单，在打开的 WPS 后台视图中单击“另存为→WPS 文字文件”命令，可以把当前正在编辑的文档以另一个不同的名字保存为副本，而原始文档的名字和保存位置不变。在“另存为”对话框中设置文件名和保存路径，把当前文档保存在指定磁盘的指定文件夹中，并将另存后的文档作为当前的编辑文档。

4. 备份文档

备份文档是指 WPS 文字会在一定时间内自动生成一次文档备份，可以有效地防止用户在进行大量工作之后发生意外（停电、死机等）时因没有保存而导致文档内容的丢失。

（1）在 WPS 文字工作窗口中，单击“文件→选项”命令，打开“选项”对话框。

（2）单击左侧的“备份中心→文档→本地备份设置”命令，打开“备份中心”面板，如图 3.5 所示。

（3）在“本地备份设置”对话框中，选中“定时备份”单选按钮，并指定具体的时间间隔（如 10 分钟）。“本地备份设置”对话框如图 3.6 所示。

图 3.5 “备份中心”面板

图 3.6 “本地备份设置”对话框

3.2.5 关闭文档

单击标题栏上的关闭窗口按钮，或执行“文件→退出”命令，或直接单击标题栏上待关闭文档右上角的“关闭”按钮，或使用组合键“Alt+F4”，都可以关闭当前文档。对于修改后没有存盘的文档，系统会给出提示信息（是否保存修改），单击“保存”按钮，保存文档后退出；单击“不保存”按钮，则不存盘并退出；单击“取消”按钮，重新返回 WPS 文字工作窗口。

3.2.6 文档的保护

如果不希望无关人员查看所编辑的文档，则可以给文档设置打开权限密码。当打开此文档时，WPS 文字会首先核对密码，只有密码正确才能打开文档，否则无法打开文档。

1. 设置打开权限密码

（1）执行“文件→另存为”命令，打开“另存为”对话框。

（2）单击对话框右下方的“加密”按钮，打开“密码加密”对话框，如图 3.7 所示。在“打开文件密码”文本框中输入设定的密码。

（3）在“再次输入密码”文本框中再次输入密码[和（2）中输入的密码一样]。在“密码提示”文本框中输入提示信息，单击“应用”按钮。若两次输入的密码一致，则返回“另存为”对话框，否则会弹出“两次密码不一致”的警示信息，此时只能重新设置密码。

（4）单击“保存”按钮即可存盘。下次再打开此文档时，会出现“文档已加密”对话框，要求用户输入密码以便核对。

如果要取消已设置的密码，在打开此文档后，执行“文件→文档加密→密码加密”命令，在打开的对话框，删除“密码加密”文本框中的密码，然后单击“应用”按钮即可。

2. 设置编辑权限密码

如果允许别人打开并查看一个文档，但无权修改它，则可以在“密码加密”对话框中的“修改文件密码”文本框中设置密码。

3. 设置文件为“只读”属性

右击文件，在弹出的快捷菜单中选择“属性”选项，打开文件属性对话框，在“常规”选项卡下勾选“只读”复选框，即可将文件设置为“只读”属性。

4. 对文档中的指定内容进行编辑限制

如果要保护文档中的某一内容（一句话、一段文字等），不允许其被别人修改，但允许对其进行阅读、修订、审阅等操作，可以利用文档保护功能实现，方法如下。

（1）选定需要保护的文档内容。

（2）单击“审阅”选项卡下的“限制编辑”命令，打开“限制编辑”对话框，如图3.8所示。

图3.7 “密码加密”对话框

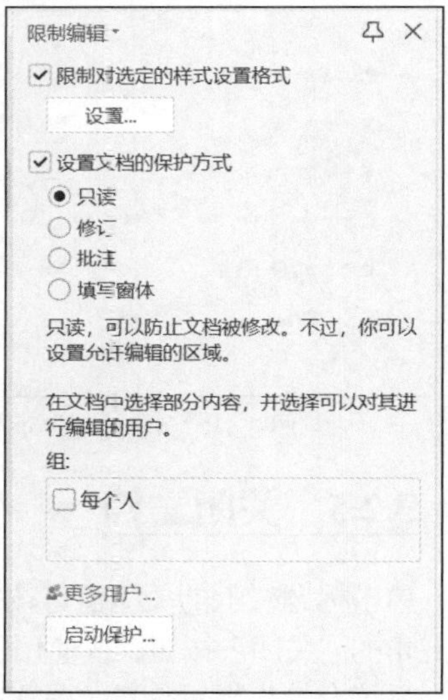

图3.8 “限制编辑”对话框

（3）勾选“设置文档的保护方式”复选框，然后从“只读”“修订”“批注”“填写窗体”4个选项中选定一项。

在信息社会中，信息安全变得越来越重要。信息安全就是为数据处理系统建立的技术、管理上的安全保护，为的是保护计算机硬件、软件、数据不因偶然和恶意的原因而遭到破坏、更改和泄露。公民欠缺足够的信息保护意识是信息安全问题之一，因此有必要为文档设置密码和“只读”属性，为我们的文档安全保驾护航。

3.3 文档编辑的基本操作

新建或打开 WPS 文字文档后，屏幕上会显示出一个供用户输入使用的文档。在文档编辑区中可以输入文字，插入特殊字符、当前日期、当前时间、图形、表格或其他内容。

3.3.1　在文档中添加内容

1. 输入文本

（1）中文输入。WPS 文字自身不带汉字输入法，为了输入汉字，可以使用 Windows 11 操作系统自带的输入法、搜狗输入法等。选择中文输入法，按相应输入法的具体要求即可输入汉字。

（2）标点符号的输入。标点符号有全角和半角的区分，全角字符的宽度等于两个半角的宽度。中文标点需要在全角状态下输入。

（3）插入特殊字符及符号。WPS 文字提供了丰富的符号，除用键盘可输入的字母、数字和标点符号外，它还提供了项目符号、编号、版权号、注册号等特殊符号。单击“插入”选项卡中的“符号”下拉按钮，在弹出的列表中单击“其他符号”命令，打开“符号”对话框，如图 3.9 所示。

图 3.9　“符号”对话框

在“字体”下拉列表中选择要插入符号的字体，在“子集”下拉列表中选择要插入符号的类型，单击要插入的符号，再单击“插入”按钮，即可将该符号插入到插入点所在位置。用此方法可以连续插入多个符号。在“近期使用过的符号”区域中列出了最近使用过的符号，可单击该符号进行快速插入。

（4）插入当前日期和时间。在 WPS 文字文档中，可以插入不同格式的当前日期和时间。单击“插入”选项卡下的“日期”命令，打开“日期和时间”对话框，在“可用格式”列表中选择日期和时间的格式。

（5）插入脚注和尾注。在编写文章时，常常需要对一些从别人的文章中引用的内容加以注释，这称为脚注和尾注。脚注位于每一页面的底部，而尾注位于文档的结尾处。

将插入点移到需要插入脚注和尾注的字符之后，打开“引用”选项卡，单击“脚注”设置区右下方的箭头，打开“脚注和尾注”对话框，选定“脚注”或“尾注”，设定注释的编号格式、自定义标记符号、起始编号和编号方式等。如果要删除脚注和尾注，选定脚注或尾注后按 Delete 键即可。

2. 输入文本应注意的问题

（1）WPS 文字提供了即点即输的功能，在编辑区中有效范围内的任何空白处单击，插入点便被定位于该处，在该处可以输入文本。如果在文档中无法使用“即点即输”功能，那么应先启用该功能，执行“文件→选项→编辑”命令，勾选‘启用“即点即输”’复选框即可。

（2）WPS 文字具有自动换行功能，在行尾继续输入时，系统会自动换行，输入的文字自动出现在下一行。为了有利于自动排版，不要在每行的行尾按 Enter 键，只有当一个段落结束时，才需要按 Enter 键，插入段落标记。若需要在一个自然段内强行换行，则按住组合键“Shift+Enter”即可进行强制换行。

（3）注意当前的编辑状态是插入还是改写。可以通过键盘上的 Insert 键切换状态，当状态栏上显示是“改写”时，编辑状态为改写状态；当状态栏上显示是“插入”时，编辑状态为插入状态。

在“插入”状态下，随着新内容的输入，原内容后移；在“改写”状态下，随着新内容的输入，原内容被覆盖。

（4）不要用加空格的方法实现段落的首行缩进。

（5）如果要另起一行，但不另起一个段落，可以插入换行符。可使用组合键“Shift+Enter”或单击“页面布局”选项卡“页面设置”组“分隔符”右侧的下拉按钮，单击“换行符”按钮。

注意

换行符的符号为“↓”，回车符的符号为“↵”。

（6）段落之间用“回车符”分隔。两个段落的合并只需删除它们之间的“回车符”即可。一个段落要分成两个段落，只需在分段处键入“回车符”即可。段落格式具有可继承性，按 Enter 键后得到的下一段落会自动继承上一段落的格式。

（7）文档中的文字最好应用样式。文档中的正文通常用“正文”样式。如果文档中有多级标题，最好按标题的级别从高到低依次选择“标题 1”“标题 2”等标题样式。选择方法是将光标定位在文字所在的行，在“预设样式”列表中选择对应的样式即可。

（8）如果没有在文档中设置下画线，文本的下面却出现了下画线，可能原因为 WPS 文字自动进行了“拼写和语法”检查，红色波浪下画线表示可能存在拼写错误，绿色波浪下画线表示可能存在语法错误。

“拼写和语法”的设置步骤：在“审阅”功能区中单击“拼写检查”下拉按钮，选择“设置拼写检查语言”命令，打开“设置拼写检查语言”对话框，如图 3.10 所示。单击要拼写检查的语言。

图 3.10 “设置拼写检查语言”对话框

隐藏/显示检查“拼写和语法”的步骤：执行“文件→选项”命令，打开“WPS 文字选项”对话框，单击“拼写检查”选项，根据需求勾选“拼写检查”列表中的复选框。

（9）WPS 文字默认蓝色下画线的文本表示超链接，紫色下画线的文本表示该超链接已使用过。

（10）注意保存文档。已经输入的内容通常暂存在内存中，如果不小心退出、死机或断电，输入的内容会丢失，最好经常执行存盘操作。也可执行“文件→选项”命令，单击“备份中心”选项卡，设置定时备份的时间，WPS 文字系统会定期自动保存文档内容。

3.3.2 文档的编辑操作

当文档的内容输入完成后，常常需要对文档的某一部分进行删除、复制、移动和其他修改操作。

1. 插入点的移动

在编辑区中，插入状态下的插入点是一个不断闪烁的黑色竖条。每输入一个字符，插入点会相应移动一个位置。所以，可以在插入点前插入文字和符号。

注意

鼠标指针和插入点是不同的，将鼠标指针置于编辑区中并单击后，编辑区中会插入点。

移动插入点是编辑文档的基本操作之一，将插入点重新定位有以下方法。

（1）利用鼠标移动插入点。将“I”形指针移到文本的指定位置并单击鼠标左键后，插入点移动到刚才鼠标指针的指定位置。

（2）利用键盘移动插入点。可以用键盘上的按键移动插入点，表 3.1 列出了移动插入点的常用键。

表 3.1 用键盘移动插入点

移动	按键	移动	按键
向前或向后移动一个字符	←或→	向下移一屏	Alt+Ctrl+PageDown
向上或向下移动一行	↑或↓	向上移一屏	Alt+Ctrl+PageUp
移至行首	Home	向下移一页	Ctrl+PageDown
移至行尾	End	向上移一页	Ctrl+PageUp
向上或向下移动一个段落	Ctrl+↑或 Ctrl+↓	移至文档的开头	Ctrl+Home
向下移一屏	PageDown	移至文档的结尾	Ctrl+End
向上移一屏	PageUp	移动光标到最近修改过的 3 个位置	Shift+F5

（3）利用“书签”移动插入点。

WPS 文字提供的书签具有记忆某个特定位置的功能。在文档中可以插入多个书签，书签可以出现在文档的任何位置。插入书签时，用户可为书签命名。

将鼠标指针移动到插入书签的位置，单击“插入”选项卡下的“书签”按钮，打开“书签”对话框，输入书签名，单击“添加”按钮。

若要删除已设置的书签，则在“书签”对话框中选择要删除的书签名，单击“删除”按钮。

将光标移动到书签处，通常有以下两种方式。

① 在“书签”对话框中，选择书签名，单击“定位”按钮。

② 单击“开始”选项卡“查找替换”组中的“替换”命令，打开“查找和替换”对话框，如图 3.11 所示，选择“定位”选项卡，在“定位目标”列表中选择“书签”，在“请输入书签名称”栏中输入要定位的书签名，单击“定位”按钮。

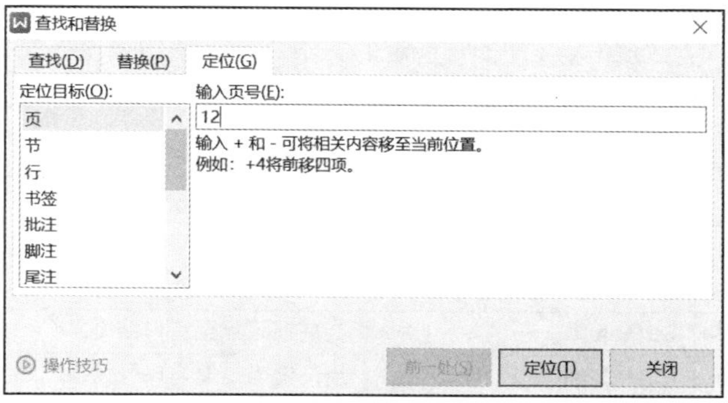

图 3.11　“查找和替换”对话框

（4）用定位快速按钮移动插入点。

在“查找和替换”对话框中，可按页、节、行、书签等不同方式在文档中进行快速定位。下面以“页”为例说明操作方法。在“查找和替换”对话框的“定位目标”列表中选择“页”，输入页号，单击“定位”按钮，即可定位到文档中的相应页。

2. 插入和删除空行

插入空行：在“插入”状态下，只需将插入点移到需要插入空行的地方，按 Enter 键。在文档前插入空行，只需将插入点定位到文首，按 Enter 键。

删除空行：将插入点移到空行，按 Delete 键。

3. 断行和续行

断行就是将原来的一行分为两行。例如，对于“河北省邢台市河北科技工程职业技术大学”语句，若要在“市”字后断行，则在插入状态下，将插入点定位到学校名称的第一个字“河”字前，按 Enter 键即可。“市”字后会出现一个换行符，即段落标记。

续行就是将由换行符分开的两行或两个段落合成一行或一段，只需将第一行或第一段后的换行符删除即可。

4. 选定文本

编辑文本的第一步就是使其突出显示，即“选定”文本。首先选定需要修改的部分，然后再进行操作，称为“先选后做”。一旦选定了文本，就可以对其进行复制、移动，将其插入到另一个位置或另一个文档，设置其格式，以及删除字、词、句子和段落等一系列操作，完成操作后，可以单击文档的其他位置，取消选定。

（1）用鼠标选择。这种方法是最常用的，也是最基本、最灵活的。

① 选定任意大小的文本区。拖动鼠标指针，选择文本，用户只需将鼠标指针停留在所要选定内

容的开始处，然后按住鼠标左键并拖动鼠标指针，直到所要选定部分的结尾处，所有需要选定内容的背景为灰色，然后松开鼠标左键即可。

② 选中一行。将鼠标指针移到所选行左侧的空白区域，鼠标指针变为右指箭头，单击即可选中一行。

③ 选中一段。将鼠标指针移到所选段左侧的空白区域，鼠标指针变为右指箭头，双击即可选中一段。三击段落内的任意位置，也可选中该段落。

④ 选择不相邻的多段文本。选择一段文本后，按住 Ctrl 键，再拖动鼠标指针即可选择另外一处或多处文本。

⑤ 选定矩形区域文本。先按下 Alt 键不放，再拖动鼠标指针产生一个矩形区域，矩形区域中的文本即可被选中。

⑥ 选择整篇文章。将鼠标指针移到文档左侧的空白区域，鼠标指针变为右指箭头，三击即可选中整篇文章。

（2）用键盘选择文本。把插入点置于要选定的文本之前，使用表 3.2 给出的组合键，在相应范围内选择文本。

表 3.2　用键盘选择文本的组合键

选择范围	功能键	选择范围	功能键
右侧一格字符	Shift+→	下一屏	Shift+PgDn
左侧一格字符	Shift+←	上一屏	Shift+PgUp
下一个单词或汉字	Ctrl+Shift+→	当前插入点至窗口结尾	Ctrl+Shift+PgDn
上一个单词或汉字	Ctrl+Shift+←	当前插入点至窗口开始	Ctrl+Shift+PgUp
当前插入点至行首	Shift+Home	当前插入点至文档开始处	Ctrl+Shift+Home
当前插入点至行尾	Shift+End	当前插入点至文档结尾处	Ctrl+Shift+End
下一行	Shift+↓	整篇文档	Ctrl+A
上一行	Shift+↑	纵向文本块	Ctrl+Shift+F8+箭头
当前插入点至段尾	Ctrl+Shift+↓	当前插入点至段首	Ctrl+Shift+↑

5. 删除文本

利用 WPS 文字的删除功能可以方便且不留痕迹地删除文本，删除方式有以下几种。

（1）利用 Delete 键可以删除插入点后的下一个字符；

（2）利用 Backspace 键可以删除插入点前的上一个字符；

（3）如果需要删除一句话或一段文字，可先选择内容，再按 Delete 键或 Backspace 键来删除。

6. 撤销与恢复

撤销：在对 WPS 文字文档进行编辑操作的过程中，如果对先前的修改感到不满意，可利用快速访问工具栏上的“撤销”按钮，将文档恢复到操作前的状态。可以撤销最近进行的多次操作。单击快速访问工具栏上的“撤销”下拉按钮，打开允许撤销的动作表，该动作表记录了用户所做的动作，如果希望撤销前几次的动作，那么可以在列表中选择对应的动作选项。“Ctrl+Z”组合键为撤销键。

恢复：单击快速访问工具栏上的“恢复”按钮，可以恢复“撤销”操作。

7. 文本的移动和复制

在编辑文档过程中，利用 WPS 文字的剪切、复制和粘贴功能以及鼠标的拖放功能可以很容易地实现文本的移动和复制。

（1）移动文本。选择需要移动的文本，单击“开始”选项卡“剪贴板”组中的“剪切”按钮（或单击鼠标右键，在弹出的快捷菜单中选择“剪切”选项），选择的文本即被删除，同时被保存在剪贴板中。将插入点移动到需要插入的文本位置（该位置可以位于本文档或另一文档中，也可以位于其他应用软件的文本编辑区中），单击“开始”选项卡“剪贴板”组中的“粘贴”按钮（或单击鼠标右键，在弹出的快捷菜单中选择“粘贴”选项），刚才选择的文本即被移动到文档中插入点的位置处。

利用鼠标的拖放功能也可以实现文本的移动，操作步骤如下。

① 选择文档中要移动的文本。

② 在选择的文本上按住鼠标左键并拖动鼠标指针，这时鼠标指针会变成移动释放指针（鼠标箭头下方出现一个虚线方框，并且在鼠标箭头的左侧会出现一条表示插入点的竖直虚线）。

③ 在目标位置松开鼠标左键，即可完成文本的移动。

（2）复制文本。选择需要复制的文本，单击“开始”选项卡“剪贴板”组中的“复制”按钮（或单击鼠标右键，在弹出的快捷菜单中选择“复制”选项），选择的文本仍被保留并被保存在剪贴板中，将插入点移动到目标位置，单击“开始”选项卡“剪贴板”组中的“粘贴”按钮（或单击鼠标右键，在弹出的快捷菜单中选择“粘贴”选项），文本即被复制到文档中插入点的位置处。

利用鼠标的拖放功能也可以实现文本的复制，操作步骤和移动文本相似。

① 选择文档中要复制的内容。

② 将鼠标指针指向被选择的对象，此时鼠标指针将由“I”字形指针变成箭头指针，按住 Ctrl 键的同时按下鼠标左键。

③ 拖动鼠标指针，这时鼠标指针会变成复制释放指针。

④ 当鼠标指针到达目标位置时，松开 Ctrl 键和鼠标左键，这时被选择的文档内容就被复制到用户想要放置的目标位置。

以上操作中，复制、剪切、粘贴对应的组合键分别为 Ctrl+C、Ctrl+X、Ctrl+V。

文本的移动或复制也可以利用 WPS 文字剪贴板。单击“开始”选项卡下的“剪贴板”按钮，打开“剪贴板”面板，在文档中选定要移动或复制的文本，选定的内容将以图标形式出现在“剪贴板”任务窗格中。在任务窗格中选中某项内容，即可进行移动或复制。

WPS Office 的剪贴板可以存放 24 个项目，而 Windows 操作系统的系统剪贴板只能存放一个项目。当在 WPS Office 剪贴板中复制多个项目时，所复制的最后一项将被复制到系统剪贴板上。当清空 WPS Office 剪贴板时，系统剪贴板也将同时被清空；使用“粘贴”命令、“粘贴”按钮或组合键 Ctrl+V，粘贴的是系统剪贴板的内容。

3.3.3　文本的查找和替换

查找、替换及多窗口操作

在长文档的编辑过程中，经常要对文本进行定位，或查找、替换某些特定的内容。这些操作可用 WPS 文字的查找和替换功能来实现。WPS 文字不仅能查找和替换普通文本，还可查找和替换一些特殊标记，如制表符“^t”、分节符“^b”、尾注标记“^e”等。

1．查找文本

（1）单击“开始”选项卡下的“查找替换”按钮，打开“查找和替换”对话框，单击“查找”选项卡。

① 在“查找内容”文本框中输入要查找的文本，如“WPS 文字”，或单击文本框右侧的下拉按钮，从下拉列表中选择以前查找过的文本。

② 单击“查找下一处”按钮，开始查找，单击此按钮可以反复查找，找到的文本将反相显示。

③ 选择“突出显示查找内容”下拉列表中的“全部突出显示”选项，匹配的内容将会全部突出显示，再次选择“突出显示查找内容”下拉列表中的“清除突出显示”选项，则匹配的查找内容将会恢复原状。

④ 可在“在以下范围中查找”下拉列表中指定搜索的范围，包括“主文档”“页眉和页脚”“主文档的文本框”等，如果文档中有选定的内容，则搜索范围还会增加“当前所选内容”。

⑤ 在“特殊格式”下拉列表中可以选择要查找的特殊字符，如段落标记、手动换行符等。

⑥ 在“格式”下拉列表中可选定查找内容的文本格式，包括字体（如大小、颜色等）、段落（如行间距）、制表位等。

（2）单击“高级搜索”按钮，弹出“查找和替换”对话框，如图 3.12 所示。常用的选项和操作包括以下几个。

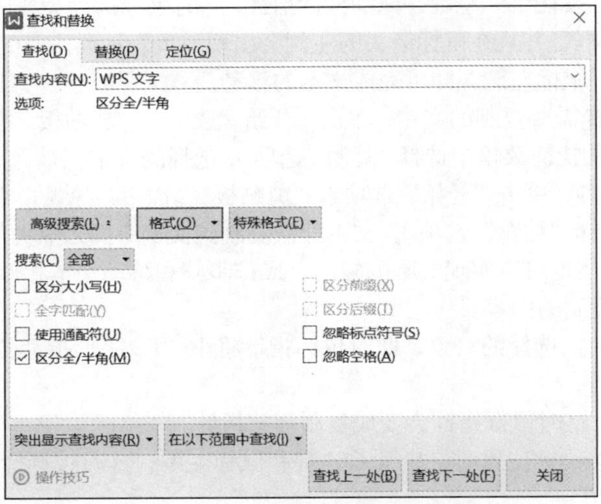

图 3.12 “查找和替换”对话框

① 在“搜索”下拉列表中可以指定搜索范围和方向，包括全部、向上和向下。

② 勾选“区分大小写”复选框，只搜索大小写完全匹配的字符串，如“A”“a”是不同的。

③ 勾选“全字匹配”复选框，只能搜索到完整的单词，而不是单词的一部分。例如，查找“wo”便不会找到“word”。

④ 勾选“使用通配符”复选框，可以使用通配符查找文本，常用的通配符有“*”“？”两个。

⑤ 勾选“区分全/半角”复选框，则查找时会区分字符格式为全角或半角。

2. 替换文本

利用查找和替换功能可以将文档中出现的错词/字替换为另一个词/字，例如，可以将“电脑”替换为“计算机”。单击“开始”选项卡的“查找替换”下拉菜单中的“替换”命令，打开“查找和替换”对话框。

替换操作与查找操作相似，在“查找内容”文本框中输入要查找的内容，在“替换为”文本框中输入替换后的内容，单击“查找下一处”按钮，向下查找第一处匹配的文本，查到后单击“替换”按钮，即可对当前查到的内容进行替换。单击“查找下一处”按钮，继续下一处的查找，然后再次进行替换，直到完成全部替换。如果要将文档中查到的内容全部替换，只需单击“全部替换”按钮即可。

在“替换”选项卡下，不但可以进行内容的查找和替换，还可以进行内容格式和特殊格式的查找和替换。

（1）在“格式”下拉列表中可设置要查找或替换的内容的字体、段落等格式，如将七号字替换为小四号字，黑色替换为红色，全角字符替换为半角字符等。

（2）在“特殊格式”下拉列表中可查找或替换一些特殊字符，如将“手动换行符”替换为“段落标记”等。

（3）单击“高级搜索”按钮，在“查找和替换”扩展设置区中可对字母的大小写、通配符、全角和半角等进行设置，如图 3.13 所示。

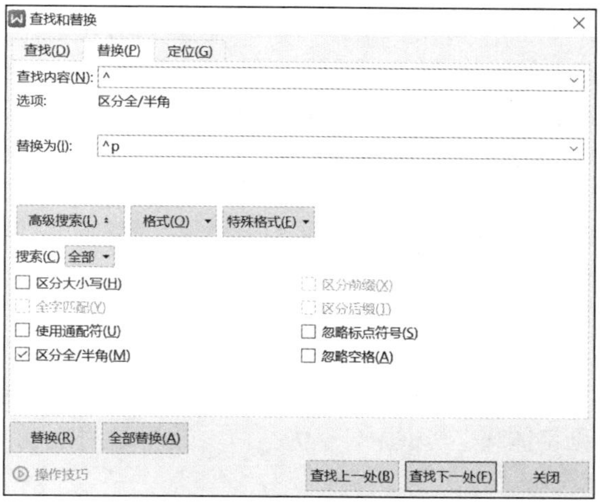

图 3.13 "替换"选项卡

3.3.4 多窗口编辑技术

1. 窗口的拆分

WPS 文字的文档窗口可以拆分为两个窗口，利用窗口拆分功能可以将一个长文档窗口拆分成两个窗口，方便编辑文档。拆分窗口的方法通常有两种。

（1）单击"视图"选项卡下的"拆分窗口→水平拆分"命令，拆分窗口，鼠标指针变为上下箭头形状且与屏幕上同时出现的一条灰色水平线相连，拖动灰色水平线到新的位置即可改变窗口的大小。此时，"拆分"按钮变为"取消拆分"按钮。

（2）拖动垂直滚动条上端的窗口拆分条，当鼠标指针变为上下箭头形状时，向下拖动鼠标指针即可拆分窗口。

光标所在的窗口称为工作窗口。在另一个窗口中单击可以改变工作窗口。在这两个窗口中可以对文档进行各种编辑。

2. 多个窗口间的编辑

WPS 文字允许同时打开多个文档，每一个文档对应一个窗口。

单击标题栏中的文档名可将其切换到当前文档窗口，也可以单击任务栏中相应的文档窗口来切换。

在"视图"选项卡下单击"重排窗口→水平平铺/垂直平铺/层叠"命令，可以将所有文档窗口以平铺/垂直/层叠的方式排列在屏幕上。单击某个文档窗口可使其成为当前窗口。

各文档窗口间的各类内容可以进行剪切、复制、粘贴等操作。

3.4 文档排版技术

文档经过输入、编辑、修改后，通常还需要进行排版，才能成为一篇图文并茂、赏心悦目的文章。WPS 文字提供了丰富的排版功能，包括页面设置、字符格式设置、段落的排版和分栏等。

3.4.1 文字格式的设置

文字的格式主要包括字体、字形、字号，另外还可以给文字设置颜色、边框、下画线、着重号和改变文字间距等。

设置文字格式通常有以下两种方法。

（1）利用“开始”选项卡“字体”组中的“字体”“字号”等命令进行设置；

（2）在文本编辑区的任意位置单击鼠标右键，在弹出的快捷菜单中选择“字体”命令，打开“字体”对话框，然后在“字体”对话框中设置文字的格式。

WPS 文字默认的字体格式：中文为宋体、五号，西文为相应的主题字体、五号。

在文字输入前、后都可以对字符进行格式设置。在文字输入前，可以通过选择新的格式对将要输入的文本进行定义；对已输入的文字进行格式修改，必须“先选定，后操作”。对同一文字设置新的格式后，原有格式自动取消。

1. 设置字体、字形和颜色

（1）利用“开始”选项卡下的“字体”组设置文字格式。当前光标所在位置的文字格式设置会在格式栏中显示。如果不重新定义，所显示的字体和字号将应用于下一个输入的字符。若当前选定区含有多种字体和字号，则字体和字号框中显示为空白。设置文字格式的具体步骤如下。

① 选定要设置格式的文本。

② 单击“开始”选项卡“字体”组中的“字体”下拉按钮，如图 3.14 所示，在展开的字体列表中单击所需的字体。“字号”的设置与之类似。

单击“字体颜色”下拉按钮，在展开的“主题颜色”列表中单击所需的颜色，如图 3.15 所示。如果系统提供的主题颜色和标准色不能满足用户的个性需求，可以选择“更多颜色”命令，打开“颜色”对话框，如图 3.16 所示。然后在“标准”选项卡和“自定义”选项卡中选择合适的字体颜色。

如果有需要，单击“加粗”“倾斜”“下画线”“字符底纹”等按钮，将所选文字设置为所选的格式。

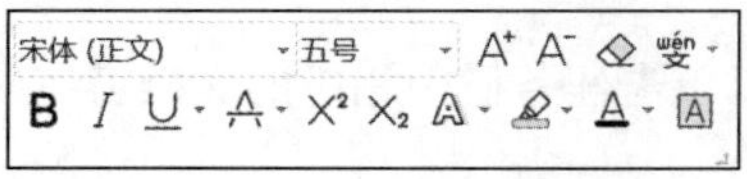

图 3.14 “字体”组

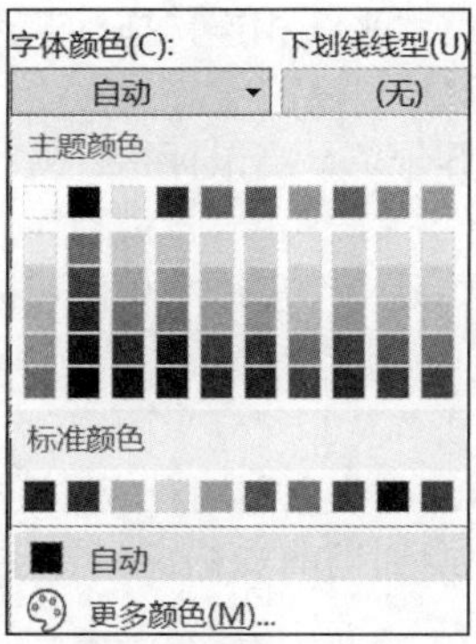

图 3.15 设置字体颜色

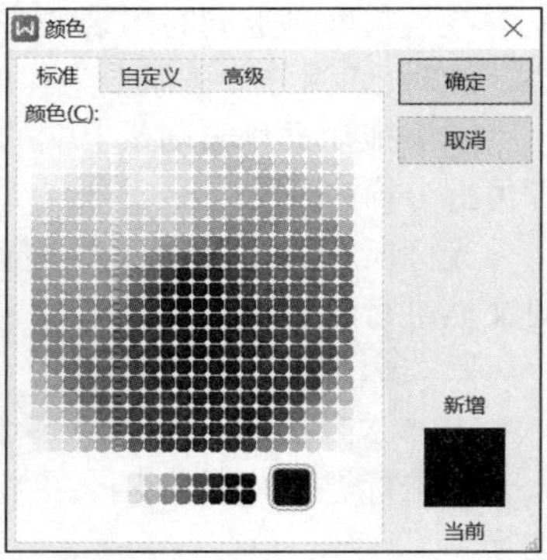

图 3.16 “颜色”对话框

（2）利用“字体”对话框设置文字格式。

① 选定要设置格式的文本。

② 单击鼠标右键，在弹出的快捷菜单中选择“字体”命令，或单击“开始”选项卡“字体”组的对话框启动器按钮，打开“字体”对话框，如图 3.17 所示。

在“字体”对话框中可以设置字体、字号、字形、颜色等格式。

2. 设置字符的间距

（1）选定要调整的文本。

（2）单击“字体”对话框中的“字符间距”选项卡，如图 3.18 所示。

在“字符间距”选项卡中包括诸多选项设置，用户可以通过这些选项设置来轻松调整字符间距。

①“缩放”选项：在水平方向上扩展或压缩字符，100%为标准缩放。

②“间距”选项：调整数值可以加大或缩小字符的字间距，默认间距为“标准”。

③“位置”选项：调整数值可以提升或降低字符相对水平基线显示的位置，默认位置为“标准”。

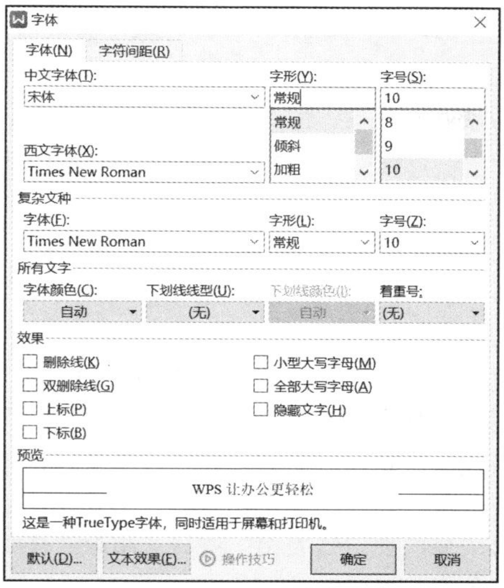

图 3.17　“字体”对话框

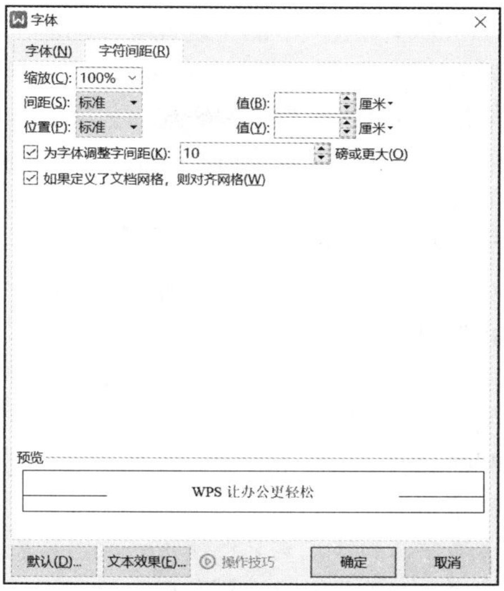

图 3.18　“字符间距”选项卡

④“为字体调整字间距”文本框：用于调整字符组合间的距离，可以使字符组合看上去更加美观、均匀。

⑤“如果定义了文档网格，则对齐网格”复选框：勾选此复选框，WPS 文字将自动设置每行的字符数，使其与“页面设置”对话框中设置的字符数一致。

设置完成后，可在预览框中查看设置结果，单击“确定”按钮即可确认。

3. 给文本添加下画线和着重号

（1）利用“开始”选项卡下的“字体”组给文本添加下画线和着重号。选定要设置格式的文本后，单击“开始”选项卡“字体”组中的“下画线”按钮即可为文本添加下画线。

（2）利用“字体”对话框。选定要设置格式的文本后，打开“字体”对话框，可以设置下画线的线型、颜色以及着重号。

在“字体”对话框的“效果”组中还有“删除线”“上标”等选项，勾选复选框可以使文字格式显现相应的效果。

4. 给文本添加边框和底纹

选定要加边框和底纹的文本，单击“页面布局”选项卡下的“页面边框”按钮，打开“边框和底纹”对话框。如图 3.19 所示。

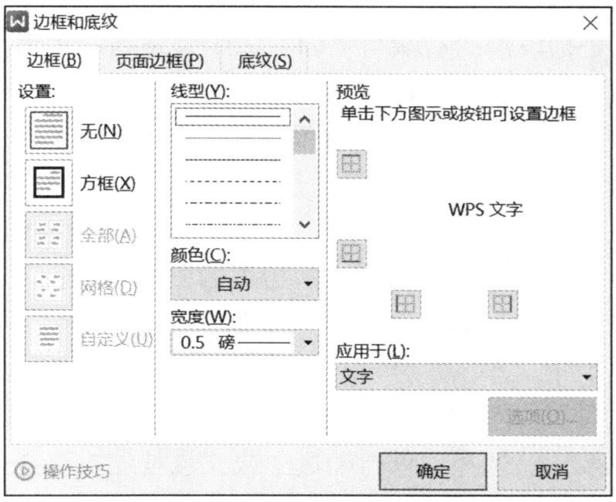

图 3.19　“边框和底纹”对话框

在“边框”选项卡的“设置”“线型”“颜色”“宽度”等列表中选定所需的参数。在“应用于”下拉列表中选定“文字”，在预览框中可查看结果，确认后单击“确定”按钮。

如果要加底纹，单击“底纹”选项卡，选定底纹的颜色和图案，在“应用于”下拉列表中选定“文字”，在“预览”框中可查看结果，确认后单击“确定”按钮。边框和底纹可以同时或单独加在文本上。

5. 文本格式的复制和清除

对一部分文本设置的格式可以复制到另一部分的文本上，使其具有相同的格式。如果对设置好的格式觉得不满意，也可以清除它。

（1）文本格式的复制。选定已设置格式的文本。单击“开始”选项卡“剪贴板”组中的“格式刷”按钮，此时鼠标指针变为刷子形。将鼠标指针移到要复制格式的文本开始处，拖动鼠标指针到要复制格式的文本结束处，松开鼠标左键就可以完成格式的复制。

注意

上述方法的格式刷只能使用一次。如果想多次使用，应双击“格式刷”按钮，此时，格式刷可使用多次。如果要取消“格式刷”功能，只要单击“格式刷”按钮即可。

（2）文本格式的删除。如果对于所设置的文本格式不满意，可以清除所设置的格式，恢复到 WPS 文字默认的状态。

选定需要清除格式的文本，单击“开始”选项卡“字体”组中的“清除格式”按钮，即可清除所选文本的格式。

3.4.2 段落设置

简单地说，段落就是以段落标记“↲”作为结束的一段文字。单击“开始”选项卡“段落”组中的“显示/隐藏编辑标记”下拉按钮，在下拉列表中选择“显示/隐藏段落标记”命令，可以显示或者隐藏段落标记“↲”。

每按一次 Enter 键就插入一个段落标记，并开始一个新的段落（新段落的格式设置与前一段相同）。如果删除段落标记，下一段文本就连接到上一段文本之后，成为上一段文本的一部分。文档中的段落就是一个独立的格式编排单位，它具有自身的格式特征。对段落的整体布局进行格式化操作称为段落的格式化，如设置段落的首行缩进、悬挂缩进、左缩进、右缩进、段前间距、段后间距、行间距和对齐方式等。

1. 段落左、右边界的设置

段落文本之前的长度是指段落的左端与页面左边距处之间的距离（一般以厘米或字符为单位）。同样，段落文本之后的长度是指段落的右端与页面右边距处之间的距离。WPS 文字默认的方向为从左向右，缩进文本之前和文本之后为段落的左右边界。

（1）使用“开始”选项卡“段落”组中的命令按钮。单击“开始”选项卡“段落”组中的“减少缩进量”或“增加缩进量”按钮可减少或增加段落的左边距。每次的缩进量是固定不变的，灵活性差。

（2）使用“段落”对话框。选中要设置左、右边界的段落，单击“开始”选项卡“段落”组的对话框启动器按钮，打开“段落”对话框，如图 3.20 所示。

在“缩进和间距”选项卡中，单击“常规”组下的“从左向右”单选按钮；单击“缩进”组下的“文本之前”或“文本之后”文本框的增减按钮，设定左、右边界的缩进字符数。

单击“特殊格式”下拉按钮，选择“首行缩进”或“悬挂缩进”或“(无)”，确定段落首行的格式。段落的 4 种缩进方式如表 3.3 所示。

图 3.20 “段落”对话框

表 3.3 段落的 4 种缩进方式

缩进方式	解释
首行缩进	段落第一行的第一个字符进行缩进，其余行的左边界不变。中文段落普遍采用首行缩进 2 个字符
悬挂缩进	段落首行的左边界不变，其余各行的左边界相对于段落首行向右缩进一段距离
左缩进	整个段落的左边界相对于页面左边距处向右缩进一段距离
右缩进	整个段落的右边界相对于页面右边距处向左缩进一段距离

在“预览”框中查看效果，确认后单击“确定”按钮。若效果不理想，单击“取消”按钮，取消本次设置。

（3）拖动标尺上的缩进标记。在页面视图下，WPS 文字工作窗口中可以显示水平标尺。标尺的两端有可以用来设置段落左、右边界的可滑动的缩进标记，包括首行缩进标记、左缩进标记和右缩进标记等。

拖动这些标记，可以对选定的段落设置左、右边界和首行缩进的格式。如果在拖动标记的同时按住 Alt 键，那么标尺上会显示出具体缩进的数值。

注意

在拖动标记时，文档窗口中出现一条虚竖线，它表示段落边界的位置。

（4）单击“开始”选项卡下的“文字排版”下拉按钮，可对段落格式进行简单设置和删除操作。

2. 段落对齐方式的设置

段落对齐方式有左对齐、右对齐、居中对齐、两端对齐、分散对齐 5 种，如表 3.4 所示。WPS 文字默认的对齐方式是两端对齐，方向是从左向右。

（1）使用“开始”选项卡“段落”组中的按钮设置对齐方式。先选定要设置对齐方式的段落，然后单击“开始”选项卡“段落”组中相应的对齐方式按钮即可。

（2）使用“段落”对话框。选定要设置对齐方式的段落，打开“段落”对话框，在“缩进和间距”选项卡中单击“对齐方式”下拉按钮，在下拉列表中选定相应的对齐方式。

表 3.4 段落的对齐方式

对齐方式	解释
左对齐	段落按左缩进标记对齐
右对齐	段落按右缩进标记对齐
两端对齐	通过微调每一行文字间的距离，使段落各行的文字与左、右缩进标记都对齐，段落的最后一行保持左对齐
居中对齐	段落按左、右缩进标记居中对齐
分散对齐	使段落的每一行都对齐左、右缩进标记，段落的最后一行也不例外

在“预览”框中查看对齐效果，对齐效果确认后，单击“确定”按钮。

3. 段间距与行距的设置

单击“开始”选项卡“段落”组中的“行距”下拉按钮，在弹出的下拉列表中选择所需的行距，如图 3.21 所示。选择“其他”命令，打开“段落”对话框（或者单击鼠标右键，在弹出的快捷菜单中选择“段落”命令），在“段落”对话框中可以精确设置段间距和行距。

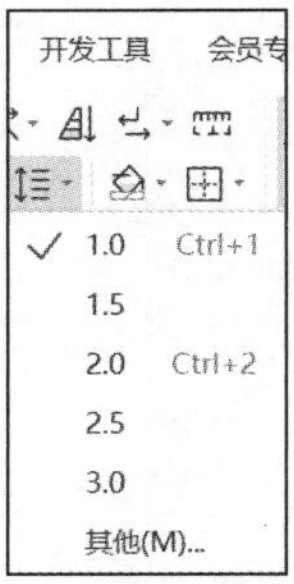

图 3.21 “行距”下拉列表

（1）设置段间距。“段前”“段后”表示所选段与上（下）一段之间的距离。

选定要改变段间距的段落，打开“段落”对话框，在“缩进和间距”选项卡中单击“间距”组的“段前”“段后”文本框的增减按钮，设定间距，如果以行为单位，每按一次增加或减少 0.5 行，也可以在文本框中直接输入数字和单位（如厘米或磅）。

在“预览”框中查看段间距的设置效果，如满意，单击“确定”按钮；如不满意，可重新设置。

（2）设置行距。行距决定了段落中各行文字之间的垂直距离。一般情况下，WPS 文字会根据用户设置的字号自动调整段落内的行距。

选定要设置行距的段落，打开“段落”对话框，在“缩进和间距”选项卡中单击“行距”下拉按钮，在下拉列表中选择所需的行距选项。

- “单倍行距”：默认值，设置每行的高度为这行中最大的字体大小的 1 倍，并在上、下留有适当的空隙。
- “1.5 倍行距”：设置每行的高度为这行中最大的字体大小的 1.5 倍。
- “固定值”：设置行距的数值为固定值。
- “多倍行距”：允许将行距设置成字体大小的倍数，如 1.25 倍。

在“设置值”框中输入具体的设置值。

在“预览”框中查看行距设置效果，如满意，单击“确定”按钮；如不满意，可重新设置。

注意

段落的左、右边界，特殊格式，段间距，行距的单位可以设置为“厘米”“磅”等。可以直接单击图 3.22 中的度量单位下拉按钮，即可选择不同的度量单位；也可以通过执行“文件→选项→常规与保存”命令，打开“选项”对话框，如图 3.22 所示，选择“度量单位”下拉列表中的选项。

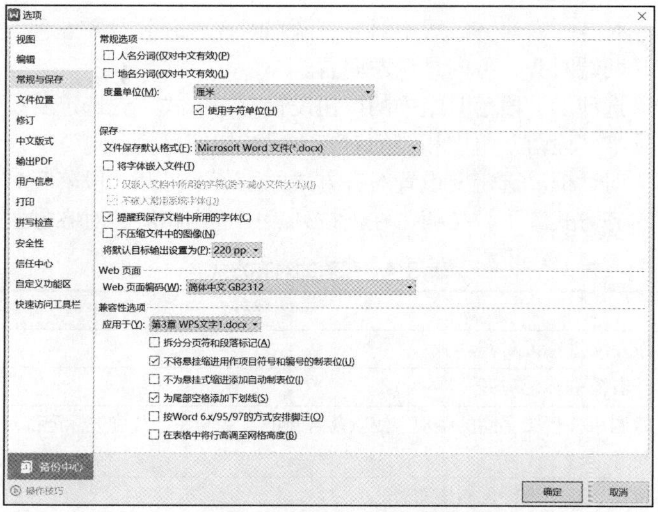

图 3.22 “选项”对话框

以“字符”为单位设置首行缩进时，缩进量会随字体大小的变化而变化。

4. 给段落添加边框和底纹

对文档中的某些重要段落加上边框或底纹，可以使其更为突出和醒目。方法与给文本加边框或底纹的方法类似。

5. 项目符号和段落编号的设置

编排文档时，在某些段落前加上编号或某种特定的符号（项目符号），这样可以提高文档的可读性。手工输入段落编号，在修改时容易出错。

（1）在输入文本时自动创建编号或项目符号。在输入文本时，先输入如“1.”“(1)”“一、”等格式的起始编号，然后输入文本。输完一段后按 Enter 键，在新的一段开始处就会根据上一段的编号格式自动创建编号。如果要结束自动创建编号，可以按 Backspace 键删除插入点前的编号，或按一次 Enter 键。

（2）为已输入的各段文本添加项目符号或编号。选定要添加项目符号（或编号）的各段落。在“开始”选项卡“段落”组中单击“项目符号”（或“编号”）下拉按钮，打开“项目符号”列表，如图 3.23 所示（或打开“编号”列表，如图 3.24 所示）。选定所需要的项目符号（或编号），单击“确定”按钮。

图 3.23　“项目符号”列表

图 3.24　“编号”列表

如果“项目符号”列表中没有所需要的项目符号，可以单击“自定义项目符号”按钮，打开“项目符号和编号”对话框，如图 3.25 所示。在“项目符号”选项卡中单击任一项目符号后单击“自定义”按钮，打开“自定义项目符号列表”对话框，如图 3.26 所示，单击符号按钮，可修改选定的项目符号或设置所需要的项目符号。单击“高级”按钮，可设置项目符号的位置。

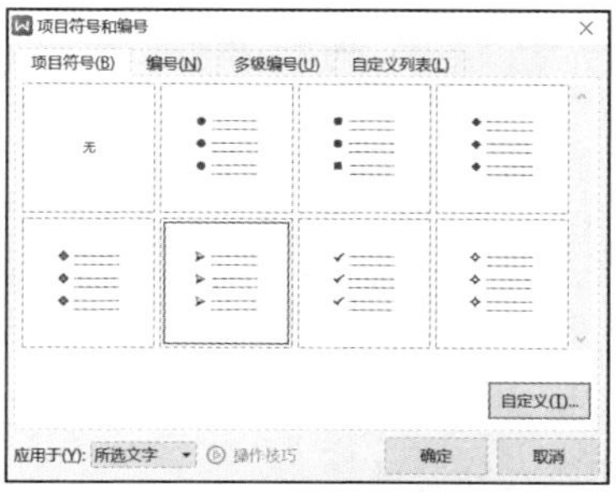

图 3.25　“项目符号和编号”对话框

图 3.26　“自定义项目符号列表”对话框

6. 制表位的设置

制表位是一种用于精准对齐文本的排版工具。各行文本之间的对齐可以通过按 Tab 键移动插入点到下一制表位来实现。WPS 文字默认制表位从标尺左端开始自动设置。另外，WPS 文字还提供了 5 种不同的制表位类型，可以根据需要选择并设置各制表位间的距离。

（1）使用标尺设置制表位

① 将插入点置于要设置制表位的段落中。

② 单击水平标尺上要设置制表位的位置，此时在该位置上出现制表符图标。

③ 可以拖动水平标尺上的制表符图标以调整其位置，如果在拖动的同时按住 Alt 键，那么可以看到精确的位置数据。

设置好制表位并输入文本后按 Tab 键，插入点将依次移动到所设置的下一制表位上。要取消制表位的设置，将制表符图标拖离水平标尺即可。

（2）使用“制表位”对话框设置制表位

① 将插入点置于要设置制表位的段落中。

② 单击“开始→段落”组中的“制表位”按钮，或者双击水平标尺上的制表符图标，或在“段落”对话框中，单击“制表位”按钮，都可以弹出“制表位”对话框，如图 3.27 所示。

③ 在“制表位位置”文本框键入具体的位置值。

④ 在“对齐方式”组中选择一种对齐方式。对齐方式有小数点对齐、左对齐、居中、右对齐 4 种。

⑤ 在“前导符”组中选择一种前导符，单击“设置”按钮。

重复以上步骤可设置多个制表位。单击“清除”按钮，可以清除当前的制表位；单击“全部清除”按钮，可以清除所有设置的制表位。

7. 段落的换行和分页控制

WPS 文字具有自动换行功能，但在自动换行时要注意避头字符和避尾字符的出现。段落的换行与分页控制的操作步骤如下。

（1）选中要改变格式的段落。

（2）单击“开始”选项卡“段落”组的对话框启动器按钮，打开“段落”对话框，切换到“换行和分页”选项卡，如图 3.28 所示。

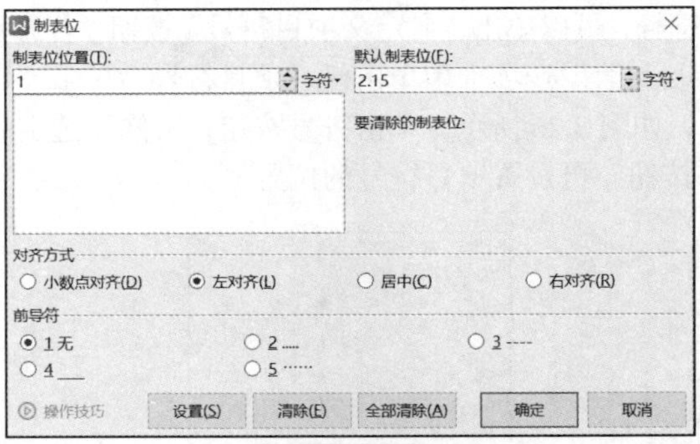

图 3.27 “制表位”对话框

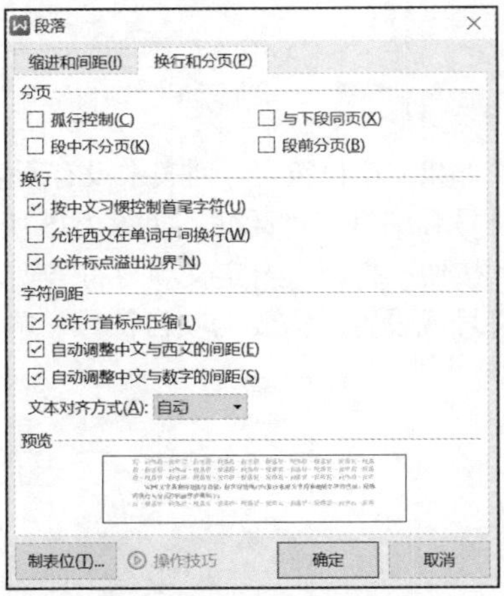

图 3.28 “换行和分页”选项卡

- 孤行控制：阻止段落的首行或末行与段落之间有分页符。
- 与下段同页：选中的段落和下一段之间不能插入分页符。
- 段中不分页：在该段落中不插入分页符，即段落中的所有行在同一页。
- 段前分页：强制在选中的段落前面插入分页符，即该段在一页的开始。

（3）单击“确定”按钮，关闭对话框。

3.4.3　版面设置

建立新文档时，WPS 文字预设了一个以 A4 纸为基准的 Normal 模板，其版面适用于大部分文档。但 WPS 文字允许根据需要随时调整或更改设置。

1. 页面布局设置

页面布局设置

纸张大小、页边距确定了可用的文本区域。文本区域的宽度等于纸张的宽度减去左、右页边距，文本区域的高度等于纸张的高度减去上、下页边距。

（1）在“页面布局”选项卡下“页面设置”组中，可以对“页边距”“纸张方向”“纸张大小”三个参数进行设置，也可单击“页面设置”右下角的对话框启动器按钮，弹出“页面设置”对话框，对话框中包含“页边距”“纸张”“版式”“文档网格”“分栏”5 个选项卡。

（2）在“页边距”选项卡中，可以设置上、下、左、右页边距，如图 3.29 所示。

① 单击“页边距”栏的“上”“下”“左”“右”文本框中的增减按钮或直接输入新的页边距可以改变页边距，单位为厘米。

② 在“应用于”下拉列表中可选“整篇文档”或“本节”或“插入点之后”选项，通常选“整篇文档”选项。

③ 如果需要一个装订边，那么可以在“装订线宽”文本框中填入页边距的数值，并在“装订线位置”下拉列表中选择合适的位置。

④ 在“方向”设置区中可选“纵向”或“横向”选项，通常选“纵向”选项。

⑤ 在“页码范围”设置区中，如需要双面打印，可在“多页”下拉列表中选中“对称页边距”选项；如需要将打印后的页面对折，可选中“拼页”选项。

（3）在“纸张”选项卡中，可以设置纸张的大小和方向，如图 3.30 所示。单击“纸张大小”下拉按钮，可在下拉列表中选择一项标准纸张，也可选定“自定义大小”选项，在“宽度”“高度”文本框中分别填入纸张的宽度和高度。在“纸张来源”设置区中可以选定纸张的来源。

图 3.29　“页边距”选项卡

图 3.30　“纸张”选项卡

（4）在“版式”选项卡中，可设置页眉和页脚在文档中的编排格式，如图 3.31 所示，可以设置整个文档或本节的版式。

① 在“节的起始位置”下拉列表中可更改节的设置，WPS 文字以节划分不同的排版格式，该参数定义新设置的版面格式（页面大小、页边距等）所适用的范围，新版面可以从新建页开始，或从偶（奇）数页开始，也可以接续本页。

② 在“页眉和页脚”设置区中，勾选“奇偶页不同”复选框，可以为奇偶页设置不同的页眉和页脚；勾选“首页不同”复选框，可以为首页设置不同的页眉。

③ 在“页眉”“页脚”文本框中可利用增减按钮或直接输入数值以改变页眉和页脚距上、下边界的边距。

（5）在“文档网格”选项卡中，可以设置文字排列的方向、每行的字符数、每页的行数等，如图 3.32 所示，在绘图时可以起到精确定位的作用。

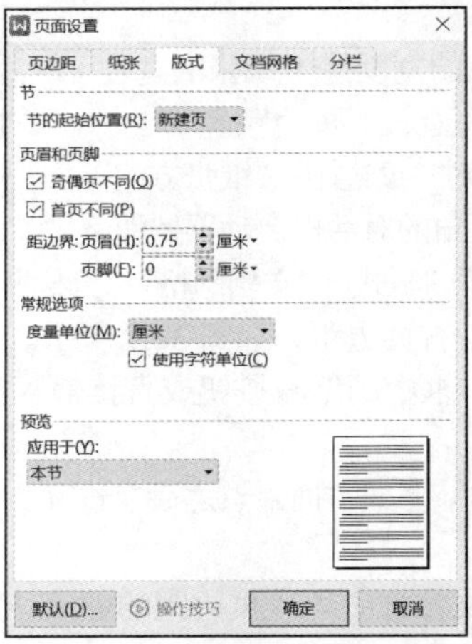

图 3.31 “版式”选项卡

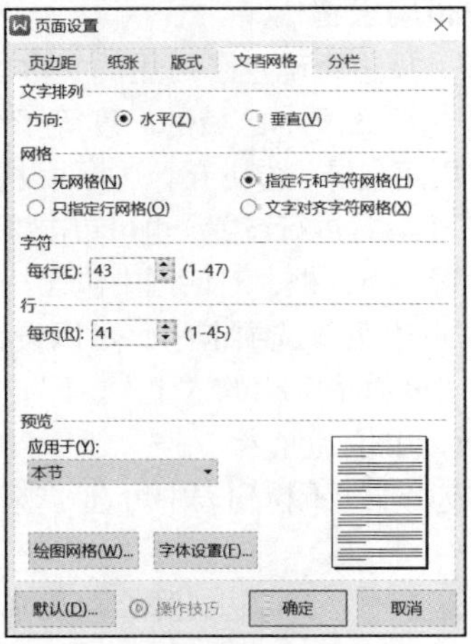

图 3.32 “文档网格”选项卡

2. 插入分页符

WPS 文字具有自动分页的功能，即当输入的文本或插入的图形满一页时，WPS 文字会自动分页。当编辑和排版时，WPS 文字会根据情况自动调整分页的位置。有时为了将文档的某一部分内容单独形成一页，可以插入分页符进行人工分页。插入分页符的步骤如下。

（1）将插入点移到新的一页的开始位置。

（2）单击“插入”选项卡“分页”列表中的“分页符”命令，或按组合键“Ctrl+Enter”，或单击“页面布局”选项卡“页面设置”组的“分隔符”列表中的“分页符”命令。

3. 插入页码

在每页文档中可以插入页码。插入页码的步骤如下。

（1）单击“插入”选项卡下的“页码”下拉按钮，在弹出的页码样式中根据需要的页码位置，如图 3.33 所示。

（2）单击“样式”下拉按钮，选择页码数字的格式。

（3）如果要更改页码的格式，单击“页码”命令，打开“页码”对话框，如图 3.34 所示。

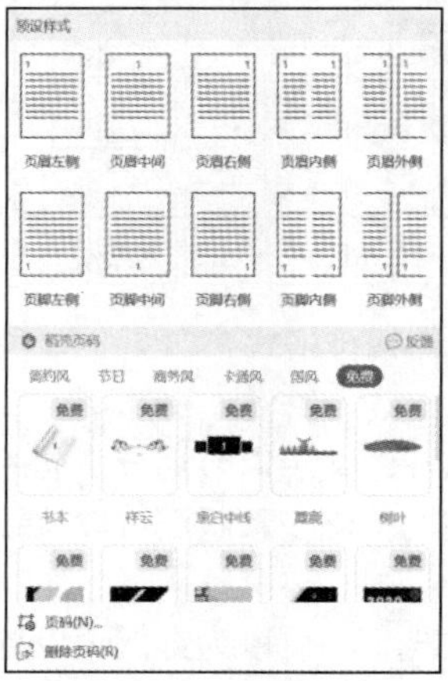

图 3.33 页码样式

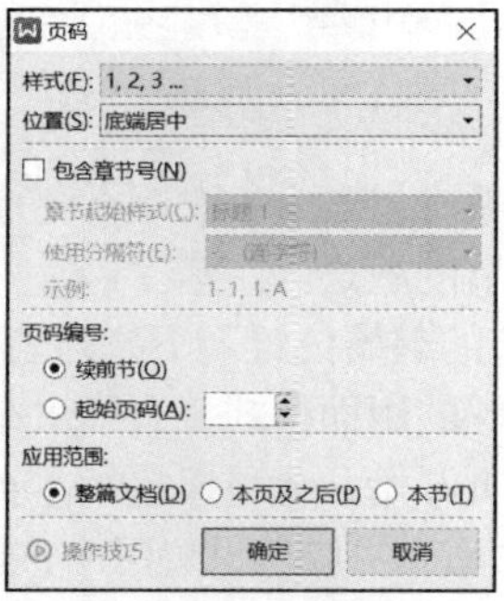

图 3.34 “页码”对话框

可以编辑页码的数字格式，如是否包含章节号，以及页码起始样式等属性。可以设置页码编号的方式，如续前节、设置起始页码等。

在页面视图和打印预览视图下，可以看到插入的页码。

4. 设置首字下沉

首字下沉是指段落开头的第一个字相较于其他字符下沉几行，使内容醒目。设置首字下沉的步骤如下。

（1）选定需要设置首字下沉的段落或将光标移到要设置首字下沉的段落中的任何一个地方。

（2）单击“插入”选项卡下的“首字下沉”下拉按钮，打开“首字下沉”对话框，如图 3.35 所示，可以设置首字下沉的位置、字体、下沉行数，以及首字下沉后的字与段落正文之间的距离，设置完成后单击“确定”按钮即可。

图 3.35　“首字下沉”对话框

5. 创建分栏

在编辑报纸、杂志时，经常需要对文章做各种复杂的分栏排版，使版面更生动，更具有可读性。多栏版式仅在页面视图或打印预览视图下完整显示。在普通视图下，只能按一栏的宽度显示文本。分栏操作包括创建相等宽度的栏和不等宽度的栏，创建不等宽度的多栏，更改栏宽和栏间距，更改栏数和在栏间添加竖线等。

下面以创建相等宽度的栏为例说明创建分栏操作步骤。

（1）打开要进行分栏排版的文档，单击“页面布局”选项卡“页面设置”组中的“分栏”下拉按钮，如图 3.36 所示，单击所需的分栏选项。

（2）单击图 3.36 中的“更多分栏”命令，打开“分栏”对话框，如图 3.37 所示。在“预设”设置区中选择所需的栏数，在“宽度和间距”设置区中设置栏、宽度和间距。勾选“分隔线”复选框，可以在各栏之间加一条分隔线；勾选“栏宽相等”复选框，则各栏宽度相等，否则可以逐栏设置栏的宽度。最后单击“确定”按钮。

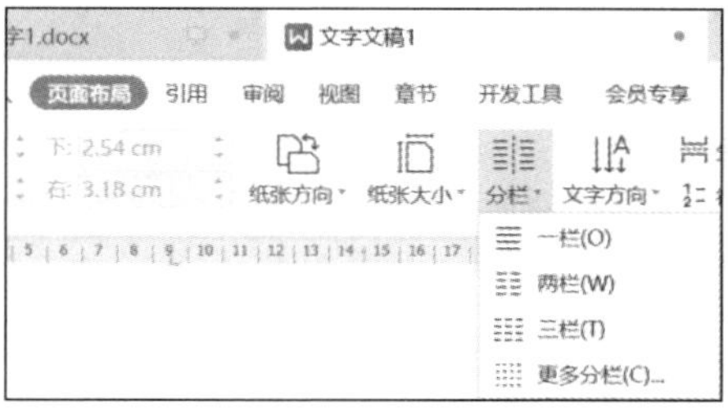

图 3.36　单击“分栏”下拉按钮

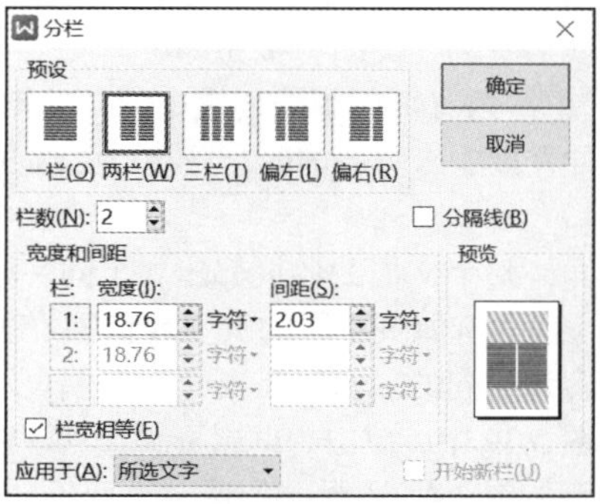

图 3.37　“分栏”对话框

6. 创建分节

“节”是文档中页面设置的最小单位，默认情况下一个文档即一节。可在文档中插入分节符进行分节。分节的好处是可在不同的节中使用不同的页面格式设置。节的范围由分节符的位置决定，可以是一个段落，也可以是整个文档。节用分节符标识，在普通视图和大纲视图中，分节符是一条横向的虚线，虚线中有分节符字样。

分节符及页眉页脚操作

（1）插入分节符。在文档中设置分节符的操作如下。

① 将插入点移到新节开始的地方，单击“页面布局”选项卡“页面设置”组中的“分隔符”下

拉按钮，如图 3.38 所示。在“分节符”选项区中有 4 种分节符，供用户选择。

图 3.38　单击“分隔符”下拉按钮

- 下一页：在插入点设置分页符，新的一节从下一页开始。
- 连续：在插入点设置分节符，但不分页。新节与前面一节共存于当前页中。
- 偶数页：从插入点所在页的下一个偶数页开始新的一节。
- 奇数页：从插入点所在页的下一个奇数页开始新的一节。

② 选择其中的一种类型，即可完成节的设置。

（2）删除分节符。要删除分节符，可按如下步骤进行：执行“文件→选项”命令，打开“选项”对话框，在“视图→格式标记”设置区中勾选“全部”复选框，单击“确定”按钮，返回 WPS 文字文档后，选中分节符并按 Delete 键，该分节符被删除。

7. 设置页眉和页脚

页眉和页脚是位于页面顶部和底部的注释性文字或图形。它不随文本的输入而设置，而是通过命令进行设置。页码就是最典型的页眉或页脚之一。

（1）页眉或页脚的建立。页眉或页脚的建立过程类似，下面以页眉为例。

① 单击“插入→页眉页脚”按钮，打开“页眉页脚”视图，并输入页眉内容。当选定页眉版式后，WPS 文字工作窗口中会自动添加一个名为“页眉页脚”的选项卡，如图 3.39 所示。此时，仅能对页眉内容进行编辑操作，而不能对正文进行编辑操作。

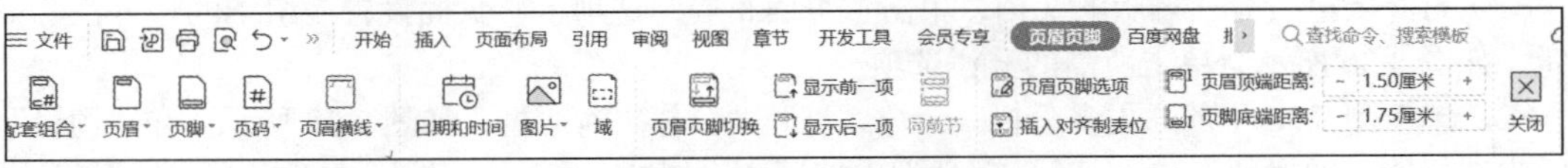

图 3.39　“页眉页脚”选项卡

② 单击“页眉页脚”选项卡下的“页眉”下拉按钮，打开内置页眉版式列表，如图 3.40 所示。若要退出页眉编辑状态，单击“页眉页脚”选项卡下的“关闭”按钮即可。

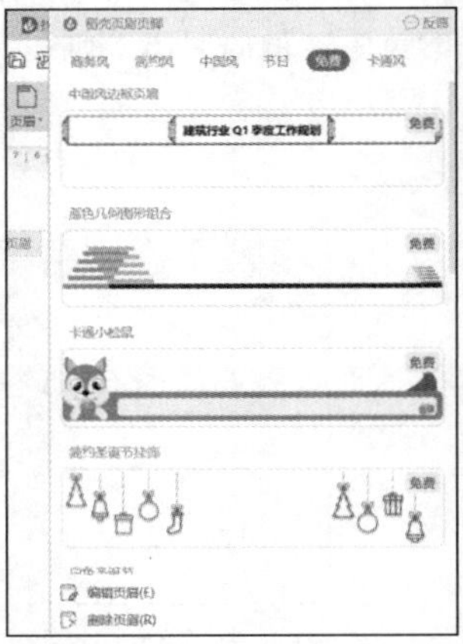

图 3.40　内置页眉版式列表

③ 单击内置页眉版式列表中的“编辑页眉”命令，进入页眉编辑状态，可直接输入页眉内容，且在“页眉页脚”选项卡中设置页眉的相关参数。

这样，整个文档的各页都建立了同一格式的页眉。

（2）建立奇偶页不同的页眉或页脚。通常情况下，文档的页眉和页脚的内容是相同的。有时需要建立奇偶页不同的页眉或页脚。

在图 3.39 中，单击“页眉页脚选项”按钮，打开“页眉/页脚设置”对话框，如图 3.41 所示。勾选“页面不同设置”设置区中的“奇偶页不同”复选框。

（3）页眉和页脚的删除。在图 3.40 中，单击“删除页眉”命令就可以删除页眉。另外，选定页眉或页脚，按 Delete 键也可将其删除。

（4）设置首页的页眉和页脚。在图 3.41 中，勾选“页面不同设置”设置区中的“首页不同”复选框，WPS 文字将对首页的页眉和页脚单独处理。

（5）为文档各节创建不同的页眉和页脚。用户可以为文档的各节创建不同的页眉和页脚，例如，为一本著作的各章应用不同的页眉格式。

① 将鼠标指针放置在文档的某一节中，插入页眉内容。

② 单击“页眉页脚”选项卡下的“显示后一项”按钮，进入第二节的页眉区域中。

③ 单击“同前节”按钮，断开第二节中的页眉与前一节中的页眉之间的链接。或者利用图 3.41 所示的“页眉/页脚设置”对话框设置不同节的页眉和页脚。此时，WPS 文字工作页面中将不再显示同前节的提示信息，这时，用户可以更改本节的页眉页脚了。

④ 在新的一节中插入页眉。

（6）调整页眉和页脚的位置。用户也可以更改页眉和页脚的默认位置。在图 3.39 中的“页眉顶端距离”“页脚顶端距离”文本框中调整数值，可以设置页眉、页脚的位置。

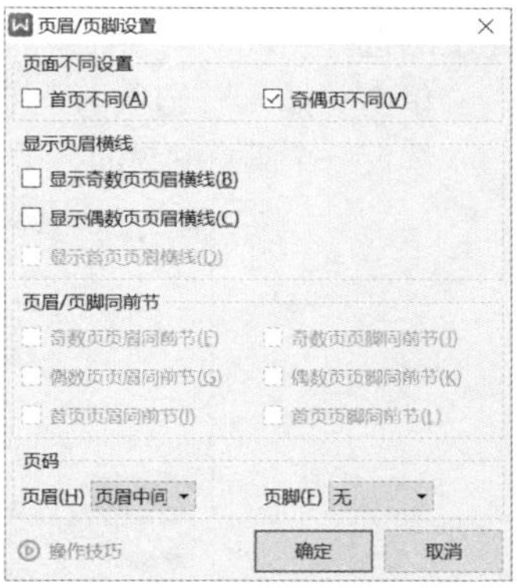

图 3.41 页眉/页脚设置对话框

8. 添加水印

水印是页面背景的形式之一。例如，给文档设置“绝密”或“严禁复制”或“样式”等内容的水印可以提醒读者对文档的正确使用。

单击“插入”选项卡下的“水印”下拉按钮，如图 3.42 所示，在下拉列表中选择所需的水印即可。

如果系统提供的水印内容不能满足个人设置需求，那么单击“插入水印”命令，打开“水印”对话框，如图 3.43 所示。

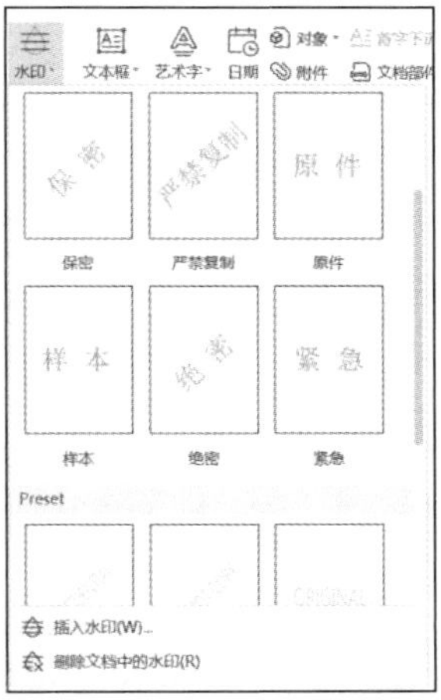

图 3.42 单击“水印”下拉按钮

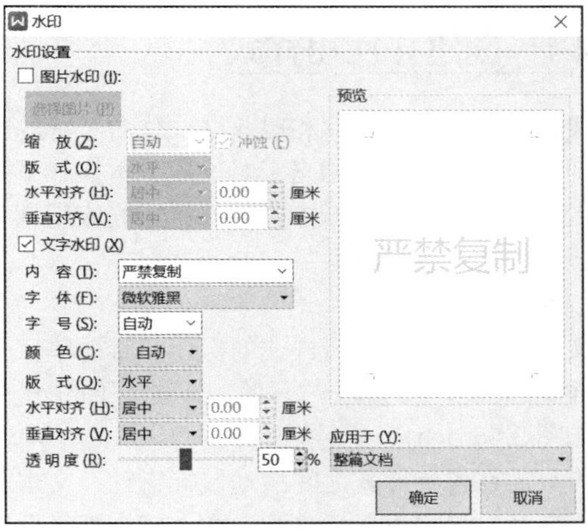

图 3.43 “水印”对话框

在“水印”对话框中，有“图片水印”“文字水印”两种水印形式，选定其中一种即可。

如果勾选“图片水印”复选框，则需要选择用作水印的图片；如果勾选“文字水印”复选框，则可以设置文字的内容，以及字体、字号、颜色、版式等。

9. 插入脚注和尾注

使用脚注和尾注可用来解释、注解或提供文档中正文的引用、名词的解释、背景的介绍等。在正文中注解引用的正文位置放一个引用记号，同时在对应的脚注或尾注的开始处使用相同的引用记号来标识它。脚注位于其引用记号所在页面的底部，而尾注放在文档的最后。

脚注的引用记号可以是符号，如*，或是顺序编号；而尾注一般都是按顺序编号。

单击“引用”选项卡“脚注和尾注”组的对话框启动器按钮，打开“脚注和尾注”对话框，如图 3.44 所示，在对话框中可对脚注和尾注的位置和格式进行修改。单击“脚注”或“尾注”单选按钮，并在单选按钮右侧的下拉列表中选择脚注或尾注显示的位置。在“格式”设置区中选择编号格式、起始编号等。单击“插入”按钮，开始输入注释文本，输入完毕后单击文档任意位置即可继续处理其他内容。

10. 插入文档封面

专业的文档要配有漂亮的封面，才会更加完美。在 WPS 文字中，内置的封面库为用户提供了充足的选择空间。

单击“插入”选项卡下的“封面页”下拉按钮，打开系统内置的封面库列表，如图 3.45 所示。选定一个满意的封面，此时，该封面就会自动插入到当前文档的第一页，现有的文档内容自动后移。

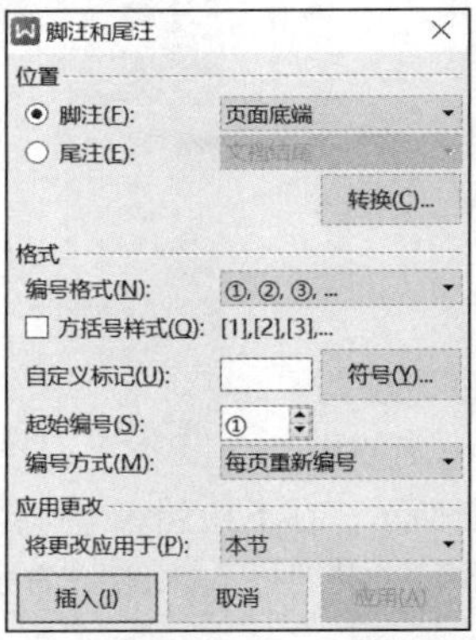

图 3.44 “脚注和尾注”对话框

图 3.45 内置封面库列表

3.4.4 创建并使用样式

样式是一组字符格式化和段落格式化命令等的组合，可实现文档格式化的批处理。当把某种样式应用到一段文本时，即相当于对这段文本执行了一系列操作。可以使用 WPS 文字中的各种内置样式或者直接创建自己的新样式，并将它们应用到文档中，这样既可以简化编辑工作，又能够保证整篇文档编排格式的一致性。

1. 样式的应用

为文档中某段文本设置样式的操作非常简单，只需要选中一段或几段段落或者将插入点移到需要应用样式的段落中，单击“开始”选项卡下的样式栏的下拉按钮，打开“预设样式”列表，如图 3.46 所示。

用户只需在各种样式之间滑动鼠标指针，文本就会自动呈现出当前样式应用后的视觉效果。如果用户不满意，只需将鼠标移开，文本就会恢复到原来的样式。单击某个样式，该样式就会被应用到当前所选的文本。

用户还可以使用“样式”任务窗格将样式应用于选中的文本。

单击图 3.46 中的“显示更多样式”命令，打开“样式和格式”任务窗格，如图 3.47 所示。

图 3.46 “预设样式”列表

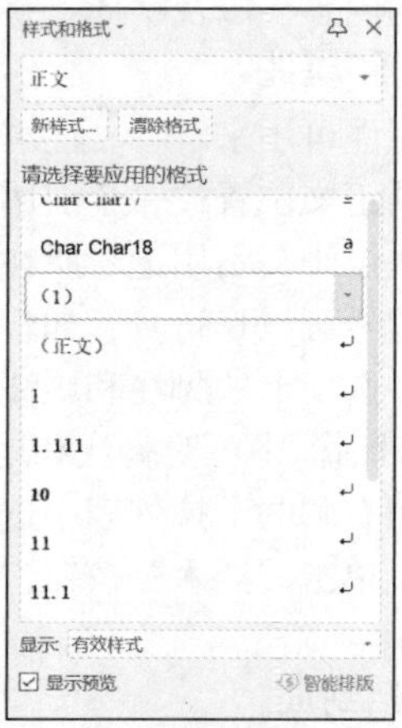

图 3.47 “样式和格式”任务窗格

在列表中选择希望应用到选中文本的样式，即可将该样式应用到文本。

2. 创建新样式

WPS 文字提供了两种创建样式的方法：使用样例文本和使用“新建样式”对话框。

（1）使用样例文本。用户可以把文档中的某个段落或字符的格式直接设置成新样式，此段落或字符称为样例文本。使用样例文本创建样式的过程如下。

① 把某段落或字符设置成需要的样式格式，然后将插入点移动到该段落中或选中该段落。

② 单击图 3.46 中的“预设样式”列表中的“新建样式”命令或者单击图 3.47 中的“新样式”按钮，打开“新建样式”对话框，如图 3.48 所示，可以新建样式。单击“样式和格式”任务窗格中第一个格式右侧的下拉按钮，单击“修改”命令，打开“修改样式”对话框，如图 3.49 所示，可修改样式的信息。

（2）使用“新建样式”对话框设置样式的各种属性。

① 名称：设置样式的名称，新建的样式名称不能与内置样式的名称相同。

② 样式类型：注明该样式的类型是“段落”还是“字符”。

③ 样式基于：新样式在未格式化之前可具有基准样式的所有格式属性，用户可以根据自己的新样式类型选择一个最相似的已有样式作为基准样式，这样在格式化新样式时就可以尽量减少手工格式化的工作量。一般系统以正文样式为默认的基准样式。

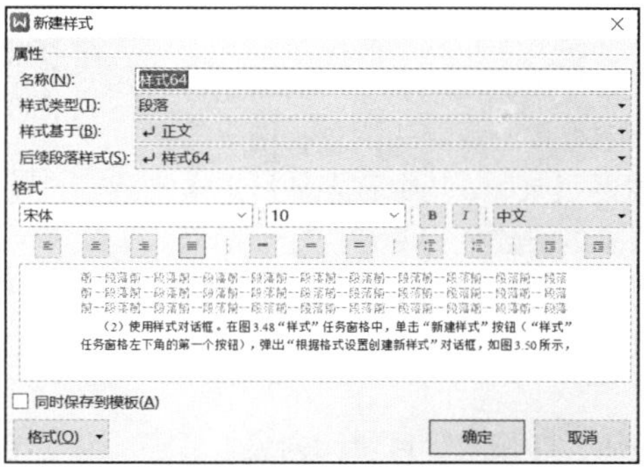

图 3.48　“新建样式”对话框

图 3.49　“修改样式”对话框

④ 后续段落样式：后续段落样式指的是应用该样式的段落的下一段段落的样式，在绝大多数情况下，新的段落总是继承前一段落的样式。

⑤ 格式：在“格式”设置区中可以设置字体、字号、字形等。

3. 复制样式

在编辑文档的过程中，如果需要使用其他模板或文档的样式，可以将其复制到当前的活动文档或模板中，而不必重复创建相同的样式。

（1）打开需要复制样式的文档，在图 3.47 所示的“样式和格式”任务窗格中，单击“智能排版”按钮，如果应用样式的文档未保存，则单击“保存并继续排版”按钮，打开“智能排版样式”对话框，如图 3.50 所示。在“请选择智能排版格式”列表中选择需要复制样式的模板，则将所选模板的样式复制到当前文档。

图 3.50　“智能排版”对话框

（2）如果不使用智能排版提供的样式，而使用已有格式的参考范文，则单击图 3.50 中最后一行的“上传范文排版”命令，打开“选择文件”对话框，选择已有格式的参考范文文件，单击“打开”按钮，系统提示“上传排版格式，排版当前文档”，稍等片刻，窗口中显示排版成功。

（3）单击“预览结果”按钮，打开“排版结果预览”窗口，如图 3.51 所示。左侧是“原文档”，右侧是“结果文档”。

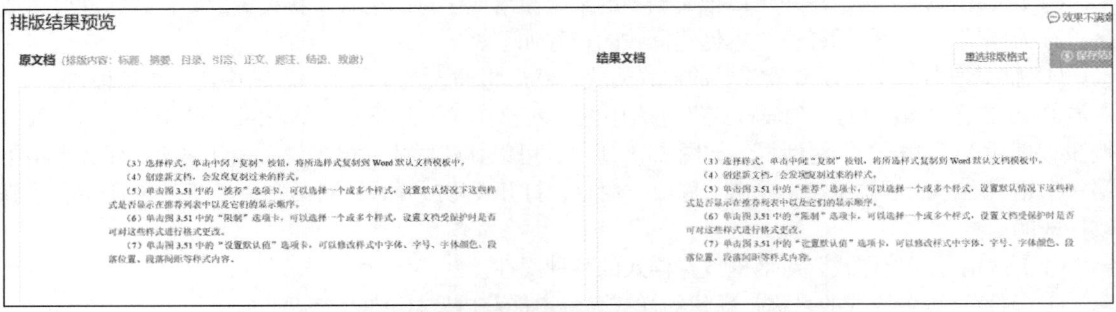

图 3.51 “排版结果预览”窗口

（4）单击“保存结果并打开”按钮（该按钮是 WPS 会员功能），将模板样式应用到待排版文档，并打开结果文档。

3.4.5 使用文档目录

目录操作

目录用来列出文档中的各级标题及该标题在文档中所在的页码。当编辑完一个长文档之后，为了使读者更好地阅读文档及在文档中查找所需要的信息，用户需要在文档中生成一个目录。WPS 文字提供了一个内置的目录库，其中有多种目录样式可供选择，可代替用户完成大部分工作，使插入目录的操作变得非常快捷、简便。

1. 生成文档目录

在 WPS 文字中生成文档目录的操作过程如下。

（1）将插入点移动到要插入目录的位置。

（2）单击“引用”选项卡下的“目录”下拉按钮，打开内置目录库列表，如图 3.52 所示。

（3）用户只需单击其中一个满意的目录样式，WPS 文字就会根据所选样式自动在指定位置创建目录。

图 3.52 内置目录库列表

2. 使用自定义样式创建目录

（1）将插入点定位在需要建立文档目录的地方。

（2）单击“引用”选项卡“目录”组中的“目录”下拉列表中的“自定义目录”命令，打开“目录”对话框，如图 3.53 所示。

（3）单击“选项”按钮，打开“目录选项”对话框，如图 3.54 所示。

在“有效样式”区域可以查找应用于文档中标题的样式，向右滑动水平滚动条，在“目录级别”文本框中输入目录的级别，以指定希望标题样式代表的级别。

设置完毕，单击“确定”按钮即可在插入点位置插入文档目录。

3. 更新目录

如果用户在创建目录后，又添加、删除或更改了文档中的标题或其他目录项，需要更新目录。

单击“引用”选项卡“目录”组中的“更新目录”按钮，打开“更新目录”对话框，如图 3.55 所示，选择“只更新页码”或“更新整个目录”单选按钮，单击“确定”按钮。

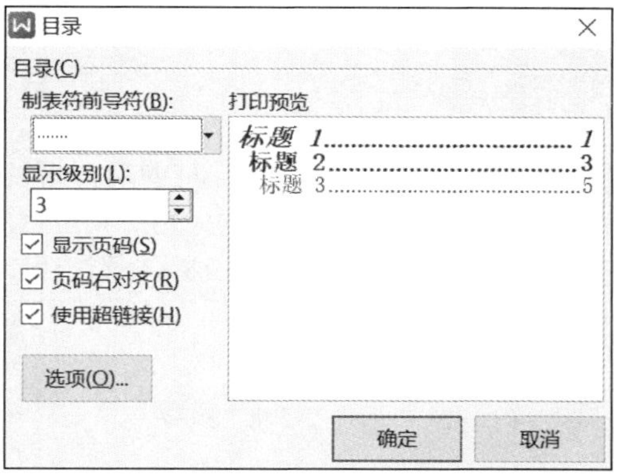

图 3.53 “目录”对话框

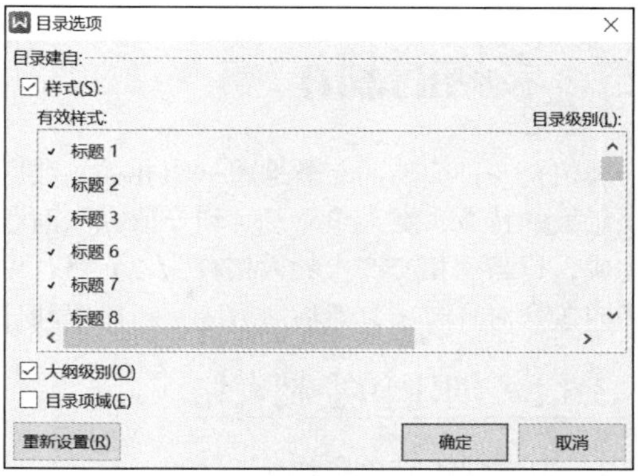

图 3.54 “目录选项”对话框

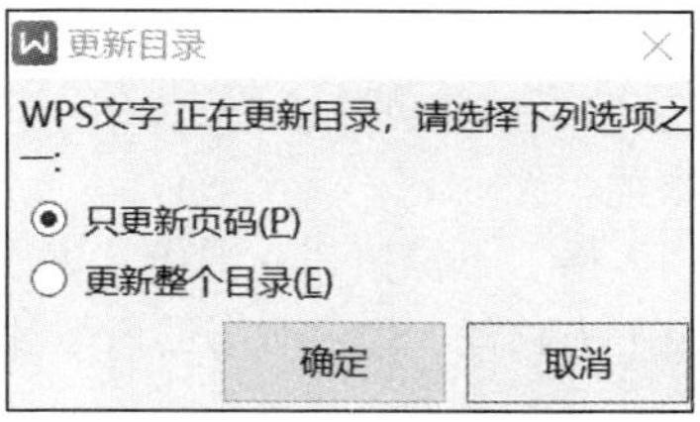

图 3.55 “更新目录”对话框

3.4.6　使用模板和向导

模板是存储可以用于其他文档的文本、样式、格式、宏和页面信息的专用文档。WPS 文字提供了多种模板，用户可以根据具体的应用需要选择不同的模板。

1. 将文档保存为模板

用户可以将文档保存为模板，操作如下。

（1）打开新的或现有的文档。

（2）添加要在所有文档中显示的以模板为基础的文本、图片和格式。根据需要调整页边距。

（3）设置页面大小，并创建新样式。

（4）执行“文件→另存为”命令，弹出“另存为”对话框。

（5）在“文件类型”下拉列表中选择“WPS 文字模板文件(*.wpt)”选项。

（6）选择保存位置。

（7）输入新模板的名称。

（8）单击“保存”按钮。

用户可以打开模板，进行更改并保存所做的更改，就像普通的文档处理操作一样。

提示

① 默认情况下，所有 WPS 文字文档都使用 Normal 模板。

② 如果要将模板中的文本或图形添加到已有的文档中，则可以打开模板，然后将需要的文本或图形复制并粘贴到文档中。

2. 利用模板创建新文档

（1）在 WPS 文字应用程序中，执行“文件→新建→本机上的模板”命令。

（2）打开在计算机中已经安装的 WPS 文字模板对话框，选择需要的模板后，对话框右侧显示利用本模板创建的文档外观。

（3）单击“确定”按钮，即可快速创建出一个带有格式的文档。

3.5 表格的制作

表格是一种简洁而有效地将一组相关的数据组织在一起的文档信息组织方式。它具有清晰直观、信息量大的特点，在人事管理、科学研究和商业领域的文档和报表中有着广泛的应用。表格由行和列构成，行与列相交产生的方格称为单元格，可以在单元格中输入文本、数字或插入图形。可以在表格内按列对齐数字，然后对数字进行排序和计算。

3.5.1 创建和绘制表格

1. 自动创建简单表格

简单表格是指由多行或多列构成的表格，即表格中只有横线和竖线，不出现斜线。WPS 文字提供了两种创建简单表格的方法。

（1）用“插入”选项卡下的“表格”按钮创建表格。

① 将光标移至要插入表格的位置。

② 单击“插入”选项卡下的“表格”下拉按钮，弹出“表格”下拉列表，如图 3.56 所示。

③ 将鼠标指针在表格框内向右下方移动，选定所需的行数和列数，单击鼠标左键，表格自动插入到当前的光标处。

（2）用“插入”选项卡下的“表格”下拉列表中的“插入表格”命令可以创建表格。

在图 3.56 中，单击“插入表格”命令，打开“插入表格”对话框，如图 3.57 所示。

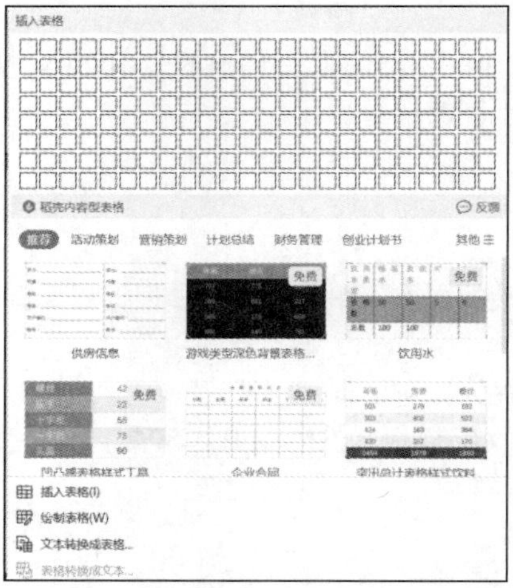

图 3.56 “表格”下拉列表

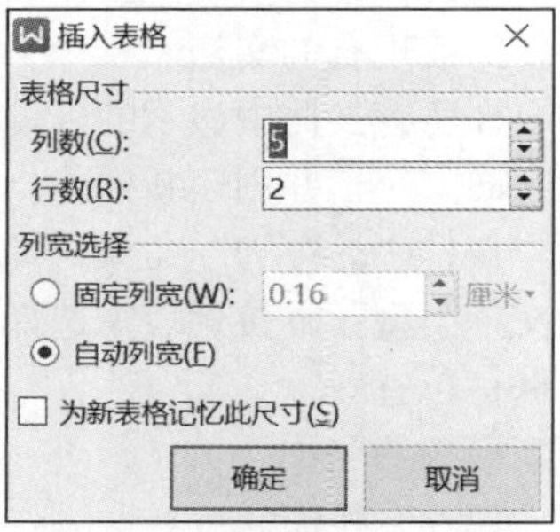

图 3.57 “插入表格”对话框

输入表格的行数和列数，可创建所需行数和列数的表格。

在“列宽选择”列表中，可以选中“固定列宽”或“自动列宽”单选按钮，二者只能选其一。

此时 WPS 文字功能区中会自动显示“表格工具”“表格样式”选项卡，“表格工具”选项卡中包含“插入单元格”“表格属性”“字体”“公式”等功能；“表格样式”选项卡包含“表格设计”功能。

2. 手工绘制复杂表格

WPS 文字提供了绘制包含斜线等元素的不规则表格的功能。

单击“插入”选项卡“表格”下拉列表中的“绘制表格”命令，此时鼠标指针显示为铅笔形状，在需要插入表格的位置按住鼠标左键，向右下方拖动鼠标，到适当的位置后松开鼠标左键，这时将绘制出一个表格。用户可以根据自己的需要修改表格线。

3. 使用快速表格

WPS 文字提供了一个快速表格库，其中包含了一组预先设计好格式的表格，用户可以从中选择以快速创建表格。

（1）将光标移至要插入表格的位置。

（2）单击“插入”选项卡“表格”下拉列表中的“稻壳内容型表格”列表中提供的表格样式库模板，如图 3.58 所示。

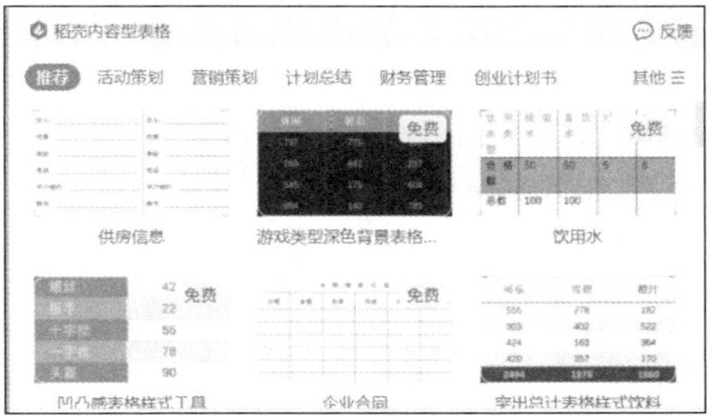

图 3.58　稻壳内容型表格样式列表

（3）用户可以根据实际需要进行选择，如选择免费的“饮用水”类型，此时所选表格就会插入到文档中。

3.5.2　编辑与修饰表格

表格创建后，通常要对它进行编辑与修饰。编辑与修饰操作包括调整行高和列宽，插入与删除行、列、单元格，单元格的合并与拆分，表格的拆分，表格框线和底纹的设置，单元格中文字的排版等。

1. 在表格中移动插入点

插入点显示了输入的文本在表格中出现的位置。可以用鼠标指针指向某个单元格并单击，即可将插入点移动到单元格中，也可以使用键盘按键在单元格之间移动插入点，如按 Tab 键将插入点移动到下一个单元格等。

2. 选定行、列、单元格、表格

在 WPS 文字中，行、列、单元格、表格的选定方法与文本的选定方法相似，可以使用键盘或鼠标。

（1）用鼠标选定单元格、行或列。

① 选定单元格或单元格区域。将鼠标指针移到要选定的单元格的选定区域，单击以选定单元格，然后按住鼠标左键，向上、下、左、右拖动鼠标选定相邻多个单元格（即单元格区域）。

② 选定一行或多行。单击要选定的第一行的左侧空白处，然后按住鼠标左键，拖动选定所需的行。

③ 选定一列或多列。单击要选择的列的上方，然后按住鼠标左键，拖动选定所需的列。

④ 选定不连续的单元格。按住 Ctrl 键并依次单击，选中多个不连续的单元格。

⑤ 选定整个表格。单击表格左上角的移动控制点，可以选定整个表格。

（2）用键盘选定单元格、行或列。

与用键盘选定文本的方法类似，也可以用键盘选定表格，但不如用鼠标方便，限于篇幅有限，此处不再详述。

（3）用“表格工具”选项卡下的“选择”下拉列表选定单元格、行、列及表格。

3. 插入或删除单元格、行、列

在执行插入操作前，必须明确插入位置。插入单元格后，当前单元格的位置会发生变化，插入单元格的数量、行数、列数与当前选中的单元格的数量、行数、列数相同。

（1）单元格的插入。选定相应数量的单元格，单击“表格工具”选项卡下的“插入单元格”对话框启动器按钮，打开“插入单元格”对话框，可进行下列操作。

① 活动单元格右移。即当前选定的单元格右移，新插入的单元格成为选定单元格，此操作会造成表格右边线不齐。

② 活动单元格下移。即当前选定的单元格下移，并插入同数量的单元格，此时表格的行数会增加，增加的行数与选定单元格的行数相同。

（2）插入行、列。行和列的插入方法相似，下面以列的插入操作为例进行介绍。

选择要插入列的位置（可选一列或多列，插入的列数与选择的列数相同），单击“表格工具”选项卡下“插入单元格”组中的“在左侧插入列”或“在右侧插入列”按钮，这样就可以在当前列的左侧或右侧插入与选定列数相同的列。也可以在要插入列的位置单击鼠标右键，在弹出的快捷菜单中选择“插入→在左侧插入列/在右侧插入列”命令。

（3）在表尾快速插入行/列。

① 将鼠标指针移向表格的下边界和右边界时，表格下方和右边分别出现一个加号。单击表格下方的加号，即在表格最后插入一行；单击表格右边的加号，即在表格右边插入一列。

② 将插入点定位到表格右下角的单元格内，按 Tab 键即可在表尾插入一空行。

（4）删除单元格、行、列、表格。选定要删除的单元格，单击“表格工具”选项卡下的“删除”下拉按钮，如图 3.59 所示，在下拉列表中选择相应的选项即可。选项包括单元格、列、行、表格。如选择删除单元格，则打开“删除单元格”对话框（单击鼠标右键，在弹出的快捷菜单中选择“删除单元格”命令也可以打开）并选择相应的选项，如图 3.60 所示。

图 3.59 “删除”下拉菜单

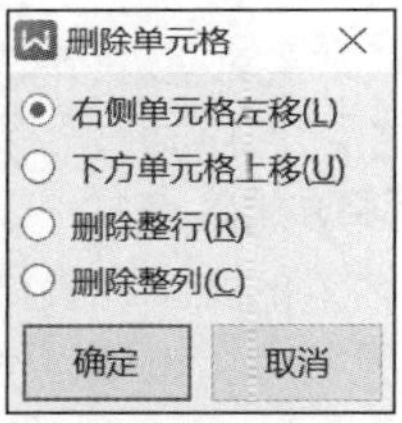

图 3.60 “删除单元格”对话框

- 右侧单元格左移。删除当前选定的单元格，右侧同行的单元格左移，会造成表格右边线不齐。
- 下方单元格上移。删除当前选定的单元格，表格的行数不变，单元格上移后，列末会出现相同数量的空单元格。
- 删除整行。删除选定单元格占用的行。
- 删除整列。删除选定单元格占用的列。

单击“确定”按钮，完成操作。

4. 合并或拆分单元格

在简单表格的基础上，通过对单元格的合并或拆分可以构成比较复杂的表格。

（1）拆分单元格。单元格的拆分是指将单元格拆分成多行或多列的多个单元格。

将插入点移动到需要拆分的单元格，单击鼠标右键，在弹出的快捷菜单中选择“拆分单元格”命令，弹出“拆分单元格”对话框，输入要将所选单元格拆分的行数或列数，取消勾选“拆分前合并单元格”复选框，然后单击“确定”按钮。

（2）合并单元格。单元格的合并是指将多个相邻的单元格合并成一个单元格。

选择要合并的多个单元格，单击鼠标右键，在弹出的快捷菜单中选择“合并单元格”命令，将所选择的单元格合并，合并后的单元格的内容将集中在一个单元格中。

5. 拆分或合并表格

有时需把一个表格拆分成两个独立的表格，拆分表格的操作为：将插入点移至表格中欲拆分的那一行（此行将成为拆分后第二个表格的首行），单击“表格工具”选项卡下的“拆分表格”按钮，可选择按行拆分或者按列拆分。如果选择按行拆分，则在插入点所在行的上方插入一空白段，把表格拆分成两个表格。

如果要合并两个表格，只要删除两个表格之间的换行符即可。

如果要将表格当前行后面的部分强行移至下一页，可在当前行按“Ctrl+Enter”组合键。

6. 重复表格标题行

当一张表格超过一页时，通常希望在第二页的续表中也包括表格的标题行。WPS 文字提供了重复标题行的功能。

方法 1：选中表格，点击菜单栏“表格工具”选项卡下的“表格属性”按钮，弹出“表格属性”对话框，选择“行”选项卡，勾选“在各页顶端以标题行形式重复出现”复选框，单击“确定”按钮，即可将该设置应用到文档的表格中。

方法 2：选中表格，点击菜单栏“表格工具”选项卡下的“标题行重复”按钮，也可以实现跨页表格每页都有标题的效果。此处需要注意的是，“标题行重复”功能需要在表格未跨页之前设置。如果跨页表格线消失，则选中表格，单击菜单栏“表格工具”选项卡下的“表格属性”按钮，弹出“表格属性”对话框，选择“行”选项卡。勾选“允许跨页断行”复选框，这样就可以解决跨页表格线消失的问题了。

提示

如果设置的标题行重复不起作用，可以通过以下步骤来解决。

① 调整文字环绕方式：首先，选中整个表格，单击鼠标右键，在弹出的快捷菜单中选择“表格属性”，在“表格”选项卡中将“文字环绕”设置为“无”。然后在“行”选项卡中勾选“在各页顶端以标题行形式重复出现”复选框。

② 删除分页符：如果表格之间存在分页符，可能会导致标题行重复设置无效。找到并删除分页符的具体步骤为：选择“文件”菜单中的“选项”选项，在“视图”界面的“格式标记”列表中勾选“全部”复选框，然后删除分页符。

7. 设置表格格式

（1）表格自动套用格式。表格创建后，可以使用“表格样式”选项卡表格样式组中内置的表格样式对表格进行排版。该功能还可以修改表格样式，预定义了许多表格的格式、字体、边框、底纹、颜色等，使表格的排版变得轻松、容易。

将插入点移到要排版的表格内，单击“表格样式”选项卡“表格样式”组中的下拉按钮，打开表格样式列表，如图 3.61 所示，选定所需的表格样式即可。

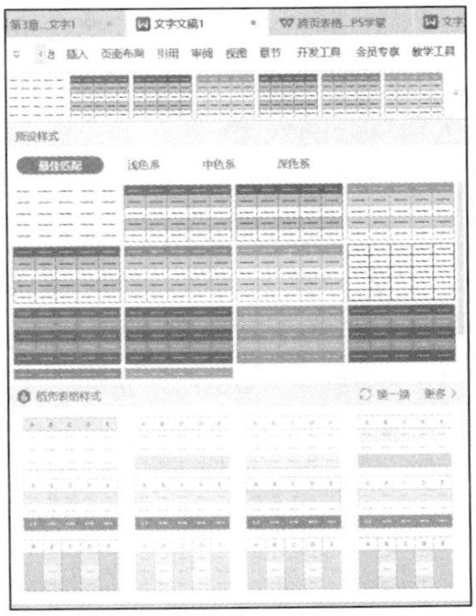

图 3.61　表格样式列表

（2）表格边框与底纹的设置。单击“表格样式”选项卡下的“边框”下拉按钮，可以对表格边框线的线型、粗细和颜色进行个性化设置。

单击“表格样式”选项卡下的“底纹”下拉按钮，打开底纹颜色列表，可以设置表格的填充颜色与底纹图案。

（3）表格位置的设置。设置表格在页面中的对齐方式和文字环绕方式的操作如下。

① 将插入点移动到表格的任意单元格内。

② 右击，在弹出的快捷菜单中选择“表格属性”命令，或者单击“表格工具”选项卡下的“表格属性”按钮，打开“表格属性”

对话框，选择“表格”选项卡，如图 3.62 所示。

③ 在“尺寸”设置区中，如勾选“指定宽度”复选框，则可设定具体的表格宽度。

④ 在“对齐方式”设置区中，选择表格的对齐方式；在“文字环绕”设置区中，可以选择“无”或“环绕”选项。单击“文字环绕”设置区中的“环绕”按钮，可以实现表格文字的混排；选择“环绕”选项后单击“定位”按钮，打开“表格定位”对话框，如图 3.63 所示，可调整表格水平、垂直、距正文等定位参数。

图 3.62 “表格属性”对话框

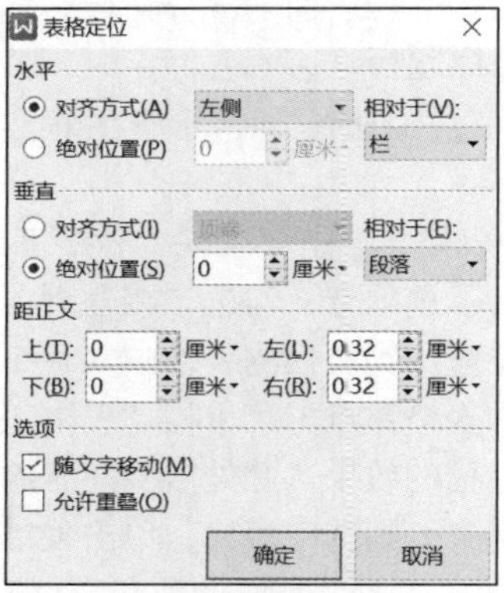

图 3.63 “表格定位”对话框

表格中的文字同样可以用文档文本的排版方法进行设置，如设置字体、字号、颜色等。

要设置表格中文字的对齐方式，可以单击鼠标右键，在弹出的快捷菜单中选择“单元格对齐方式”列表中的一种对齐方式。

8. 改变单元格的行高和列宽

（1）使用表格中行、列边界线改变单元格的行高和列宽。使用表格中的行、列边界线可以不精确地调整行高和列宽。

将鼠标指针移到表格的列网格线上时，鼠标指针会变成带有水平箭头的双竖线状，此时按住鼠标左键可以左右拖动列网格线，会减小或增大列宽，同时调整相邻列的宽度。

① 如果在拖动列网格线的过程中同时按住 Shift 键，则该网格线左侧的一列的单元格列宽发生改变，其他单元格的列宽不改变，即其他列的所有单元格作为一个整体一起随着移动。

② 如果在拖动列网格线的过程中同时按住 Ctrl 键，则该网格线右侧的各列按原比例自动调整列宽。

③ 如果在拖动列网格线的过程中同时按住 Alt 键，则标尺上会显示列网格线的调整效果。

④ 如果在拖动列网格线的过程中同时按住“Shift+Alt”组合键或“Ctrl+Alt”组合键，则可以达到复合的效果。

将鼠标指针移到单元格的下方时，指针变为带有上下箭头的双横线状，此时按住鼠标左键可以上、下拖动行网格线，会减少或增加行高，对相邻行无影响。

（2）利用“表格属性”对话框设置单元格的行高和列宽。将插入点定位到表格内的任意位置，单击“表格工具”选项卡下的“表格属性”按钮，弹出“表格属性”对话框，对话框中包含“表格”“行”“列”“单元格”等选项卡。

① 利用“行”选项卡设定行高。单击“行”选项卡，如图 3.64 所示。勾选“指定高度”复选框，输入或选择行高，“行高值是”下拉列表中有“最小值”“固定值”两种选项。

如果表格较大，可以勾选“允许跨页断行”复选框，允许表格行中的文字跨页显示。

单击“上一行”或“下一行”按钮，可以对各行分别设置行高。

② 利用“列”选项卡设定列宽。单击“列”选项卡，如图 3.65 所示，可以设置每一列的宽度。

（3）利用“表格工具”选项卡下“自动调整”功能调整单元格的行高和列宽。选定需要调整的行、列或整个单元格，单击“表格工具”选项卡下的“自动调整”下拉按钮，如图 3.66 所示，选择合适的选项，可自动调整单元格的行高和列宽。

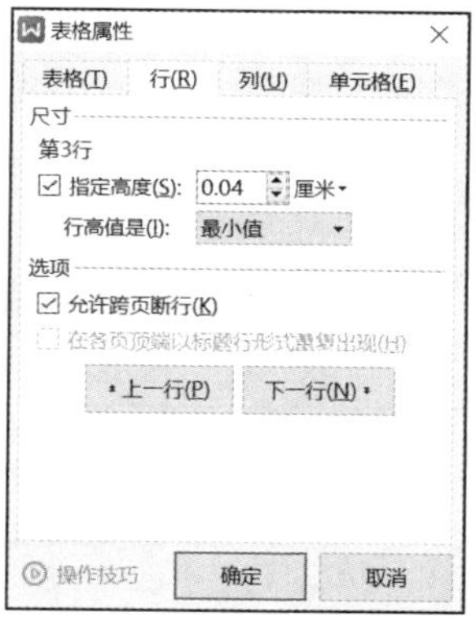

图 3.64　“行”选项卡

图 3.65　“列”选项卡

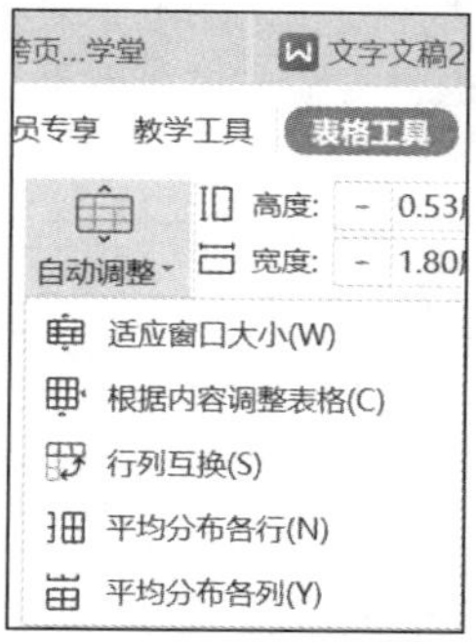

图 3.66　“自动调整”下拉列表

9．移动和缩放表格

（1）表格的移动。拖动表格移动控制点，可以移动表格。

（2）表格的缩放。当鼠标指针移过表格时，表格的右下角会出现缩放点，拖动缩放点可实现表格的缩放。

3.5.3　表格内容的输入和格式设置

（1）表格内容的输入。建立空表格后，可以将插入点移动到表格的单元格中，然后输入文本。表格中的单元格是一个编辑单元，当单元格的宽度不足以继续容纳文本时，单元格高度会自动增大，把输入的内容转到下一行。如果要另起一行，则按 Enter 键。

（2）单元格文字格式、段落格式的设置。每个单元格中的内容都可看作一个独立的文本，可以选定其中的一部分或全部内容进行字体格式和段落格式的设置。

（3）单元格的边框和底纹设置。边框和底纹不仅可以对表格或表格中的单元格进行设置，也可以对页面、节进行设置。边框和底纹的设置可以通过“边框和底纹”对话框来完成。

（4）单元格中文本的格式化。单元格中文本的格式化操作与普通文档中文本的格式化操作相似。

① 选择要对齐的单元格、行或列。

② 单击“表格工具”选项卡下的“对齐方式”下拉按钮，可在弹出的“对齐方式”下拉列表中设置单元格中文本的对齐方式，如图 3.67 所示。

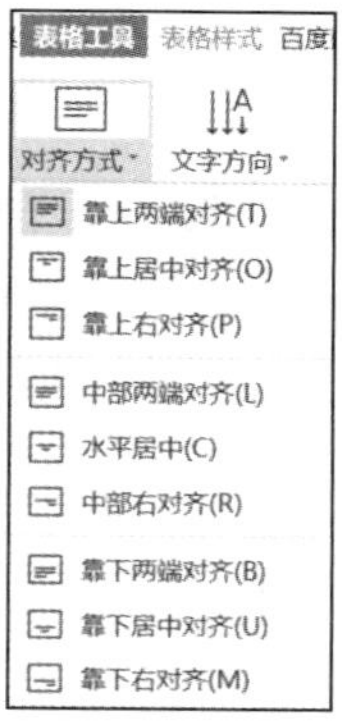

图 3.67　“对齐方式”下拉列表

（5）更改单元格中的文本方向。将光标移到要更改文本方向的单元格，单击“表格工具”选项卡下的“文字方向”下拉按钮，根据需要选择合适的选项，单元格中的文本方向会自动更改。

3.5.4 灵活控制和运用表格

灵活控制和运用电子表格，能显著提升数据处理效率，让数据管理更高效、直观。本例对表 3.5 所示的班级成绩单进行数据处理。

表 3.5 班级成绩单

姓名	英语	数学	物理	语文	平均成绩
张三	78	88	44	78	
李四	76	98	56	76	
王五	66	67	87	93	

1. 表格排序

在 WPS 文字中，可以对表格中的内容按设定的方式和规则（如字母顺序、数字顺序或日期顺序的升序或降序）进行排序。排序要求是：按数学成绩进行递减排序，当两个学生的数学成绩相同时，再按语文成绩递减排序。

选中表格或将插入点移动到表格中，单击“表格工具”选项卡下的“排序”按钮，打开“排序”对话框，如图 3.68 所示。

在“列表”设置区中单击“有标题行”单选按钮。

在“主要关键字”下拉列表中选择“数学”，在“类型”下拉列表中选择“数字”，单击“降序”单选按钮。

在“次要关键字”下拉列表中选择“语文”，在“类型”下拉列表中选择“数字”，单击“降序”单选按钮。

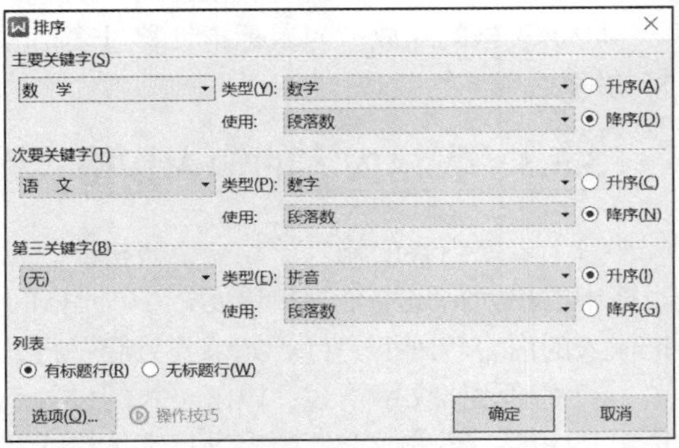

图 3.68 “排序”对话框

最后单击“确定”按钮。

2. 表格计算

表格计算

WPS 文字提供了对表格中数据进行简单的加、减、乘、除、求百分比，以及求最大、最小值运算的功能。求表 3.5 所示的学生考试成绩单中学生的考试平均成绩的步骤如下。

（1）将插入点移到存放平均成绩的单元格中。

（2）单击“表格工具”选项卡下的“公式”按钮，打开“公式”对话框，如图 3.69 所示。

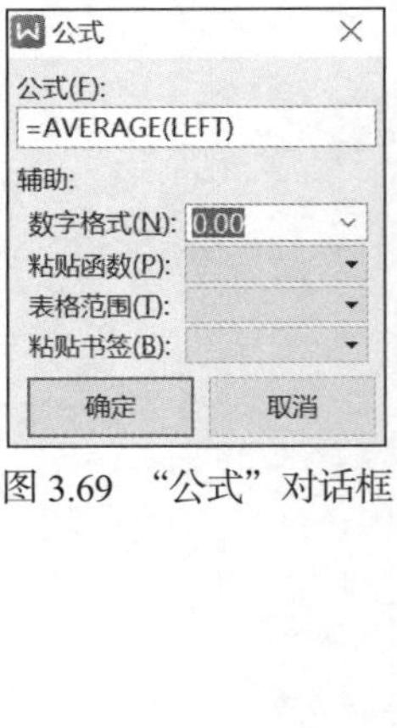

图 3.69 “公式”对话框

（3）“公式”列表中显示“= SUM（LEFT）”，公式的含义是计算左边各列数据的总和，在这里需要计算其平均值。单击“粘贴函数”文本框后的下拉按钮，选择“AVERAGE”函数，删除“SUM（LEFT）”，将光标定位在“AVERAGE()”的圆括号中，单击“表格范围”文本框后的下拉按钮，选择“LEFT”参数，表示对左侧数据计算平均值。

（4）单击“数字格式”文本框后的下拉按钮，选定“0.00”格式，这表示结果数据保留到小数点后两位。

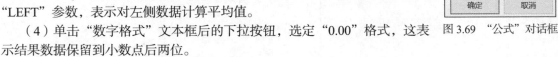

（5）单击“确定”按钮，得出计算结果。

3. 虚框表格的使用

虚框表格的表格线只能显示在屏幕上，而不会被打印出来。虚框表格在排版上可以代替制表符，用于对齐和排列文本，将不同的图片和文字组合在一起形成特殊的效果。

用户可以在“开始”选项卡“段落”组的“边框”下拉列表中选择“无边框”命令，将表格的边框设置为无，同时通过“表格工具”选项卡下的“隐藏/显示虚框”命令来控制虚框的隐藏和显示。

4. 表格与文字之间的相互转换

用户可以根据需要将文字转换成表格，也可以将表格转换成文字。

（1）将文字转换为表格。选择要转换成表格的文字，单击“插入”选项卡下的“表格”下拉按钮，在弹出的列表中选择“文本转换成表格”命令，弹出“将文字转换成表格”对话框，如图 3.70 所示。

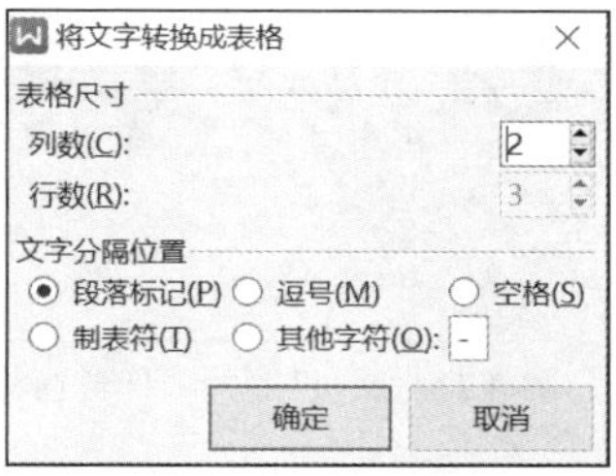

图 3.70　“将文字转换成表格”对话框

“文字分隔位置”设置区中包括段落标记、逗号、空格、制表符、其他字符等。选择不同的文字分隔位置，“表格尺寸”栏下的“列数”“行数”会根据文字分隔位置的不同而改变，单击“确定”按钮即可完成设置。

（2）将表格转换为文字。选择某个表格后，单击“表格工具→转化为文本”按钮，可以将表格转化为文字。

3.6　图文混排功能

图文混排是 WPS 文字的特色功能之一，可以在文档中插入由其他软件制作的图片，也可插入用 WPS 文字的绘图工具绘制的图形，使文档达到图文并茂的效果。

3.6.1　插入图片

在 WPS 文字中，能够轻松地将图形或图像以图片形式插入到文档中。

1. 稻壳免费图片的插入

WPS 文字为用户提供了许多联机图片，并且将它们按类别分类。

将插入点移到要插入联机图片的位置，单击“插入”选项卡下的“图片”下拉按钮，弹出“插入图片”任务窗格，在“稻壳图片”搜索框中输入要插入的联机图片类别，如“动物”，单击“搜索”按钮，如果收藏集中含有指定关键字的联机图片，则会显示联机图片的搜索结果，如图 3.73 所示。

单击选择的联机图片，选择“立即使用”提示命令，将该联机图片插入文档。

注意

2020 年 6 月 11 日，国家版权局发布《国家版权局关于规范摄影作品版权秩序的通知》，让摄影作品版权的相关问题，再一次地摆到了大众的面前，尤其是在现如今自媒体流行的情况下，版权问题显得尤为重要。所以大家在非商用场合使用图片时，需要注明图片的出处。如果商用，必须经图片著作权人同意。

2. 图片文件的插入

在 WPS 文字中，用户可以将由其他应用程序（如 Photoshop、CorelDRAW 等）生成的图片文件插入文档。

将插入点移到要插入图片文件的位置，单击图 3.71 中的本地图片按钮，弹出“插入图片”对话框，如图 3.72 所示。

选择需要的图片文件的路径和文件名，单击“打开”按钮即可将图片插入到插入点处。

图 3.71　“联机图片”任务窗格

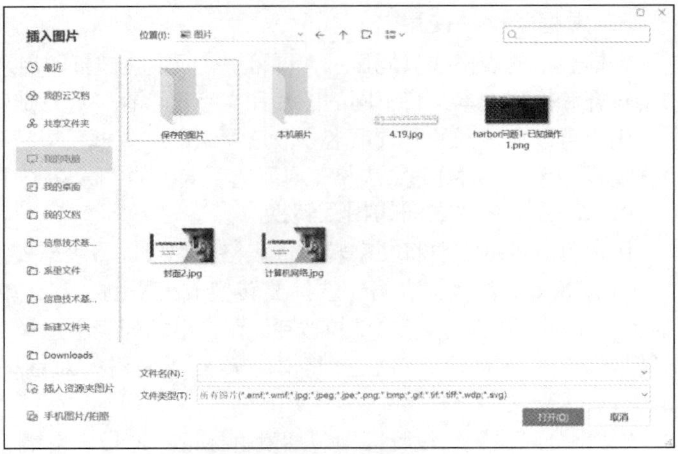

图 3.72　“插入图片”对话框

3. 图片格式的设置

当单击选中图片时，功能区中出现“图片工具”选项卡，如图 3.73 所示。图片周围将出现 8 个空心小圆圈（称为控制点），拖动这 8 个控制点可以改变图片的大小。

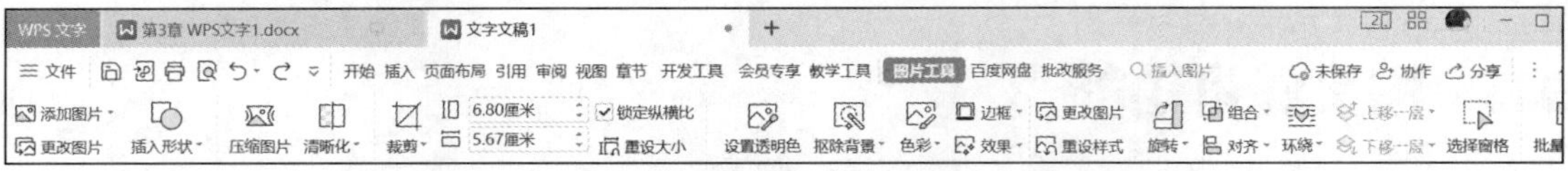

图 3.73　“图片工具”选项卡

设置图片格式最常用的方法有两种，一是利用“图片工具”选项卡，二是利用图片在选中状态下右侧出现的快捷菜单中的相应命令。

（1）改变图片的大小和移动图片位置。单击选定的图片，将鼠标指针移到图片中的任意位置，当鼠标指针上出现十字箭头时，拖动鼠标指针可以移动图片到新的位置。

将鼠标指针移到任意一个空心小圆圈，鼠标指针会变成水平、垂直或斜对角的双向箭头，按箭头方向拖动鼠标指针可以改变图片的水平、垂直或斜对角方向的尺寸。

（2）图片的剪裁。如果要裁剪图片中某一部分的内容，可以单击“图片工具”选项卡“大小和位置”组中的“裁剪”按钮，此时图片的 4 个角会出现 4 个直角标记，图片 4 条边的中部出现 4 条黑色短线，如图 3.74 所示。

图 3.74　图片裁剪

将鼠标指针移到图片四周的 4 个直角处，按住鼠标左键，向图片内侧拖动鼠标指针，可裁去图片中不需要的部分。如果拖动鼠标指针的同时按住 Ctrl 键，那么可以对称裁剪图片。

（3）文字的环绕。通常情况下，图片插入文档后会像字符一样嵌入到文本中。

选中要进行设置的图片，单击图片右侧的“布局选项→查看更多”命令，或在图片上单击鼠标右键，在弹出的快捷菜单中选择“其他布局”命令，打开“布局”对话框，选择“文字环绕”选项卡，如图 3.75 所示。

WPS 文字将文档分为三层：文本层、文本上层、文本下层。文本层即通常的工作层，同一位置只能有一个文字或对象，利用文本上层、文本下层可以实现图片和文本的层叠。

- 嵌入型。此时图片处于文本层，作为一个字符出现在文档中，其周边控制点为实心小圆圈。用户可以像处理普通文字那样处理此图片。
- 四周型和紧密型。把图片和文本放在同一层上，但是将图片和文本分开来对待，图片会挤占文本的位置，使文本在页面上重新排列。
- 衬于文字下方。此时图片处于文本下层，单击图片后，其周边控制点为空心小圆圈，可实现水印的效果。
- 浮于文字上方。此时图片处于文本上层，单击图片后，其周边控制点为空心小圆圈，可实现图片覆盖文字的效果。

单击选中所需的环绕方式，单击“确定”按钮。

利用“大小”选项卡中的设置可以改变图片的尺寸。

（4）设置图片在页面上的位置。WPS 文字提供了可以便捷控制图片位置的工具，让用户可以根据文档类型合理地布局图片。

选中要进行设置的图片，单击“图片工具”选项卡下的“大小和位置”组的对话框启动器按钮，打开“布局”对话框，如图 3.76 所示，根据需要设置水平、垂直位置以及相关的选项。

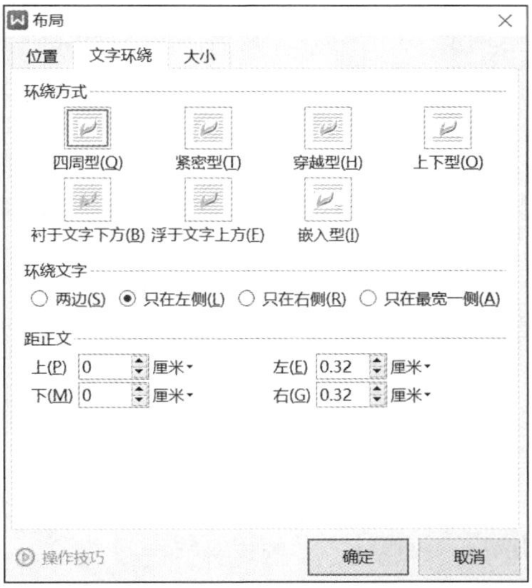

图 3.75　“布局–文字环绕”选项卡

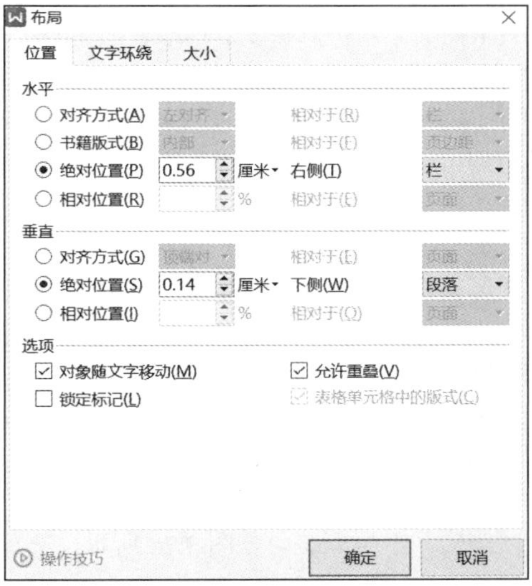

图 3.76　“布局–位置”选项卡

- 对象随文字移动。该设置将图片与特定的段落关联起来，使段落始终保持与图片显示在同一页面上。该设置只影响页面上段落和图片的垂直位置。
- 锁定标记。该设置将图片锁定在页面上的当前位置。
- 允许重叠。该设置允许图片对象相互覆盖。
- 表格单元格中的版式。该设置允许使用表格在页面上安排图片的位置。

（5）为图片添加边框。选中图片，单击“图片工具→边框”下拉按钮，设置边框的线条颜色、线型等。

3.6.2 利用绘图工具绘制图形

WPS 文字提供了一套绘制图形的工具，利用它可以创建各种图形。单击“插入”选项卡下的“形状”下拉按钮，可打开自选图形单元列表，从中选择所需的图形单元并绘制图形。

绘制好图形后，经常需要对其进行修饰、添加文字、组合、调整叠放次序等操作。选中自选图形，弹出“绘图工具”选项卡或在绘制好的自选图形上单击鼠标右键，在弹出的快捷菜单中选择“设置自选图形/图片格式”选项，这两种方法都可以实现对图形的格式修改操作。

1．图形的创建

绘图画布可用来绘制和管理多个图形对象。使用绘图画布，可以将多个图形作为一个整体，在文档中移动、调整大小或设置文字环绕方式。也可以对其中的单个图形进行格式操作，且不影响绘图画布。绘图画布内可以放置自选图形、文本框、图片、艺术字等多种不同的对象。若要使用绘图画布来放置图形，需要先插入绘图画布。

将插入点移动到插入绘制图形的位置。

单击“插入”选项卡下的“形状”下拉按钮，选择“新建绘图画布”命令，在插入点处插入一个画布。

选中“绘图工具”选项卡“形状”组的各种形状，按住鼠标左键的同时在画布上拖动鼠标指针，绘制出一个同样的图形。

如果只绘制直线、箭头、矩形和椭圆等简单图形，那么直接选用“绘图工具”选项卡下的相应图形按钮即可。

2．编辑绘制的图形

单击图形，图形周围除了有 8 个尺寸控制点，还有 1 个顺时针弯曲箭头控制点和 1 个黄色圆形控制点（称为调整控制点，不是所有图都有）。顺时针弯曲箭头控制点用于旋转图形，黄色圆形控制点用于改变图形形状。

（1）选中图形。编辑图形前首先必须选中它。如果需要选中一个单独的图形，一般用鼠标单击该图形即可；如果要同时选中多个图形，可以利用 Ctrl 或 Shift 键，或从要选择的图形外围的左上角开始，按住鼠标左键的同时拖动出一个虚线框，将所要选择的图形包围起来，松开鼠标左键，此时刚才被虚线框包围的所有图形就被全部选中了。

图形被选中后，图形的周围将出现一些灰色的小方框或小圆圈，它们称为对象句柄，如图 3.77 所示。当鼠标指针落在图形的边框附近时，鼠标指针变为十字箭头形状，这表明此时可以通过拖动鼠标指针来移动该图形。

（2）移动、复制和删除图形。利用鼠标和键盘，以及快捷菜单中的命令可以非常方便地移动、复制和删除图形，具体操作方法和文本的移动、复制、删除方法类似。

（3）旋转和翻转图形。单击要旋转的图形，单击“图片工具”选项卡下的“旋转”下拉按钮，弹出“旋转”下拉列表，如图 3.78 所示，选择所需的选项，可以让图形旋转或翻转。

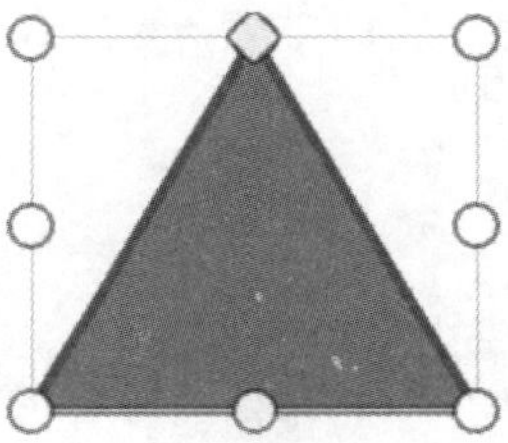

图 3.77 图形被选中

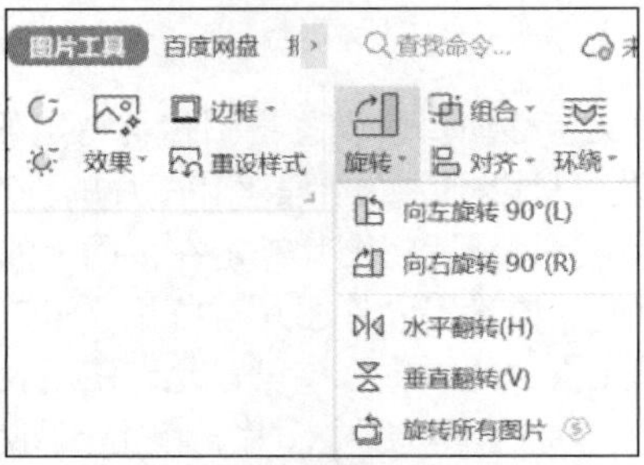

图 3.78 “旋转”下拉列表

（4）调整图形的大小。调整图形大小有两种方式：利用尺寸控制点拖动图形或单击鼠标右键后，在弹出的快捷菜单中选择相应的命令。

（5）设置阴影与三维效果。除了直线、箭头等线条类图形，绘制的其他图形几乎都可以设置阴影或三维效果。选中图形，单击鼠标右键，在弹出的快捷菜单中选择“设置对象格式”命令，在打开的“属性”窗格中进行设置。或者选中图形，单击“图片工具”选项卡“设置形状格式”组中的“效果”下拉按钮，可以设置图片的阴影、倒影、发光、柔化边缘与三维效果等。

（6）组合图形对象和取消组合。WPS 文字允许用户将几个独立的对象组合成一个对象来处理，有利于编辑操作。例如，组合图形可以整体移动或整体按比例缩放。同时，用户还可以将组合在一起的图形对象取消组合，还原成原来的多个独立对象。将要组合的对象选定后，单击“图片工具”选项卡下“组合”下拉列表中的“组合”命令即可。如果要撤销组合，单击“取消组合”命令即可。

（7）在图形中添加标注。标注是一种通过某种指示标志与图形对象相连接的文本框。利用“形状”组中的“标注”区域可以为图形添加各种样式的标注，这些标注用来说明或解释图形中的某一部分。

在“标注”区域中选定某种样式的标注后，在图形中需要标注的位置按住鼠标左键，然后拖动鼠标指针，松开鼠标左键，此时就会出现一个内容为空的标注框，在标注框中可以输入文字或插入图片。

（8）在自制图形上添加文字。选定图形后，单击鼠标右键，在弹出的快捷菜单中选择“编辑文字”命令，系统将自动添加文本框，在文本框内可输入文字，输入文字可按普通文本进行文字格式设置。

3. 图形的叠放次序

WPS 文字能够将图形或正文对象放置在不同的层次上，上面一层的对象会覆盖下面一层对象的内容，如常说的水印，就是位于最下面一层的文本，其他所有层次的对象都能将其覆盖。

在图形上单击鼠标右键，在弹出的快捷菜单中选择“置于顶层/置于底层”命令，或者选中图形，单击“绘图工具”选项卡下的“上移一层/下移一层”下拉按钮，可以实现图形的各种分层叠放操作。

3.6.3 插入艺术字

艺术字在文档中是一种介于图像和文本之间的对象。准确地说，艺术字应该是一种以嵌入对象的形式存在的特殊文本。使用 WPS 文字中的艺术字相关命令，可以给文本添加各种艺术字。

1. 插入艺术字

单击“插入”选项卡下的“艺术字”下拉按钮，弹出内置艺术字样式列表，如图 3.79 所示，单击需要的样式，在“请在此放置您的文字”文本框中输入文本。编辑完毕后，即可生成艺术字。

注意

若要将现有文本转换为艺术字，则将其选中，然后单击“插入”选项卡下的“艺术字”下拉按钮，单击需要的样式，即可将现有文本转为艺术字。

2. 编辑和修饰艺术字

用户可以对已经生成的艺术字进行编辑和修饰。当用户选择某个艺术字对象时，WPS 文字会弹出“文本工具”选项卡。单击该选项卡中的“设置文本效果格式”对话框启动器按钮，可在窗口右侧打开“属性”窗格，如图 3.80 所示。

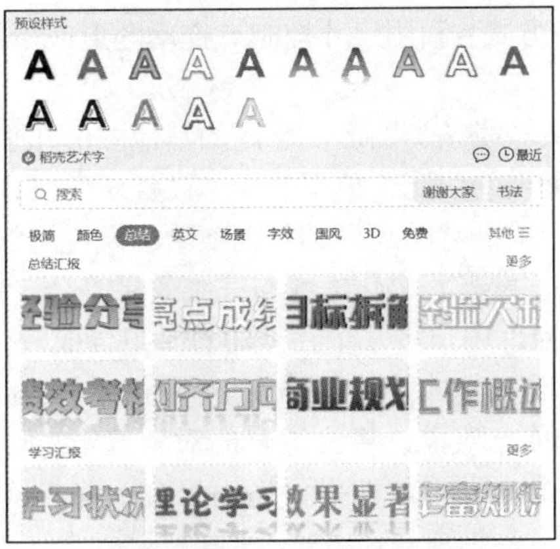

图 3.79　内置艺术字样式列表

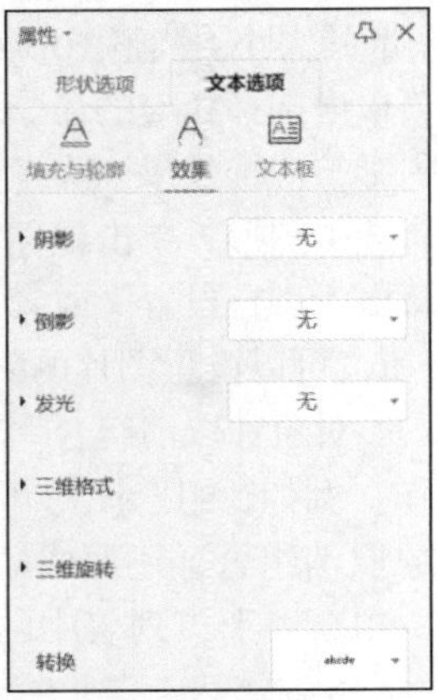

图 3.80　“属性”窗格

用户可以继续插入另一种新的艺术字对象，编辑被选择的艺术字文本，设置艺术字的样式、字符间距等属性。

（1）改变艺术字的大小。选中艺术字，单击“开始”选项卡“字体”组中的“字号”下拉按钮，在下拉列表中直接修改艺术字的大小。

（2）改变艺术字的颜色。单击“文本工具”选项卡“设置文本效果格式”组中的“文本填充”“文本轮廓”下拉按钮，选择需要的颜色，即可设置艺术字的填充颜色和轮廓颜色。

（3）改变艺术字的文本效果。单击“文本工具”选项卡“设置文本效果格式”组中的“文本效果”下拉按钮，弹出“文本效果”下拉列表，如图 3.81 所示。在该列表中，可以设置艺术字的阴影、倒影、发光、三维旋转和转换效果。每一种效果中又有多种选择，如在“转换”效果下有“无转换”“跟随路径”“弯曲”效果，如图 3.82 所示。

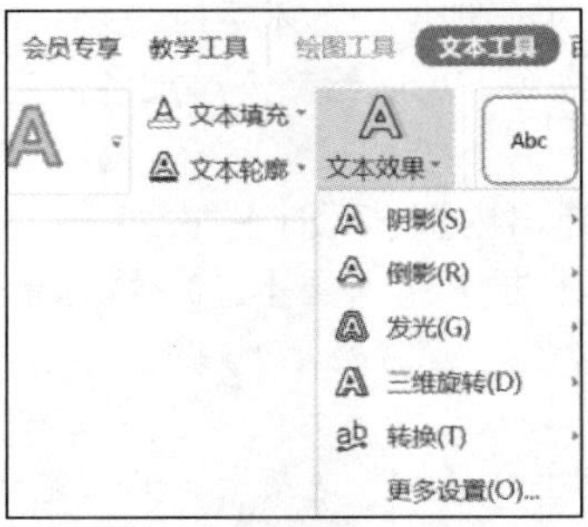

图 3.81　“文本效果”下拉列表

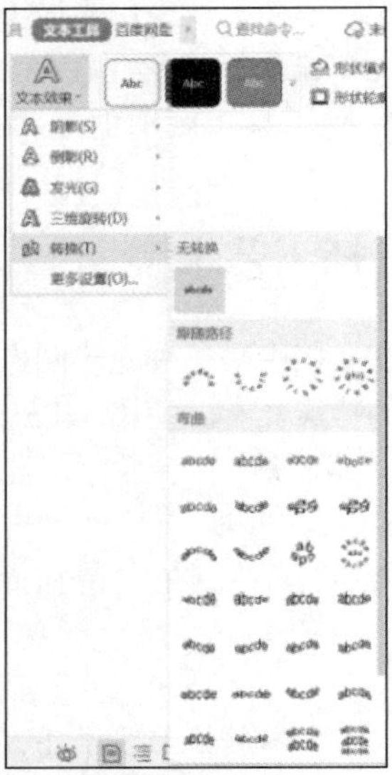

图 3.82　“转换”效果列表

艺术字既有图的属性也有文本的属性，根据需要，展开图 3.80 中的所有折叠项，进行属性设置。

3.6.4　文本框

文本框也是 WPS 文字的一种绘图对象。在文本框中可以方便地输入文字、插入图形等对象，并可将其放在页面上的任意地方。文本框分为横排文本框和竖排文本框，横排和竖排指的是文本框中文本的方向是横排还是竖排。

1. 插入文本框

将插入点置于文档中合适的位置，单击“插入”选项卡下的“文本框”下拉按钮，打开 WPS 文字内置的文本框列表，如图 3.83 所示。选择所需文本框的类型，或单击“绘图工具”选项卡的“文本框”按钮，此时鼠标指针变成“十”字状，按住鼠标左键并拖动鼠标指针便可绘制出一个文本框，在文本框中可添加文字或图形。

2. 编辑文本框

WPS 文字将文本框作为图形对象进行处理，所以文本框的格式设置与图形的格式设置基本相同。选中文本框，单击“图片工具”选项卡下的“设置形状格式”组的对话框启动器按钮，打开“属性”窗格。或者在文本框上单击鼠标右键，在弹出的快捷菜单中选择“设置对象格式”命令，打开“属性”窗格，单击“形状选项”选项卡，可设置文本框的填充颜色与线条，在“文本选项”选项卡的“文本框”设置区中，可以设置文本框的对齐方式、文字方向以及文本框内文本距离文本框的边距，如图 3.84 所示。

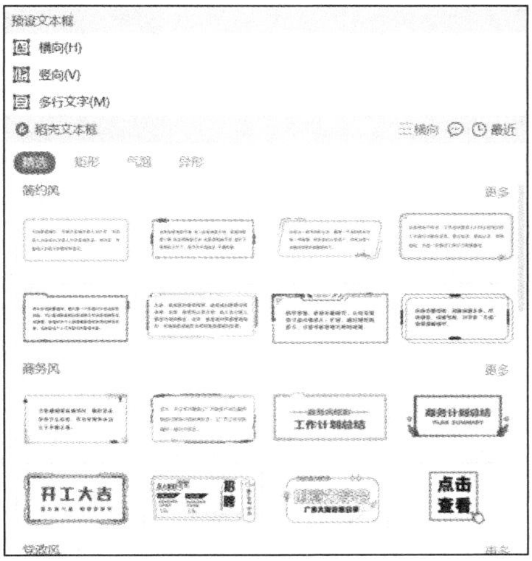

图 3.83 内置文本框列表

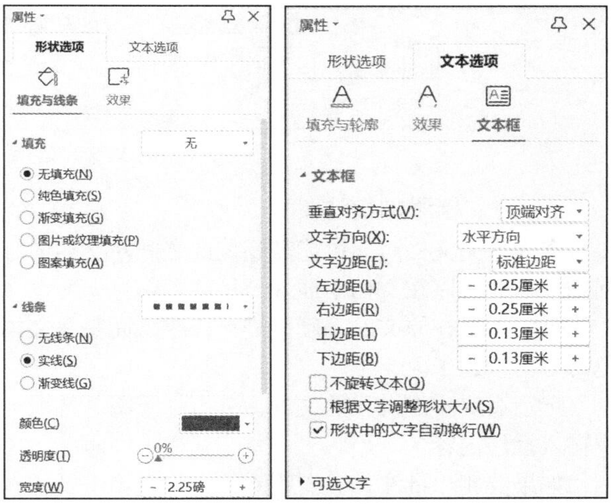

图 3.84 “属性”窗格

3.7 文档的修订与共享

在与他人协同处理文档的过程中，审阅、跟踪文档的修订状况是重要的环节之一，用户需要及时了解其他用户更改了文档的哪些内容，以及为何要进行这些更改。

3.7.1 审阅与修订文档

1. 修订文档

当用户在修订状态下修改文档时，WPS 文字将跟踪文档中所有内容的变化状况，同时会把用户在当前文档中修改、删除、插入的每一项内容记录下来。

打开要修订的文档，单击“审阅”选项卡下“修订”下拉列表中的“修订”命令，即可开启文档的修订状态。

用户在修订状态下直接插入的文档内容会通过颜色和下画线标记下来，删除的内容可以在右侧的页边空白处显示出来。

当多个用户同时参与同一文档的修订时，文档将通过不同的颜色来区分不同用户的修订内容。

单击“审阅”选项卡“修订”下拉列表下的“修订选项”命令，打开“选项”对话框，如图 3.85 所示。可以在“插入内容”“颜色”“删除内容”“修订行”“批注颜色”“使用批注框”等选项区域中，根据用户自己的习惯和具体要求设置修订内容的显示情况。

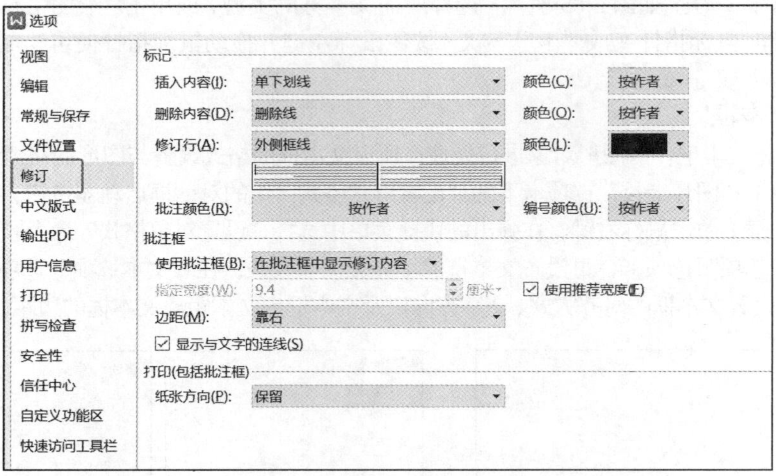

图 3.85 “选项”对话框

2. 为文档添加批注

多人审阅文档时，可能需要彼此之间对文档内容的变更状况做解释，或者向文档作者询问一些问题，这时可以在文档中插入“批注”信息。

批注不是在原文的基础上进行修改，而是在文档页面的空白处添加相关的注释信息，并用有颜色的方框括起来。

选定需要添加批注的文本，单击“审阅”选项卡下的“插入批注”命令，然后在右侧的批注框中输入批注内容。

如果要删除批注，在要删除的批注上单击鼠标右键，在弹出的快捷菜单中单击“删除批注”命令即可删除批注。如果要删除所有批注，可以单击“审阅”选项卡下“删除”下拉列表中的“删除文档中的所有批注”命令。

当文档被多人修改或审批后，单击“审阅”选项卡下的“显示标记”下拉按钮，可以选择文档显示格式。

3. 审阅修订和批注

文档内容修订完成以后，用户还需要对文档的修订和批注进行最终审阅，并确定最终的文档版本。

单击“审阅”选项卡下的“上一条（下一条）”按钮，可定位到文档中的上一条或下一条批注。

单击“拒绝”或“接受”下拉按钮，选择接受或拒绝修订的类型。

3.7.2 快速比较文档

WPS 文字提供了精确比较的功能，可以帮助用户显示两个文档的差异。

单击“审阅”选项卡“比较”组中的“比较文档”命令，打开“比较文档”对话框，如图 3.86 所示。在“原文档”区域，通过浏览找到原始文档；在“修订的文档”区域，通过浏览找到修订完成的文档。

图 3.86 “比较文档”对话框

单击“确定”按钮，两个文档的不同之处将突出显示在“比较结果”文档的中间，供用户查看。

3.7.3　协作编辑 WPS 文字

当我们想进行远程协助、多人编辑文档时，可一键开启 WPS 文字的协作模式。首先，需要登录 WPS 账号，这样文档才能保存到云端并进行共享。

单击文档右上角的“协作”按钮，协作文档需要上传至云端才可被其他成员访问、编辑。上传完毕后进入协作编辑页面，点击右上角的“分享”按钮，打开“协作”对话框，如图 3.87 所示，将文档分享给其他成员。成员收到链接后，单击链接以进入文档，就可以一同编辑文档。

图 3.87　“协作”对话框

在分享界面可以查看参与协作编辑的成员，在成员右侧可以设置查看与编辑权限。若想移除成员，选择“移除”选项即可，被移除的成员无法访问、编辑文档。

在右上角“历史记录”处可以查看当前文档的历史版本和协作记录。在“历史版本”区域中可以查看、恢复文档保存的历史版本。在“协作记录”区域中可以查看当前文档的协作编辑记录。

如果想要返回 WPS 客户端，单击右上角的“用 WPS 打开”按钮，就可以退回到 WPS 客户端。切换至高级编辑状态时，无法使用多人同时在线编辑功能。

3.7.4　标记文档的最终状态

如果文档已经确定修改完成，用户可以为文档标记最终状态，从而标记文档的最终版本，此时文档为定稿状态。执行“文件→文档定稿”命令，弹出“文档定稿”对话框，如图 3.88 所示。

图 3.88　“文档定稿”对话框

3.7.5　构建并使用文档部件

文档部件实际上就是将一段指定的文档内容（文本、图片、表格等文档对象）封装为可重复调用的模块，从而提升编辑效率。

选定要保存为文档部件的文本内容。单击“插入→文档部件→自动图文集→将所选内容保存到自动图文集库”命令，打开“新建构建基块”对话框，如图 3.89 所示，在“名称”文本框中输入文档部件的名称，单击“确定”按钮。

图 3.89　“新建构建基块”对话框

打开需要使用文档部件的文档，将插入点移动到要插入文档部件的位置，单击“插入→文档部件”下拉按钮，可看到存在的文档部件，如图 3.90 所示，单击文档部件即可。

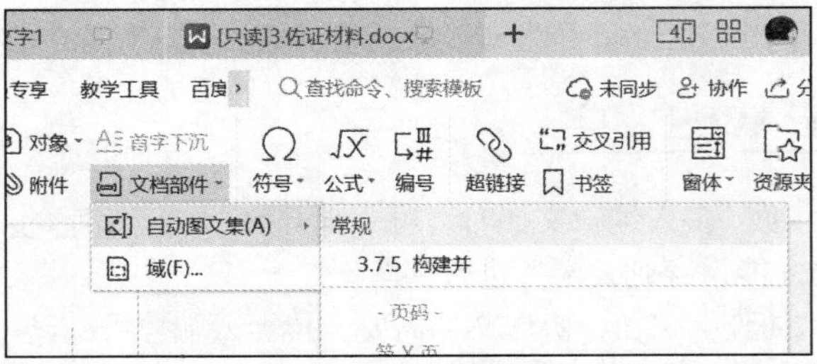

图 3.90　插入文档部件

3.8　文档的输出

3.8.1　打印文档

打印文档在日常办公中是一项很常见且很重要的工作。在打印 WPS 文字文档之前，可以通过打印预览功能查看整篇文档的排版效果，确认无误后再打印。

单击快捷访问工具栏内的“打印预览”按钮，或者执行“文件→打印→打印预览”命令，打开“打印预览”后台视图，如图 3.91 所示。在视图中可以即时预览文档的打印效果，同时可以选择打印机，对打印页面进行调整，如页边距、纸张大小、方向等。

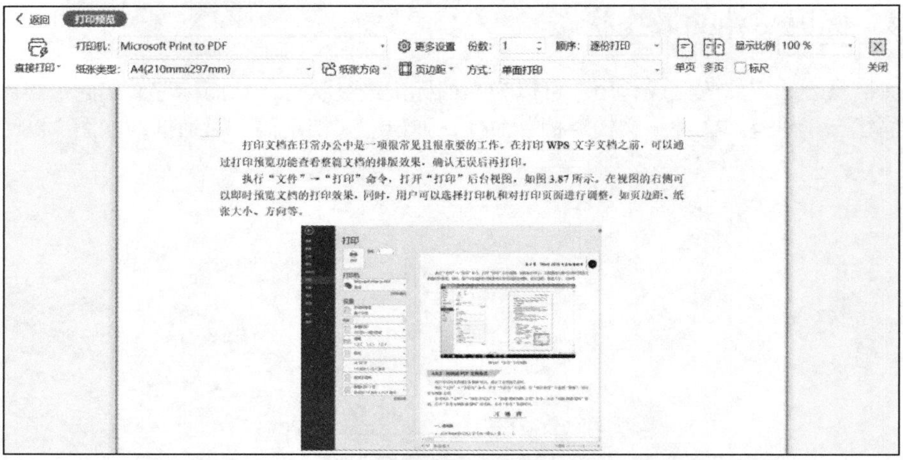

图 3.91　“打印预览”后台视图

3.8.2　转换成 PDF 文档格式

用户可以将文档保存为 PDF 格式，保证文档的只读性。

执行“文件→输出为 PDF”命令，打开“输出为 PDF”对话框，选择保存位置，单击“开始输出”按钮，即可将文档输出为 PDF 文档。

也可执行“文件→另存为”命令，打开“另存为”对话框，选择保存位置并输入文件名，文件类型选择“PDF 文件格式”，单击“保存”按钮即可。

3.8.3　将文档输出为图片

在工作中有时需要将文档输出为图片格式，便于分享、传输、保存和阅读，具体操作：打开文档，执行“文件→输出为图片”命令，打开“批量输出为图片”对话框，如图 3.92 所示。在弹出的对话框中可以选择输出方式。

“逐页输出”命令可以将文档内容按照页数逐页输出为图片，方便查看。

“合成长图”命令可以将文档内容输出为一张长图，便于传输。

选择输出格式，单击“开始输出”按钮即可。普通用户输出的图片带有水印。

图 3.92 “批量输出为图片”对话框

习题

一、选择题

1. WPS 文字应用程序启动后，会自动打开一个名为（　　）的文档。

   A. Noname　　B. 文字文稿 1　　C. 文件 1　　D. 文档 1

2. 在 Windows 11 操作系统中，可通过双击（　　）直接启动 WPS 文字应用程序。

   A. “WPS 文字”桌面快捷方式图标　　B. “我的电脑”图标

   C. “开始”按钮　　D. “我的文件夹”图标

3. 下面（　　）不属于 WPS 文字的文档显示模式。

   A. 普通视图　　B. 页面视图　　C. 大纲视图　　D. 邮件合并

4. 用 WPS 文字进行文字的录入和编排时，可使用（　　）键实现段内的强行换行。

   A. Enter　　B. Shift+Enter　　C. Ctrl+Enter　　D. Alt+Enter

5. WPS 文字的汉字输入功能是由（　　）实现的。

   A. Word 本身　　B. Windows 操作系统中文版或其外挂中文平台

   C. Super CCDOS　　D. DOS

6. 下面选项中，（　　）能实现光标定位。

   A. 滚动条　　B. 鼠标　　C. 键盘　　D. 菜单命令

7. 在 WPS 文字中，表格的每一个内容填空单元称为（　　）。

   A. 栏　　B. 容器　　C. 单元格　　D. 空格

8. WPS 文字文档存盘时的默认文件扩展名为（　　）。

   A. txt　　B. wps　　C. dot　　D. docx

二、填空题

1. 页面设置的主要项目包括________、________、________、________等。

2. 在“插入”状态下，只需将插入点移动到需要插入空行的地方，按________。在文档开始前插入空行，只需将光标定位到文首，按________。

3. 设置图片格式最常用的方法有两种：利用________选项卡；在图片上单击鼠标右键，在弹出的快捷菜单中选择________命令。

4. WPS 文字将文档分为三层：________、________和________。

三、简述题

1. 简述利用 WPS 文字编辑文档的一般步骤。
2. 简述 WPS 文字的窗口由哪些基本元素组成。
3. 创建新文档有几种方法？如何操作？
4. 打开文档意味着什么？打开文档有几种常用的方法？
5. 保存文档时，“保存”“另存为”命令有何区别？
6. 什么是剪贴板？如何利用剪贴板进行移动和复制？
7. 什么是“应答式”的查找与替换？如何操作？
8. WPS 文字提供了几种视图？它们各有什么作用？
9. 文档的格式化包括哪些内容？
10. 表格的建立有几种方法？如何在表格中加入斜线？
11. 浮动图片和嵌入图片有什么区别？
12. 图片的环绕方式有哪几种？它们的设置效果如何？
13. 什么是对象的链接与嵌入？二者有何区别？

第4章 WPS 表格

WPS 表格是 WPS Office 办公软件中的一个组件，专门用于数据处理和报表制作。它具有强大的数据组织、计算、统计和分析功能，并能把数据以图表的形式直观地表现出来。由于 WPS 表格能够快捷、准确地处理数据，因此它在数据的处理中得到了广泛的应用。

本章详细介绍 WPS 表格的基本操作和使用方法。通过本章的学习，读者应掌握以下内容。

（1）WPS 表格的基本概念、基本功能、运行环境，启动、保存和退出 WPS 表格的方法；

（2）WPS 表格中单元格、工作表、工作簿的基本操作，工作簿和工作表的建立、保存和退出的方法。数据录入、编辑，工作表和单元格的选定、插入、删除、复制、移动等方法。工作表的重命名、工作表窗口的拆分和冻结操作；

（3）表格的格式化操作，包括设置单元格格式，设置列宽、行高、条件格式等；

（4）单元格绝对地址和相对地址的概念，工作表中公式的输入、复制以及常用函数的使用方法；

（5）WPS 图表的创建、编辑、修改和修饰方法；

（6）数据清单的概念，数据清单的建立方法，数据清单内容的排序、筛选、分类汇总、数据合并操作以及数据透视表的建立方法；

（7）工作表的页面设置、打印预览和打印方法，工作表中超链接的建立方法；

（8）保护、隐藏工作簿和工作表的方法。

4.1 WPS 表格基础

4.1.1 WPS 表格的功能

（1）基本功能。WPS 表格具有友好的工作界面，提供丰富的主题、单元格样式和表格格式，这些功能方便用户创建和格式化表格。用户还可以在表格中插入形状、图片和图表等对象，对表格进行美化。

（2）数据处理功能。WPS 表格具有强大的计算和数据处理能力，依靠公式和函数进行复杂运算。它提供了丰富的函数库，方便用户进行各种复杂运算。

（3）数据管理功能。WPS 表格提供了排序、筛选、分类汇总等功能，用户能够使用数据透视表对数据进行快速汇总和分析。

（4）数据分析功能。用户可以方便地进行数据分析，使用模拟运算表和数据图表进行深入分析。

4.1.2 WPS 表格的启动和退出

WPS 表格的启动与退出与 WPS 文字的类似：在 Windows 11 操作系统环境下，单击屏幕左下角的“开始”按钮，在弹出的开始菜单中，找到并单击“WPS Office”文件夹，在 WPS Office 文件夹中，单击“WPS 表格”图标，即可启动程序。

单击 WPS 表格左上角的“文件”菜单，在弹出的下拉菜单中，选择“退出”选项，即可退出 WPS 表格。

4.1.3 WPS 表格窗口的组成

WPS 表格启动后的主窗口如图 4.1 所示。WPS 表格的主窗口由窗口上部的标题栏、功能区和下部的工作表窗口组成。功能区包括不同选项卡和相应命令，选项卡中集成了相应的操作命令；工作表窗口包括名称框、编辑栏、状态栏、工作表标签等元素。

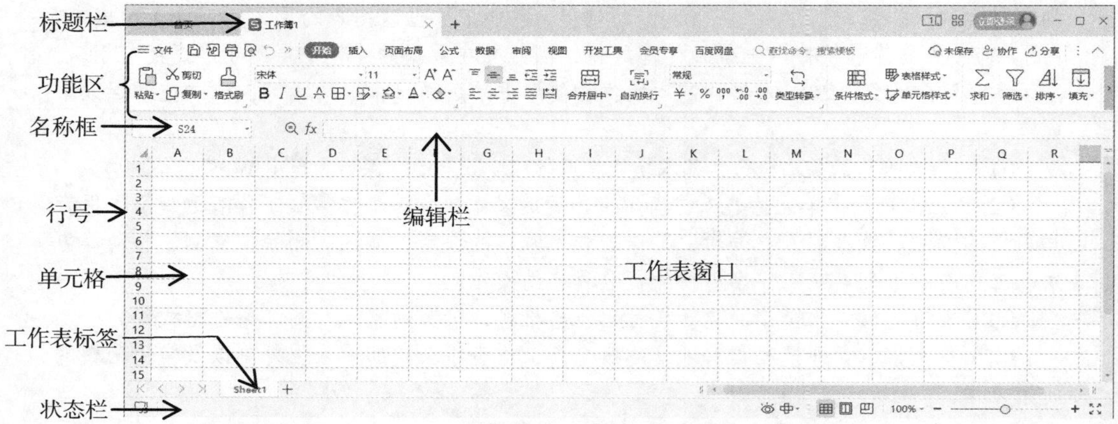

图 4.1 WPS 表格的主窗口

1. 标题栏

标题栏位于 WPS 表格窗口的顶部，一般由标题名称、窗口控制区等组成。窗口控制区位于表格窗口的右侧，包括最小化按钮—、最大化按钮□、关闭按钮×。标题栏左侧显示编辑表格的文件名称。新建的第一个表格默认的文件名为“工作簿 1”；拖动标题栏可以改变 WPS 表格窗口的位置，双击标题栏可放大窗口到最大化或将窗口还原到最大化之前的大小。

2. 功能区和选项卡

WPS 表格的功能区包含一组选项卡，各选项卡内均含有若干命令。选项卡主要包括插入、页面布局、公式、数据、审阅、视图等；根据操作对象的不同，功能区还会增加相应的选项卡，用它们可以进行绝大多数的表格操作。使用时，先单击选项卡名称，然后选择功能按钮或者相应的命令，WPS 将自动执行该命令。通过 WPS 帮助可了解选项卡的大部分功能。

3. 工作表区域

工作表区域位于工作簿的下方，包含单元格、名称框、编辑栏、状态栏等。

编辑栏用来输入或编辑当前单元格的值或公式，编辑栏的左侧为名称框，它显示当前单元格

（或单元格区域）的地址或名称，在编辑公式时，名称框中显示的是公式名称。名称框和名称栏之间的区域在编辑时有 3 个命令按钮 × ✓ fx，分别为“取消”按钮×、“输入”按钮✓和“插入函数”按钮fx。单击“取消”按钮，可撤销编辑内容；单击“输入”按钮，确认编辑内容；单击“插入函数”按钮，可编辑计算公式。

工作表区域除包含单元格外，还包含当前工作簿所含工作表的工作表标签等相关信息，并可对这些信息进行相应修改。

状态栏位于窗口的底部，用于显示当前操作命令或工作状态的有关信息。例如，在单元格中输入数据时，状态栏显示“输入状态”信息；双击单元格后，状态栏显示“编辑状态”信息。此外，还可以进行视图切换、页面布局、分页浏览和设置缩放级别等操作。

4.1.4　工作簿与工作表

1. 工作簿

工作簿是用来计算和存储数据的文件，其专属扩展名为“.et”。WPS 表格也支持保存为 Microsoft Excel 的“.xlsx”格式。这样做可以确保 WPS 表格文件与 Microsoft Excel 文件的兼容性，方便用户在不同软件之间共享和传输数据。

一个工作簿可以包含多张不同类型的工作表。默认情况下，每个工作簿文件中有 1 个工作表，以 Sheet1 来命名，也可以根据需要改变新建工作簿时默认的工作表数。

2. 工作表

工作表由含有数据的行和列组成。在工作表区域中单击某个工作表的标签，则该工作表就会成为当前工作表，可以对它进行编辑。工作表的名称可以修改，工作表的个数也可以增减。若工作表较多，可以利用工作表区域左下角的标签滚动按钮来滚动显示各工作表的名称。

工作表可用于对数据进行组织和分析，使用 WPS 表格完成的各项数据处理工作都是在工作表中进行的。每个工作表最多由 1048576 行和 16384 列组成。行的编号由上到下，从 1 到 1048576 编号；列的编号由左到右，从字母 A 到 XFD 编号。

3. 单元格、单元格地址及活动单元格

在工作表中，行与列相交形成单元格，单元格是存储数据的基本单元。这些数据可以是字符串、数字、公式、图形等。在工作表中，每一个单元格都有自己唯一的地址。单元格的地址由单元格所在列标和行号组成，且列标写在前，行号写在后。例如，C3 表示单元格在第 C 列的第三行。

单击任意一个单元格，这个单元格的四周就会出现一圈绿色粗线条，这意味着当前单元格为活动单元格，用户当前正在操作该单元格。活动单元格的地址在编辑栏的名称框中显示，通过使用单元格地址，可以很清楚地表示当前正在编辑的单元格，用户也可以通过单元格地址来引用单元格中的数据。

由于一个工作簿文件中可能有多个工作表，为了区分不同工作表中的单元格，可在单元格地址名前面增加工作表名称。工作表名与单元格地址名之间用“!”分开。例如，Sheet2!A6 表示该单元格是 Sheet2 工作表中的 A6 单元格。

4. 行号

每一行最左侧的阿拉伯数字为行号，表示该行的行名，如 1 表示第 1 行，2 表示第 2 行等。

5. 列标

每一列最上方大写的英文字母为列标，代表该列的列名。如 A 表示第 A 列，B 表示第 B 列等。

6. 单元格区域

相邻的多个单元格组成的矩形区域称为单元格区域。在 WPS 表格中，很多操作是以单元格区域为操作对象的。要选择连续区域，例如单元格区域 B2:D7，先选中左上角的单元格 B2，然后按住 Shift 键，选中右下角的单元格 D7，选中区域由 18 个单元格构成，如图 4.2 所示。

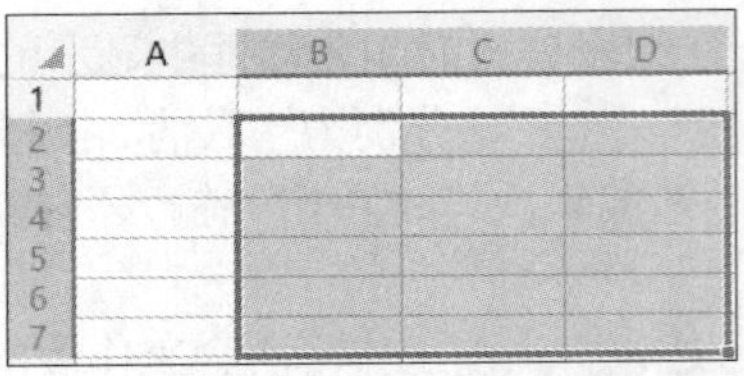

图 4.2　选中单元格区域

4.2　WPS 表格的基本操作

4.2.1　建立与保存工作簿

1. 建立新工作簿

可选择下列方法之一建立新工作簿。

（1）单击“文件”菜单中的“新建”命令，单击左侧的“表格”按钮，在下方单击“新建空白文档”选项，新建空白工作簿，如图 4.3 所示；

（2）打开 WPS 表格文件，按“Ctrl+N”组合键可快速新建空白工作簿。

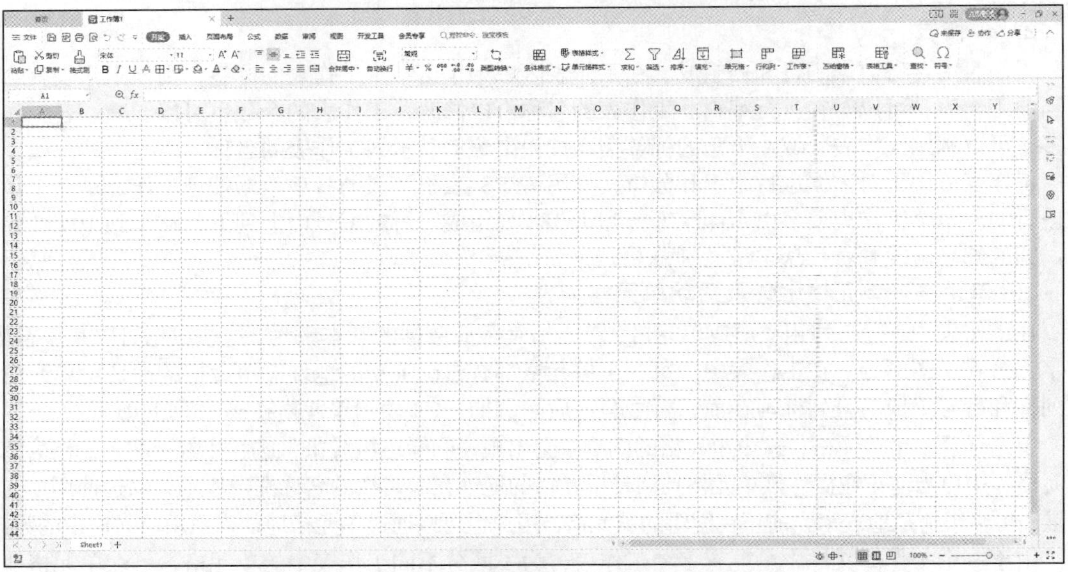

图 4.3　新建空白工作簿

2. 保存工作簿

可选择下列方法之一保存工作簿。

（1）单击“文件”菜单中的“保存”或“另存为”命令。选择“另存为”命令可以重新命名工作簿及选择存放的位置；

（2）单击功能区中的“保存”按钮。

4.2.2　工作表的操作

在 WPS 表格中，新建一个空白工作簿后，会自动在该工作簿中添加一个工作表，该工作表被命名为 Sheet1。

1. 选定工作表

（1）选定一个工作表：单击工作表的标签即可选定该工作表，该工作表称为当前活动工作表。

（2）选定相邻的多个工作表：单击第一个工作表的标签，按住 Shift 键的同时单击最后一个工作表的标签。

（3）选定不相邻的多个工作表：单击第一个工作表的标签，按住 Ctrl 键的同时分别单击其他工作表的标签。

（4）选定全部工作表：在工作表标签上单击鼠标右键，在弹出的快捷菜单中选择“选定全部工作表”命令。

2. 插入新工作表

WPS 表格允许一次插入一个或多个工作表。单击工作表标签右边的“新建工作表”按钮 +，可插入一张空白工作表。也可以选定一个工作表标签，单击鼠标右键，在弹出的快捷菜单中选择“插入”命令，打开图 4.4 所示的“插入工作表”对话框，设置插入数目后单击“确定”按钮，即可插入与所选定数量相同的新工作表。

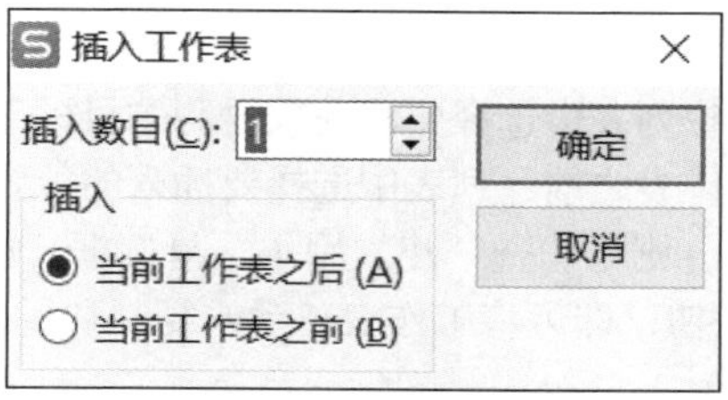

图 4.4　“插入工作表”对话框

3. 删除工作表

选定一个或多个要删除的工作表，在工作表标签上单击鼠标右键，在弹出的快捷菜单中选择“删除工作表”命令。执行删除命令时，工作表和工作表中的数据都将被删除。需要注意的是，工作表删除后将无法恢复。

4. 重命名工作表

双击工作表标签，输入新的名字即可重命名工作表，或者在要重新命名的工作表标签上单击鼠标右键，在弹出的快捷菜单中选择“重命名”命令，输入新的名字即可。

5. 移动或复制工作表

在工作簿内移动工作表可以调整工作表在工作簿中的先后顺序。复制工作表可以为已有的工作表建立一个备份。

（1）利用鼠标在工作簿内移动或复制工作表

选定要移动的一个或多个工作表的标签，将鼠标指针放在选定的工作表标签上，按住鼠标左键的同时沿标签向左或向右拖动鼠标指针，拖动工作表标签时，标签上方会出现黑色小箭头，当黑色小箭头指向要移动到的目标位置后松开鼠标左键，工作表的移动完成。

在工作簿内复制工作表的操作与移动工作表的类似，需在拖动工作表标签的同时按住 Ctrl 键，当黑色小箭头移到要复制的目标位置时，先松开鼠标左键，后松开 Ctrl 键即可。

（2）利用对话框在不同的工作簿之间移动或复制工作表

利用“移动或复制工作表”对话框，既能实现一个工作簿内工作表的移动或复制，也能以实现不同工作簿之间工作表的移动或复制。在两个不同的工作簿之间移动或复制工作表，要求两个工作簿文件都必须在 WPS 表格窗口中打开。允许一次移动、复制多个工作表，具体操作如下。

步骤 1　在一个 WPS 表格窗口下，分别打开两个工作簿（源工作簿和目标工作簿）。

步骤 2　使源工作簿成为当前工作簿。

步骤 3　在当前工作簿中选定要复制或移动的一个或多个工作表标签。

步骤 4　在选定的工作表标签上单击鼠标右键，在弹出的快捷菜单中选择“移动或复制工作表”命令，弹出“移动或复制工作表”对话框，如图 4.5 所示。

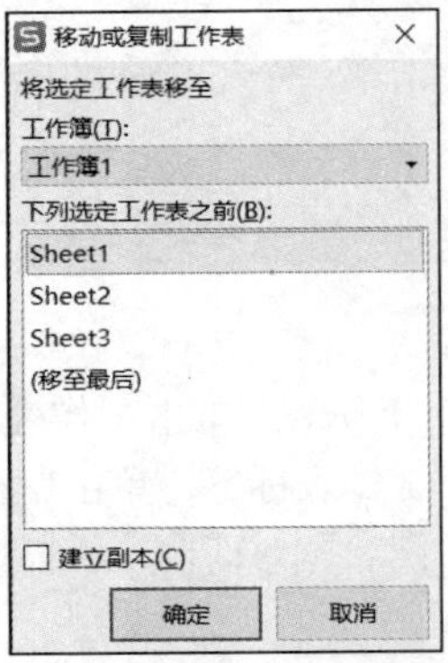

图 4.5　“移动或复制工作表”对话框

步骤 5　在“工作簿”下拉列表中选择要移动或复制的目标工作簿。

步骤 6　在“下列选定工作表之前”列表中选择要插入的位置。

步骤 7　如果移动工作表，则不勾选“建立副本”复选框；如果复制工作表，则勾选“建立副本”复选框，单击“确定”按钮，即可将工作表移动或复制到目标工作簿。

6. 设置工作表标签的颜色

为工作表标签设置颜色可以突出显示该工作表。在要改变颜色的工作表标签上单击鼠标右键，在弹出的快捷菜单中选择“工作表标签颜色”命令，选择所需颜色即可。

7. 拆分工作表窗口

一个工作表窗口可以拆分为两个窗格或四个窗格。如图 4.6 所示，分隔条将窗口拆分为四个窗格。窗口拆分后，可同时浏览一个较大工作表的不同部分。拆分窗口的具体操作如下。

在要拆分的行或列的位置单击，单击“视图”选项卡下的“拆分窗口”按钮，一个窗口被拆分为两个窗格。

图 4.6　拆分窗口

8. 取消拆分

单击“视图”选项卡下的“取消拆分”按钮即可取消拆分。

9. 冻结窗格

在一个较大的工作表中，向下或向右拖动滚动条后，工作表中的前几行或前几列便无法看到，采用“冻结”行或列的方法可以在窗口中始终显示工作表的前几行或前几列。

冻结第一行的方法：选定第二行，选择“视图”选项卡下的“冻结窗格”下拉列表中的“冻结至第 1 行”命令。

冻结前两行的方法：选定第三行，选择“视图”选项卡下的“冻结窗格”下拉列表中的“冻结至第 2 行”命令。

冻结第一列的方法：选定第二列，选择“视图”选项卡下的“冻结窗格”下拉列表中的“冻结至第 A 列”命令。

10. 取消冻结

选择“视图”选项卡下的“冻结窗格”下拉列表中的“取消冻结窗格”命令即可取消冻结。

11. 显示或隐藏工作表

在要隐藏的工作表标签上单击鼠标右键，在弹出的快捷菜单中选择“隐藏”命令即可隐藏工作表；或者单击“开始”选项卡下的“工作表”下拉列表中的“取消隐藏”命令也可隐藏所选工作表。如果工作簿中只有一张显示的工作表，那么这张工作表不能被隐藏，要想隐藏此工作表，需要插入一张新工作表或重新显示一张被隐藏的工作表。

4.2.3　单元格的操作

工作表中大多数的命令主要是针对单元格进行操作的。

1. 选定单个单元格

方法一：将鼠标指针移至需选定的单元格上，单击鼠标左键，该单元格即被选定为当前单元格。

方法二：在单元格名称栏中输入单元格地址（如 C7），按 Enter 键，可直接定位到该单元格并将其选定。

2. 选定一个单元格区域

方法一：单击要选定的单元格区域左上角的单元格，按住鼠标左键，拖动鼠标指针到区域的右下角单元格，然后松开左键即可选定单元格区域。单元格区域地址用该区域左上角和右下角单元格的地址表示，中间用“:”分隔，如 A1:C5。

方法二：单击要选定单元格区域左上角的单元格，按住 Shift 键的同时单击右下角的单元格，即可选定单元格区域。

3. 选定不相邻的单元格区域

先单击选择第一个单元格区域，然后在按住 Ctrl 键的同时选择其他单元格区域。

单击工作表行号可以选中整行；单击工作表列标可以选中整列；单击工作表左上角行号和列标交叉处的单元格可以选中整个工作表；单击工作表的行号或列标，按 Ctrl 键，再单击其他行号或列标，可以选中不相邻的行或列。

4. 插入行、列

单击“开始”选项卡下的“行和列”按钮，选择其中“插入单元格”列表中的“在上方插入行”或者“在下方插入行”或者“在左侧插入列”或者“在右侧插入列”命令并填写要插入的行数、列数，即可插入行或列。

选择要插入行的位置。将鼠标指针放在行号上，单击鼠标右键，选择“在上方插入行”或者“在下方插入行”命令并填写要插入的行数。

5. 删除行、列与单元格

选定要删除的行、列或单元格，单击“开始”选项卡下的“行和列”下拉列表中的“删除单元格”命令中的“删除单元格”或者“删除行”或者“删除列”命令，即可删除单元格或行或列。删除后，单元格的内容和单元格将一起从工作表中消失，其位置由周围的单元格补充。而选定要删除的行或列或单元格后按 Delete 键，将仅删除单元格中的内容，空白单元格、行或列仍保留在工作表中。

6. 隐藏行与列

单击“开始”选项卡下“行和列”下拉列表中的“隐藏与取消隐藏”命令列表中的“隐藏行”或者“隐藏列”命令，即可隐藏所选工作表的某行或某列。

4.2.4　数据的编辑

1. 基本数据的输入

（1）数值型数据的输入。

数值型数据包含正号（+）、负号（-）、小数点、0～9 的数字、百分号（%）、千分位号（,）等，数字可直接输入，但输入的数字必须是一个数值的正确表示。

① 数值型数据在单元格中默认靠右对齐。如果要输入负数，在数字前加一个负号，或者将数字放在圆括号内，如输入“-10”或“(10)”，在单元格中显示的都是“-10”。

② 如果要输入分数（如 1/2），应先输入“0”及一个空格，然后输入“1/2”，否则 WPS 表格会把该数据作为日期处理，认为输入的是“1 月 2 日”。

③ 数值型数据的输入与显示未必相同，如果输入的数据位数超过 11 位，WPS 表格自动以科学记数法表示数据，例如输入“123456789012”，则单元格中显示 1.23457E+11。如果希望单元格中显示“123456789012”，需要在数据前面加上西文的单引号“'”。如果单元格的数字格式设置为两位小数，此时输入小数位数为三位的数字，则末位将进行四舍五入。

（2）文本型数据的输入。

① 文本型数据包括汉字、字母、数字、空格及键盘上可以输入的任何符号。这些符号可直接输入。文本型数据默认在单元格内左对齐。

② 当文本长度大于单元格宽度时，若右边单元格无内容，则超出单元格长度的部分会延伸到右边单元格中进行显示，否则将截断显示。虽然被截断的内容在单元格中没有完全显示出来，但实际上仍然在本单元格中完整保存。在换行点按“Alt+Enter”组合键，单元格内的数据会强行换行，单元格高度自动增加，以容纳多行文本数据。

③ 数字可以作为文本进行输入，例如输入身份证号码、电话号码、商品条形码等文本数字串，应先输入半角的单引号，然后再输入文本数据。例如输入“'123”，则单元格中显示“123”。

（3）日期型数据、时间型数据的输入。

WPS 表格将日期型数据作为数字进行处理，默认日期型数据右对齐显示。

① 日期中年、月、日的分隔符可以用半角的“–”“/”或汉字分隔。按“Ctrl+;”组合键，可快速地输入当前系统日期。

② 时间中的时、分、秒的分隔符可以用半角的“:”或汉字分隔。按“Ctrl+Shift+;”组合键，可快速地输入当前系统时间。

在一个单元格中同时输入日期和时间时，二者之间要用空格分隔。

（4）单元格数据的修改。

① 通过编辑栏修改：选中要修改的单元格，将鼠标指针移动到编辑栏框内，单击鼠标左键，激活编辑框，在编辑框中输入新数据，然后按 Enter 键确认。

② 直接在单元格中修改：双击要编辑的单元格，可直接修改。

（5）单元格中数据的清除。

当用户不再需要单元格内的数据时，可以把单元格中的数据清除。先选择要清除数据的一个或多个单元格，再选择“开始”选项卡下“单元格”下拉列表中的“清除”列表中的 5 种方式中的一种清除方式即可。

- “全部”表示全部清除，包括批注、格式、内容等；
- “格式”表示仅清除单元格设置的格式，内容不变；
- “内容”表示只清除单元格内容；
- “批注”表示只清除批注信息。
- “特殊字符”表示清除空格、换行符、单引号、不可见字符等。

（6）单元格中数据的移动和复制。

WPS 表格中单元格数据的移动和复制与 WPS 文字中文字的移动和复制类似，常用单元格移动、复制的方法有两种。

① 使用“剪贴板”复制和移动单元格：首先选定待复制/移动的数据，如果是复制操作，则按“Ctrl+C”组合键或单击工具栏中的“复制”按钮；如果是移动操作，则按“Ctrl+X”组合键或单击工具栏中的“剪切”按钮。然后选定复制/移动目标区域的第一个单元格，按“Ctrl+V”组合键或单击工具栏的“粘贴”按钮，即可完成复制/移动操作。

② 按住鼠标左键并拖动鼠标指针以复制/移动单元格数据：选定待复制/移动的单元格，按住鼠标左键的同时拖动单元格到目标区域即可。当目标区域为空白区域时，拖动的同时应按住 Ctrl 键，松开 Ctrl 键后可实现数据的复制，如果未按住 Ctrl 键，直接松开鼠标左键可实现数据的移动；当目标区域有数据时，复制操作将直接用移动单元格中的数据覆盖目标区域中的数据。移动操作将弹出对话框，询问“此处已有数据。是否替换它？”如果用户想覆盖目标区域中数据，可单击对话框中的“确定”按钮，否则单击“取消”按钮。

（7）选择性粘贴数据。

有时需要有选择地复制单元格中的内容，例如只复制公式的运算结果而不复制公式本身，或只复制单元格的格式而不复制单元格内容等，则可选择“选择性粘贴”选项。

具体步骤：首先选定数据源并将内容复制到剪贴板，其次选定目标区域的起始单元格，然后单击“开始”选项卡下“粘贴”下拉列表中的“选择性粘贴”命令，打开“选择性粘贴”对话框，如图 4.7 所示。在对话框中选择“粘贴”选项，单击“确定”按钮。

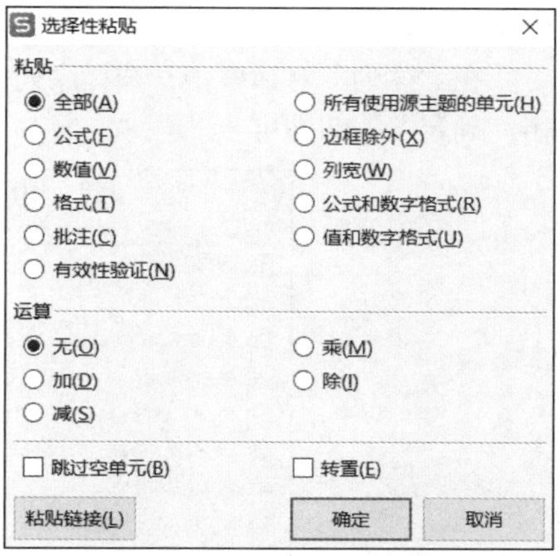

图 4.7　“选择性粘贴”对话框

（8）给单元格内容添加批注。

批注是为单元格内容加注释。一个单元格添加了批注后，单元格变为 ，当鼠标指针指向右上角的三角标志时，批注信息会显示出来。

① 添加批注。选定要添加批注的单元格，选择“审阅”选项卡下的“新建批注”按钮，即可打开输入批注内容的文本框，完成输入后，单击批注文本框外部的工作表区域即可退出批注编辑。

② 编辑/删除批注。选定有批注的单元格，选择“审阅”选项卡下的“删除批注”按钮，即可删除批注内容。单击“编辑批注”按钮，可直接修改批注。

2. 单元格的填充

对于表格中有规律或相同的数据，可以利用自动填充功能快速输入。

（1）利用填充柄填充数据序列。

在工作表中选定一个单元格或单元格区域，所选区域的右下角会出现一个绿色块，当鼠标指针移动到绿色块上时会出现“+”形状的填充柄，拖动填充柄，可以实现快速填充。利用填充柄既可以填充相同的数据，也可以填充有规律的数据。

【例 4.1】 如图 4.8 所示，在“图书销售”工作薄的“某图书销售公司销售情况表”工作表中，需设置“规格”列 E3:E6 单元格区域的内容都是“16 开”，E7:E10 单元格区域的内容都是“32 开”，E11:E14 单元格区域的内容都是“8 开”。

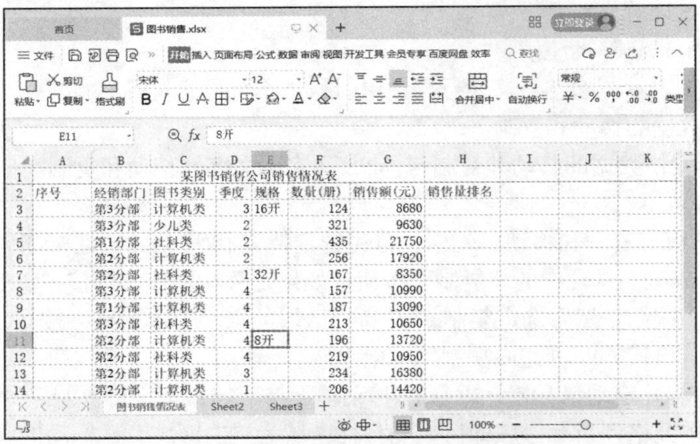

图 4.8　某图书销售公司销售情况表

操作步骤：在 E4 单元格中输入“16 开”，选定 E3:E4 单元格区域，移动鼠标指针至 E4 单元格填充柄处，当鼠标指针变为“+”形状时，按住鼠标左键并拖动填充柄至 E6 单元格，即可完成填充。其他操作以此类推。

（2）利用对话框填充数据序列。

例如，需在图 4.8 所示的表格中设置“序号”列 A3:A14 单元格区域的内容是 1～12。

操作步骤：在 A3 单元格输入“1”，选定 A3:A14 单元格区域，单击“开始”选项卡下的填充按钮，弹出下拉列表，如图 4.9 所示，单击“序列”命令，打开“序列”对话框，如图 4.10 所示。

在“序列”对话框中，选择序列产生在“列”，类型选择“等差序列”，步长值设置为“1”，单击“确定”按钮即可。

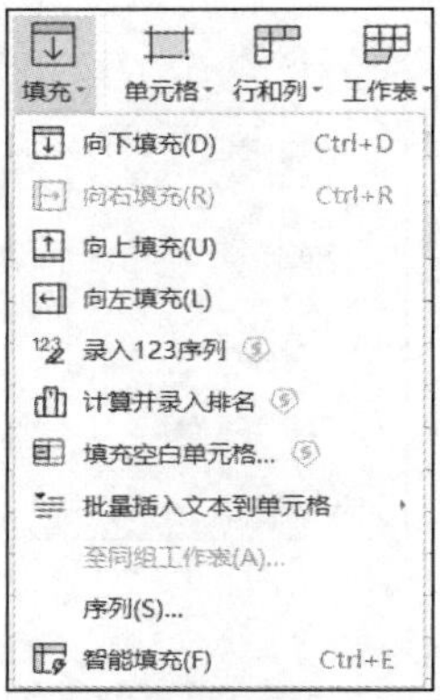

图 4.9　“填充”下拉列表

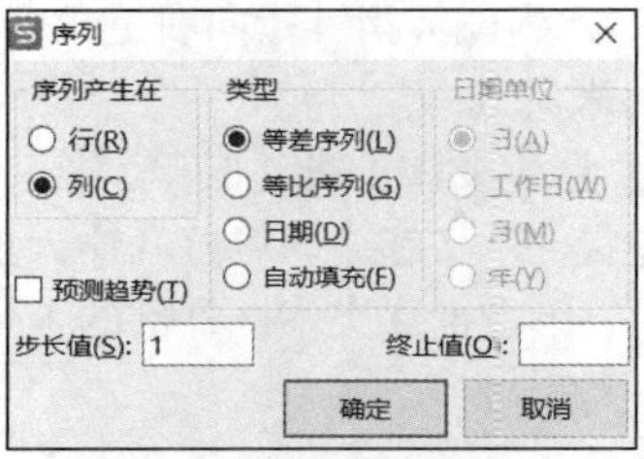

图 4.10　“序列”对话框

注意

有规律的数据的自动填充是根据初始值来计算填充项的，常见的有以下 5 种情况。

① 数值型数据的填充：直接拖动填充柄，生成步长为 1 的等差序列；按住 Ctrl 键并拖动填充柄，填充数据不变。

② 文本型数据的填充：不含数字串的文本，无论拖动填充柄的同时是否按住 Ctrl 键，填充数据都保持不变。

对含有数字串的文本，如 B12V03H，直接拖动填充柄，新生成的文本的最后一个数字串从“04”开始，成步长为 1 的等差序列，其余位置的文本保持不变；按住 Ctrl 键并拖动填充柄，填充数据不变。

③ 日期型数据的填充：直接拖动填充柄，以 1 日为步长，生成等差序列；按住 Ctrl 键并拖动填充柄，数据不变。

④ 时间型数据的填充：直接拖动填充柄，以 1 小时为步长，生成等差序列；按住 Ctrl 键并拖动填充柄，数据不变。

⑤“自定义序列”数据的填充：利用“自定义序列”对话框填充数据序列，可以自己定义要填充的序列。首先选择“文件”菜单中的“选项”命令，打开“选项”对话框，如图 4.11 所示，然后单击左侧的“自定义序列”选项，切换到“自定义序列”选项卡，如图 4.12 所示。在右侧“输入序列”框中输入要添加的序列内容，然后单击“添加”按钮，将序列添加到左侧的“自定义序列”列表中。或利用右侧的折叠按钮，选中工作表中已定义的数据序列，单击“导入”按钮即可。

图 4.11　“选项”对话框

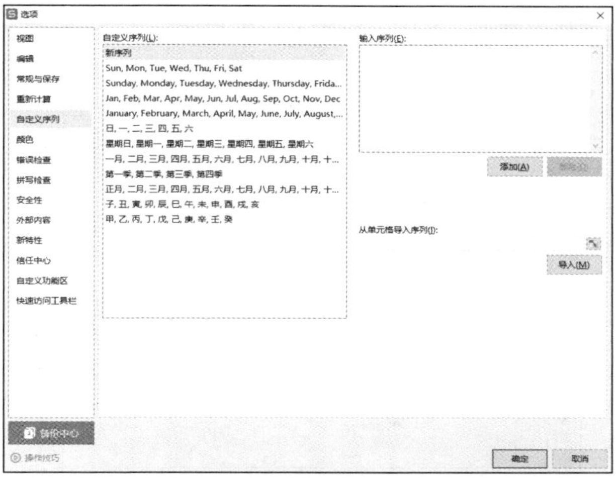

图 4.12　“自定义序列”选项卡

【例 4.2】在“课程表”工作表中使用填充柄，填充 B3:B6 单元格区域，间隔为 50 分钟。利用“自定义序列”选项卡定义“数学、语文、物理、英语”序列，再利用“序列”对话框将序列填入 C3:C6 单元格区域。

操作步骤如下。

步骤 1 在 B3 单元格中填入“8:00”，在 B4 单元格中填入“8:50”，然后选中 B3:B4 单元格区域，将鼠标指针移动到右下角填充柄处，拖动填充柄到 B6 单元格，如图 4.13 所示。

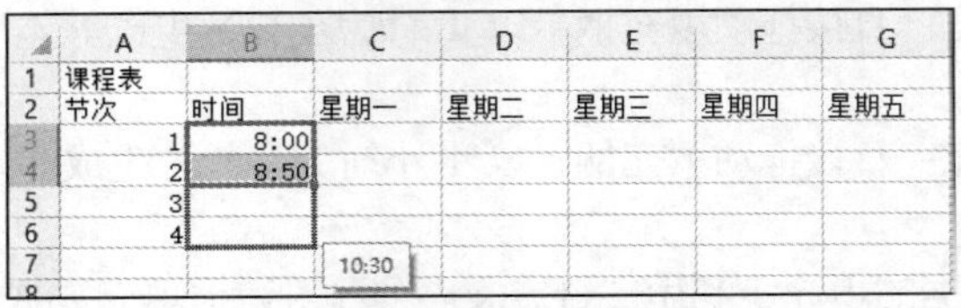

图 4.13　自动填充时间信息

步骤 2 选择“文件”菜单中的“选项”命令，打开“选项”对话框，选择“自定义序列”选项，切换到“自定义序列”选项卡，在“输入序列”框中输入数学、语文、物理、英语，如图 4.14 所示，单击“添加”按钮。

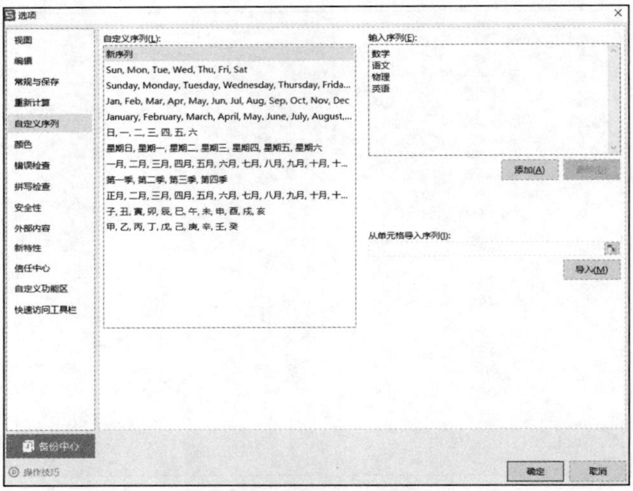

图 4.14　输入序列

步骤 3 在 C3 单元格内输入“数学”，选定 C3:C6 单元格区域，可利用填充柄完成自动填充，如图 4.15 所示，或利用“序列”对话框，类型选择“自动填充”，自动填充结果如图 4.16 所示。

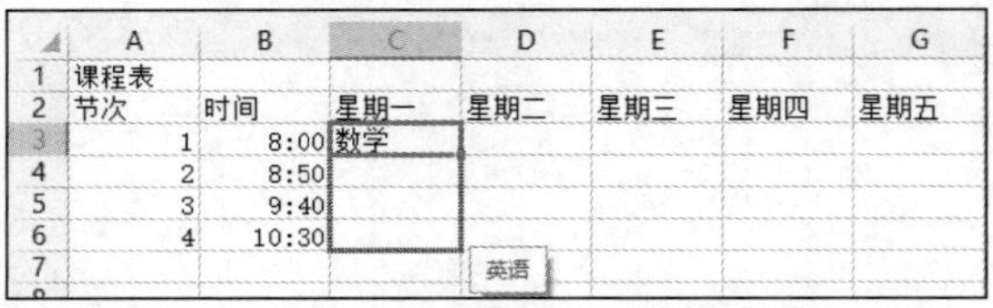

图 4.15　自动填充自定义序列

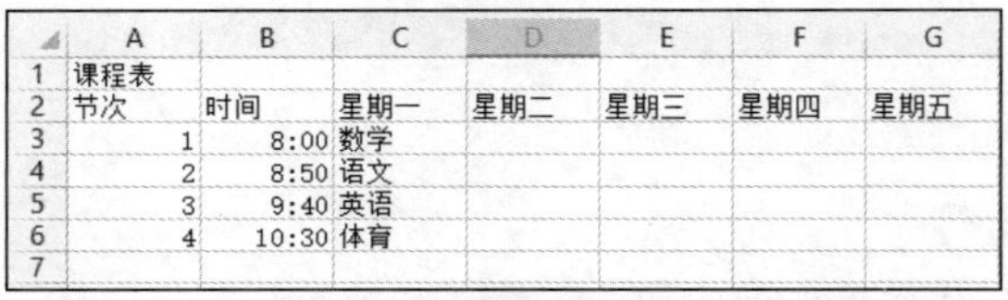

图 4.16　自动填充结果

4.3　WPS 工作表的格式化

WPS 工作表的格式化

工作表建立后，对表格进行格式化操作，可以使表格更加美观。

4.3.1　设置单元格格式

选定要设置格式的单元格，单击“开始”选项卡下“单元格”下拉列表中的“设置单元格格式”命令，在弹出的“单元格格式”对话框中有数字、对齐、字体、边框、图案、保护共 6 个选项卡，如图 4.17 所示。利用这些选项卡可以设置单元格格式。

1. 设置数字格式

利用“单元格格式”对话框中的“数字”选项卡，可以改变数字（包括日期）在单元格中的显示形式。数字格式的分类主要有：常规、数值、货币、会计专用等，如图 4.17 所示。默认情况下，数字格式是常规格式。如果一个单元格中显示一串“########”标记，这表示单元格宽度不够，无法完整显示数据，这时增加列宽即可。

图 4.17　“数字”选项卡

2. 设置对齐和字体格式

在“单元格格式”对话框中，分别选择“对齐”“字体”选项卡，可以设置单元格中内容的对齐方式，调整单元格中文本的控制选项和文字方向，如图 4.18 所示。利用文本控制功能可以完成相邻单元格的合并，合并后，只有选定区域左上角单元格中的内容会显示在新合并的单元格中。如果要取消合并单元格，则选定已合并的单元格，取消勾选“单元格格式”对话框中“对齐”选项卡下的“合并单元格”复选框即可。在图 4.19 所示的“字体”选项卡中，可以设置单元格内容的字体、字形、字号、颜色、下画线和特殊效果等。

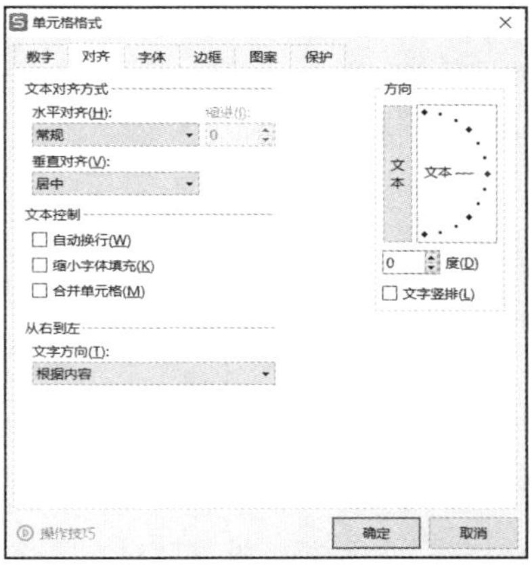

图 4.18　“对齐”选项卡

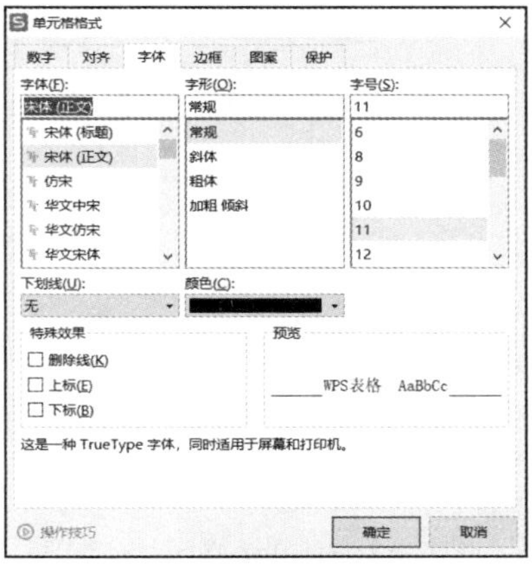

图 4.19　“字体”选项卡

3. 设置单元格边框

在图 4.20 所示的“边框”选项卡中，利用“预置”选项组，可以设置单元格或单元格区域的外边框和内部边框；利用“边框”选项组，可以设置单元格或单元格区域的上边框、下边框、左边框、右边框和斜线等；利用“线条”选项组，可以设置边框的线条样式和颜色。如果要取消设置的边框，选择“预置”选项组中的“无”选项即可。

4. 设置单元格颜色

在图 4.21 所示的“图案”选项卡中，可以设置某些单元格或单元格区域的背景色图案，将它们突出显示。

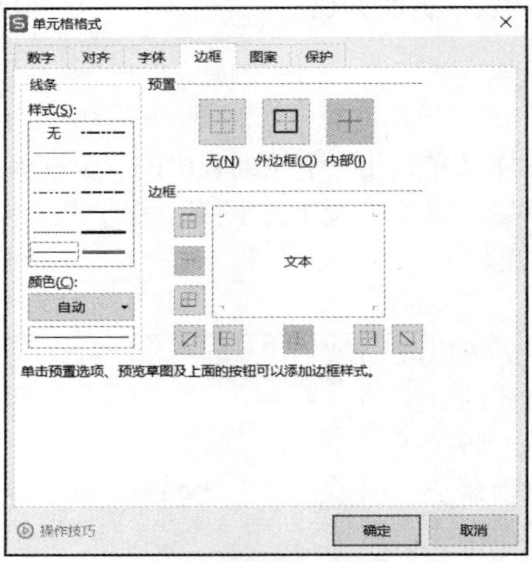

图 4.20 “边框”选项卡

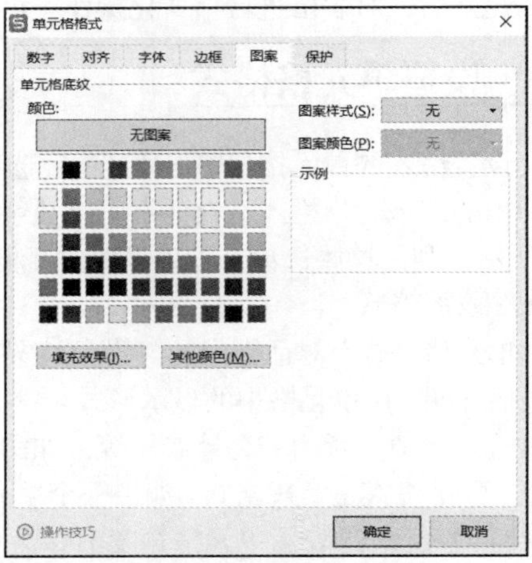

图 4.21 “图案”选项卡

【例 4.3】 图书销售工作簿的数据如图 4.22 所示。对单元格格式进行如下设置：合并 A1:H1 单元格区域，且内容水平居中，合并 A15:E15 单元格区域且内容靠右；设置 E7:E10 单元格区域的图案样式为“25%灰色”，图案颜色为“白色、背景 1、深色 35%”；设置 G3:G14 单元格区域的数字格式为货币格式，货币符号为“￥”，保留小数点后两位小数；设置 A1:H15 单元格区域的样式为黑色单实线的内部和外部边框。

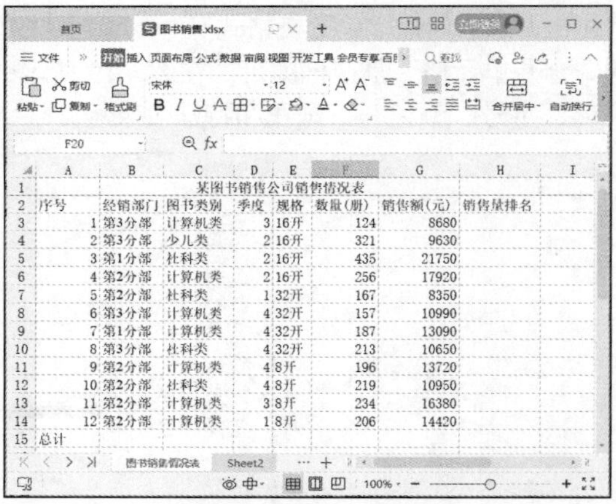

图 4.22 图书销售数据表

操作步骤如下。

步骤 1 选定 A1:H1 单元格区域，打开“单元格格式”对话框，选择“对齐”选项卡，“水平对齐”方式选择“居中”，勾选“合并单元格”复选框，单击“确定”按钮，如图 4.23 所示；选择 A15:E15 单元格区域，重复以上操作，“水平对齐”方式选择“靠右”，勾选“合并单元格”复选框，单击“确定”按钮。

步骤 2 选定 E7:E10 单元格区域，打开“单元格格式”对话框，选择“图案”选项卡，选择“图案样式”为“25%灰色”，如图 4.24 所示，“图案颜色”为“白色、背景 1、深色 35%”，如图 4.25 所示。单击“确定”按钮。

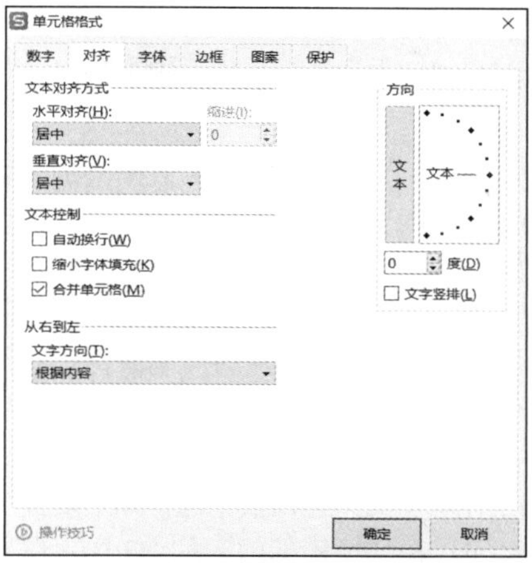

图 4.23　设置单元格格式

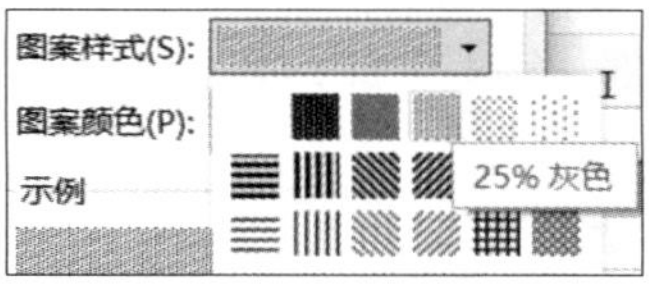

图 4.24　设置图案样式

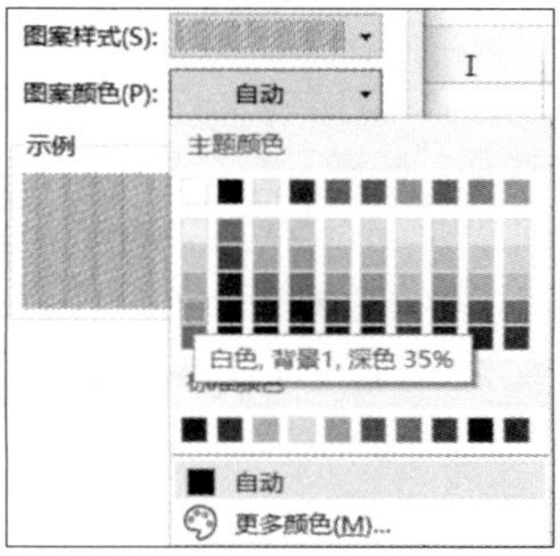

图 4.25　设置图案颜色

注意

当鼠标指针指向“图案样式”下的样式块时，旁边会显示“百分比”的具体数值。当鼠标指针指向“图案颜色”中的“主题颜色”下的颜色块时，旁边会显示“颜色、背景、深色百分比”的具体数值。

步骤 3　选定 G3:G14 单元格区域，打开“单元格格式”对话框，选择“数字”选项卡“分类”列表中的“货币”选项，设置“小数位数”为“2”，“货币符号”为“¥”，单击“确定”按钮。

步骤 4　选定 A1:H15 单元格区域，打开“单元格格式”对话框，选择“边框”选项卡，分别单击“外边框”“内部”选项，“线条”样式为“细单实线”，“颜色”为“黑色”，单击“确定”按钮。

设置格式后的工作簿如图 4.26 所示。

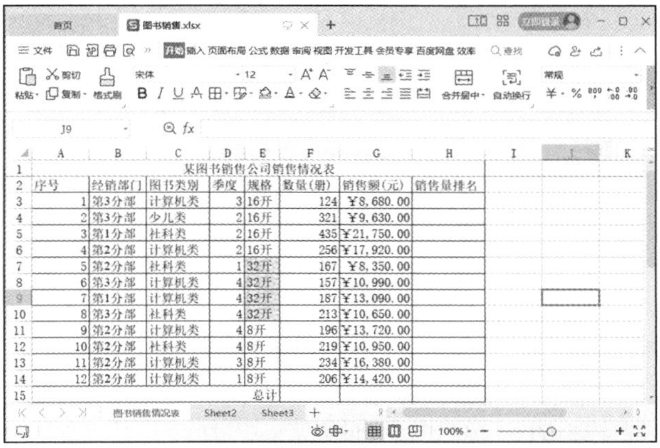

某图书销售公司销售情况表							
序号	经销部门	图书类别	季度	规格	数量(册)	销售额(元)	销售量排名
1	第3分部	计算机类	3	16开	124	¥8,680.00	
2	第3分部	少儿类	2	16开	321	¥9,630.00	
3	第1分部	社科类	2	16开	435	¥21,750.00	
4	第2分部	计算机类	2	16开	256	¥17,920.00	
5	第2分部	社科类	1	32开	167	¥8,350.00	
6	第3分部	计算机类	4	32开	157	¥10,990.00	
7	第1分部	计算机类	4	32开	187	¥13,090.00	
8	第3分部	社科类	4	32开	213	¥10,650.00	
9	第2分部	计算机类	4	8开	196	¥13,720.00	
10	第2分部	社科类	4	8开	219	¥10,950.00	
11	第2分部	计算机类	3	8开	234	¥16,380.00	
12	第2分部	计算机类	1	8开	206	¥14,420.00	
总计							

图 4.26　设置格式后的工作簿

5. 设置单元格数据有效性

为了避免在输入数据时出现过多错误，可以在单元格中设置数据有效性，保障数据的正确性，提高工作效率。

数据有效性用于定义在单元格中输入数据的类型、数据范围、数据格式等。可以通过数据有效性设置以防止输入无效数据，或者在录入无效数据时自动发出警告。设置数据有效性的步骤如下。

步骤 1 选择需要设置数据有效性的单元格或单元格区域。

步骤 2 单击“数据→有效性”命令下方的▾按钮，在下拉列表中选择“有效性”命令，在弹出的“数据有效性”对话框中指定各种数据有效性的控制条件。

如果想取消数据有效性设置，则单击“数据→有效性”命令下方的▾按钮，在下拉列表中选择“有效性”命令，在弹出的“数据有效性”对话框中单击“全部清除”按钮即可。

【例 4.4】 对图 4.22 所示的工作簿中的单元格数据进行如下设置：在“季度”列 D3:D14 单元格区域中，限制输入内容为 1，2，3，4；在“经销部门”列 B3:B14 单元格区域中，设置内容输入形式为下拉选项，选项内容为第 1 分部、第 2 分部、第 3 分部。

操作步骤如下。

步骤 1 选定 D3:D14 单元格区域；打开“数据有效性”对话框，选择“设置”选项卡，在“允许”下拉列表中选择“整数”，在“数据”下拉列表中选择“介于”，“最小值”设为“1”，“最大值”设为“4”，如图 4.27 所示，单击“确定”按钮。

步骤 2 选定 B3:B14 单元格区域；打开“数据有效性”对话框，选择“设置”选项卡，在“允许”下拉列表中选择“序列”，设置来源的值为第 1 分部，第 2 分部，第 3 分部，如图 4.28 所示，单击“确定”按钮。

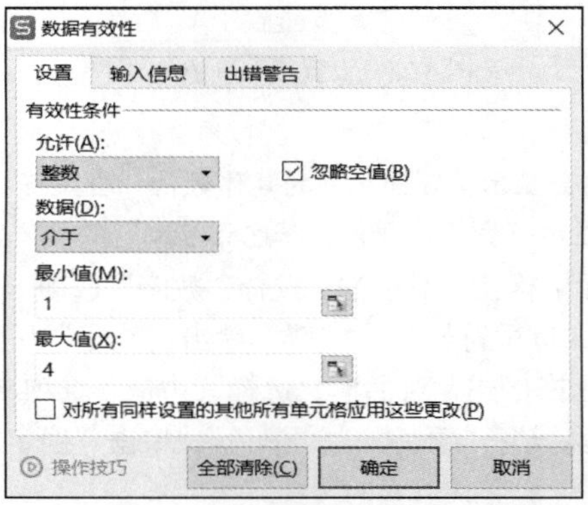

图 4.27　限制 D3:D14 单元格区域的数据范围

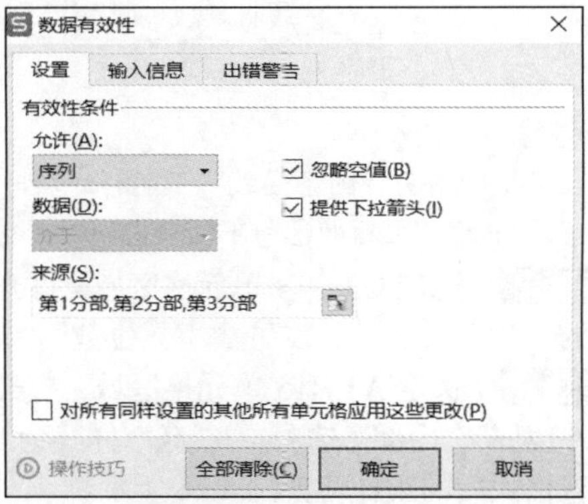

图 4.28　设置 B3:B14 单元格区域的数据来源

设置后的效果如图 4.29 所示。

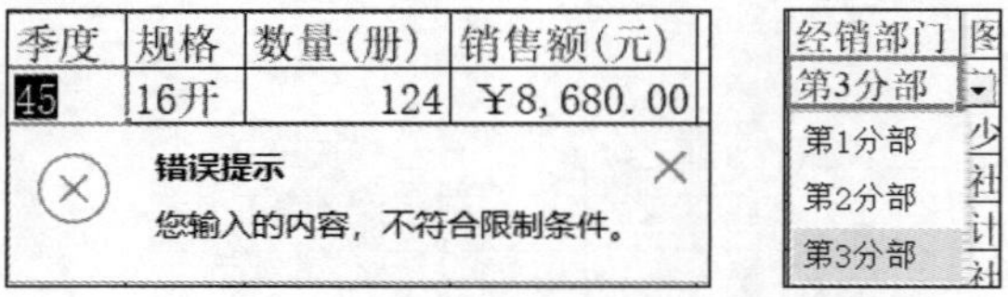

图 4.29　数据有效性设置的效果

4.3.2　设置列宽和行高

默认情况下，工作表的每个单元格具有相同的列宽和行高，但由于输入单元格的内容形式多样，用户可以自行设置列宽和行高。

1. 设置列宽

（1）使用鼠标粗略设置列宽。将鼠标指针指向要改变列宽的列标之间的分隔线上，鼠标指针变成水平双向箭头形状，按住鼠标左键并拖动鼠标指针，当单元格列宽调整到合适的宽度后松开鼠标左键即可。

（2）使用“列宽”命令精确设置列宽。选定需要调整列宽的区域，选择“开始”选项卡下的“行和列”下拉列表中的“列宽”命令，在“列宽”对话框中输入数值可精确设置列宽。

2. 设置行高

（1）使用鼠标粗略设置行高。将鼠标指针指向要改变行高的行号之间的分隔线上，鼠标指针变成垂直双向箭头形状，按住鼠标左键并拖动鼠标，当单元格行高调整到合适的高度后松开鼠标左键即可。

（2）使用“行高”命令精确设置行高。选定需要调整行高的区域，选择“开始”选项卡下的“行和列”下拉列表中的“行高”命令，在“行高”对话框中输入数值可精确设置行高。

4.3.3　设置条件格式

条件格式可以对含有数值、公式或其他内容的单元格应用某种条件来决定数值的显示格式。条件格式的设置是利用“开始”选项卡下的“条件格式”下拉列表中的命令来完成的。

【例 4.5】 对例 4.4 中的工作表设置条件格式，将 F3:F14 单元格区域中数值大于 200 的数字字体设置为红色文本。

操作步骤：选定 F3:F14 单元格区域，单击“开始”选项卡下的“条件格式”命令，弹出下拉列表，如图 4.30 所示，选择其中的“突出显示单元格规则”列表中的“大于”选项，弹出“大于”对话框，在对话框中进行设置，如图 4.31 所示，单击“确定”按钮，设置完成后的效果如图 4.32 所示。

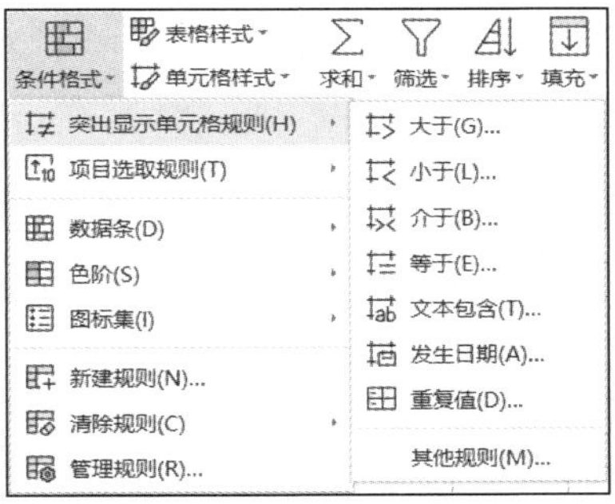

图 4.30　“条件格式”下拉列表

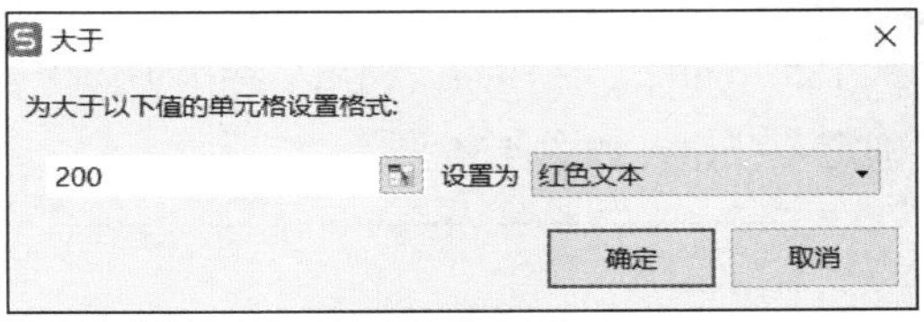

图 4.31　“大于”对话框

	A	B	C	D	E	F	G	H
1		某图书销售公司销售情况表						
2	序号	经销部门	图书类别	季度	规格	数量（册）	销售额（元）	销售量排名
3		第3分部	计算机类	3	16开	124	8680	
4		第3分部	少儿类	2		321	9630	
5		第1分部	社科类	2		435	21750	
6		第2分部	计算机类	2		256	17920	
7		第2分部	社科类	1	32开	167	8350	
8		第3分部	计算机类	4		157	10990	
9		第1分部	计算机类	4		187	13090	
10		第3分部	社科类	4		213	10650	
11		第2分部	计算机类	4	8开	196	13720	
12		第2分部	社科类	4		219	10950	
13		第2分部	计算机类	3		234	16380	
14		第2分部	计算机类	1		206	14420	

图 4.32　设置完成后的效果

4.3.4 使用样式

样式是单元格字体、字号、对齐方式、边框和图案中的一个格式或多个格式的组合，将这些格式加以命名和保存后可供用户使用。WPS 表格可以设置表格样式和单元格样式。

样式包括内置样式和自定义样式。内置样式是 WPS 表格自带的样式，用户可以直接使用；自定义样式是用户根据需要自定义的组合设置，需定义样式名。利用“开始”选项卡下的“表格样式”下拉列表中的“预设样式”或“稻壳表格样式”（使用稻壳表格样式，需要登录 WPS）可为选中的表格设置样式。利用“开始”选项卡下的“单元格样式”下拉列表中的样式可为选中的单元格设置样式。

【例 4.6】 将例 4.4 中的工作表标签颜色设为预设主题颜色“深灰绿，着色 3”，为工作表中的数据区域套用预设的“表样式浅色 14”，要求仅套用表格样式而不将其转换成表格。冻结标题行，使其在滚动时保持可见。

操作步骤如下。

步骤 1 选定“图书销售情况表”工作表标签，单击鼠标右键，在弹出的快捷菜单中的“工作表标签颜色”列表中选择“深灰绿，着色 3”颜色，如图 4.33 所示。

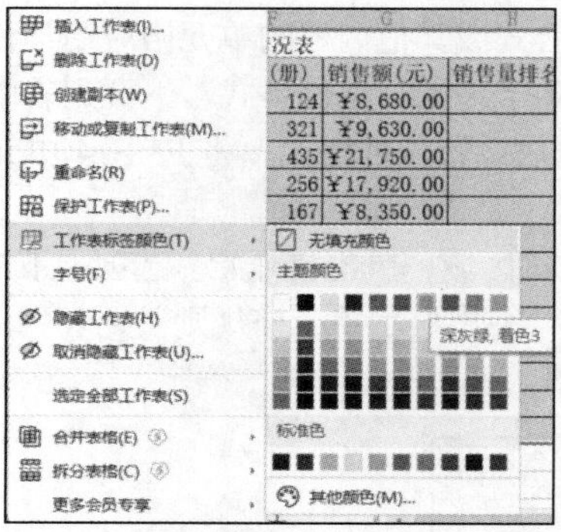

图 4.33 设置工作表标签的颜色

步骤 2 选定工作表中的数据区域，在“开始”选项卡下，单击“条件格式”命令，选择“表样式浅色 14”，如图 4.34 所示，弹出“套用表格样式”对话框，选中“仅套用表格样式”单选按钮，单击“确定”按钮，如图 4.35 所示。

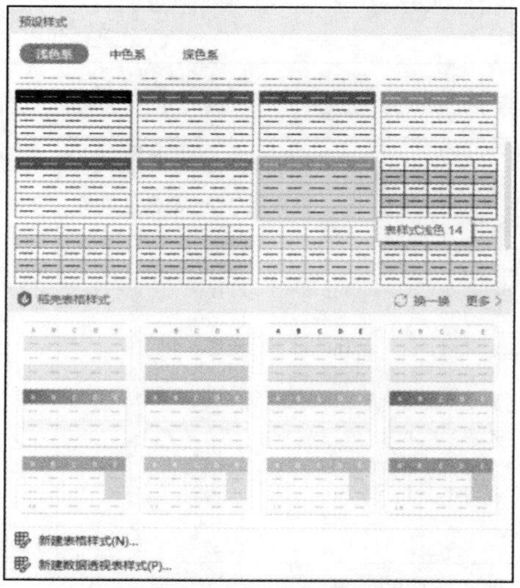

图 4.34 设置表格样式

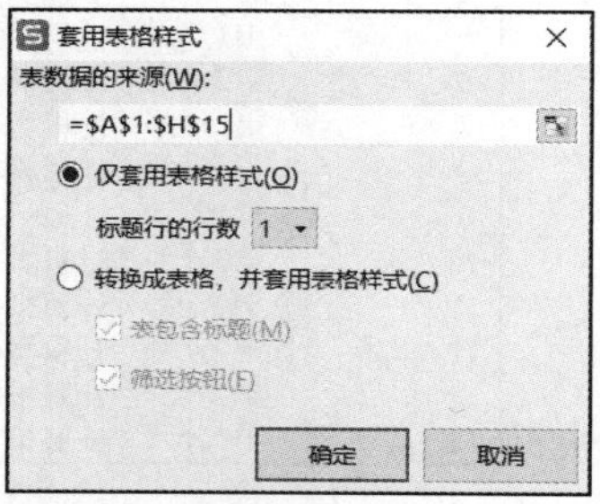

图 4.35 “套用表格样式”对话框

步骤 3　选定表格的第一行“某图书销售公司销售情况表”，选择“冻结窗格”下拉列表中的“冻结首行”命令，冻结标题行，使其在滚动时保持可见。

选择“开始”选项卡下的“单元格样式”命令，可以使用内置样式或已定义样式，单击“格式”按钮，可以利用弹出的“单元格格式”对话框修改样式，如果要删除已定义的样式，选择样式名后，单击“删除”按钮即可。

4.4　公式和函数

公式和函数的应用

4.4.1　自动计算

利用“公式”选项卡下的“自动求和”命令或者在状态栏上单击鼠标右键，在弹出的快捷菜单中选择对应的计算命令，无须输入公式即可自动计算一组数据的和、平均值，统计个数，求最大值和最小值等。

【例 4.7】 计算例 4.4 中的图书销售数据表中 F3:F14 单元格区域的数量总和。

操作步骤：选定 F3:F14 单元格区域，单击“公式”选项卡下的“自动求和”按钮，如图 4.36 所示，在弹出的下拉列表中，选择“求和”命令，计算结果将显示在 F15 单元格中，如图 4.37 所示。

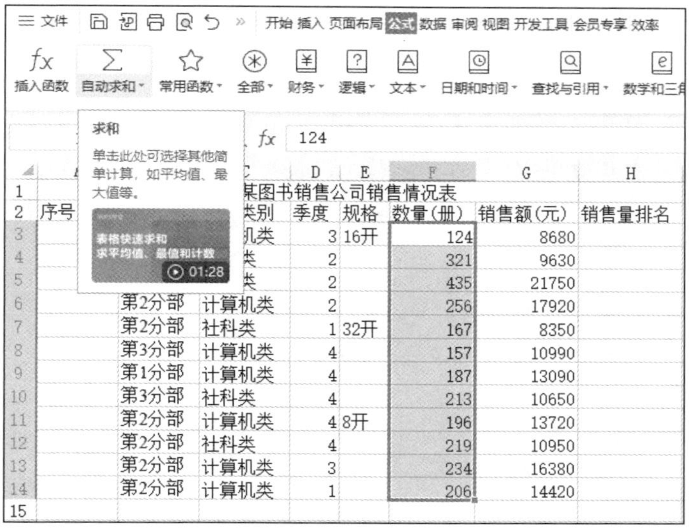

图 4.36　单击“自动求和”按钮

	A	B	C	D	E	F	G	H
1			某图书销售公司销售情况表					
2	序号	经销部门	图书类别	季度	规格	数量(册)	销售额(元)	销售量排名
3		第3分部	计算机类	3	16开	124	8680	
4		第3分部	少儿类	2		321	9630	
5		第1分部	社科类	2		435	21750	
6		第2分部	计算机类	2		256	17920	
7		第2分部	社科类	1	32开	167	8350	
8		第3分部	计算机类	4		157	10990	
9		第1分部	计算机类	4		187	13090	
10		第3分部	社科类	4		213	10650	
11		第2分部	计算机类	4	8开	196	13720	
12		第2分部	社科类	4		219	10950	
13		第2分部	计算机类	3		234	16380	
14		第2分部	计算机类	1		206	14420	
15						2715		

图 4.37　计算结果

4.4.2　利用公式计算

WPS 表格可以使用公式对工作表中的数据进行各种计算，如算术运算、关系运算、字符串运算等。

1. 公式的输入规则

在单元格中输入公式总是以等号“=”开头，后面跟“表达式”。输入完成后按回车键即可。

例如：计算物品交易额的公式：交易额=单价×数量。

如果计算第一个物品的交易额的公式为 H3=F3×G3，即计算 H3 单元格的值，需要使用 F3 和 G3 两个单元格中的数据并做乘法运算。默认情况下，公式的计算结果显示在单元格中，公式本身显示在编辑栏中。

2. 公式中的运算符

WPS 表格允许使用以下运算符。

（1）算术运算符：加（+）、减（–）、乘（*）、除（/）、乘方（^）等。

（2）关系运算符：等于（=）、大于（>）、小于（<）、大于等于（>=）、小于等于（<=）、不等于（<>）等。

（3）文本运算符“&”：可以使用“&”将多个文本连接为一个文本。例如：在单元格中输入‘=“Hol”&“lo”将得到 Hollo。

注意

公式中的文本必须用半角的双引号引起来。

（4）引用运算符：WPS 表格使用冒号（:）、逗号（,）运算符来描述引用的单元格区域。例如：A3:B7 表示引用以 A3 单元格和 B7 单元格为对角线的一组单元格区域；A3:A7,C3:C7 表示引用 A3 至 A7 和 C3 至 C7 两组单元格区域。

（5）公式实例：

```
=200×32           常量运算
=A5×100-C3        使用单元格运算
=SQRT(A1+B4)      使用函数（开平方函数）运算
```

3. 公式的复制

选定待复制的含有公式的单元格，复制该单元格，将鼠标指针移动到目标单元格，单击鼠标右键，在弹出的快捷菜单中选择“粘贴公式”命令，即可完成公式复制。

4. 公式中单元格的引用

WPS 表格公式中单元格的引用分为绝对引用、相对引用和混合引用。

（1）在单元格的引用中，如果列标和行号前加一个“$”符号，如$A$2，表示单元格的引用是绝对引用，不管公式如何复制或移动，都是引用 A2 单元格的值。

（2）在单元格的引用中，如果列标和行号前没有“$”符号，如 A2，表示单元格的引用是相对引用，随着公式的复制或移动，单元格的引用会自动改变。

（3）单元格的混合引用含有相对引用和绝对引用，如$A2，表示引用的列固定不变，行是相对变化的。

（4）跨工作簿单元格地址的引用。

工作簿单元格地址的一般引用形式为：[工作簿文件名.xlsx]工作表名！单元格地址。

用“工作表名！单元格地址”表示引用同一个工作簿中不同工作表的单元格，如 Sheet2!A3。

引用其他位置工作簿中的单元格，工作簿文件名必须用中括号括起来，如 [Student.xlsx]Sheet1!B4。

5. 公式的填充

输入到单元格中的公式，可以像普通数据一样，通过拖动单元格右下角的填充柄进行公式的复制填充，此时自动填充的实际上不是数据本身，而是复制的公式。

4.4.3 利用函数计算

WPS 表格提供了大量的函数，帮助用户快速、方便地完成各种复杂的计算。可以利用“公式”选项卡下的“插入函数”命令，使用函数进行计算，也可以使用“公式”选项卡下的函数库中的“财务”“逻辑”“文本”“日期与时间”“查找和引用”“数学和三角函数”等函数命令完成相应功能的计算。在公式中引用函数时，必须注意函数的语法规则。

1. 函数的语法规则

WPS 表格中函数的格式为：函数名（参数列表）

参数可以是多个，每个参数间用逗号（,）分隔，即使函数不带参数，如 TODAY()、NOW()等，函数名后面的圆括号不能省略。

2. 引用函数示例

```
=TODAY()            显示当前日期
=MIN(B3,C5,E2)      计算 B3、C5、E2 三个单元格中的最小值
```

【例 4.8】 在图 4.38 所示的 Fund.xlsx 工作簿的 Sheet1 中：

（1）“部门编号”“部门名称”的对应关系为：

部门编号：
- E010 部门名称=开发部
- E011 部门名称=培训部
- E012 部门名称=工程部
- E013 部门名称=销售部

请使用 IF 函数填充“部门编号”。

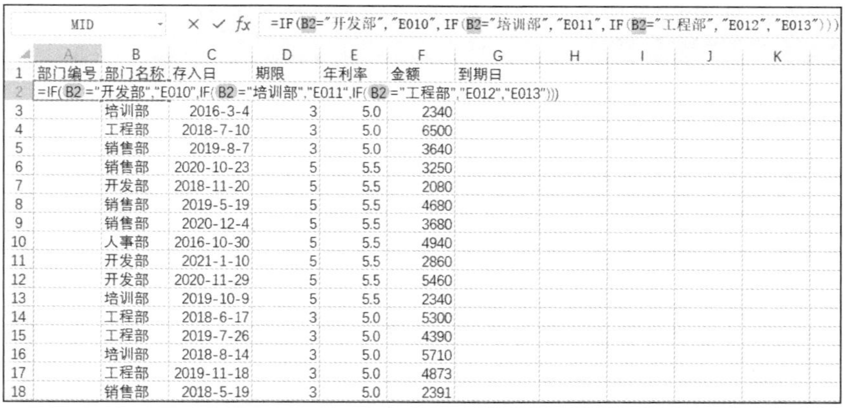

MID　=IF(B2="开发部","E010",IF(B2="培训部","E011",IF(B2="工程部","E012","E013")))

	A	B	C	D	E	F	G
1	部门编号	部门名称	存入日	期限	年利率	金额	到期日
2	=IF(B2="开发部","E010",IF(B2="培训部","E011",IF(B2="工程部","E012","E013")))						
3		培训部	2016-3-4	3	5.0	2340	
4		工程部	2018-7-10	3	5.0	6500	
5		销售部	2019-8-7	3	5.0	3640	
6		销售部	2020-10-23	5	5.5	3250	
7		开发部	2018-11-20	5	5.5	2080	
8		销售部	2019-5-19	5	5.5	4680	
9		销售部	2020-12-4	5	5.5	3680	
10		人事部	2016-10-30	5	5.5	4940	
11		开发部	2021-1-10	5	5.5	2860	
12		开发部	2020-11-29	5	5.5	5460	
13		培训部	2019-10-9	5	5.5	2340	
14		工程部	2018-6-17	3	5.0	5300	
15		工程部	2019-7-26	3	5.0	4390	
16		培训部	2018-8-14	3	5.0	5710	
17		工程部	2019-11-18	3	5.0	4873	
18		销售部	2018-5-19	3	5.0	2391	

图 4.38 Fund.xlsx 工作簿

（2）请使用 DATE 函数计算到期日。

操作步骤如下。

步骤 1 单击 A2 单元格，输入“=IF(B2=" 开发部 ","E010", IF(B2=" 培训部 "," E011", IF(B2=" 工程部 ", "E012 "," E013")))”。单击 A2 单元格的填充柄，按住鼠标左键并拖动鼠标指针到最后一个需要填充的单元格，松开鼠标左键即可完成“部门编号”列的填充。

注意

IF 函数的格式：IF（条件表达式,参数 2,参数 3）。当条件表达式成立时，函数值为参数 2 的值，否则函数值为参数 3 的值。

步骤 2 到期日的计算公式为“到期日”=“存入日”+“期限”。单击 G2 单元格，选择“公式”选项卡下“日期和时间”命令下的“DATE”函数，打开“函数”对话框，在“年”“月”“日”文本框中分别输入图 4.39 所示的内容，单击“确定”按钮，即可完成 G2 单元格的计算。单击 G2 单元格填充柄，按住鼠标左键，拖动鼠标指针到最后一个需要填充的单元格，松开鼠标左键即可完成“到期日”列的填充。

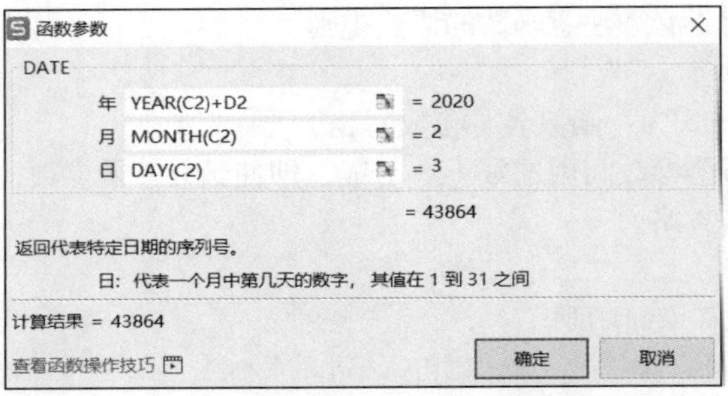

图 4.39 DATE 函数参数对话框

3. WPS 表格函数

（1）常用函数

① SUM（参数 1,参数 2,…）：求和函数，求各参数的累加和。

② AVERAGE(参数 1,参数 2,…)：算术平均值函数，求各参数的算术平均值。

③ MAX(参数 1,参数 2,…)：最大值函数，求各参数中的最大值。

④ MIN(参数 1,参数 2,…)：最小值函数，求各参数中的最小值。

（2）统计个数函数

① COUNT(参数 1,参数 2,…)：求各参数中数值型数据的个数。

② COUNTA(参数 1,参数 2,…)：求“非空”单元格的个数。

③ COUNTBLANK(参数 1,参数 2,…)：求“空”单元格的个数。

（3）四舍五入函数

ROUND（数值型参数, *n*）：返回“数值型参数”四舍五入到第 *n* 位的近似值。

当 $n>0$ 时，数据的小数部分从左到右的第 *n* 位四舍五入；

当 $n=0$ 时，对数据的小数部分最高位四舍五入，只取数据的整数部分；

当 $n<0$ 时，数据的整数部分从右到左的第 *n* 位四舍五入。

（4）条件计数函数

COUNTIF（条件数据区,条件）：统计条件数据区中满足给定条件的单元格的个数。

COUNTIF 函数只能统计给定的数据区域中满足一个条件的单元格的个数，若统计条件在一个以上，需用数据库函数 DCOUNT 或 DCOUNTA 实现。

（5）条件求和函数

SUMIF（条件数据区,条件,求和数据区）：对满足指定条件的单元格求和。在条件数据区查找满足条件的单元格，计算满足条件的单元格中数据的累加和。如果省略“求和数据区”，统计条件数据区中满足条件的单元格中数据的累加和。

SUMIF 函数中的前两个参数与 COUNTIF 中的两个参数的含义相同。如果省略 SUMIF 中的第 3 个参数，SUMIF 便求满足条件数据区中单元格内数据的累加和。

（6）排位函数

RANK（排位的数值,数值列表所在的位置,排位方式）：返回一个数值在指定数值列表中的排位，如果多个值具有相同的排位，使用函数 RANK.AVG 将返回平均排位，使用函数 RANK.EQ 则返回实际排位。

排位的数值：必需的参数，要确定其排位的数值。

数值列表所在的位置：必需的参数，要查找的数值列表所在的位置。

排位方式：可选的参数，指定数值列表的排位方式。如果排位方式为 0 或忽略，对数值的排位就会基于数值列表所在的位置按照降序进行排序；如果排位方式不为 0，对数值的排位就会基于数值列表所在的位置按照升序进行排序。

【例 4.9】“员工情况表”工作表如图 4.40 所示，利用函数计算开发部职工人数，将结果填入 C15 单元格（利用 COUNTIF 函数）；计算开发部职工的平均工资，将结果填入 C16 单元格（利用 SUMIF 函数）；根据基本工资列，按降序计算销售额排名，将结果填至 E2～E13 单元格区域（利用 RANK 函数）。

操作步骤如下所示。

步骤 1　选定 C15 单元格，选择“公式”选项卡下“其他函数”下拉列表中“统计”命令组中的“COUNTIF”函数。打开 COUNTIF“函数参数”对话框，各项参数的设置如图 4.41 所示。单击“确定”按钮，此时 C15 单元格中得到的值为“3”。

	A	B	C	D	E
1	部门	组别	性别	基本工资	工资排名
2	工程部	E1	男	4000	
3	开发部	D1	女	3500	
4	培训部	T1	女	4500	
5	销售部	S1	男	3500	
6	培训部	T2	男	3500	
7	工程部	E1	男	2500	
8	工程部	E2	男	3500	
9	开发部	D2	男	4500	
10	销售部	S2	女	5500	
11	开发部	D3	男	3500	
12	工程部	E3	男	5000	
13	工程部	E2	女	5000	
14					
15	开发部职工人数				
16	开发部职工平均工资				

图 4.40　“员工情况表 ”工作表

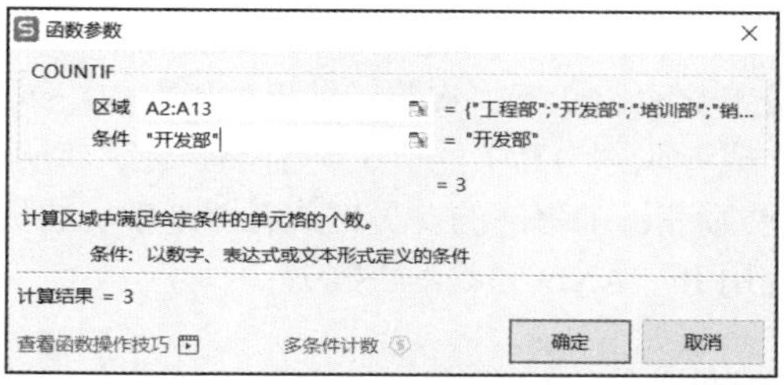

图 4.41　COUNTIF“函数参数”对话框

步骤 2　选定 C16 单元格，选择“公式”选项卡下“数学和三角”下拉列表中的“SUMIF”函数。打开 SUMIF“函数参数”对话框，各项参数的设置如图 4.42 所示。单击“确定”按钮，此时 C16 单元格中得到的值为“11500”，继续在编辑栏中编辑公式，公式编辑及最终结果如图 4.43 所示。

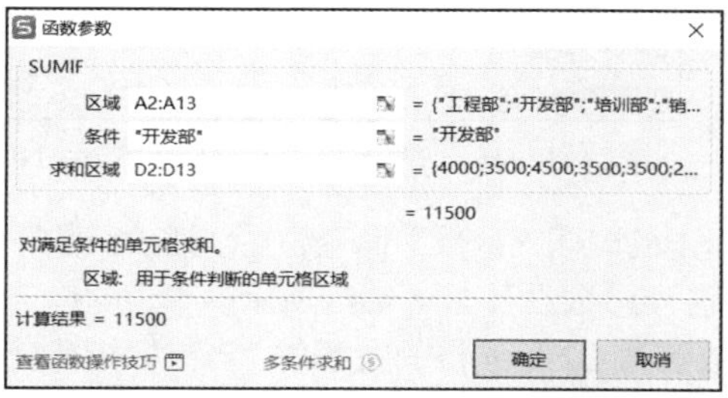

图 4.42　SUMIF“函数参数”对话框

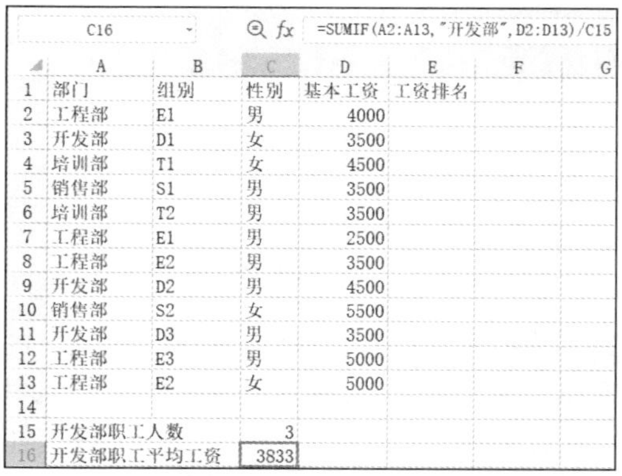

C16　fx　=SUMIF(A2:A13,"开发部",D2:D13)/C15

	A	B	C	D	E	F	G
1	部门	组别	性别	基本工资	工资排名		
2	工程部	E1	男	4000			
3	开发部	D1	女	3500			
4	培训部	T1	女	4500			
5	销售部	S1	男	3500			
6	培训部	T2	男	3500			
7	工程部	E1	男	2500			
8	工程部	E2	男	3500			
9	开发部	D2	男	4500			
10	销售部	S2	女	5500			
11	开发部	D3	男	3500			
12	工程部	E3	男	5000			
13	工程部	E2	女	5000			
14							
15	开发部职工人数		3				
16	开发部职工平均工资		3833				

图 4.43　公式编辑及最终结果

步骤 3 选定 E2 单元格，选择“公式”选项卡下“其他函数”下拉列表中“统计”命令组中的“RANK”函数，打开 RANK“函数参数”对话框，各项参数设置如图 4.44 所示。单击“确定”按钮，此时 E2 单元格中得到的值为“6”，将鼠标指针放置到 E2 单元格的右下角，当鼠标指针变为黑色十字形后，拖动鼠标指针至 E13 单元格，得到最终排名结果，如图 4.45 所示。

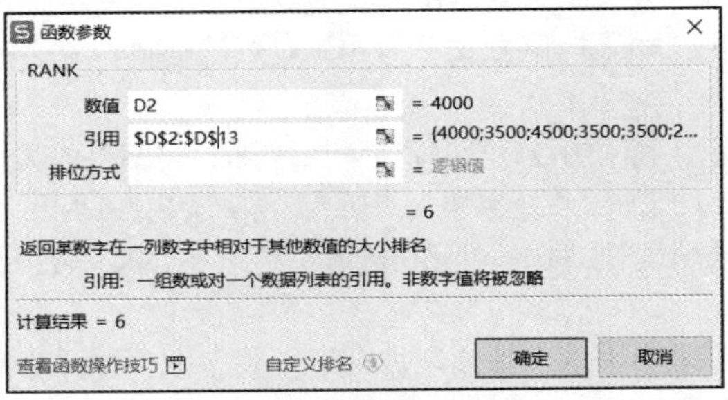

图 4.44 RANK“函数参数”对话框

	A	B	C	D	E
1	部门	组别	性别	基本工资	工资排名
2	工程部	E1	男	4000	6
3	开发部	D1	女	3500	7
4	培训部	T1	女	4500	4
5	销售部	S1	男	3500	7
6	培训部	T2	男	3500	7
7	工程部	E1	男	2500	12
8	工程部	E2	男	3500	7
9	开发部	D2	男	4500	4
10	销售部	S2	女	5500	1
11	开发部	D3	男	3500	7
12	工程部	E3	男	5000	2
13	工程部	E2	女	5000	2
14					
15	开发部职工人数		3		
16	开发部职工平均工资		3833		

图 4.45 排名结果

（7）与函数

AND（条件 1,条件 2,条件 3,…）：判断多个条件是否同时成立。

（8）或函数

OR（条件 1,条件 2,条件 3,…）：判断多个条件中是否至少有一个成立。

【例 4.10】“人力资源表”工作表如图 4.46 所示，利用函数计算奖金的发放情况。奖励一：开发部的女员工奖励 500 元，将奖励结果放置在 F2～F13 单元格（利用 IF 和 AND 函数）；奖励二：学历为博士或者职称为高工的员工奖励 500 元，将奖励结果放置在 G2～G13 单元格（利用 IF 和 OR 函数）；奖励三：工程部的女员工或者博士学历的员工奖励 500 元，将奖励结果放置在 H2～H13 单元格（利用 IF、AND 和 OR 函数）。

操作步骤如下所示。

步骤 1 选定 F2 单元格，选择“公式”选项卡下的“插入函数”命令，在“插入函数”对话框中选择“IF”函数。打开 IF“函数参数”对话框，各项参数设置如图 4.47 所示。单击“确定”按钮，此时 F2 单元格中得到的值为“0”，将鼠标指针放置到 F2 单元格的右下角，当鼠标指针变为黑色十字形后，拖动鼠标指针至 F13 单元格，得到最终奖励结果，如图 4.49 中 F 列所示。

	A	B	C	D	E	F	G	H
1	部门	性别	学历	职称	基本工资	开发部的女员员奖励500元	学历为博士或者职称为高工的员工奖励500元	工程部的女员工或者博士学历的员工奖励500元
2	工程部	男	硕士	工程师	4000			
3	开发部	女	硕士	工程师	3500			
4	培训部	女	本科	高工	4500			
5	销售部	男	硕士	工程师	3500			
6	培训部	男	本科	工程师	3500			
7	工程部	男	本科	助工	2500			
8	工程部	男	本科	工程师	3500			
9	开发部	男	博士	工程师	4500			
10	销售部	女	本科	高工	5500			
11	开发部	男	硕士	工程师	3500			
12	工程部	男	本科	高工	5000			
13	工程部	女	硕士	高工	5000			

图 4.46 “人力资源表”工作表

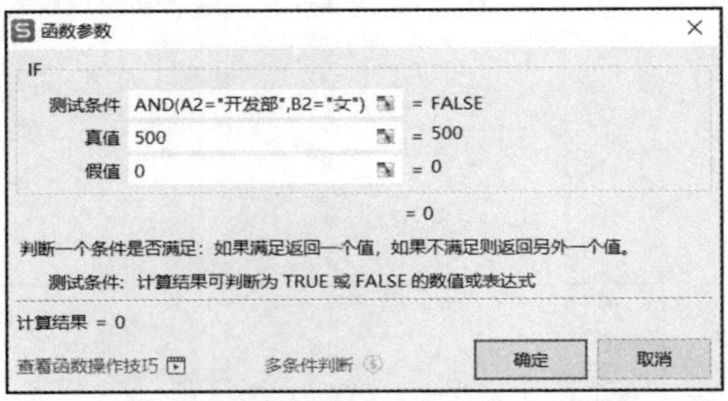

图 4.47 IF“函数参数”对话框（嵌套 AND）

步骤 2 选定 G2 单元格，选择“公式”选项卡下的“插入函数”命令，在“插入函数”对话框中选择“IF”函数。打开 IF“函数参数”对话框，各项参数设置如图 4.48 所示。单击“确定”按钮，此时 G2 单元格中得到的值为“0”，将鼠标指针放置到 G2 单元格的右下角，当鼠标指针变为黑色十字形后，拖动鼠标指针至 G13 单元格，得到最终奖励结果，如图 4.49 中 G 列所示。

步骤 3 选定 H2 单元格，在编辑区中输入=IF(OR(AND(A2="工程部",B2="女"),C2="博士"),500,0)，如图 4.49 上方所示。单击“确定”按钮，此时 H2 单元格中得到的值为“0”，将鼠标指针放置到 H2 单元格的右下角，当鼠标指针变为黑色十字形后，拖动鼠标指针至 H13 单元格，得到最终奖励结果，如图 4.49 中 H 列所示。

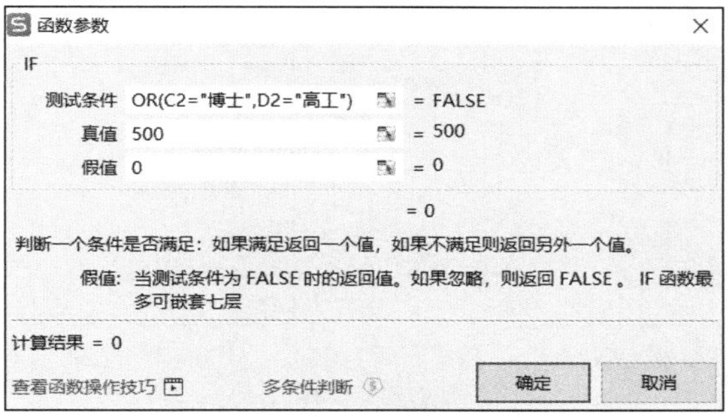

图 4.48 IF“函数参数”对话框（嵌套 OR）

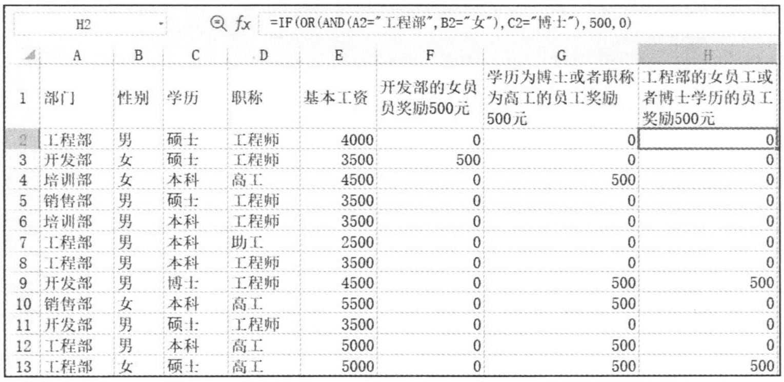

H2 =IF(OR(AND(A2="工程部",B2="女"),C2="博士"),500,0)

	A	B	C	D	E	F	G	H
1	部门	性别	学历	职称	基本工资	开发部的女员员奖励500元	学历为博士或者职称为高工的员工奖励500元	工程部的女员工或者博士学历的员工奖励500元
2	工程部	男	硕士	工程师	4000	0	0	0
3	开发部	女	硕士	工程师	3500	500	0	0
4	培训部	女	本科	高工	4500	0	500	0
5	销售部	男	硕士	工程师	3500	0	0	0
6	培训部	男	本科	工程师	3500	0	0	0
7	工程部	男	本科	助工	2500	0	0	0
8	工程部	男	本科	工程师	3500	0	0	0
9	开发部	男	博士	工程师	4500	0	500	500
10	销售部	女	本科	高工	5500	0	500	0
11	开发部	男	硕士	工程师	3500	0	0	0
12	工程部	男	本科	高工	5000	0	500	0
13	工程部	女	硕士	高工	5000	0	500	500

图 4.49 最终奖励结果

（9）绝对值函数

ABS（数值）：返回数值的绝对值，数值为必需的参数。

例如：=ABS（B3）表示求 B3 单元格中数的绝对值。

（10）垂直查询函数

VLOOKUP（查找值,数据表,列序数, 匹配条件）：搜索指定单元格区域中的第一列，然后返回该区域相同行上其他列的值。

查找值：必需的参数，要在表格或区域的第 1 列中搜索的值。

数据表：必需的参数，要查找的数据所在的单元格区域，数据表第 1 列中的值就是查找值。

列序数：必需的参数，最终要返回的数据所在的列号。列序数为 1 时，返回数据表第 1 列中的值；列序数为 2 时，返回数据表第 2 列中的值，以此类推；如果列序数的参数小于 1，则 VLOOKUP 返回错误值#VALUE!；如果列序数大于数据表的列数，则 VLOOKUP 返回错误值#REF!。

匹配条件：可选的参数。一个逻辑值，取值为 TRUE 或 FALSE，指定 VLOOKUP 函数查找的是精确匹配值还是近似匹配值；如果匹配条件的值为 TRUE 或被省略，则返回近似匹配值。如果匹配条件的值为 FALSE，则返回精确匹配值。如果数据表的第 1 列中有两个或更多值与查找值匹配，则使用第一个找到的值；如果找不到精确的匹配值，则返回错误值#N/A。

【例 4.11】在图 4.50（a）和图 4.50（b）所示的“成绩表”“情况表”工作表中，利用 VLOOKUP 函数，根据姓名列匹配班级列数据。

	A	B	C
1	班级	姓名	总分
2		A01	232
3		A02	212
4		A03	243
5		A04	264
6		A05	256
7		A06	232
8		A07	254
9		A08	245
10		B01	256
11		B02	290
12		B03	275
13		B04	213
14		B05	233
15		B06	265
16		B07	245

成绩表　情况

(a)“成绩表”工作表

	A	B	C
1	姓名	班级	
2	A01	1	
3	A02	2	
4	A03	1	
5	A04	2	
6	A05	2	
7	A06	2	
8	A07	2	
9	A08	1	
10	B01	1	
11	B02	1	
12	B03	2	
13	B04	1	
14	B05	2	
15	B06	1	
16	B07	2	

成绩表　情况表

(b)“情况表”工作表

图 4.50　工作表

操作步骤如下。

步骤 1　选定“成绩表”工作表中的 A2 单元格，选择“公式”选项卡下的“插入函数”命令，在“插入函数”对话框中选择　“VLOOKUP”函数。

步骤 2　在打开的 VLOOKUP“函数参数”对话框中，设置查找值为 B2 单元格中的数据；指定查找范围为情况表中的 A 列和 B 列；指定返回值所在列（被查找范围的第几列，为“情况表”工作表班级所在的第 2 列）；匹配条件为精确匹配，各参数设置如图 4.51 所示。最终匹配结果如图 4.52 所示。

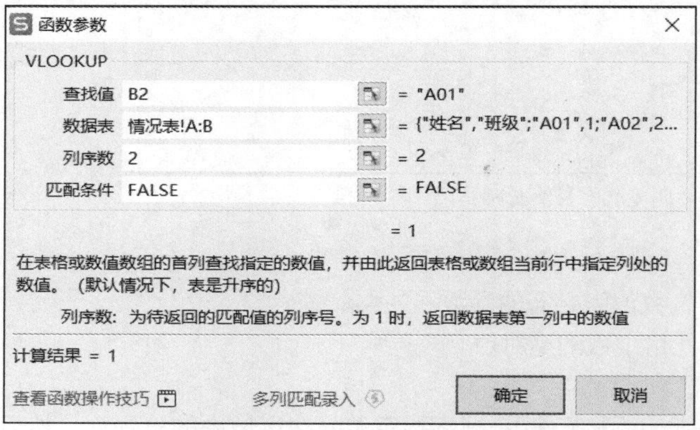

图 4.51　VLOOKUP“函数参数”对话框

	A	B	C
1	班级	姓名	总分
2	1	A01	232
3	2	A02	212
4	1	A03	243
5	2	A04	264
6	2	A05	256
7	2	A06	232
8	2	A07	254
9	1	A08	245
10	1	B01	256
11	1	B02	290
12	2	B03	275
13	1	B04	213
14	2	B05	233
15	1	B06	265
16	2		245

成绩表　情况

图 4.52　匹配结果

（11）日期与时间函数

YEAR（日期序号）：返回指定日期对应的年份。返回值为 1900 到 9999 之间的整数。

参数说明：日期序号必须是一个日期值，其中包含年份。

例如：对于函数 YEAR（B2），当在 B2 单元格中输入日期“2024 年 5 月 30 日”或者“2024-05-30”时，该函数返回年份 2024。

TODAY（ ）：返回今天的日期，该函数没有参数，返回的是当前计算机的系统日期。该函数也可以用于计算时间间隔，用来计算一个人的年龄。

例如：对于函数 YEAR（TODAY（ ））-2000，假设一个人出生于 2000 年，该公式使用 TODAY（ ）函数作为 YEAR 函数的参数来获取当年的年份，然后减去 2000，最终返回对方的年龄。

（12）截取字符串函数

MID（字符串,开始位置,字符个数）：从文本字符串中的指定位置开始，返回特定个数的字符。

字符串：必需的参数，表示提取字符的文本字符串。

开始位置：必需的参数，文本中要提取的第一个字符的位置。文本中第一个字符的位置为 1。

字符个数：必需的参数，文本中要提取并返回字符的个数。

例如：=MID（A2,7,4）表示从 A2 单元格中的文本字符串中的第 7 个字符开始提取，共提取 4 个字符。

4.5　图表

将工作表中的数据做成图表，可以更加直观地表达数据的变化规律，并且当工作表中的数据变化时，图表中的数据能自动更新。

4.5.1　图表的基本概念

图表以图形的形式来显示数据，使人更直观地理解不同数据系列之间的关系和变化规律。

1. 图表的类型

WPS 表格提供了标准图表类型，每一种图表类型又有子类型，可以根据需要选择不同的图表类型来表示数据。常用的图表类型有：柱形图、条形图、折线图、饼图、面积图、XY（散点图）、组合图等。

2. 图表的构成

一个图表主要由以下部分构成，如图 4.53 所示。

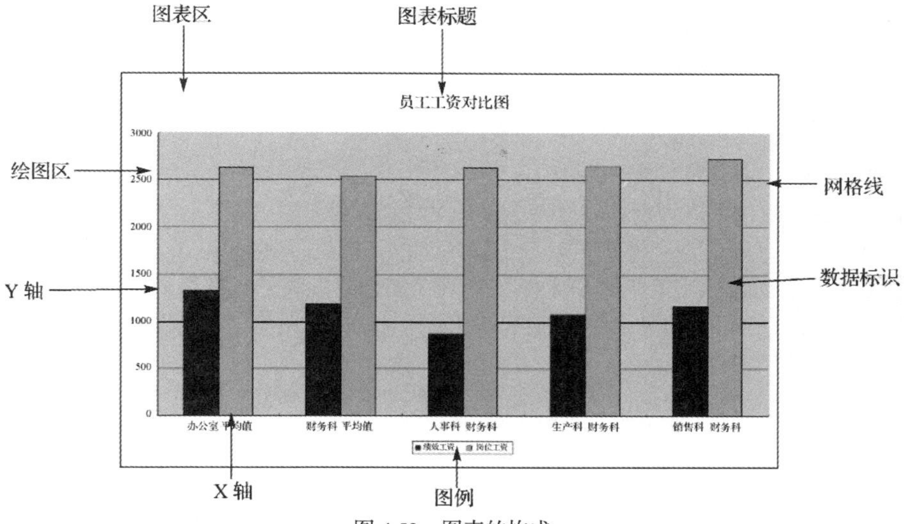

图 4.53　图表的构成

（1）图表标题：描述图表名称，默认在图表的顶端。

（2）坐标轴与坐标轴标题：坐标轴标题是 X 轴和 Y 轴（Z 轴）的名称。

（3）图例：包含图表中相应数据系列的名称和数据系列在图中的颜色色块。

（4）绘图区：以坐标轴为界的区域。

（5）数据系列：一个数据系列对应工作表中选定区域的一行或一列数据。

（6）网格线：从坐标轴刻度线延伸出来并贯穿整个绘图区的线条系列，可有可无。

（7）背景墙与基底：三维图表中会出现背景墙与基底，它包围在三维图表的周围，用于显示图表中的维度和边界。

4.5.2 创建图表

图表制作

1. 图表工具

创建图表主要利用“插入”选项卡下的图表按钮完成。单击生成后的图表，功能区中会出现“图表工具”选项卡，使用“图表工具”选项卡下的“更改颜色”“更改类型”等命令可以修改图表的图形颜色、图表位置、图表标题、图例位置等内容，如图 4.54 所示。

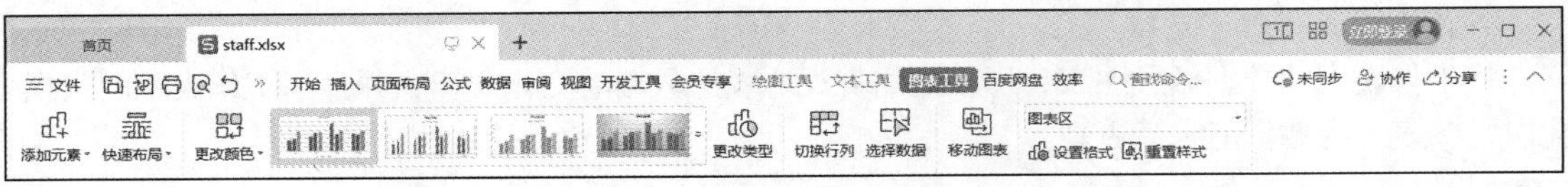

图 4.54 “图表工具”选项卡

2. 创建图表的方法

选定好作图的数据区域后，创建图表主要有三种方法。方法一：直接按 F11 键快速创建图表，默认创建的图表类型为簇状柱形图；方法二：使用“插入图表”对话框创建，切换到“插入”选项卡，单击“全部图表”按钮，弹出“图表”对话框，在其中选择需要的图表类型和样式，单击“确定”按钮，图表被插入到工作表中；方法三：使用功能按钮创建，切换到“插入”选项卡，在全部图表类型组中单击要插入的图表类型下拉按钮，在弹出的下拉列表中选择图表样式，图表被插入到工作表中。

【例 4.12】 staff.xlsx 工作簿中 Sheet1 工作表的数据如图 4.55 所示。请按照如下要求插入簇状柱形图图表。

- 分类轴：型号；数值轴：A001、A002、B001 三种型号产品的销量和平均值。
- 图表类型：簇状柱形图。
- 图表标题：产品销售对比图，置于顶部。
- 图例：置于底部。
- 设置图表区文字的字号大小为 10。
- 设置图表标题：字体为楷体、字号为 20、颜色为红色。

操作步骤如下。

步骤 1 选定 staff.xlsx 工作簿 Sheet1 工作表中需创建图表的数据区域，如图 4.55 所示。选择“插入”选项卡下的“全部图表”命令，打开“图表”对话框，单击“柱形图”选项，选择“簇状柱形图”，如图 4.56 所示。

	A	B	C	D	E
1	某企业产品销售情况表				
2	型号	一月	二月	三月	平均值
3	A001	256	342	654	417.33
4	A002	298	434	398	376.67
5	B001	467	454	487	469.33
6	总计	1021	1230	1539	1263.33

图 4.55 选择数据区域

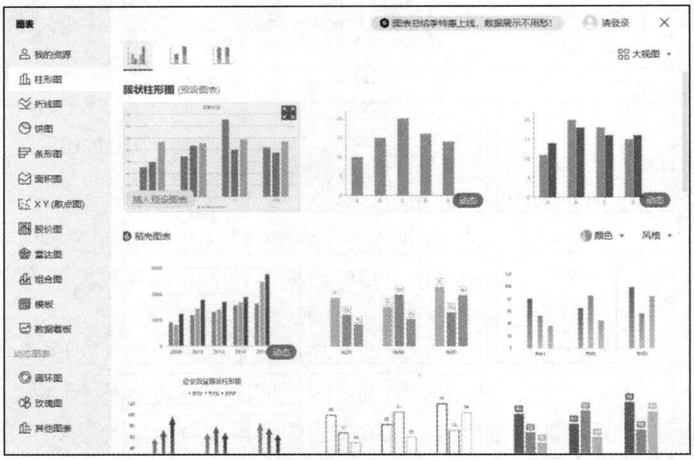

图 4.56 簇状柱形图

步骤 2 功能区中出现“图表工具”选项卡，可以选择“更改颜色”“更改类型”“切换行列”等命令，修改图表。

选择图表布局命令组中的“快速布局”命令，可以修改图表布局；选择“添加元素”下拉列表中的“图表标题”命令和“图例”命令，可以输入图表标题“产品销售对比图”，将图例位置设置在底部。

步骤 3 单击“图表标题”，选择“开始”选项卡下的“字体设置”命令组，设置图表标题格式为楷体、字号为 20、颜色为红色。分别单击 Y 坐标轴、X 坐标轴、图例，选择“开始”选项卡下的“设置字体”命令组，设置图表区中文字的字号大小为 10。如图 4.57 所示。

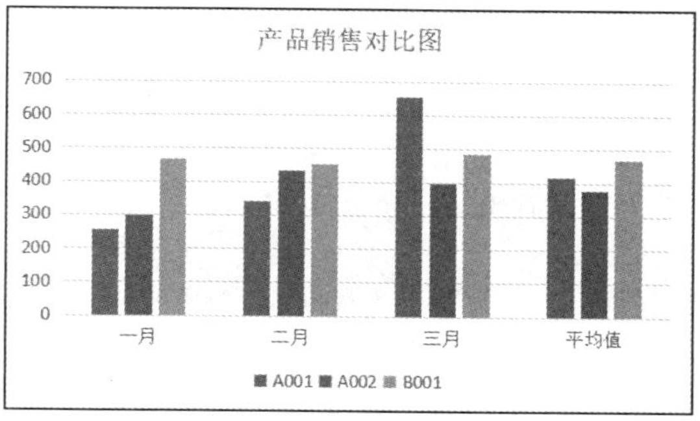

图 4.57 产品销售对比图

4.5.3 编辑和修改图表

图表创建完成后，如果对工作表进行修改，图表的信息也将随之变化。如果工作表不变，也可以对图表的“图表类型”“图表源数据”“图表位置”等进行修改。当选中了一个图表后，功能区中会出现“图表工具”选项卡，使用其中的“更改颜色”“更改类型”等命令可以编辑和修改图表。

1. 修改图表类型

单击图表绘图区，选择“图表工具”选项卡下的“更改类型”命令，可以修改图表类型。

2. 修改图表源数据

（1）向图表中添加数据源。单击图表绘图区，选择“图表工具”选项卡下的“选择数据”命令，打开“编辑数据源”对话框，如图 4.58 所示。重新选择图表数据区域，可以修改图表中的数据。也可以将工作表中的待添加到图表的数据区域（带字段名）复制到剪贴板，然后单击鼠标右键，选择快捷菜单中的“粘贴”命令，即可向图表中添加数据。

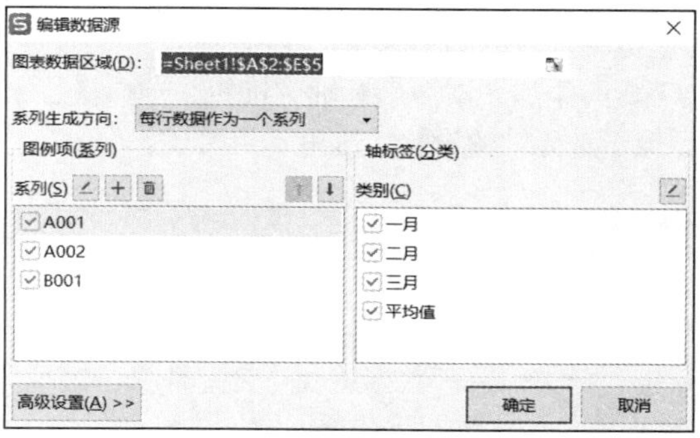

图 4.58 “编辑数据源”对话框

（2）删除图表中的数据。如果要同时删除工作表和图表中的数据，只要删除工作表中的数据，图表将会自动更新。如果只要删除图表中的数据，在图表上单击要删除的图表数据，按 Delete 键即可删除。

3. 修饰图表

为了使图表更易于理解，可以为图表添加图表标题、坐标轴标题。

（1）添加图表标题的步骤如下。

步骤 1 单击要添加标题的图表中的任意位置，单击“图表工具→添加元素→图表标题”按钮。

步骤 2 在下拉列表中选择标题的位置。

步骤 3 输入标题文字并设置标题文字的格式。

步骤 4 单击“图表工具→添加元素→图表标题→更多选项”命令，可以在“属性”窗格中对图表标题进行更详细的设置。

（2）添加坐标轴标题的步骤如下。

步骤 1 单击要添加标题的图表中的任意位置，单击“图表工具→添加元素→轴标题”按钮。

步骤 2 在下拉列表中选择纵坐标轴标题/横坐标轴标题。

步骤 3 输入坐标轴文字并设置坐标轴文字的格式。

4. 添加数据标签

要快速识别图表中的数据系列，可为图表的数据点添加数据标签。默认情况下，数据标签链接到工作表中的数据值，在工作表中对这些值进行更改时，图表中的数据值会自动更新。添加数据标签的步骤如下。

步骤 1 在图表中选择要添加数据标签的数据系列（单击图表空白区域可为所有数据系列添加数据标签）。

步骤 2 选择“图表工具”选项卡“添加元素”下拉列表中的“数据标签”命令，指定标签的位置。如果在“数据标签”下拉列表中选择“更多选项”命令，可以对数据标签进行更详细的设置。

5. 设置图例和坐标轴

创建图表时，图表中会自动显示图例。图表创建完毕后，可以隐藏图例或更改图例的位置和格式。

（1）设置图例。

步骤 1 单击要设置图例的图表。

步骤 2 在“图表工具”选项卡中选择“添加元素”下拉列表中的“图例”命令，指定标题的位置。如果在“图例”下拉列表中选择“更多选项”命令，可以对图例进行更详细的设置。

（2）设置坐标轴。

在创建图表时，一般会为图表显示主要的横、纵坐标轴。当创建三维图表时，图表中会显示竖坐标轴。可以根据需要对坐标轴的格式进行设置，调整坐标轴的刻度间隔，更改坐标轴上的标签等。

步骤 1 单击要进行坐标轴设置的图表。

步骤 2 单击“图表工具→添加元素→坐标轴”按钮，选择横、纵坐标轴，然后进行设置。

图表中网格线的设置类似于坐标轴的设置，这里不再赘述。

4.6 数据的管理和分析

数据的管理和分析

WPS 表格不但具备强大的表格编辑和图表绘制功能，还具备数据的管理功能，如数据排序、对比、筛选、分类汇总、数据透视、合并计算、模拟分析等。WPS 表格的数据管理功能主要集中在“数据”选项卡中。

4.6.1 数据清单

1. 数据清单简介

数据清单又称电子表格或数据集，是一种结构化的数据集合成的规则的二维表，其特点如下。

（1）数据清单的一行为一条记录，一列为一个字段。第一行为表头，称为标题行，标题行的每个单元格为一个字段名。

（2）数据清单同一列中的数据具有相同的数据类型。

（3）同一数据清单内不允许有空行、空列。

（4）同一张工作表中可以容纳多个数据清单，但两个数据清单之间至少有一行或一列的间隔。

2. 导入外部文本文件的数据

在 WPS 表格中，除了直接向工作表中输入数据，还可以导入外部数据，如将文本文件中的内容导入工作表中，形成数据列表，这样既提高了输入速度，又扩大了数据的获取来源。

【例 4.13】 现有图 4.59 所示的“绩效后台数据.txt”文本文件，请将该文件导入“绩效”工作簿的“Sheet1”工作表中。

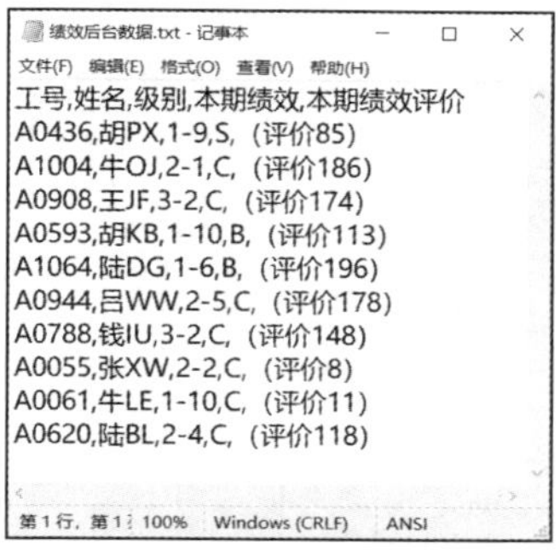

图 4.59　“绩效后台数据.txt”文件内容

操作步骤如下。

步骤 1　打开“绩效”工作簿，在“Sheet1”工作表中单击用于存放数据的起始单元格 A1。

步骤 2　单击“数据”选项卡，单击“导入数据”按钮，如果工作表是第一次导入外部数据，那么会弹出一个对话框，单击“确定”按钮，弹出“第一步：选择数据源”对话框，如图 4.60 所示。单击“选择数据源”按钮，选择要导入的文本文件“绩效后台数据.txt”，单击“下一步”按钮，弹出“文件转换”对话框，如图 4.61 所示。

图 4.60　“第一步：选择数据源”对话框

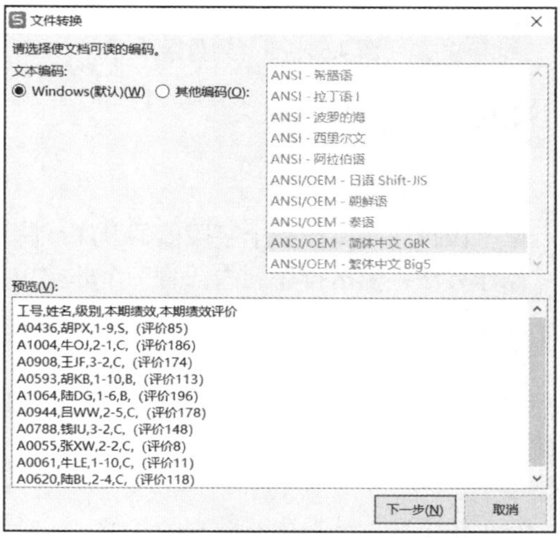

图 4.61　“文件转换”对话框

步骤 3　在“文本编码”选区中选中“Windows（默认）”单选按钮，单击“下一步”按钮，在弹出的对话框中，选中“分隔符号”单选按钮，单击“下一步”按钮，如图 4.62 所示。

步骤 4 在弹出的对话框中，在“分隔符号”选区勾选“逗号”复选框，单击“下一步”按钮，如图 4.63 所示。在弹出的对话框中设置每列数据的类型，如图 4.64 所示，单击“完成”按钮。将“绩效后台数据.txt”文本文件导入“Sheet1”工作表中，如图 4.65 所示。

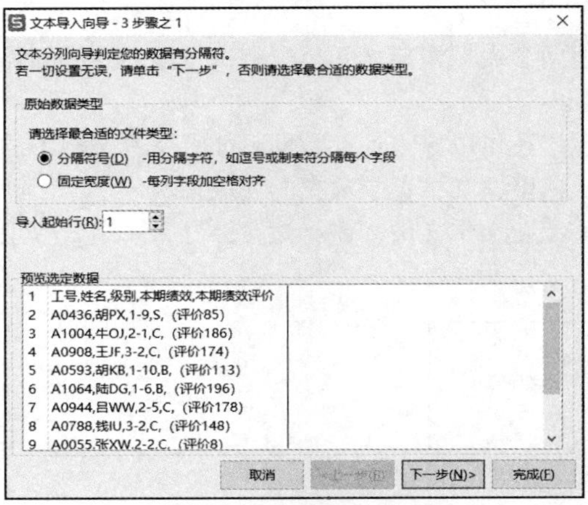

图 4.62　选择分隔符号

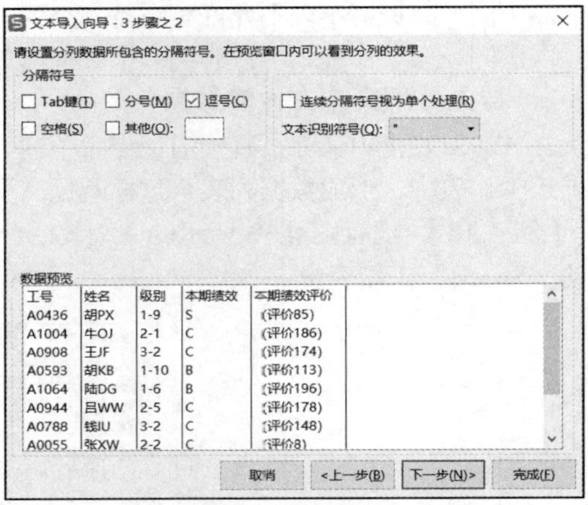

图 4.63　选择分隔符号

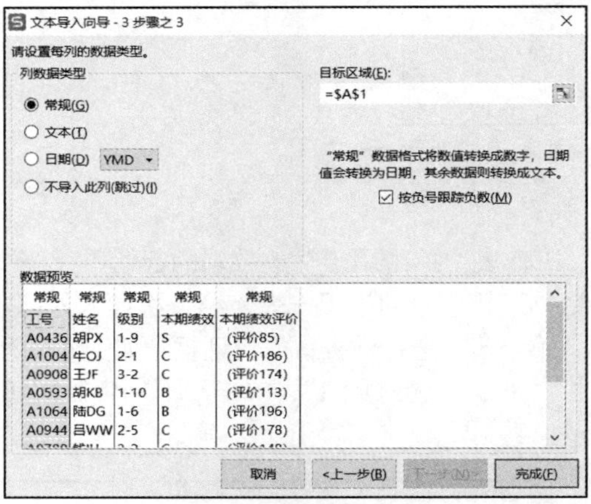

图 4.64　选择列数据类型

	A	B	C	D	E
1	工号	姓名	级别	本期绩效	本期绩效评价
2	A0436	胡PX	1月9日	S	（评价85）
3	A1004	牛OJ	2月1日	C	（评价186）
4	A0908	王JF	3月2日	C	（评价174）
5	A0593	胡KB	1月10日	B	（评价113）
6	A1064	陆DG	1月6日	B	（评价196）
7	A0944	吕WW	2月5日	C	（评价178）
8	A0788	钱IU	3月2日	C	（评价148）
9	A0055	张XW	2月2日	C	（评价8）
10	A0061	牛LE	1月10日	C	（评价11）
11	A0620	陆BL	2月4日	C	（评价118）

图 4.65　导入文本文件内容到 Sheet1 工作表

4.6.2　数据排序

1. 单字段排序

单字段排序是指按一个字段值的升序或降序方式对数据清单排序，标题行不参与排序。

操作方法：单击排序列内任意一个非空单元格，单击“数据”选项卡排序按钮组中的“升序”或“降序”按钮，数据清单内的所有字段会按排序字段升序或降序排列。

2. 多字段排序

多字段排序指先按第一个字段值排序，在第一个字段值相同的情况下，再按第二个字段值排序，以此类推。第一个字段值称作“主要关键字”，其余字段值称作“次要关键字”。多字段排序的具体操作如下。

（1）单击数据清单内有数据的任意一个单元格，选择“数据”选项卡下的“排序”按钮，打开图 4.66 所示的“排序”对话框。

（2）在“主要关键字”后面的下拉列表中选择第一排序字段、排序类型等。单击“添加条件”按钮，可增加次要关键字。

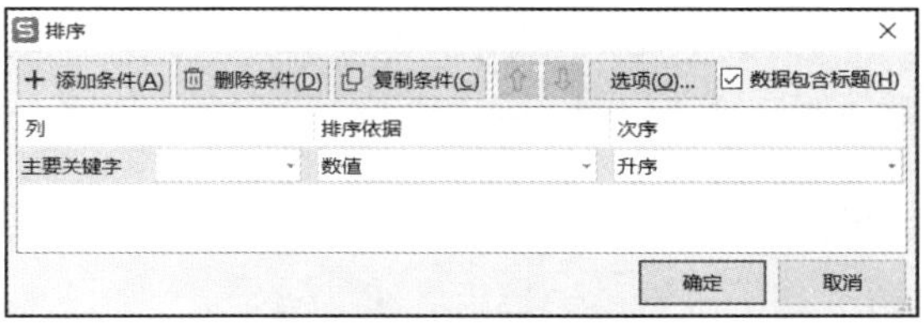

图 4.66　“排序”对话框

（3）在“次要关键字”后面的下拉列表中选择第二排序字段、排序类型等。单击“添加条件”按钮，再增加次要关键字。以此类推。

（4）单击“确定”按钮，完成多字段排序。

3. 排序数据区域的选择

WPS 允许对全部数据区域和部分数据区域进行排序。如果选定的区域包含所有的列，则对所有数据区域进行排序；如果所选的数据区域没有包含所有的列，则仅对已选定的数据区域排序，未选定的数据区域不变（有可能导致数据错误）。在“排序”对话框中单击“选项”按钮，可以利用“排序选项”对话框选择是否区分大小写、排序方向、排序方式。

4.6.3　数据筛选

数据筛选是指从数据清单中选出满足条件的记录，筛选出的数据可以显示在原数据区域（不满足条件的数据将隐藏）或新的数据区域中。

数据筛选有两种方式，分别为自动筛选和高级筛选。

利用“数据”选项卡下的“筛选”按钮可以进行自动筛选；利用“筛选”下拉列表中的“高级筛选”命令可以进行高级筛选。

自动筛选操作简单，但筛选条件受限；高级筛选相对而言操作较为复杂，但可以实现任何条件的筛选。

1. 自动筛选

【例 4.14】 对“成绩表.xlsx”工作簿中的“成绩单”工作表数据清单中的内容进行自动筛选，数据清单如图 4.67 所示。筛选条件为“系别”中的“自动控制”系，并且“面试成绩”大于等于 60 且小于 80 分的记录。

操作步骤如下。

步骤 1 单击数据清单中任意一个有数据的单元格，选择“数据”选项卡“筛选”下拉列表中的“筛选”命令，此时工作表数据清单的列标题右侧出现下拉按钮，如图 4.68 所示。

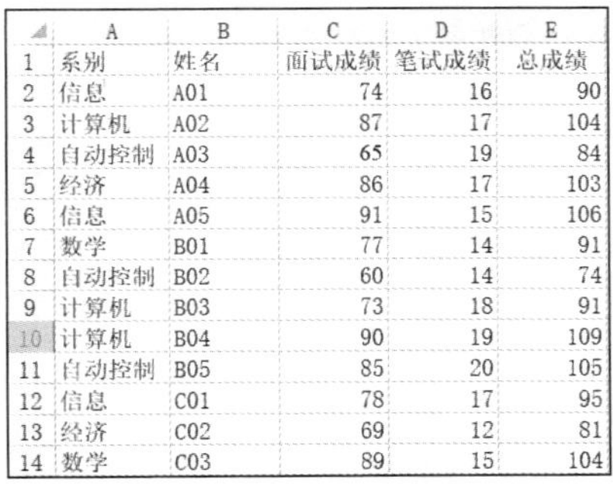

	A	B	C	D	E
1	系别	姓名	面试成绩	笔试成绩	总成绩
2	信息	A01	74	16	90
3	计算机	A02	87	17	104
4	自动控制	A03	65	19	84
5	经济	A04	86	17	103
6	信息	A05	91	15	106
7	数学	B01	77	14	91
8	自动控制	B02	60	14	74
9	计算机	B03	73	18	91
10	计算机	B04	90	19	109
11	自动控制	B05	85	20	105
12	信息	C01	78	17	95
13	经济	C02	69	12	81
14	数学	C03	89	15	104

图 4.67　数据清单

图 4.68　数字筛选级联菜单

步骤 2 在“系别”下拉列表中选择“自动控制”选项，单击“确定”按钮；在“面试成绩”下拉列表中选择“数字筛选”级联菜单中的“大于或等于”命令，如图 4.68 所示。打开“自定义自动筛选方式”对话框。

步骤 3 在“自定义自动筛选方式”对话框中输入图 4.69 所示的内容。单击“确定”按钮，得到的筛选结果如图 4.70 所示。

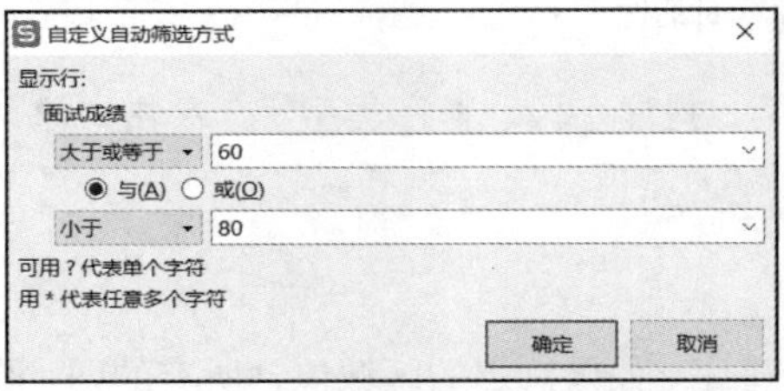

图 4.69 “自定义自动筛选方式”对话框

	A	B	C	D	E
1	系别	姓名	面试成绩	笔试成绩	总成绩
4	自动控制	A03	65	19	84
8	自动控制	B02	60	14	74

图 4.70 自定义筛选结果

2. 高级筛选

高级筛选必须有一个条件区域，条件区域距离数据清单至少有一行或一列的间隔。筛选结果可以显示在原数据区域，也可以显示在新的数据区域。

【例 4.15】 在图 4.55 所示的“成绩表.xlsx”工作簿的 Sheet1 中，完成以下高级筛选操作。

- 筛选条件：系别为“计算机”或者“自动控制”，且面试成绩大于 60 分和笔试成绩大于 15 分；
- 条件区域：起始单元格为 H5 的单元格区域；
- 结果复制到：起始单元格为 H10 的单元格区域。

操作步骤如下。

步骤 1 输入筛选字段名到条件区域。

复制所需筛选内容的字段名，将其粘贴在以 H5 为起始单元格的区域。为了确保数据清单和条件区域的字段名完全相同，建议从源数据清单复制字段名并粘贴到条件区域。

步骤 2 在条件区域中输入筛选条件。

筛选条件输入的基本原则：条件名中用的字段名必须写在同一行且连续排列，在字段名下面的单元格中输入条件值，写在同一行的条件是“并且”关系（“与”关系），写在不同行的条件是“或者”关系，如图 4.71 所示。

步骤 3 单击源数据区域中有数据的任一单元格，选择“数据”选项卡下“筛选”下拉列表中的“高级筛选”命令，打开“高级筛选”对话框。

步骤 4 在“高级筛选”对话框中选择“将筛选结果复制到其他位置”单选按钮，单击“列表区域”文本框后面的选择按钮，选择高级筛选源数据区域；单击“条件区域”文本框后面的选择按钮，选择高级筛选条件区域；单击“复制到”文本框后面的选择按钮，选择高级筛选结果区域的起始单元格，如图 4.72 所示。

系别	面试成绩	笔试成绩
计算机	>60	>15
自动控制	>60	>15

图 4.71 筛选条件

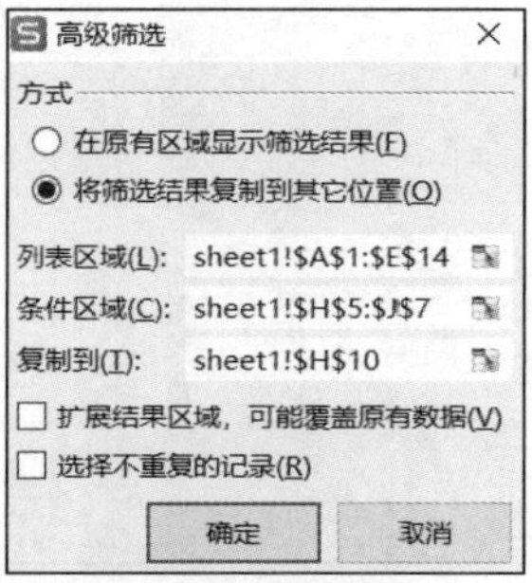

图 4.72 “高级筛选”对话框

步骤 5　单击“确定”按钮，完成高级筛选，结果如图 4.73 所示。

系别	姓名	面试成绩	笔试成绩	总成绩
计算机	A02	87	17	104
自动控制	A03	65	19	84
计算机	B03	73	18	91
计算机	B04	90	19	109
自动控制	B05	85	20	105

图 4.73　高级筛选结果

高级筛选条件示例。

输入条件：系别名称为“信息”，且面试成绩大于 80 或者笔试成绩大于 18 分，如图 4.74（a）所示。

输入条件：系别名称为“自动控制”或“经济”，如图 4.74（b）所示。

系别	面试成绩	笔试成绩
信息	>80	
信息		>18

(a)

系别	系别
自动控制	
	经济

(b)

图 4.74　高级筛选条件示例

4.6.4　分类汇总

WPS 表格的分类汇总功能可以对工作表数据清单中的内容进行分类，然后对同类记录应用分类汇总函数，得到相应的统计或计算结果。分类汇总的结果可以按分组明细进行分级显示，以便于显示或隐藏每个分类汇总的结果信息。

1. 创建分类汇总

分类汇总是将数据清单中的记录按某个字段分类（该字段称为分类字段），将同类字段进行汇总，因此执行“分类汇总”命令前，必须先按分类字段排序，使字段值相同的记录连续排列。

【例 4.16】 在例 4.9 的员工情况表中，按“部门”分类汇总“基本工资”之和。

操作步骤如下。

步骤 1　对分类字段“部门”进行排序（升序或降序）。

步骤 2　单击数据区域中任一有数据的单元格，选择“数据”选项卡下的“分类汇总”按钮，打开“分类汇总”对话框。

步骤 3　在“分类字段”下拉列表中选择“部门”选项，“汇总方式”下拉列表中选择“求和”选项，勾选“选定汇总项”中的“基本工资”复选框，如图 4.75 所示。

步骤 4　单击“确定”按钮，分类汇总结果如图 4.76 所示。

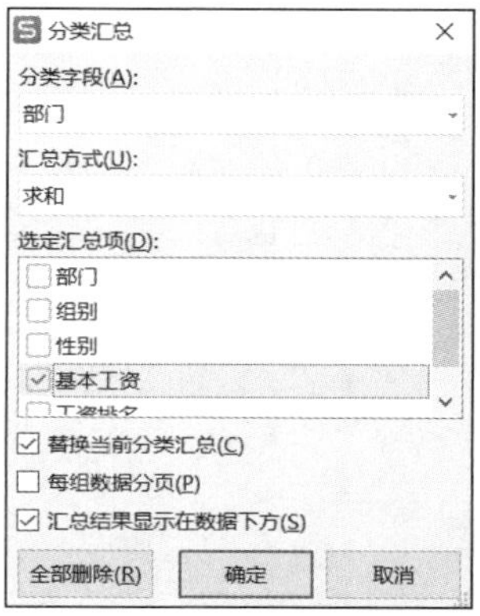

图 4.75　“分类汇总”对话框

	A	B	C	D	E
1	部门	组别	性别	基本工资	工资排名
2	工程部	E1	男	4000	
3	工程部	E1	男	2500	
4	工程部	E2	男	3500	
5	工程部	E3	男	5000	
6	工程部	E2	女	5000	
7	**工程部 汇总**			20000	0
8	开发部	D1	女	3500	
9	开发部	D2	男	4500	
10	开发部	D3	男	3500	
11	**开发部 汇总**			11500	0
12	培训部	T1	女	4500	
13	培训部	T2	男	3500	
14	**培训部 汇总**			8000	0
15	销售部	S1	男	3500	
16	销售部	S2	女	5500	
17	**销售部 汇总**			9000	0
18	**总计**			48500	0

图 4.76　“员工情况表”分类汇总结果

注意

勾选“替换当前分类汇总”复选框，则只显示最新的分类汇总结果。

勾选“每组数据分页”复选框，则在每类数据后插入分页符。

勾选“汇总结果显示在数据下方”复选框，则分类汇总结果显示在明细数据下方，否则显示在明细数据上方。

2. 撤销分类汇总

单击分类汇总数据区域中任一有数据的单元格，选择“数据”选项卡下的“分类汇总”按钮，打开“分类汇总”对话框，单击“全部删除”按钮即可撤销分类汇总。

4.6.5 数据透视表和数据透视图

分类汇总只能按一个字段分类，进行多次汇总。如果按多个字段进行分类并汇总，就需要使用数据透视表。数据透视表是一种可以快速汇总大量数据的交互式方法，使用数据透视表可以深入分析数据。

1. 创建数据透视表

【例 4.17】 在图 4.40 所示的“员工情况表”工作表中，创建数据透视表，要求部门是行字段、组别是列字段，对基本工资进行求和汇总。

操作步骤如下。

步骤 1 单击数据区域中任一有数据的单元格，选择“数据”选项卡下的“数据透视表”按钮，打开“创建数据透视表”对话框，如图 4.77 所示。

步骤 2 单击“请选择单元格区域”文本框后的选择箭头，选择待做数据透视表的数据源区域，选中“请选择放置数据透视表的位置”下的“现有工作表”单选按钮，单击“位置”文本框后的选择箭头，选择放置结果的起始单元格。

步骤 3 单击“确定”按钮，打开图 4.78 所示的窗格，将鼠标指针指向“将字段拖动至数据透视表区域”框中的“部门”字段名，按住鼠标左键，将其拖动到下方的“行”框中，松开鼠标左键。将鼠标指针指向“将字段拖动至数据透视表区域”框中的“组别”字段名，按住鼠标左键，将其拖动到下方的“列”框中，松开鼠标左键。将鼠标指针指向“将字段拖动至数据透视表区域”框中的“基本工资”字段名，按住鼠标左键，将其拖动到下方的“值”框中，松开鼠标左键，即可完成数据透视表的创建。数据透视表结果如图 4.79 所示。

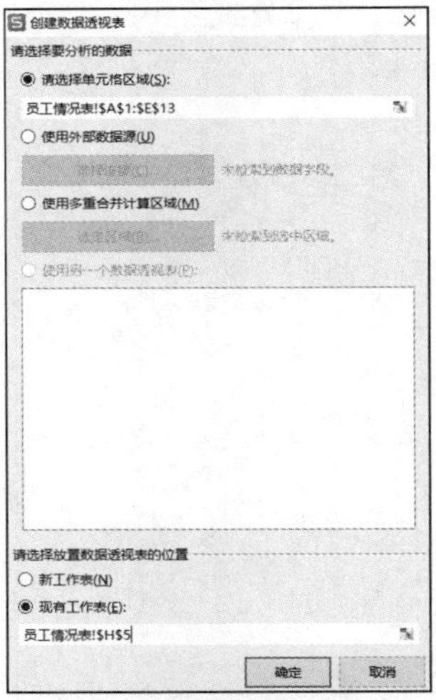

图 4.77 “创建数据透视表”对话框

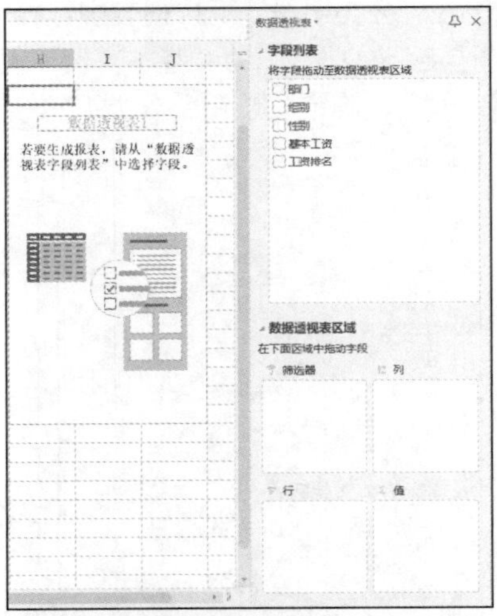

图 4.78 “数据透视表字段列表”窗格

求和项:基本工资	组别										
部门	D1	D2	D3	E1	E2	E3	S1	S2	T1	T2	总计
工程部				6500	8500	5000					20000
开发部	3500	4500	3500								11500
培训部									4500	3500	8000
销售部							3500	5500			9000
总计	3500	4500	3500	6500	8500	5000	3500	5500	4500	3500	48500

图 4.79　数据透视表结果

步骤 4　图 4.79 所示的数据透视表结果的汇总方式是“求和”。如果想把汇总方式改为“平均值”，单击图 4.80“值”框中“求和项：基本工资”后面的下拉按钮，单击下拉列表中的“值字段设置”命令，打开图 4.81 所示的“值字段设置”对话框。

步骤 5　选择“值汇总方式”选项卡，选择“平均值”选项即可。

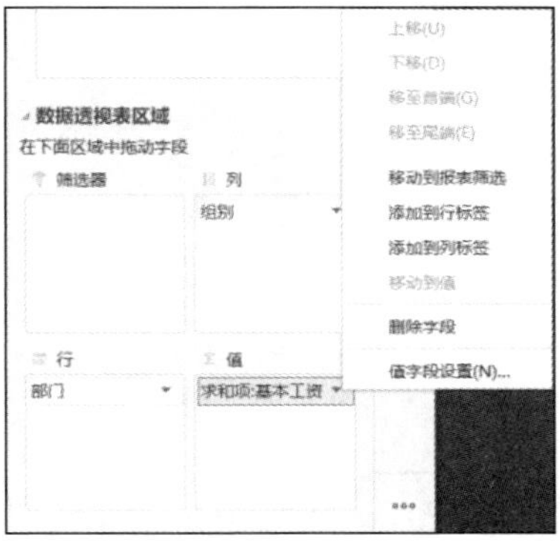

图 4.80　值字段设置下拉列表

图 4.81　“值字段设置”对话框

2. 创建数据透视图

WPS 表格中的数据透视图是一种基于数据透视表生成的图表，能够直观地展示数据的大小、占比和趋势，是数据分析、数据报告时非常好用的工具。

【例 4.18】利用图 4.82 所示的成绩表创建数据透视图，要求显示各系别的“面试成绩”平均分，图例为“系别”字段，相关联的数据透视表的位置选择当前工作表的 A16 单元格。移动图表，将该“数据透视图”的左上角与 A16 单元格的左上角对齐，使其覆盖在相关联的数据透视表之上。为数据透视图添加图表标题“面试成绩分析”，将其置于图表上方。

	A	B	C	D	E
1	系别	姓名	面试成绩	笔试成绩	总成绩
2	信息	A01	74	16	90
3	计算机	A02	87	17	104
4	自动控制	A03	65	19	84
5	经济	A04	86	17	103
6	信息	A05	91	15	106
7	数学	B01	77	14	91
8	自动控制	B02	60	14	74
9	计算机	B03	73	18	91
10	计算机	B04	90	19	109
11	自动控制	B05	85	20	105
12	信息	C01	78	17	95
13	经济	C02	69	12	81
14	数学	C03	89	15	104

图 4.82　成绩表数据清单

操作步骤如下。

步骤 1　单击数据区域中任一有数据的单元格，选择“插入”选项卡下的“数据透视图”按钮，打开“创建数据透视图”对话框，如图 4.83 所示。

步骤 2 单击“请选择单元格区域”文本框后的选择箭头，选择待做数据透视表的数据源区域，单击“请选择放置数据透视表的位置”下的“现有工作表”单选按钮，单击“位置”文本框后的选择箭头，选择放置结果的起始单元格。

步骤 3 单击“确定”按钮，打开图 4.84 所示的对话框，将鼠标指针指向“将字段拖动至数据透视图区域”框中的“系别”字段名（图 4.84 右侧），按住鼠标左键，将其拖动到下方的“图例(系列)”框中，松开鼠标左键。将鼠标指针指向“将字段拖动至数据透视图区域”框中的“面试成绩”字段名，按住鼠标左键，将其拖动到下方的“值”框中，松开鼠标左键，即可完成数据透视图的创建。数据透视图结果如图 4.85 所示。

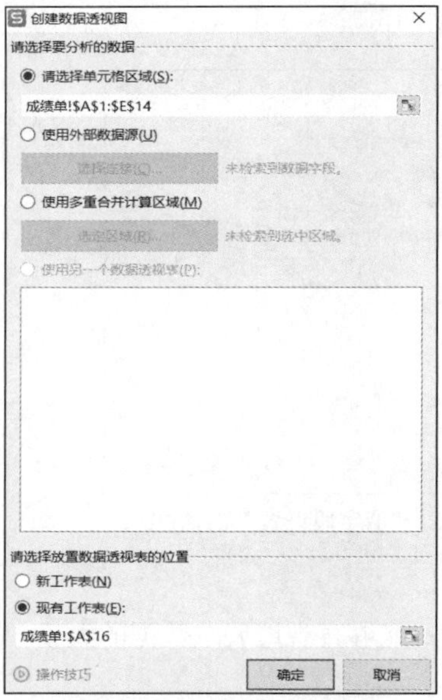

图 4.83 “创建数据透视图”对话框

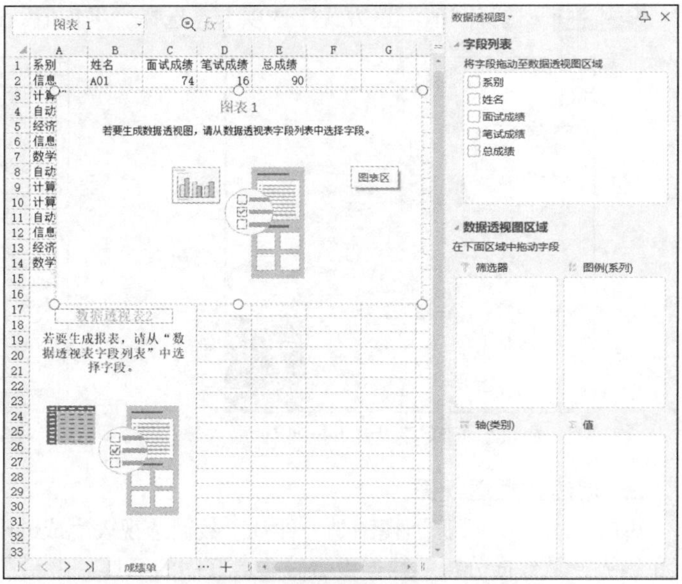

图 4.84 “数据透视图字段列表”对话框

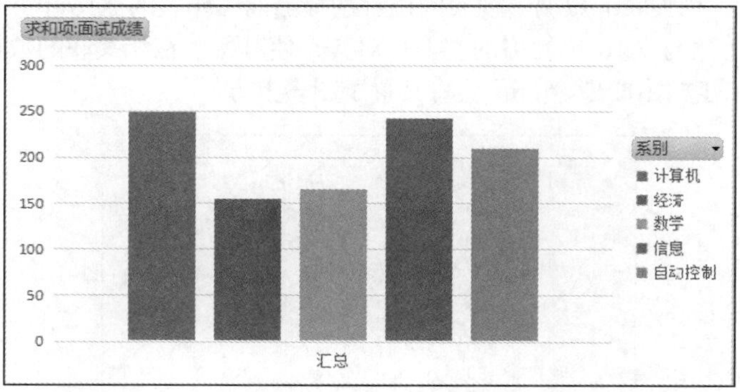

图 4.85 数据透视图

步骤 4 图 4.85 所示的数据透视图结果的汇总方式是“求和”，如果要将汇总方式改为“平均值”，单击图 4.80“值”框中“求和项：面试成绩”后面的下拉按钮，单击下拉列表中的“值字段设置”命令，打开如图 4.80 所示的“值字段设置”对话框。

步骤 5 选择“值汇总方式”选项卡，选择“平均值”选项即可。

步骤 6 拖动数据透视图，使其左上角与 A16 单元格的左上角对齐。选中数据透视图，在“图表工具”选项卡下选择“添加元素”下拉列表中的“图表标题”列表中的“图表上方”选项，将图表标题内容修改成“面试成绩分析”，如图 4.86 所示。

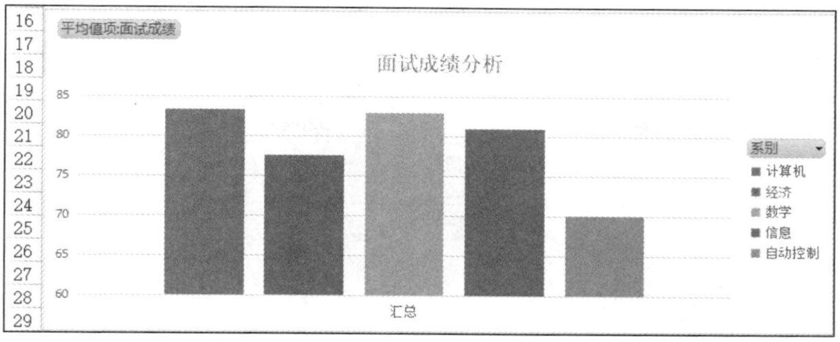

图 4.86　面试成绩分析数据透视图

4.6.6　合并计算

合并计算是将多个区域的值合并到一个新的区域中，合并计算的区域值可以是同一工作表中的多个区域值，也可以是同一工作簿不同工作表中的区域值，或者是不同工作簿中的区域值。

【例 4.19】在图 4.87 所示的“销售情况表”中，使用合并计算功能求各型号产品在不同季度销售的总数量。

操作步骤如下。

步骤 1　选定存放合并计算结果的起始单元格 I2，在“数据”选项卡下单击“合并计算”按钮，弹出“合并计算”对话框，如图 4.88 所示。在“函数”下拉列表中选择汇总的函数，默认函数为“求和”，根据需要可以将函数更改为计数、平均值等函数。

	A	B	C	D	E	F	G
1	某企业产品销售情况表						
2	型号	销售数量	销售金额		型号	销售数量	销售金额
3	A001	256	6144		A001	342	6840
4	A002	298	7152		A002	434	8680
5	B001	467	11208		B001	454	9080
6	B002	492	11808		B002	461	9220

图 4.87　销售情况表

图 4.88　合并计算对话框

步骤 2　在“引用位置”文本框中选定要进行合并计算的数据区域 A2:B6，单击“添加”按钮，将选定的区域添加到“所有引用位置”列表框中。按照相同的方法，再选定参与合并计算的数据区域 E2:F6，并将区域添加到“所有引用位置”列表框中。若单击“浏览”按钮，也可以将其他工作簿中的数据区域引用到当前工作表中，然后进行合并计算。

步骤 3　在“标签位置”选区，若勾选“首行”“最左列”复选框，则表示按照行和列标题进行数据分类和合并，即标题相同的合并成一条记录，标题不同的形成多条记录。合并计算后的结果区域中含有与源数据区域中相同的行和列标题。若两个复选框都不勾选，则按位置合并，即只对源数据区域中相同位置的数据进行合并计算。

步骤 4　单击“确定”按钮，完成合并计算，结果如图 4.89 所示。若同时勾选“首行”“最左列”复选框，则合并计算的结果区域会缺少第一列的标题，根据需要为结果区域输入标题或进行格式设置等，完善结果区域。

	A	B	C	D	E	F	G	H	I	J
1	某企业产品销售情况表									
2	型号	销售数量	销售金额		型号	销售数量	销售金额		型号	销售数量
3	A001	256	6144		A001	342	6840		A001	598
4	A002	298	7152		A002	434	8680		A002	732
5	B001	467	11208		B001	454	9080		B001	921
6	B002	492	11808		B002	461	9220		B002	953

图 4.89 “合并计算”结果

4.6.7 数据对比和模拟分析

1. 数据对比

使用数据对比功能可以对表格中的一个或两个区域（包括多列）中的数据进行对比、标识或者提取数据中的相同或不同的数据。如果要标记数据表中的重复数据并新建工作表，可以利用数据对比功能中的提取重复数据命令。

【例 4.20】 在图 4.90 所示的时间表中，使用数据对比功能检查时间是否一致，标识出重复值。

操作步骤如下。

步骤 1 选择“数据”选项卡下的“数据对比”按钮，其下拉列表中有“标记重复值”“标记唯一值”“提取重复值”“提取唯一值”选项，如图 4.91 所示。

	A	B	C	D	E	F
1	课程表					
2	节次	时间	星期一		时间	星期二
3	1	8:00	数学		8:00	语文
4	2	8:50	语文		8:51	体育
5	3	9:40	英语		9:40	自然
6	4	10:30	体育		10:30	数学

图 4.90 时间表

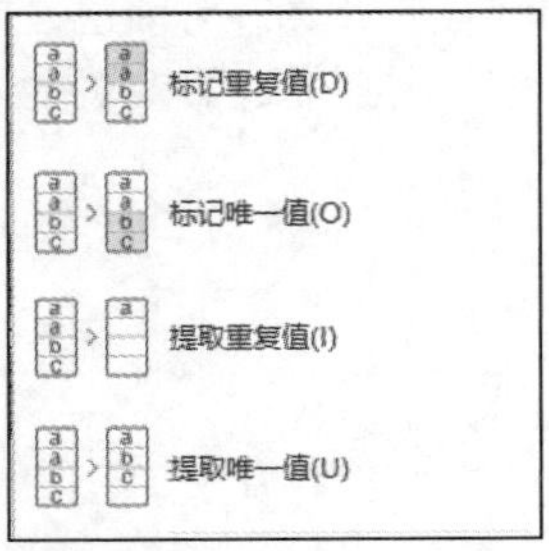

图 4.91 数据对比命令

步骤 2 单击“标记重复值”命令，打开图 4.92 所示的“标记重复值”对话框，单击区域选择按钮，选择区域 1 的数据范围为 B2:B6，区域 2 的数据范围为 E2:E6，单击“确认标记”按钮，得到图 4.93 所示的结果，工作表中标记出了重复值。

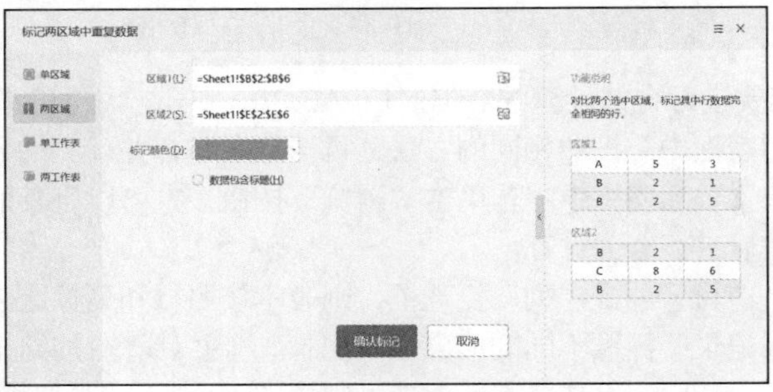

图 4.92 “标记重复值”对话框

	A	B	C	D	E	F
1	课程表					
2	节次	时间	星期一		时间	星期二
3	1	8:00	数学		8:00	语文
4	2	8:50	语文		8:51	体育
5	3	9:40	英语		9:40	自然
6	4	10:30	体育		10:30	

图 4.93 标记重复值

2. 模拟分析

“数据”选项卡下的模拟分析功能主要用于数据预测、趋势分析、假设检验，可以帮助我们进行单变量求解和规划求解。

【例 4.21】“鸡兔同笼”问题是我国民间广为流传的典型数学趣题之一，最早出现在《孙子算经》中。假设：笼子里有鸡和兔若干，共有 30 个头，88 只脚。鸡和兔各有几只？请使用模拟分析中的单变量求解功能计算结果。

操作步骤如下。

步骤 1 如图 4.94 所示，在 A3 单元格中输入“=A8+B8”，在 B3 单元格中输入“=A10+B10”，在 A6 单元格中输入“0”，在 B6 单元格中输入“30−A6”，在 A8 单元格中输入“=A6”，在 B8 单元格中输入“=B6”，在 A10 单元格中输入“=A6*2”，在 B10 单元格中输入“=B6*4”。

步骤 2 选择表中的任意单元格，选择“数据”选项卡下的“模拟分析”列表中的“单变量求解”命令，弹出图 4.95 所示的“单变量求解”对话框，单击“目标单元格”右侧的按钮，选择 B3 单元格，在“目标值”框中输入 88，即共有 88 只脚，单击“可变单元格”右侧的按钮，选择 A6 单元格，然后单击“确定”按钮，弹出图 4.96 所示的“单变量求解状态”对话框，单击“确定”按钮，得到图 4.97 所示的最终结果，鸡 16 只，兔 14 只。

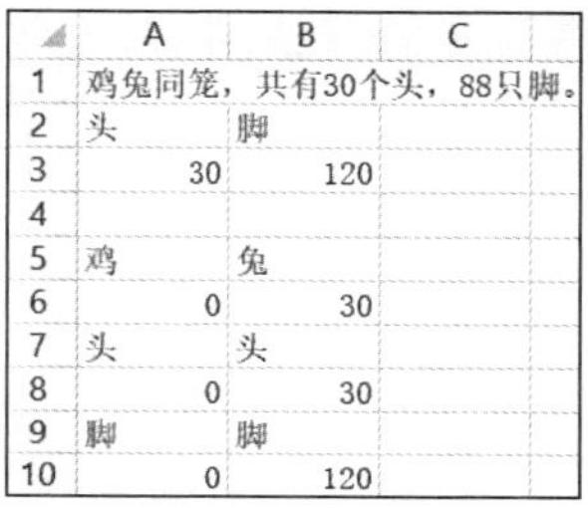

图 4.94　鸡兔同笼问题

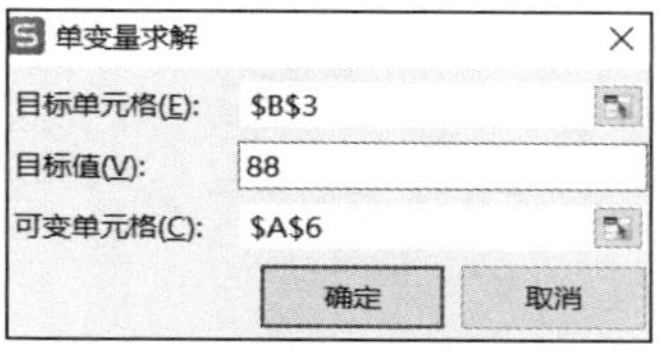

图 4.95　“单变量求解”对话框

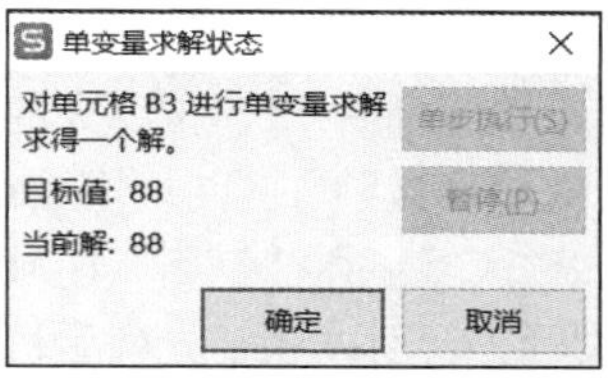

图 4.96　“单变量求解状态”对话框

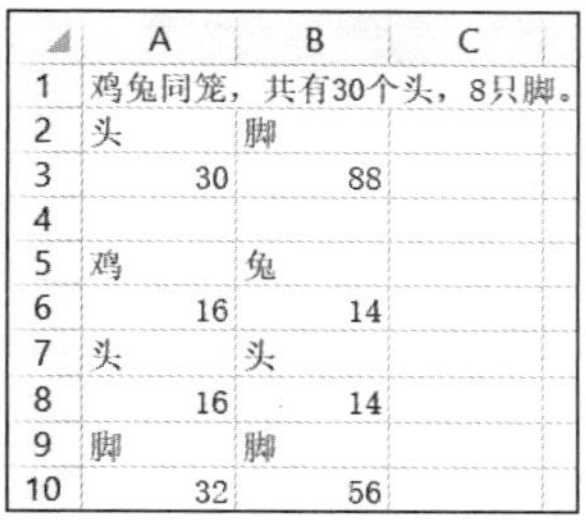

图 4.97　计算结果

4.7　工作表的打印和超链接

对于设置好的工作表，可以将其打印出来，也可以为其建立超链接。

4.7.1　页面布局

对工作表的页面进行布局，可以控制打印出的工作表的版面效果。页面布局是利用“页面布局”选项卡下的命令组完成的，设置对象包括设置页面、页边距、页眉/页脚和工作表。

1. 设置页面

选择“页面布局”选项卡下“页面设置”组右下角的“⌟”按钮，打开“页面设置”对话框，进行页面设置，如图 4.98 所示。

2. 设置页边距

选择图 4.98 中的“页边距”选项卡，可以设置“上”“下”“左”“右”页边距，设置居中方式为“水平”或“垂直”，最后单击“确定”按钮，完成页边距的设置。

3. 设置页眉/页脚

页眉是打印页面顶部出现的文字，而页脚则是打印页面底部出现的文字。通常把工作簿的名称作为页眉，页码作为页脚。当然也可以自定义。页眉和页脚一般居中打印。

选择“页眉/页脚”选项卡，打开图 4.99 所示的对话框，进行页眉和页脚设置。如果要自定义页眉和页脚，则单击图 4.99 中的“自定义页眉”“自定义页脚”按钮，在打开的对话框中完成所需的设置即可。

如果要删除页眉或页脚，则选定要删除页眉或页脚的工作表，在“页眉”“页脚”下拉列表中选择“无”选项，表明不使用页眉或页脚。

图 4.98　“页面设置”对话框

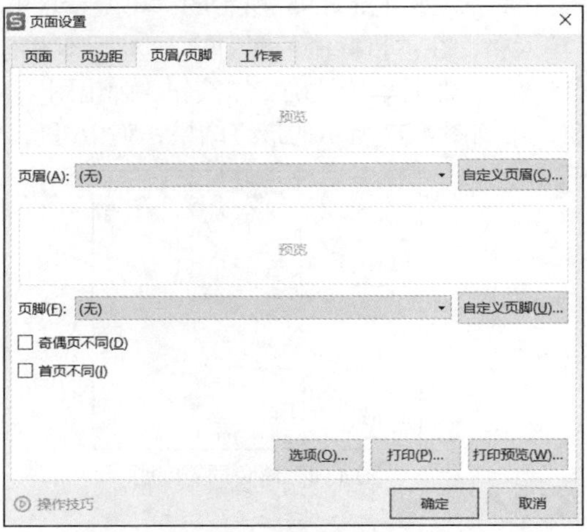

图 4.99　“页眉/页脚”选项卡

4. 设置打印区域

在“工作表”选项卡中，可以设置打印区域。因为工作表是一个非常庞大的区域，而通常要打印的只是有限的区域。可以利用“工作表”选项卡下“打印区域”右侧的切换按钮选定打印区域；利用“打印标题”右侧的切换按钮可以选定行标题或列标题区域；在“打印”区域中可以设置网格线、行号、列标和批注等；利用“打印顺序”区域可以设置先行后列还是先列后行。

4.7.2　打印预览和打印

在打印之前，最好先进行打印预览以观察打印效果，然后再打印。单击“页面设置”选项卡中的“打印预览”命令，可以看到实际的打印效果。

若打印预览效果满足需要，单击“页面设置”对话框下方的“打印”按钮，即可进行打印。

4.7.3　工作表中的链接

工作表中的链接包括超链接和数据链接两种，超链接可以从一个工作簿或文件快速跳转到其他工作簿或文件，可以建立在单元格的文本或图形上；数据链接使数据互相关联，当一个数据发生更改时，与之相关联的数据也会更改。

1. 建立超链接

选定要建立超链接的单元格或单元格区域，单击鼠标右键，在弹出的快捷菜单中选择“链接”列表中的“超链接”命令，打开“超链接”对话框，设置链接到的目标地址、屏幕提示（当鼠标指针指向建立的超链接时，显示相应的提示信息）等。要取消已经建立的超链接，选定超链接区域，单击鼠标右键，在弹出的快捷菜单中选择“取消超链接”命令，即可取消超链接。

2. 建立数据链接

复制欲关联的数据，打开欲关联的工作表，在工作表中指定的单元格上单击鼠标右键，在“选择性粘贴”列表中选择“选择性粘贴”命令，打开“选择性粘贴”对话框，单击“粘贴链接”按钮即可。

4.8 保护数据

任何人都可以自由访问并修改未经保护的工作簿和工作表。

1. 保护工作簿

工作簿的保护包含两个方面：一是保护工作簿，防止他人非法访问；二是禁止他人对工作簿或工作簿中工作表的非法操作。

打开工作簿，选择“文件”菜单下的“另存为”命令，打开“另存为”对话框，在“另存为”对话框中单击“加密”按钮，打开“密码加密”对话框，如图 4.100 所示。设置“打开权限”，在“打开文件密码”“再次输入密码”文本框中输入密码，限制打开工作簿的权限；设置“编辑权限”，在“修改文件密码”“再次输入密码” 文本框中输入密码，限制修改工作簿的权限。

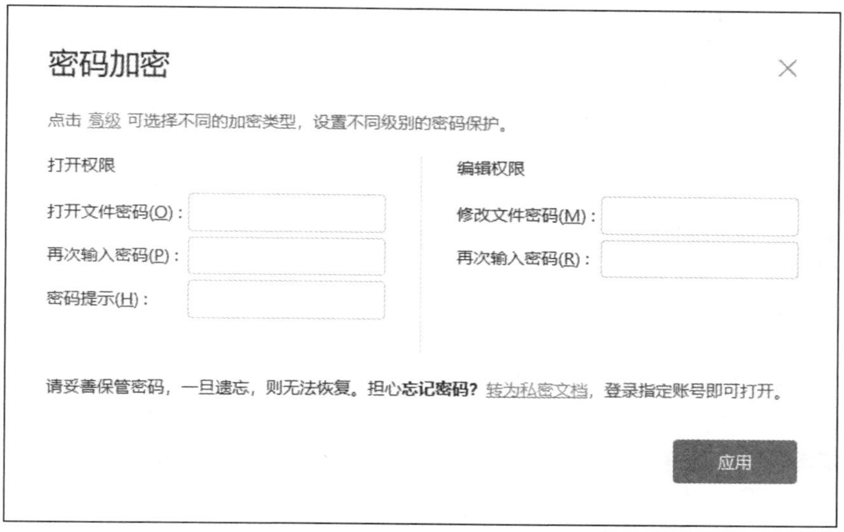

图 4.100　“密码加密”对话框

2. 保护工作表

除了保护整个工作簿，也可以保护工作簿中指定的工作表。具体步骤：选择要保护的工作表，使之成为当前工作表，选择“审阅”选项卡下的“保护工作表”命令，出现“保护工作表”对话框。在“密码”文本框中输入保护密码，在“允许此工作表的所有用户进行”区域提供的选项中选择允许用户操作的项，单击“确定”按钮。

习题

一、单项选择题

1. WPS 工作簿文件的专属扩展名是（　　）。

　A. .et　　B. .exe　　C. .xls　　D. .xlsx

2. 在 WPS 表格的单元格中换行，需按的组合键是（　　）。

　A. Tab+Enter　　B. Shift+Enter　　C. Ctrl+Enter　　D. Alt+Enter

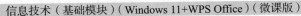

3. 单元格 A1 为数值 1，在单元格 B1 中输入公式：=IF(A1>0,"Yes", "No")，单元格 B1 中得到的结果是（ ）。

A. Yes B. No C. 不确定 D. 空白

4. 单元格右上角有一个红色三角形，这表示该单元格（ ）。

A. 被选中 B. 被插入备注 C. 被保护 D. 被关联

5. 从工作表产生图表时，下列说法正确的是（ ）。

A. 无法从工作表中产生图表

B. 图表只能嵌入当前工作表中，不能作为新工作表保存

C. 图表不能嵌入当前工作表中，只能作为新工作表保存

D. 图表既可以嵌入当前工作表中，又能作为新工作表保存

6. WPS 表格中的数据库属于（ ）。

A. 层次模型 B. 网状模型 C. 关系模型 D. 结构化模型

7. 对某个工作表进行分类汇总前，必须先进行（ ）。

A. 查询 B. 筛选 C. 检索 D. 排序

8. 在工作表单元格中输入公式：=A3×100–B4，则该单元格的值（ ）。

A. 为单元格 A3 的值乘以 100 再减去单元格 B4 的值，该单元格的值不再变化

B. 为单元格 A3 的值乘以 100 再减去单元格 B4 的值，该单元格的值随着 A3 和 B4 的变化而变化

C. 为单元格 A3 的值乘以 100 再减去单元格 B4 的值，其中 A3 和 B4 分别代表某个变量的值

D. 为空，因为该公式非法

二、填空题

1. WPS 表格默认一个工作簿中包含________个工作表，一个工作簿内最多可以有________个工作表。

2. 利用 WPS 表格中的高级筛选功能可以建立复杂的筛选条件，首先必须建立________区域。

3. 在 WPS 表格中，对数据建立分类汇总之前，必须先对分类字段进行________操作。

三、简述题

1. 什么是工作簿？什么是工作表？它们之间的关系是什么？

2. WPS 表格存储数据的基本单位是什么？它们是如何表示的？

3. WPS 表格如何自动填充数据？

4. 分类汇总前必须先进行什么操作？

5. 分类汇总和数据透视表有什么不同？

6. 公式中单元格的引用分为哪些？

7. 在单元格中输入公式的规则是什么？

8. 工作表中的链接分为哪几种？它们的区别是什么？

9. 表格的建立有几种方法？如何在表格中加入斜线？

10. 工作表打印之前需要先设置什么？

11. 高级筛选和自动筛选的区别是什么？

12. 如何保护工作簿和工作表？

四、实训题

小王在公司销售部门负责销售数据的汇总和管理，为了保证销售数据的准确性，每个月底，小王会对销售表格进行定期检查和完善。数据存放在素材文档“ET.xlsx”中（.xlsx 为文件扩展名），按如下要求进行操作。

1. 在“销售记录”工作表中，商品名称、品类、品牌、单价、购买金额这 5 列已经设置好公式，请在 D1:G1 单元格中已有内容的后面增加“(自动计算)”字样，新增的内容需要换行显示，字号设置为“9 号”。

2. 在“销售记录”工作表中，表格数据中“红色字体”所在行的公式计算结果错误，该公式主要引用“基础信息表”中的“产品信息表”区域，请检查公式引用区域的数据，找到错误原因并修改错误，再把红色字体全部改回“黑色，文本 1”格式。

3. 在“销售记录”工作表中，使用条件格式对“购买金额”(I2:I20) 进行标注：大于等于 20000 的单元格，单元格底纹显示浅蓝色 (颜色设置区：第 2 行第 5 个)；小于 10000 的单元格，单元格底纹显示浅橙色 (颜色设置区：第 2 行第 8 个)。

4. 在“销售记录”工作表中，对“折扣优惠”(J2:J20) 中的内容进行规范填写，请按如下要求设置。

① 在该列中插入下拉列表，下拉列表中的内容需要引用“基础信息表”工作表中的“折扣优惠”列 (H3:H6)。

② “折扣优惠”列 (J2:J20) 中的原本描述与下拉列表中内容不一致的单元格，需重新修改为规范描述。

5. 在“销售记录”工作表中，“折后金额”(K2:K20) 列使用 IFS 函数，按下述规则计算折后金额，如表 4.1 所示。

表 4.1　折后金额计算公式

折扣优惠	折后金额
折扣优惠=无优惠	折后金额=购买金额*100%
折扣优惠=普通	折后金额=购买金额*95%
折扣优惠=VIP	折后金额=购买金额*85%
折扣优惠=SVIP	折后金额=购买金额*80%

6. 在“销售记录”工作表中，为方便查看销售表数据，对单元格进行设置：上下翻页查看数据时，标题行始终显示；左右滚动查看数据时，“日期”“客户名称”列始终显示。

7. 将“销售记录”工作表设置成：选择某个单元格时，该单元格所在行、列自动标记成与其他行、列不同的颜色。

8. 对“销售记录”工作表进行打印页面设置。

① 将“销售记录”工作表“横向”打印在“A4 纸”上。

② 在打印时，每页都打印标题行。

9. 选中“销售记录”工作表的数据，创建数据透视表。

① 生成数据透视表，将其放置在“统计表”工作表中，用于统计不同品牌、不同品类的购买数量、购买金额。

② 数据透视表左侧的标题为“品类”，上方的第一行标题为“品牌”，每个品牌下方的二级标题，分别显示“数量”“金额”，数据透视表的展示效果请参考表 4.2。

表 4.2　数据透视表的展示效果

	H 品牌		M 品牌		T 品牌		数量汇总	金额汇总
品类	数量	金额	数量	金额	数量	金额		
手机	###	###	###	###	###	###	###	###
电视	###	###	###	###	###	###	###	###

续表

	H 品牌		M 品牌		T 品牌		数量汇总	金额汇总
品类	数量	金额	数量	金额	数量	金额		
洗衣机	###	###	###	###	###	###	###	###
总计	###	###	###	###	###	###	###	###

注意：“品牌”所在单元格需要“居中排列”。

③ 将数据透视表中所有的“金额”列设置成“货币”格式（示例效果：¥1,234.56）。

④ 将数据透视表中的“品类”列，按“金额汇总”降序排列。

10. 在“基础信息表”工作表中，对产品信息按如下要求进行调整。

① 使用查找、替换功能将“商品名称”（B3:B17）列的“(内销)”“(出口)”内容清除。

②“基础信息表”工作表主要由指定人维护，不允许全部人编辑，请将“基础信息表”工作表设置成默认禁止编辑。

11. 请在“目录”工作表中，按如下要求进行设置。

① 为“目录”工作表中的 B3:B5 单元格，分别设置超链接，单击单元格，自动跳转至对应工作表，设置完成后，3 个单元格需要恢复默认效果（字体：微软雅黑，字号：10 号，字体颜色：黑色，文本 1）。

② 为了美化“目录”工作表，在 A2:C5 单元格区域中插入表格，将表格样式修改为“表样式中等深浅 1”，让目录效果更加美观。

第5章 WPS 演示

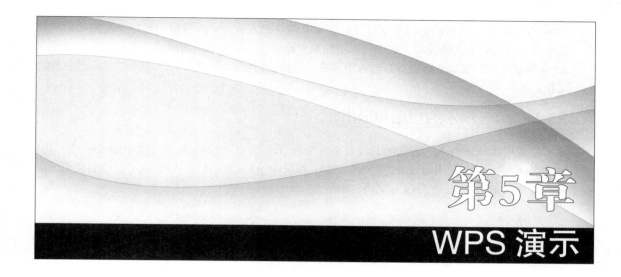

WPS 演示是金山公司 WPS Office 办公套装软件中的一个重要组件，是一款演示文稿编创与展示的工具。用户可根据软件提供的功能自行设计、制作和放映演示文稿。演示文稿图文并茂且具有动态性、交互性和可视性，广泛应用在演讲、报告、产品演示和课堂教学等情形下。借助演示文稿，可以更有效地进行表达与交流。

一般情况下，演示文稿是由一系列的幻灯片组成的，本章主要介绍如何利用 WPS 演示进行演示文稿的设计、制作和放映。通过对本章的学习，读者应能掌握以下内容。

（1）演示文稿的创建、幻灯片版式设置、幻灯片编辑、幻灯片放映等基本操作；

（2）演示文稿视图模式的使用，幻灯片页面、主题、背景及母版的设计与应用；

（3）幻灯片中的图形和图片、智能图形、图表、声音和视频及艺术字等对象的编辑及工具的使用；

（4）幻灯片中的动画效果、切换效果和交互效果等设计；

（5）演示文稿的放映设置与控制，输出与打印。

5.1 WPS 演示基础

在学习 WPS 演示的具体操作前，需先掌握其基础功能模块，了解其界面组成，为后续编辑幻灯片、设置动画效果等进阶操作打下基础。

5.1.1 WPS 演示的基本功能

WPS 演示作为演示文稿制作软件，提供了方便、快速建立演示文稿的功能，包括幻灯片的建立、插入、删除等基本功能，以及幻灯片版式的选用，幻灯片中信息的编辑及放映方式的选择等。

对于已建立的演示文稿，为了方便用户从不同角度阅读幻灯片，WPS 演示提供了多种幻灯片浏览模式，包括普通视图、浏览视图、备注页视图、阅读视图和母版视图等。

为了更好地展示演示文稿的内容，利用 WPS 演示可以对幻灯片的页面、主题、背景及母版进行外观设计。对于演示文稿中的每张幻灯片，可利用 WPS 演示提供的丰富功能，根据用户的需求设置多媒体效果。

WPS 演示提供了具有动态性和交互性的演示文稿放映方式，通过设置幻灯片中对象的动画效果、幻灯片切换方式和放映控制方式，可以更加充分地展现演示文稿的内容。

WPS 演示可以对演示文稿进行打包输出和格式转换，以便在未安装 WPS 演示的计算机上放映演示文稿。

5.1.2 WPS 演示的启动和退出

演示文稿是以.pptx 等为扩展名的文件，文件由若干张幻灯片组成，按序号由小到大排列。

WPS 演示的启动和退出与 WPS 文字的类似。在启动 WPS 演示后，WPS 演示窗口中自动新建一个名为“演示文稿 1”的空白演示文稿，如图 5.1 所示。

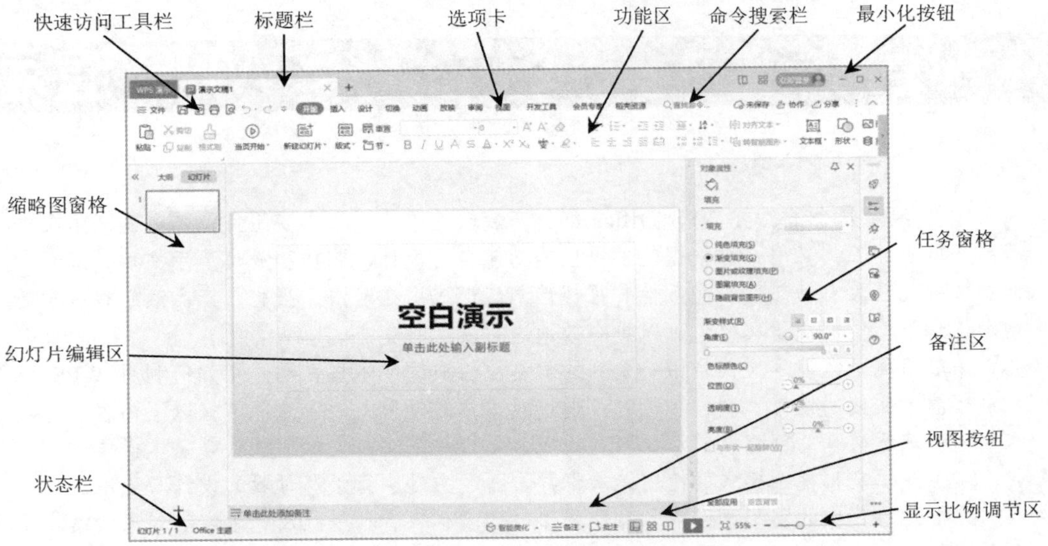

图 5.1　WPS 演示窗口

5.1.3 WPS 演示窗口的组成

WPS 演示的功能是通过其窗口中的命令实现的，启动 WPS 演示即可打开 WPS 演示窗口，它由标题栏、快速访问工具栏、选项卡、功能区、编辑区、幻灯片窗口、备注栏、状态栏、视图按钮、显示比例调节区等部分组成，如图 5.1 所示。

（1）标题栏。标题栏位于窗口的顶端，其中左侧排列的每一个标签用于显示演示文稿对应的文件名；右侧有“最小化”“最大化/还原”“关闭”3 个按钮。拖动标题栏可以移动窗口，双击标题栏可最大化或还原窗口。

（2）快速访问工具栏。它默认位于标题栏下方，紧邻“文件”菜单，其中有常用的几个按钮，便于快捷操作。默认设置下，快速访问工具栏中有“保存”“输出为 PDF”“打印”“打印预览”“撤销”“恢复”等几个按钮。“恢复”按钮的右侧还设有“自定义快速访问工具栏”下拉按钮，可根据需要修改快速访问工具栏的设置。

（3）选项卡。标题栏下面是选项卡，默认情况下，选项卡区域中有“开始”“插入”等 11 个不同的选项卡，每个选项卡下包含不同类别的命令按钮组。单击选项卡，功能区中显示与该选项卡类别对应的多组操作命令。如单击“插入”选项卡，功能区中就出现“新建幻灯片”“表格”“图片”“形状”“图表”“智能图形”等命令。

默认情况下，有些选项卡不会出现，只有在特定的操作状态下才会自动出现，并提供相应的命令，这种选项卡称为“上下文选项卡”。如在进入幻灯片编辑状态后，功能区中就会自动出现“绘图工具”“文本工具”选项卡。

（4）功能区。功能区用来显示与对应选项卡功能类型一致的命令按钮，一般命令按钮以功能类属原则分组显示。如“开始”选项卡下就有“剪贴板”“字体”“段落”“设置形状格式”等分组，每个分组内的命令按钮的功能类属接近。

功能区可以根据需要用“隐藏功能区”按钮最小化（如需要增加幻灯片窗口的显示面积）或用“展开功能区”按钮展开。当然，功能区中命令的数量较多，寻找特定命令时可能遇到困难。因此可以利用选项卡右侧的命令搜索栏，输入关键词以检索命令。

（5）编辑区。功能区下方的编辑区分为 3 个部分：左侧的缩略图窗格、中间的幻灯片编辑区和下方的备注区，以及右侧根据不同编辑任务所打开的任务窗格。拖动窗口之间的分界线可以调整各区域的大小，以便满足编辑需要。幻灯片编辑区显示当前幻灯片，用户可以在此编辑幻灯片的内容。在备注区中可以添加与幻灯片有关的注释、说明等信息。

① 缩略图窗格。单击“幻灯片”选项卡，可以切换到显示各张幻灯片缩略图的状态，其中红色框线标出的是当前正在编辑的幻灯片（即幻灯片编辑区中显示的那张幻灯片，也称当前幻灯片）。单击某张幻灯片的缩略图，将在幻灯片编辑区中显示该幻灯片，即可以切换当前幻灯片。还可以在缩略图窗格中调整幻灯片顺序、添加或删除幻灯片。

② 幻灯片编辑区。这里显示幻灯片的内容，包括文本、图片、表格等各种对象。可以直接在该区域中输入和编辑幻灯片的内容。

③ 备注区。对幻灯片的解释、说明等备注信息可以在此区域中直接输入、编辑，以供制作、展示和演讲演示文稿时备忘、参考。

（6）视图按钮。视图是当前演示文稿的显示方式。WPS 演示提供了普通视图、大纲视图、幻灯片浏览视图、备注页视图、阅读视图、幻灯片放映视图和母版视图这 7 种视图。普通视图可以同时显示缩略图窗格、幻灯片编辑区和备注区，而在幻灯片放映视图下可以放映当前演示文稿。

各种视图间的切换可以使用“视图”选项卡中的相应命令，也可以用窗口底部右侧的视图按钮，包括“普通视图”“幻灯片浏览”“阅读视图”“幻灯片放映”4 个按钮，单击某个按钮就可快捷地切换到相应的视图状态。

（7）显示比例调节区。显示比例调节区位于视图按钮的右侧，单击“放大”“缩小”按钮可以调整幻灯片编辑区中幻灯片的显示比例，也可以通过拖动滑块调节显示比例。

（8）状态栏。状态栏位于窗口底部左侧。在普通视图下，状态栏中主要显示当前幻灯片的序号、当前演示文稿的幻灯片总数、当前幻灯片选用的主题等信息。

5.1.4　演示文稿的打开与关闭

演示文稿的打开与关闭与 WPS 文字的类似，可以直接在 WPS 演示窗口的左上方单击“文件”菜单中的“打开”按钮，在弹出的“打开文件”对话框中，找到需要打开的演示文稿所在的文件夹，选中文件后单击“打开”按钮。也可以先找到演示文稿文件，将文件拖动到 WPS 演示窗口中，WPS 会自动打开该文件。如果最近已经打开过该演示文稿文件，在“最近使用”文件列表中找到该文件，双击打开即可。演示文稿的关闭操作可参见 WPS 文字的关闭操作。

5.2　WPS 演示的基本操作

WPS 演示的基本操作

了解 WPS 演示文稿的基本功能后，就可以开始演示文稿的创建与初始化设置。通过系统化的模板选择、结构规划及素材整合，可快速搭建内容框架。

5.2.1 创建演示文稿

创建演示文稿主要有创建空白演示文稿、根据主题创建、根据模板创建等方式。

1. 创建空白演示文稿

想使用空白演示文稿，可以创建一个没有任何设计方案和示例文本的空白演示文稿，根据自己的需要选择幻灯片版式，然后开始演示文稿的制作。

创建空白演示文稿有两种方法。

（1）启动 WPS，单击“新建”按钮，在文档格式中选择“演示”按钮，此时，WPS 会列出一系列演示文稿主题，单击左上第一个，即可创建一个空白演示文稿，如图 5.2 所示。

（2）在 WPS 演示已经启动的情况下，单击“文件”菜单中的“新建”命令。

图 5.2 创建空白演示文稿

2. 用模板创建演示文稿

模板是预先设计好的演示文稿样本，WPS 演示提供了多种模板。因为模板可提供多项设置好的演示文稿外观效果，所以用户只需将内容进行修改和完善即可创建美观的演示文稿。可以在系统提供的各式各样的模板中根据自己的需要选用其中一种最接近自己需求的模板，对模板中的提示内容幻灯片，用户根据自己的需要进行补充和完善，即可快速创建专业水平的演示文稿。这样可以不必自己设计演示文稿的样式，省时省力，提高工作效率。

单击“文件”菜单中的“新建”命令，在上方搜索栏中输入关键词，检索某一类型的模板，单击其中一个模板，下载后即可使用，如图 5.2 所示。或者单击“文件”菜单中“新建”命令，选择“本机上的模板”命令，创建新的演示文稿。

例如，使用“免费极简风工作总结汇报 PPT”模板创建的演示文稿含有同一主题的 21 张幻灯片，分别给出“工作总结汇报”标题和“阶段工作概述”目录等幻灯片的提示内容。用户只需根据实际情况按提示修改填充内容即可。

5.2.2 应用幻灯片版式

WPS 演示为幻灯片提供了多个幻灯片版式，幻灯片版式确定了幻灯片内容的布局。单击“开始”选项卡幻灯片组的“版式”命令，在“母版版式”列表中，可为当前幻灯片选择版式，如图 5.3 所示，其中有“标题幻灯片”“标题和内容”“节标题”“两栏内容”“比较”“仅标题”“空白”等。对于新建的空白演示文稿，默认的版式是“标题幻灯片”，图 5.4 为“两栏内容”幻灯片版式。

确定了幻灯片的版式后，即可在相应的栏目和对象框内添加文本、图片、表格、图形、媒体剪辑等内容。

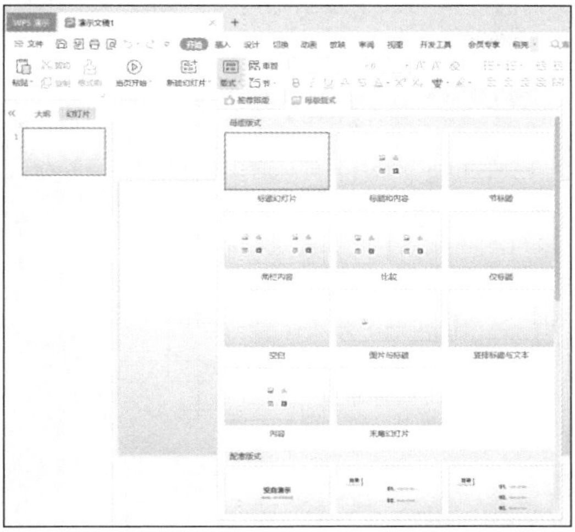

图 5.3　幻灯片母版版式

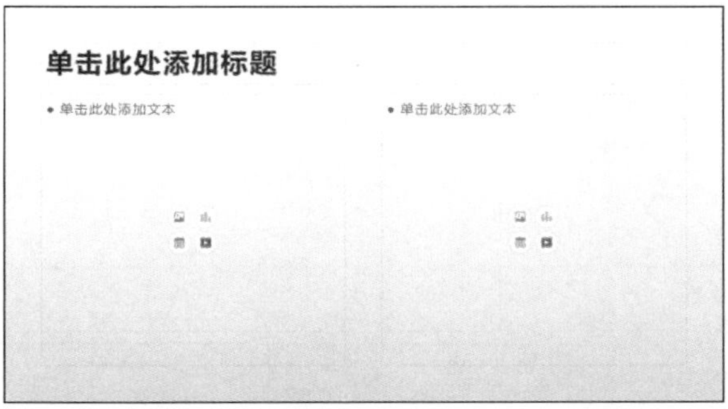

图 5.4　“两栏内容”幻灯片版式

5.2.3　插入和删除幻灯片

通常，演示文稿由多张幻灯片组成，创建空白演示文稿时，其中会自动生成一张空白幻灯片，当一张幻灯片编辑完成后，如果还需要继续制作下一张幻灯片，此时需要增加新幻灯片。在已经存在的演示文稿中有时需要增加若干幻灯片以加强某个观点的表达，有时需要删除某些不再需要的幻灯片。因此，必须掌握增加或删除幻灯片的方法。要增加或删除幻灯片，必须先选择幻灯片，使之成为当前操作的对象。

1. 选择幻灯片

若要插入新幻灯片，首先需要确定当前幻灯片是哪一张，它是插入新幻灯片的基准位置，默认情况下，新幻灯片将插在当前幻灯片后面。若要删除幻灯片或编辑幻灯片，则要先选择目标幻灯片，使其成为当前幻灯片，然后再执行删除或编辑操作。在幻灯片缩略图窗格中可以显示多张幻灯片，所以在该区域中选择幻灯片十分方便，既可以选择单张，也可以选择多张幻灯片作为操作对象。

（1）选择单张幻灯片。在缩略图窗格单击所选幻灯片的缩略图即可。若目标幻灯片的缩略图未出现，可以拖动缩略图窗格的滚动滑块，寻找、定位目标幻灯片的缩略图后单击它即可。

（2）选择多张连续幻灯片。在缩略图窗格中单击所选的第一张幻灯片缩略图，然后按住 Shift 键并单击所选的最后一张幻灯片缩略图，则这两张幻灯片之间（含这两张幻灯片）所有的幻灯片均被选中。

（3）选择多张不连续的幻灯片。按住 Ctrl 键，在缩略图窗格中逐个单击要选择的各幻灯片缩略图即可。

2. 插入幻灯片

常用的插入幻灯片方式有两种：插入新幻灯片和插入当前幻灯片的副本。

（1）插入新幻灯片。在缩略图窗格中选择目标幻灯片的缩略图，单击“开始”选项卡幻灯片组的“新建幻灯片”命令，在选中幻灯片的后方位置插入一张新的幻灯片。也可在插入新幻灯片之前，用户重新定义插入幻灯片的格式（如版式等）。展开“新建幻灯片”下拉列表，选择“新建”选项，单击展开“母版版式”列表，从幻灯片母版版式列表中选择一种版式（例如“标题和内容”），则在当前幻灯片后出现新插入的指定版式幻灯片。另外，也可以在缩略图窗格中单击鼠标右键，在弹出的快捷菜单中选择“新建幻灯片”命令，在该幻灯片缩略图后面出现新幻灯片的缩略图。也可以在“幻灯片浏览”视图模式下，移动鼠标指针到需插入幻灯片的位置，当出现红色竖线时，单击鼠标右键，在弹出的快捷菜单中选择“新建幻灯片”命令，在当前位置插入一张新幻灯片。如图 5.5 所示。

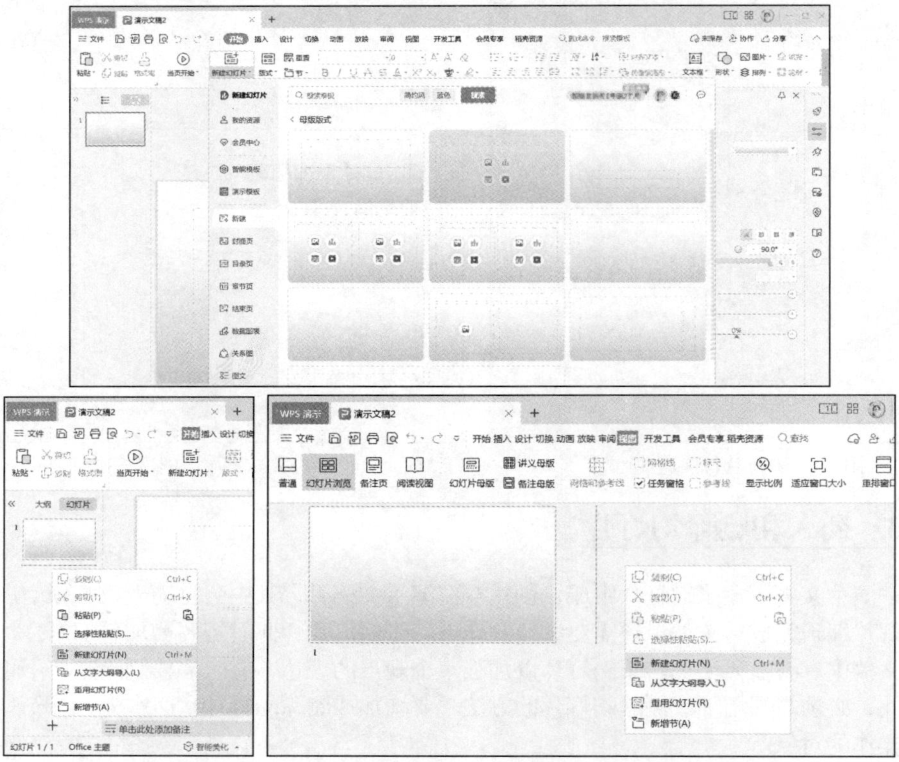

图 5.5　几种新建幻灯片的方法

（2）插入当前幻灯片的副本。直接复制当前幻灯片（包括幻灯片版式和内容等），将其作为插入的新幻灯片，即保留现有的格式和内容，用户只需在其基础上进行修改即可。在缩略图窗格中选择目标幻灯片的缩略图，右击目标幻灯片的缩略图，在弹出的快捷菜单中选择“复制幻灯片”命令，如图 5.6 所示，即可在目标幻灯片后面插入新幻灯片，其格式和内容与目标幻灯片的相同。

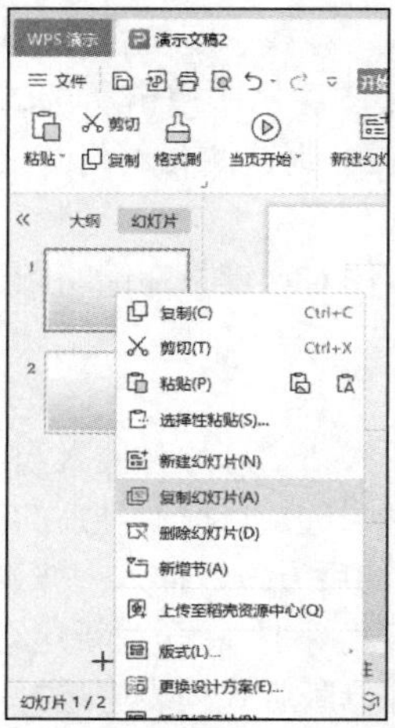

图 5.6　复制幻灯片

3. 删除幻灯片

在缩略图窗格中选择目标幻灯片的缩略图，然后按 Delete 键即可删除。也可以右击目标幻灯片的缩略图，在弹出的快捷菜单中选择“删除幻灯片”命令。若删除多张幻灯片，先选择这些幻灯片，然后按上述方法操作即可。

5.2.4 幻灯片中文本的编辑

演示文稿由若干幻灯片组成，幻灯片中的内容有文本、图片、表格等表现形式。文本是最基本的表现形式之一，也是演示文稿的基础。

（1）文本的输入。当建立空白演示文稿时，系统自动生成一张标题幻灯片，其中包括两个虚线框，框中有提示文字，这个虚线框称为占位符，如图 5.7 所示。占位符是预先设置的对象插入区域，对象可以是文本、图片、表格等，单击不同占位符即可插入相应的对象。标题幻灯片中的两个占位符都是文本占位符。单击占位符中的文字，提示文字消失，出现闪动的光标（即文本插入点），在插入点处直接输入所需文本即可。默认情况下，文字会自动换行，在分段时才需要按 Enter 键。

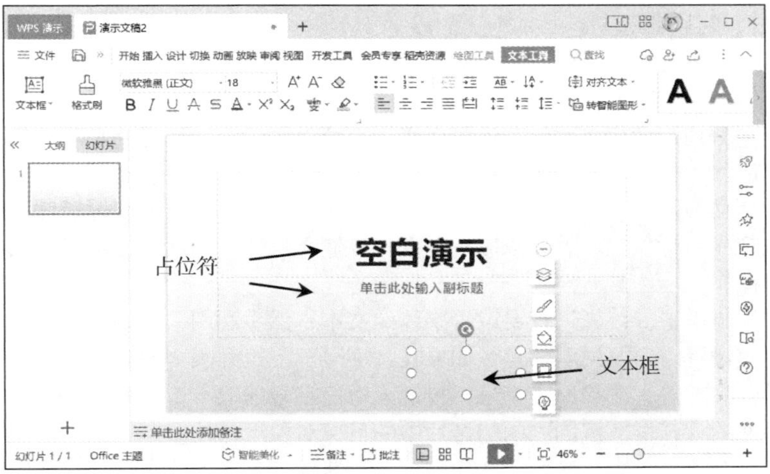

图 5.7 占位符与文本框

默认情况下，未向其中输入文本的文本占位符（包括其中的提示文字）都是虚拟占位符，在“幻灯片浏览”“阅读视图”“幻灯片放映”视图下查看和打印时，这些虚拟占位符均不显示或打印，只有在“普通视图”“幻灯片母版”视图中才显示。可以对文本占位符进行字体、段落和形状格式等设置。

文本占位符是预先设置好的文本插入区域，若希望在其他区域中添加文本，可以在所需位置插入文本框并在其中输入文本。操作方法如下。

单击“插入”选项卡下的“文本框”下拉按钮，在“预设文本框”区域中选择“横向文本框”或“竖向文本框”命令，如图 5.8 所示。此时，鼠标指针呈十字状。将鼠标指针移到目标位置，按住鼠标左键并拖动出合适大小的文本框即可。与占位符不同，文本框中没有提示文字，只有闪动的插入点，在文本框中输入所需文本即可。

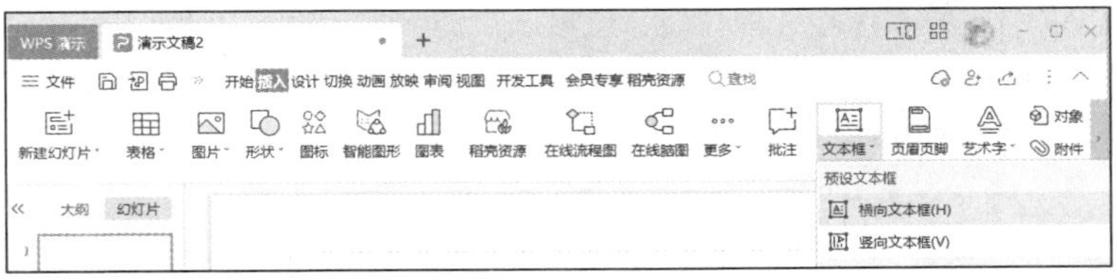

图 5.8 插入文本框

（2）文本的选择。要对某文本进行编辑，必须先选择该文本，即编辑文本的前提是选择文本。根据需要可以选择整个文本框或文本占位符、整段文本或部分文本。

① 选择整个文本框。单击文本框中的任一位置，出现虚线框，再单击虚线框，它变成实线框，这表明文本框已被整体选中。单击选中文本框外的任意位置，即可取消选中状态。

② 选择整个文本占位符。一种方法和选择整个文本框的一样，另一种方法是直接单击文本占位符的虚线框即可。取消选中与“选择整个文本框”的操作一样。

③ 选择整段文本。单击该段文本中的任一位置，然后三击，即可选中该段文本，选中的文本有阴影显示。

④ 选择部分文本。按住鼠标左键，从文本的第一个字符开始，拖动鼠标指针到文本的最后一个字符，松开鼠标左键，这部分文本有阴影显示，表示其已被选中。也可在所要选择文本的开始字符前先单击鼠标左键，然后按住 Shift 键，再单击最后一个字符之后的位置，松开 Shift 键，选择完毕。上述方法也可从最后字符开始，反向操作。

（3）文本的替换。选择要替换的文本，然后直接输入新文本。也可以在选择要替换的文本后按 Delete 键，将其删除，然后再输入新文本。

（4）文本的插入与删除。

① 插入文本。单击插入位置，然后输入要插入的文本，将新文本插到当前插入点位置。

② 删除文本。选择要删除的文本，然后按 Delete 键即可。也可以选择文本后右击，在弹出的快捷菜单中单击“剪切”命令。此外，还可以采用“清除”命令。选择要删除的文本，单击快速访问工具栏中的“清除”命令，即可删除该文本。

（5）文本的移动与复制。首先选择要移动（复制）的文本，然后将鼠标指针移到该文本上并按住 Ctrl 键，把它拖到目标位置，就可以完成移动（复制）操作。当然，也可以采用剪切（复制）和粘贴的方法完成操作。

（6）文本的字体设置。首先选择要设置字体的文本，然后利用“开始”选项卡下的“字体”组中的命令进行相应设置。需要说明的是，如果在“字号”下拉列表中没有所需字号（如 25），可以直接单击“字号”文本框，删除原来字号，再输入所需字号的数字，然后按 Enter 键即可。

可以有选择性的为某页数范围内的幻灯片中的目标对象批量设置字体格式。选中多个幻灯片或一张幻灯片的多个对象，单击“开始”选项卡下的“演示工具”下拉按钮，在下拉列表中选择“批量设置字体”命令，在“批量设置字体”对话框里，指定设置幻灯片的范围，选择目标对象，并设置字体、字号、粗体、斜体、下画线和字体颜色等，单击“确定”按钮，应用这些设置。

也可以查找某类字体，并将其批量替换成另一类。单击“开始”选项卡下的“演示工具”下拉按钮，在下拉列表中选择“替换字体”命令，可以替换某一字体（如宋体）为另一种字体（如黑体），单击“替换”按钮，完成字体替换。

（7）文本的段落设置。WPS 演示中文本的段落格式设置与 WPS 文字的类似。需补充说明的是，在文本框或文本占位符中输入含有多行文字，特别是文本中既有中文字符又有西文字符时，最好将文本的段落对齐方式设置为“两端对齐”。

5.2.5 演示文稿的保存

演示文稿可以以原文件名保存在原位置，也可以重命名后保存在其他位置。WPS 演示文稿的扩展名包括.dps，为与其他类型的电子演示文稿保持兼容，WPS 演示文稿也支持保存为.pptx、.ppt 等文件格式，默认保存格式为.pptx。与 WPS 文字、WPS 表格一样，WPS 演示也支持加密保存。

5.2.6 演示文稿的打印输出

演示文稿除放映外，还可以打印到纸张或胶片等材料上，便于演讲时参考、现场分发给观众、传递交流、存档或用其他设备做二次投影。

打开演示文稿，单击“文件”选项卡下的“打印”命令。大部分设置和 WPS 文字与 WPS 表格的类似，主要的不同是“打印内容”的设置。

设置打印内容（幻灯片、备注页或大纲视图）或打印讲义的方式（每页幻灯片数、顺序），单击左侧“打印内容”下拉按钮，在下拉列表中选择要打印的内容。例如，选择“讲义”打印内容，每页幻灯片数为 6，顺序为水平，右侧预览区显示每页打印的上下排列的 6 张幻灯片，如图 5.9 所示。

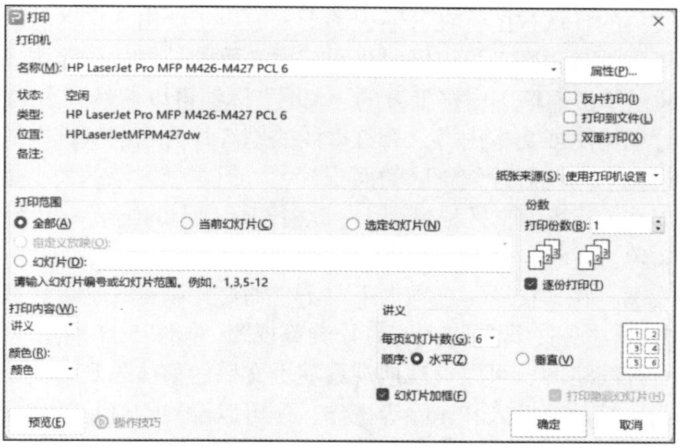

图 5.9 打印设置

5.3 演示文稿视图的使用

WPS 演示提供了多种显示演示文稿的方式，使用户可以从不同角度有效管理、查看、处理和展示演示文稿。这些演示文稿的不同显示方式称为视图。WPS 演示中有 7 种可供选用的视图：普通视图、大纲视图、幻灯片浏览视图、阅读视图、备注页视图、幻灯片放映视图和母版视图。采用不同的视图会为某些操作带来方便，例如，在幻灯片浏览视图下，由于窗口中能够显示更多张幻灯片缩略图，因而幻灯片的移动操作更为方便；而普通视图下则更适合编辑幻灯片的内容。

切换视图的常用方法有两种：使用功能区中的命令和使用视图按钮。

（1）使用功能区中的命令。单击“视图”选项卡，在演示文稿视图组中有“普通视图”“幻灯片浏览”“备注页”“阅读视图”等命令供选择。选择某个命令，即可切换到相应视图，如图 5.10 所示。

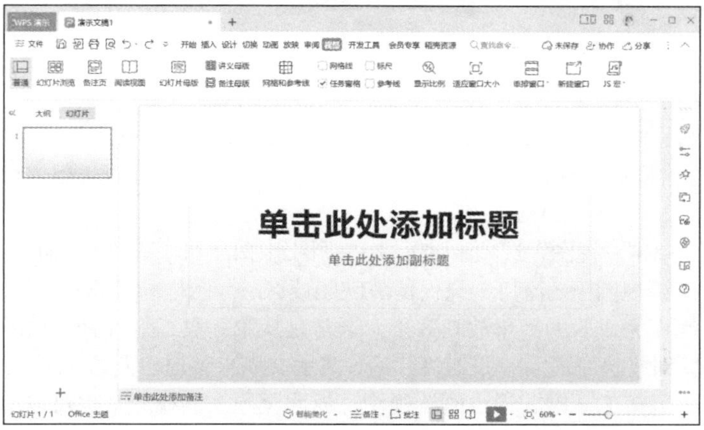

图 5.10 视图切换命令

（2）使用视图按钮。在 WPS 演示窗口底部右侧有 4 个视图按钮，分别是“普通视图”“幻灯片浏览”“阅读视图”“幻灯片放映”按钮，单击视图按钮就可以切换到相应的视图。

5.3.1 视图概览

（1）普通视图。单击“视图”选项卡演示文稿视图组中的“普通视图”命令，可切换到普通视图，如图 5.10 所示。

普通视图是演示文稿的默认视图。在普通视图下，窗口主要由 3 个区域组成：左侧的缩略图窗格、中间的编辑区和下方的备注区，可以同时显示演示文稿的幻灯片缩略图、幻灯片和备注内容。

在普通视图下，通过单击缩略图窗格上方的“大纲”标签可以切换到大纲视图，在大纲视图下，窗口中可以显示幻灯片缩略图或文本内容，有红框线的幻灯片为当前被选中的幻灯片。

普通视图和大纲视图下的幻灯片编辑区的面积较大，但 3 个区域的大小是可以调节的，方法是拖动两部分之间的分界线。若将编辑区尽量调大，此时幻灯片上的细节一览无余，适合编辑幻灯片，如插入对象、修改文本等。

（2）幻灯片浏览视图。在“视图”选项卡下单击“幻灯片浏览”命令，或单击 WPS 演示窗口底部右侧的“幻灯片浏览”按钮，即可进入幻灯片浏览视图，如图 5.11 所示。在幻灯片浏览视图中，屏幕中可显示多张幻灯片缩略图，可以直观地观察演示文稿的整体外观，便于进行幻灯片顺序的调整，对幻灯片进行复制、移动、插入和删除等操作，还可以设置幻灯片的切换效果并预览。

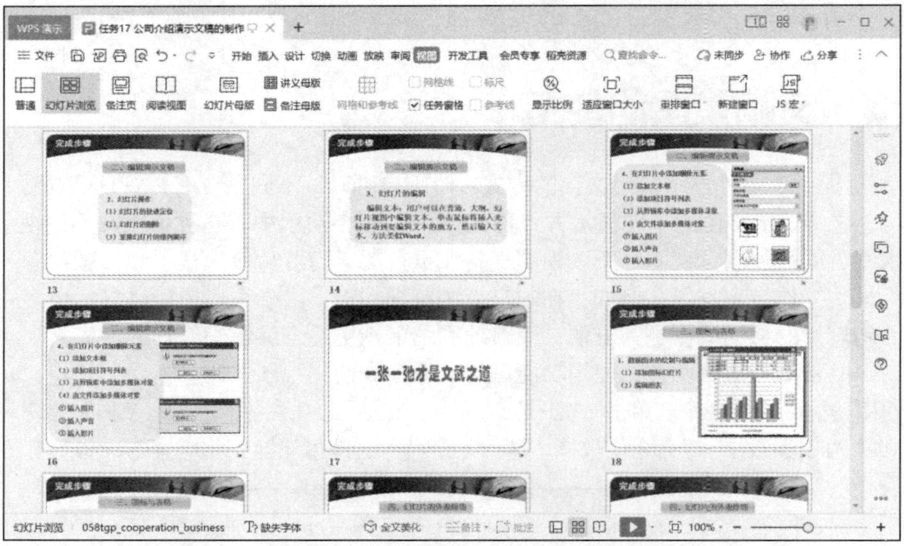

图 5.11 幻灯片浏览视图

（3）备注页视图。单击“视图”选项卡演示文稿视图组中的“备注页”命令，进入备注页视图，如图 5.12 所示。在此视图下，窗口中显示一张幻灯片及其下方的备注页，用户可以输入或编辑备注页的内容。

（4）阅读视图。单击“视图”选项卡演示文稿视图组中的“阅读视图”命令，切换到阅读视图，如图 5.13 所示。在阅读视图下，窗口中只保留放映阅读区、标题栏和状态栏，其他编辑功能被屏蔽，目的是预览幻灯片制作完成后的简单放映效果。通常是从第一页幻灯片开始放映，单击或按翻页键可以切换幻灯片，直到放映完最后一张幻灯片后，演示文稿自动退出阅读视图，返回至原来的视图。放映过程中，随时可以按 Esc 键，退出阅读视图，返回至原来的视图，也可以单击状态栏右侧的其他视图按钮，退出阅读视图并切换到相应视图。

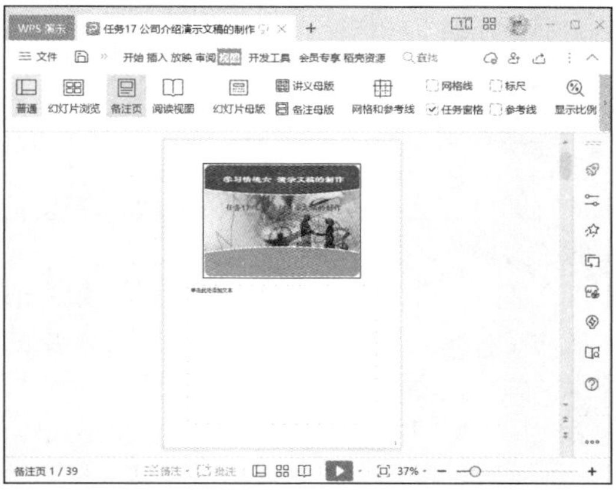

图 5.12　备注页视图

图 5.13　阅读视图

（5）幻灯片放映视图。创建演示文稿，其最终目的是向观众放映和演示。创建者通常会采用各种动画方案、放映方式和幻灯片切换方式等手段，以提高放映效果。在幻灯片放映视图下不能对幻灯片进行编辑，若不满意幻灯片放映效果，必须切换到普通视图或其他视图进行编辑和修改，幻灯片放映视图如图 5.14 所示。

只有切换到幻灯片放映视图，才能全屏放映演示文稿。单击“放映”选项卡下的“从头开始”命令，就可以从演示文稿的第一张幻灯片开始放映，如图 5.15 所示，也可以选择“当页开始”命令，从当前幻灯片开始放映。另外，单击窗口底部右侧的“幻灯片放映”视图按钮，也可以从当前幻灯片开始放映。

图 5.14　幻灯片放映视图

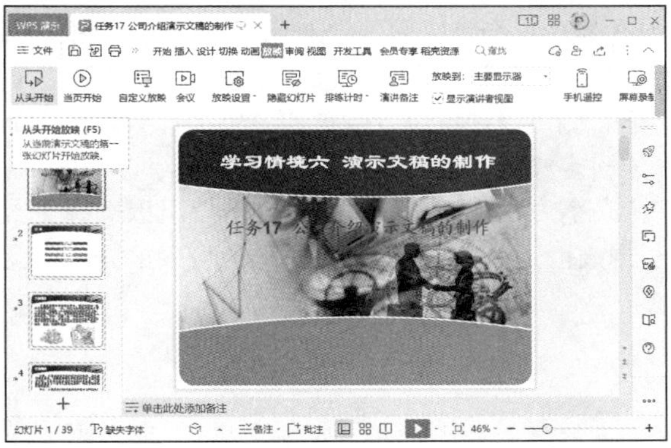

图 5.15　切换到幻灯片放映视图

在幻灯片放映视图下，单击或按翻页键可以按顺序切换幻灯片，直到放映完毕，自动返回原状态。在放映过程中，单击鼠标右键，会弹出放映控制菜单，利用它可以改变放映顺序、进行即兴标注等操作。

5.3.2　普通视图的运用

在普通视图下，编辑区的面积最大，其适用于显示单张幻灯片，因此适合对幻灯片中的对象（文本、图片、表格等）进行编辑操作，主要操作有选择、移动、复制、插入、删除、缩放（对图片等对象）以及设置文本格式和对齐方式等。

（1）选择操作。要操作某个对象，首先要选中它。方法是将鼠标指针移动到对象上，当指针呈十字箭头形状时，单击该对象即可。选中后，该对象周围出现控制点。若要选择文本对象中的某些文字，单击文本对象，其周围出现控制点后再在目标文字上拖动鼠标指针，即可选中文本对象。

（2）移动和复制操作。首先选择要移动（复制）的对象，然后鼠标指针移到该对象上（按住 Ctrl 键），并把它拖动到目标位置，就可以完成移动（复制）操作。当然，也可以采用剪切（复制）和粘贴命令实现。

（3）删除操作。选择要删除的对象，然后按 Delete 键即可。也可以采用剪切的方法，即选择要删除的对象后，单击“开始”选项卡“剪贴板”组中的“剪切”命令。

（4）改变对象的大小。当对象（如图片）的大小不合适时，可以先选择该对象，当其周围出现控制点时，将鼠标指针移到边框的控制点上并拖动，拖动左右或上下边框的控制点可以按照水平或垂直方向缩放对象。若拖动四角之一的控制点，会在水平和垂直两个方向同时进行缩放。

（5）编辑文本对象。新建一张幻灯片并选择一种版式后，该幻灯片上出现占位符。单击文本占位符并输入文本信息即可。

若要在幻灯片非占位符的位置另外增加文本对象，单击“插入”选项卡下的“文本框”下拉按钮，在下拉列表中选择“横向文本框”或“竖向文本框”，鼠标指针呈倒十字状，将鼠标指针移到目标位置，按住鼠标左键并拖动鼠标指针，绘制出大小合适的文本框，然后在其中输入文本。这个文本框可以移动、复制、缩放和设置格式，也可以删除。

（6）调整文本格式。

① 字体、字号、字体样式和字体颜色。选择文本后单击“开始”选项卡“字体”组中的“字体”下拉按钮，在下拉列表中选择所需的字体（如黑体）。单击“字号”下拉按钮，在下拉列表中选择所需的字号（如 28 磅）。单击字体样式按钮（如“加粗”“倾斜”等），可以设置相应的字体样式。对于字体颜色的设置，可以单击“字体颜色”下拉按钮，在下拉列表中选择所需颜色（如标准色“红色”）。如对颜色列表中的颜色不能满足需求，也可以自定义颜色。单击“字体颜色”下拉列表中的“其他颜色”命令，出现“颜色”对话框，如图 5.16 所示，在“自定义”选项卡中选择“RGB”颜色模式，然后分别设置红色、绿色、蓝色的数值（如 255，0，0），即可自定义所需的字体颜色。对话框右侧可以预览设置颜色的效果，若不满意，修改颜色数值，直到满意为止。单击“确定”按钮，完成自定义颜色设置。

若需要其他更多文本格式命令，可以选择文本后，单击“开始”选项卡“字体”组的对话框启动器按钮，弹出“字体”对话框，可以根据需要设置各种文本格式，如图 5.17 所示。

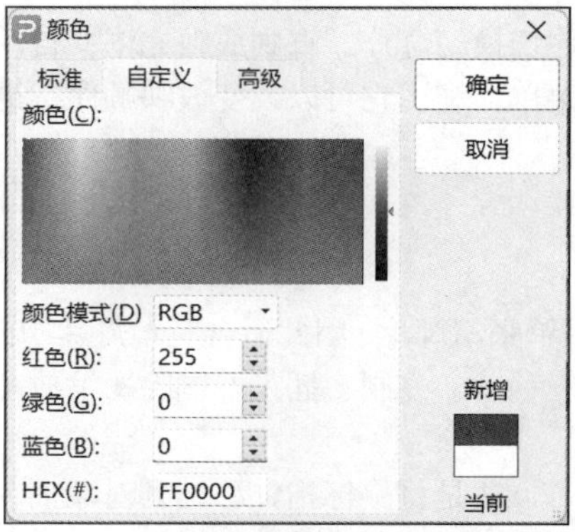

图 5.16 “颜色”对话框

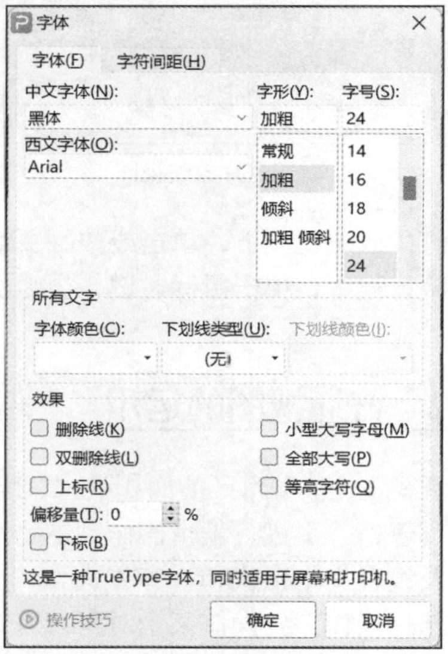

图 5.17 “字体”对话框

需要指出的是，使用“字体”对话框可以更精细、全面地设置字体格式。例如，在“字体”对话框中可以设置下画线的线型、颜色等，而在功能区只能设置单一线型的下画线，也无法设置下画线的颜色等。

② 文本对齐。文本有多种对齐方式，如左对齐、右对齐、居中、两端对齐和分散对齐等。若要改变文本的对齐方式，可以先选择文本，然后单击“开始”选项卡“段落”组中的相应命令，同样也可以单击“段落”组的对话框启动器按钮，在弹出的“段落”对话框中更精细、全面地设置段落格式。

5.3.3　幻灯片浏览视图的运用

幻灯片浏览视图可以同时显示多张幻灯片的缩略图，因此便于重排幻灯片的顺序，对幻灯片进行移动、复制、插入和删除等操作。

（1）幻灯片的选择。幻灯片浏览视图是在一个相对更大的窗口中直接以缩略图的方式显示幻灯片，而且缩略图的大小可以调节。因此，可以同时看到比缩略图窗格中更多的幻灯片缩略图，如果幻灯片的数量不是很多，甚至可以显示全部幻灯片的缩略图，将它们尽收眼底，有助于快速找到目标幻灯片。选择幻灯片的方法如下。

单击“视图”选项卡下的“幻灯片浏览”命令，或单击窗口底部右侧的“幻灯片浏览”视图按钮，进入幻灯片浏览视图。

如果幻灯片显示不全，可以利用滚动条或 PageUp 或 PageDown 键滚动界面，寻找目标幻灯片缩略图。单击目标幻灯片缩略图，该幻灯片缩略图的四周出现红框，表示该幻灯片被选中，如图 5.18 所示，15 号幻灯片被选中。若想选择连续的多张幻灯片，可以先单击其中的第一张幻灯片缩略图，然后按住 Shift 键并单击其中的最后一张幻灯片缩略图，则这些连续的多张幻灯片均出现红框，表示它们均被选中。若想选择不连续的多个幻灯片，可以按住 Ctrl 键并逐个单击要选择的幻灯片缩略图。

（2）幻灯片缩略图的缩放。在幻灯片浏览视图下，幻灯片通常以一定的比例显示，所以称其为幻灯片缩略图。根据需要可以调节显示比例，如希望一屏显示更多幻灯片缩略图，则可以缩小显示比例。要确定幻灯片缩略图的显示比例，可在幻灯片浏览视图下做如下操作：单击“视图”选项卡显示比例组中的“显示比例”命令，弹出“显示比例”对话框，如图 5.19 所示。在“显示比例”对话框中选择合适的显示比例（如 33%或 50%等）。也可以自己定义显示比例，方法是在“百分比”栏中直接输入比例值或单击上下箭头，选取合适的比例。

（3）重排幻灯片的顺序。在制作演示文稿的过程中，有时需要调整其中某些幻灯片的顺序，这就需要向前或向后移动幻灯片。移动幻灯片的方法如下。

在幻灯片浏览视图下选择需要移动位置的幻灯片缩略图（一张或多张幻灯片缩略图），按住鼠标左键并拖动所选幻灯片缩略图到目标位置，松开鼠标左键，所选幻灯片缩略图即移到该位置。

移动幻灯片的另一种方法是采用剪切/粘贴方式：选择需要移动位置的幻灯片缩略图（假设此幻灯片为第 15 张幻灯片），单击“开始”选项卡“剪贴板”组中的“剪切”命令；单击目标位置（如第 13 张和第 14 张幻灯片缩略图之间），该位置出现竖线，如图 5.20 所示；单击“开始”选项卡“剪贴板”组中的“粘贴”命令，则所选幻灯片移到第 13 张幻灯片后面，成为第 14 张幻灯片，而原第 14 张幻灯片则成为第 15 张。

（4）幻灯片的插入。在幻灯片浏览视图下能插入一张新幻灯片，也能插入属于另一演示文稿的一张或多张幻灯片。

① 插入一张新幻灯片。在幻灯片浏览视图下单击目标位置，该位置出现竖线。单击“开始”选项卡幻灯片组中的“新建幻灯片”命令，在幻灯片版式列表中选择一种版式后，该位置出现所选版式的一张新幻灯片。

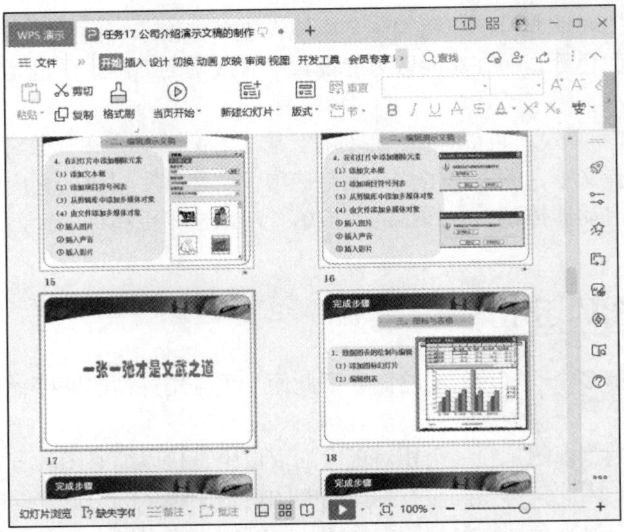

图 5.18　在幻灯片浏览视图选中幻灯片

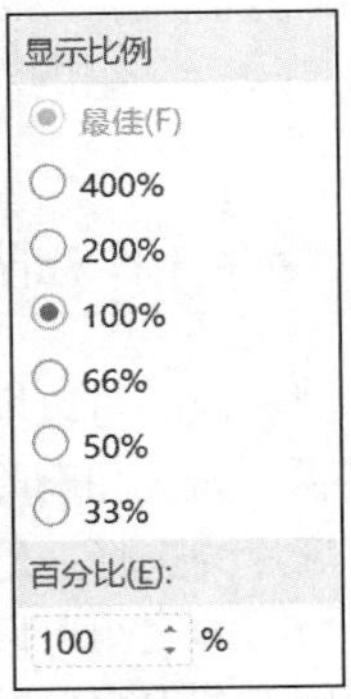

图 5.19　显示比例

② 插入来自其他演示文稿的幻灯片。如果需要插入其他演示文稿中的幻灯片，可以采用重用幻灯片功能。

- 在幻灯片浏览视图下单击当前演示文稿的插入位置，该位置出现竖线。
- 单击“开始”选项卡幻灯片组中的“新建幻灯片”命令，在弹出的列表中选择“重用幻灯片”命令，右侧出现“重用幻灯片”窗格。
- 单击“重用幻灯片”窗格中的“请选择文件”按钮，在“浏览”对话框中选择要插入的幻灯片所属的演示文稿文件并单击“打开”按钮，此时“重用幻灯片”窗格中出现该演示文稿的全部幻灯片，如图 5.21 所示。

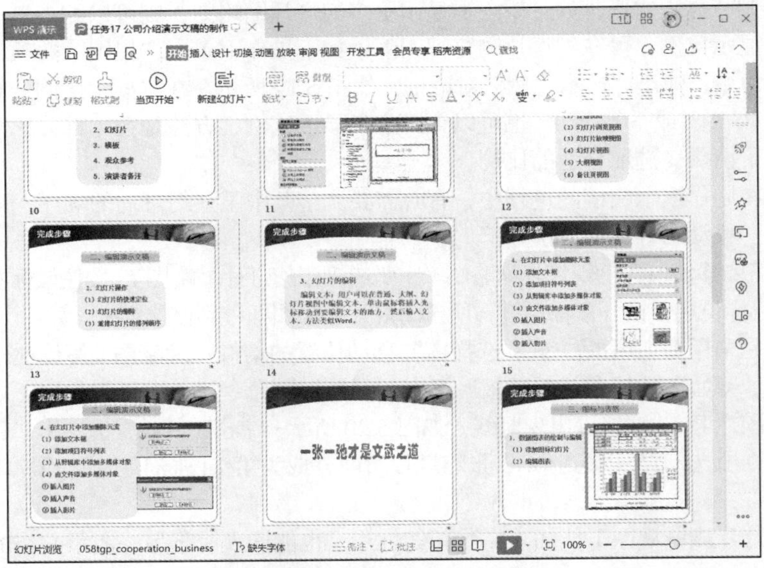

图 5.20　幻灯片插入点的竖线

图 5.21　“重用幻灯片”窗格

- 单击“重用幻灯片”窗格中要插入的幻灯片，则该幻灯片被插入到当前演示文稿的插入位置。
- 如果勾选下方的“带格式粘贴”复选框，插入的幻灯片则会保留原演示文稿的格式。

若该插入位置需要插入多张幻灯片，在“重用幻灯片”窗格中依次单击这些幻灯片即可。若某幻灯片要插入到另一位置，则先在当前演示文稿中确定插入位置，然后在“重用幻灯片”窗格中单击目标幻灯片，则该幻灯片即被插入到指定的新位置。

当然也可以采用复制/粘贴的方式插入其他演示文稿中的幻灯片。打开原演示文稿并从中选择待插入的一张或多张幻灯片，单击“开始”选项卡“剪贴板”组中的“复制”命令，然后打开目标演示文稿并确定插入位置，单击“开始”选项卡“剪贴板”组中的“粘贴”命令，则原演示文稿中选择的幻灯片便插入到了目标演示文稿中的指定位置了。

（5）删除幻灯片。在制作演示文稿的过程中，有时可能要删除某些不再需要的幻灯片。在幻灯片浏览视图下，可以显示更多张幻灯片，所以删除多张幻灯片尤为方便。删除幻灯片的方法是：首先选择要删除的一张或多张幻灯片，然后按 Delete 键。

5.4　幻灯片的外观修饰

幻灯片的外观修饰

采用应用模板样式和设置幻灯片背景可以使所有幻灯片具有一致的外观。

5.4.1　演示文稿模板的选用

模板是一组设置好的颜色、字体和图形外观效果等的集合，可以作为一套独立的选择方案并应用于演示文稿中。WPS 演示提供了海量预设模板，可以直接应用这些模板。使用模板可以简化具有专业设计水准的演示文稿的创建过程，并使演示文稿具有统一的风格，节省设计和美化幻灯片的时间。

单击“设计”选项卡下的“智能美化”按钮，弹出“全文美化”窗口，在“全文美化”窗口中，可以按分类选择或通过搜索框搜索合适的模板，选择其中一个模板，窗口右侧会显示演示文稿的美化预览效果，默认将模板应用于演示文稿中的全部幻灯片，若只想用该模板修饰部分幻灯片，可以在预览区按需勾选需要美化的幻灯片右下角的复选框，单击“应用美化”按钮，即可使用该模板。如图 5.22 所示。

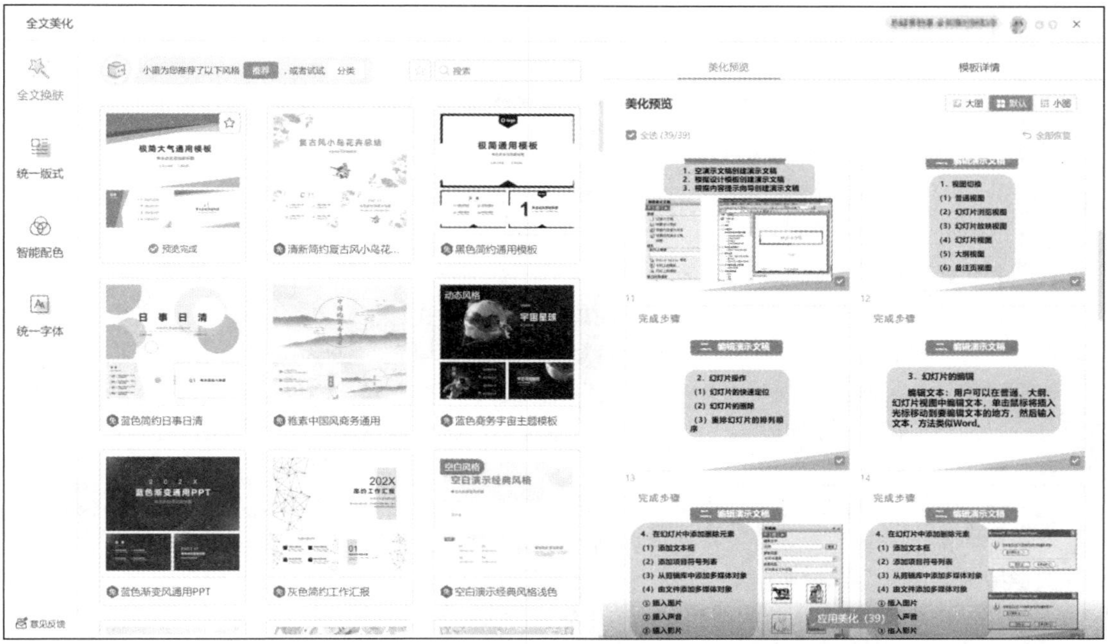

图 5.22　“全文美化”窗口

选定模板后，还可就字体、配色方案作出进一步的调整。单击“设计”选项卡下的“统一字体”按钮，选择预设字体或自定义需要的字体并将其应用于演示文稿。单击“设计”选项卡下的“配色方案”按钮，选择推荐方案中的一种方案，或自定义一个配色方案。

5.4.2 幻灯片的修饰

如果对正在编辑的某页幻灯片的设计不满意，可以重新修改幻灯片的排版，通过改变幻灯片的背景样式和设置背景格式（纯色、颜色渐变、纹理、图案或图片）等方法来进一步美化幻灯片。

1. 单页美化

单页美化是一种通过人工智能技术自动优化幻灯片页面的功能，能够根据幻灯片的页面类型和内容推荐匹配的模板，从而高效地完成幻灯片的美化工作。用户只需专注于内容的创作，而无需花费时间在选择模板、调整格式和美化页面上。单页美化功能还可以支持根据正文内容自动配图、智能拼图或轮播图片等。

选定一页幻灯片，单击“设计”选项卡下的“单页美化”按钮，在幻灯片下方弹出智能美化列表，它能自动识别当前幻灯片的类型，例如“目录”，并列出不同风格的幻灯片样式以供选择，如图 5.23 所示。单击其中一个单页模板，即可使用。

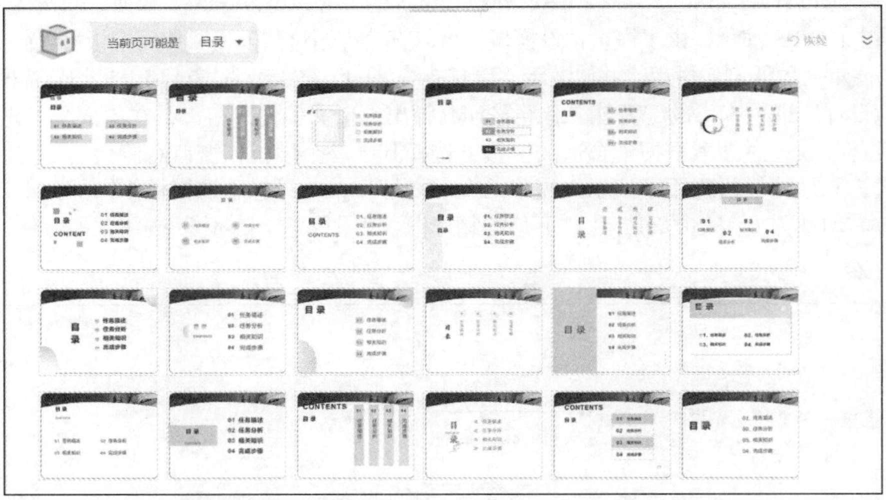

图 5.23　智能美化列表

2. 修改背景样式

一个好的背景能衬托出幻灯片的品质，如果认为背景样式过于简单，可以进一步自定义背景格式。自定义背景格式主要有 4 种方式：改变背景颜色、图案填充、纹理填充和图片填充。

改变背景颜色。改变背景颜色有纯色填充和渐变填充两种方式。纯色填充是选择单一颜色作为填充背景，而渐变填充是将两种或更多种填充颜色逐渐混合，背景颜色从一种颜色逐渐过渡到另一种（或几种）颜色。

选中需要修改背景的幻灯片，单击鼠标右键，在弹出的快捷菜单中“设置背景格式”命令，或单击“设计”选项卡下的“背景”按钮，右侧弹出“对象属性”窗格，如图 5.24 所示。

选择“纯色填充”单选按钮，单击“颜色”下拉按钮，在下拉列表中选择背景填充颜色。拖动“透明度”滑块，可以改变颜色的透明度。若不满意列表中的颜色，也可以单击“更多颜色”选项，从弹出的“颜色”对话框中选择或按 RGB 颜色模式自定义背景颜色。

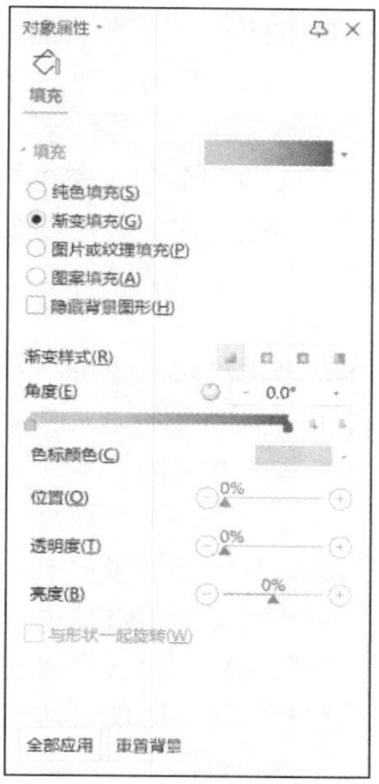

图 5.24 “对象属性”窗格

若单击“渐变填充”单选按钮，可以自定义渐变颜色。选择所需的渐变样式（如射线渐变为渐变颜色从某处向其他方向发散的效果）。在角度小转盘按钮上选择所需的渐变发散方向或者直接输入渐变发散角度值。在颜色条上，会出现与所需颜色个数相等的渐变停止点色标，否则应单击“增加渐变光圈”或“删除渐变光圈”按钮以增加或减少渐变光圈，直至要在渐变填充中使用的每种颜色都有一个渐变光圈（例如两种颜色需要两个渐变光圈）。单击某一个渐变停止点色标，在“颜色”下拉列表中，选择一种与该渐变光圈对应的颜色。拖动渐变停止点色标的位置可以调节该渐变颜色。如果需要，还可以调节颜色的“亮度”或“透明度”。用如上方法调节每一个渐变光圈，直到满意。

若单击“全部应用”按钮，则改变所有幻灯片的背景。若选择“重置背景”按钮，则撤销本次设置，恢复幻灯片至设置前的状态。

若单击“图片或纹理填充”单选按钮，在“图片填充”栏中单击“请选择图片”下拉列表中的“本地文件”按钮，在弹出的“选择纹理”对话框中选择所需的图片文件，单击“打开”按钮，回到“对象属性”窗格。若单击“全部应用”按钮，则改变所有幻灯片的背景。单击“纹理填充”下拉按钮，在出现的各种预设纹理列表中选择所需纹理（如“皮革”，鼠标指针指向纹理选项时会弹出提示）。单击“全部应用”按钮，则选择纹理会填充于所选幻灯片或全部幻灯片。还可设置背景的透明度和偏移量，直到满意。

若单击“图案填充”单选按钮，在图案列表中选择所需图案（如“苏格兰方格尼”，鼠标指针指向图案选项时会弹出提示）。通过“前景色”“背景色”栏可以自定义图案的前景色和背景色。设置完成后单击“全部应用”按钮，则图案填充应用于全部幻灯片。

若已设置主题，则所设置的背景可能被主题背景图形覆盖，此时可以在“对象属性”窗格中勾选“隐藏背景图形”复选框。

5.4.3　母版制作

1. 母版的概念

WPS 演示中的母版是幻灯片设计的重要辅助工具，母版中包含可出现在每一个幻灯片中的显示元素，例如文本占位符、图片、动作按钮等。使用母版可以方便地统一幻灯片的风格。如果修改了某个演示文稿的幻灯片母版样式，将会影响所有基于该母版的幻灯片，也就是说，母版上的更改将反映在应用了母版样式的每张幻灯片中。母版又分为 3 种：幻灯片母版、讲义母版和备注母版。

（1）幻灯片母版。幻灯片母版控制幻灯片的某些文本特征（如字体、字号和颜色）、背景色和某些特殊效果（如阴影和项目符号样式）。幻灯片母版包含文本占位符和页脚（如日期、时间和幻灯片编号）占位符。可用幻灯片母版添加图片、改变背景、调整占位符的大小，以及改变字体、字号和颜色。

注意

文本占位符中的文字称为母版文本，只建议设置字型、字号、字体和段落格式等，不要在文本占位符内键入文本。要让艺术图形或文本（如公司名称或徽标）出现在每张幻灯片中，将其置于幻灯片母版中即可。如果要在每张幻灯片中添加相同的文本，可在幻灯片母版中添加新的文本框。通过文本框添加的文本，其外观（字型、字号、字体）保持原样。

幻灯片母版中的对象将出现在每张幻灯片的相同位置上，并且以后新添加的幻灯片也显示这些对象。如果要修改多张幻灯片的外观，不必对每张幻灯片进行修改，只需在幻灯片母版上做一次修改即可。如果要使个别幻灯片的外观与母版不同，直接修改该幻灯片而不要修改母版。

（2）讲义母版。讲义母版实际是设置打印讲义时的打印样式，可以从中设置一页显示张幻灯片和打印页上的页眉和页脚，还可以通过母版在打印页上添加修饰性图形等。图形对象、图片、页眉和页脚在备注区和备注页视图中都不会出现，只有在打印讲义时，它们才会出现（将演示文稿保存为网页时它们也不会出现）。

（3）备注母版。与讲义母版类似，备注母版是设置打印备注页时的打印样式，可添加的对象也基本一样。同样，图形对象、图片、页眉和页脚在备注区中不会出现，只有在备注母版中、备注页视图中或打印备注时，它们才会出现。

2. 幻灯片母版的编辑

在这里重点介绍幻灯片母版的设置，其他两类母版的设置方法大同小异。

打开演示文稿，单击“视图”选项卡母版视图组中的“幻灯片母版”命令，进入幻灯片母版视图，窗口中同时显示“幻灯片母版”选项卡，如图 5.25 所示。

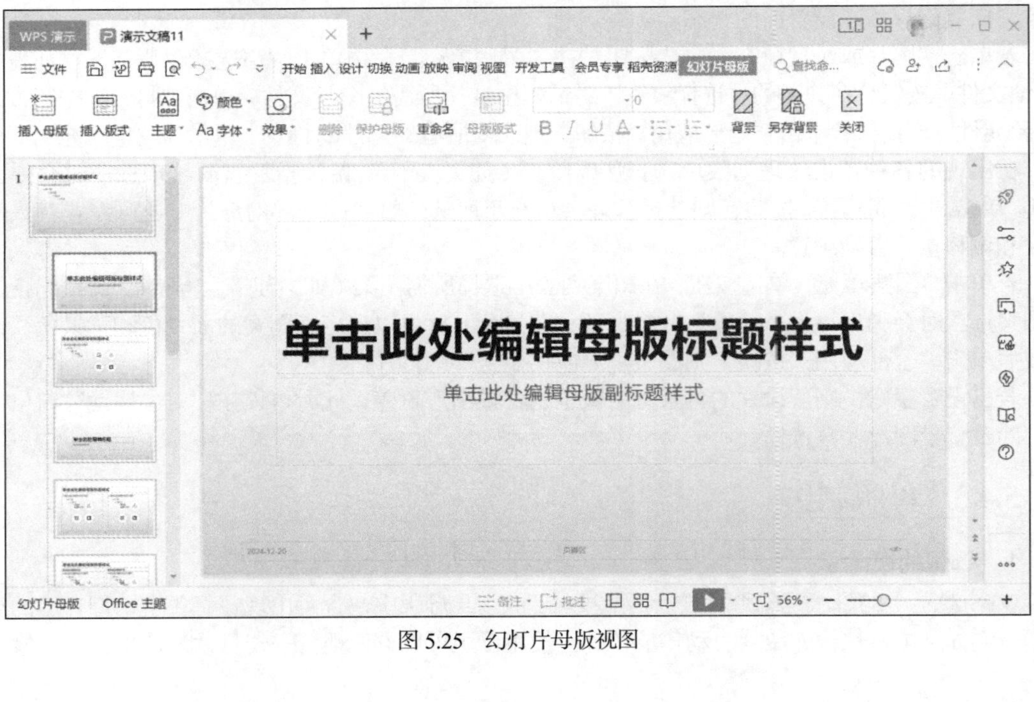

图 5.25　幻灯片母版视图

在幻灯片母版视图中，一般显示两个分区，左侧为缩略图窗格，用于控制母版和版式；右侧为版式内容设置区，其中包含一组占位符及相关的母版元素，同时隐藏各页幻灯片中的具体内容。母版中可以有多个占位符。每个占位符实际是一个特殊的文本框，具有文本框的各种属性，但母版幻灯片中各占位符中的文字（母版文本）原文并不显示在幻灯片中，占位符仅控制文本的格式。

在图 5.25 中，从左侧缩略图窗格中可以看出，顶部面积较大的一张幻灯片称为“母版”，它起主控幻灯片版式的作用。其下一组面积较小的幻灯片则称为“版式”，用于设置差异化的版式，包括标题幻灯片、标题和内容、节标题等（默认有 11 种版式）。母版和一组版式以虚线连接线相连，显示了它们间的“母”“子”的关系。

“母版”用于控制各张幻灯片的统一格式，“版式”用于个性化幻灯片的设置。

（1）删除、添加占位符。在母版幻灯片中，选中某一占位符，按下 Delete 键，可删除该占位符。要重新添加已删除的占位符，可以选择左侧缩略图窗格中的“幻灯片母版”，单击鼠标右键，在弹出的快捷菜单中选择“母版版式”，或者在“幻灯片母版”选项卡下单击“母版版式”命令，弹出图 5.26 所示的“母版版式”对话框，通过勾选复选框可添加相应占位符。当母版上具有全部 5 种占位符时，对话框中的所有复选框都是灰色的，即不能通过此对话框添加占位符。

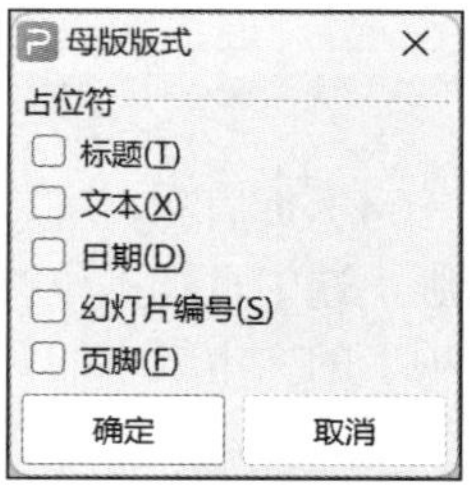

图 5.26 “母版版式”对话框

（2）设置占位符格式。右击占位符，选择快捷菜单中的“设置对象格式”命令，弹出“对象属性”窗格，在该窗格中可以对填充、线条颜色、线型、占位符的大小和位置、文本框内文本的属性等进行设置。

（3）改变文本的属性。可对占位符中文本的字体、字型、字号、颜色等各种属性进行设置，与一般的文本格式设置一样，可使用“字体”对话框进行设置；也可以直接使用“开始”选项卡的“字体”组中的“字体”“字号”等下拉列表中的相应命令。不同的是，占位符中文本的设置不必选中文本，只要将光标移到占位符中的一个文本行中即可对该行进行设置。

用“母版”视图统一同级标题的格式。设置幻灯片标题的格式为“华文琥珀、红色、32 号”，更换内容框中一级标题和二级标题的项目符号。

① 单击母版幻灯片中的幻灯片标题框（占位符），标题框显示出控制点。选中标题框中的段落。单击“开始”选项卡“字体”组中的“字体”下拉按钮，在弹出的字体列表中选择“华文琥珀”；单击“字体”组中的“字体颜色”下拉按钮，弹出“颜色”列表，在列表中选择指定的颜色，如“红色”；单击“字号”下拉按钮，在弹出的字号列表中选择“32”；

② 选中内容框中的一级标题。单击“段落”组中的“项目符号”下拉按钮，在弹出的列表中选择“项目符号和编辑”命令，打开“项目符号和编号”对话框，单击“图片”按钮，打开“图片项目符号”对话框，双击待更换的符号，返回上级对话框，单击“确定”按钮即可。

③ 完成各级标题段落格式的设置后，单击“视图”选项卡，单击“普通”按钮，返回普通视图。凡应用了“标题和内容”类版式的幻灯片，将具有相同的一级标题格式。

用“幻灯片母版”视图添加每页重复显示的内容。可以通过母版添加相关图片（徽标），从而保证在每张幻灯片的相同位置显示该图片（徽标）。

① 在“幻灯片母版”视图中，选择“母版”页，单击“插入”选项卡下的“图片”按钮，打开“插入图片”对话框，如图 5.27 所示。

② 找到待插入的图片文件并双击，即可将图片插入到幻灯片的中央位置，图片上显示控制点，同时，窗口中显示“图片工具”选项卡。

③ 将鼠标指针置于图片上，按住鼠标左键并拖动图片到幻灯片的指定位置，如左上角。同时调整图片到适当的大小，如图 5.28 所示。

图 5.27 “插入图片”对话框

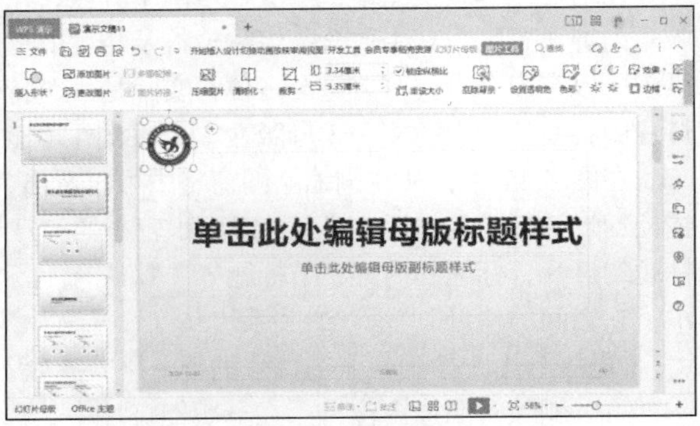

图 5.28 调整图片

（4）页眉和页脚。与 WPS 的其他软件一样，WPS 演示有多种设置页眉和页脚的方法。可以在母版上选中页脚占位符（包括日期区、页脚区、数字区），直接输入页脚内容；也可以单击“插入”选项卡的文本组中的“页眉和页脚”命令，打开“页眉和页脚”对话框，然后进行设置。

单击“视图”选项卡，单击“普通”按钮，返回“普通”视图。

修改完成后，保存演示文稿为“WPS 演示模板文件”并关闭母版视图，再次打开该文件，在普通视图模式下可使用该模板。

5.4.4 制作模板

模板是预先设计好的演示文稿样本，WPS 演示提供了丰富多彩的模板。因为模板能提供多项设置好的演示文稿外观效果，所以用户只需将内容进行修改和完善，即可创建美观的演示文稿。

WPS 演示的模板格式为.dpt，WPS 演示也兼容 Microsoft PowerPoint 的.potx（普通模板格式）和.potm（启用宏的模板格式）格式的模板。

制作模板的步骤如下。

（1）打开 WPS 演示软件，新建空演示文稿，选择任意一种版式，单击“视图”选项卡下母版视图组中的“幻灯片母版”命令，进入幻灯片母版视图，同时窗口中显示“幻灯片母版”选项卡。

（2）页面大小的选择。选择幻灯片模板的第一步是幻灯片页面大小的选择，打开幻灯片模板后，选择幻灯片大小，默认设置是宽屏，可以根据需求更改设置。

单击“设计”选项卡下的“页面设置”命令，或单击“设计”选项卡下的“幻灯片大小”下拉按钮，在下拉列表中选择“自定义大小”命令，打开“页面设置”对话框，在“幻灯片大小”下拉列表中选择幻灯片的大小；在“方向”栏中选择幻灯片的方向，如图 5.29 所示。

（3）制作个性演示文稿模板时，最好加上属于自己的 Logo，即插入徽标，方法同母版制作。

（4）插入正文模板的图片。插入图片，将图片的大小调整到幻灯片的大小，在图片上单击鼠标右键，在弹出的快捷菜单中选择“叠放次序→置于底层”命令，使图片不影响后续对母版的编辑。

（5）对演示文稿模板的文字进行修饰。在“开始”选项卡下的“字体”组中，设置字体、字号、颜色。依次选定母版中的各级文本，设置字体、字号、颜色，并单击“项目符号和编号”对话框中的“图片”按钮，选择自己满意的图片，将其作为这一级的项目符号标志。

（6）为演示文稿模板添加动画，通过“动画”选项卡给对象添加动画，再通过“动画”选项卡中的计时功能设置所有对象的出场顺序以及动画的持续时间。

（7）单击“幻灯片母版”选项卡，单击功能区中的“关闭”按钮，返回“普通”视图。单击“文件”菜单中的“另存为”命令，最后在“文件类型”下拉列表中选择“WPS 演示 模板文件（*.dpt）”或者“Microsoft PowerPoint 模板文件（*.potx）”，如图 5.30 所示。单击“保存”按钮。

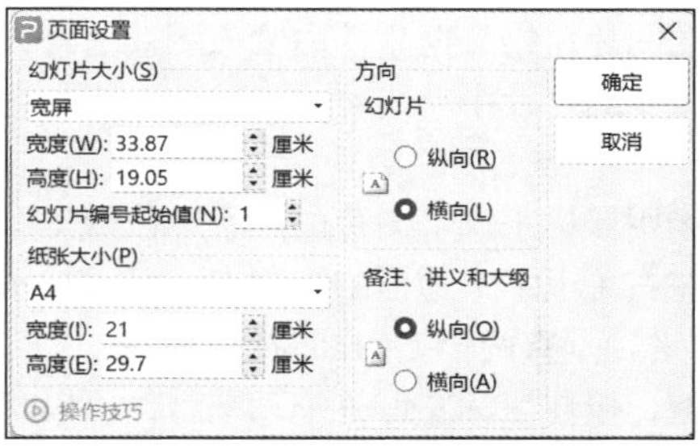

图 5.29　“页面设置”对话框

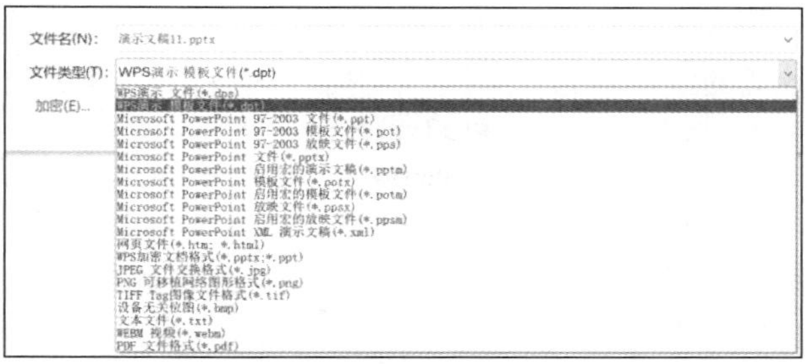

图 5.30　选择文件类型

（8）在“文件”菜单中“新建”命令的次级菜单中，选择“本机上的模板”命令，如图 5.31 所示，打开的“模板”对话框中显示被保存的模板，如图 5.32 所示，双击模板即可打开一个具有规范版式的空演示文稿。

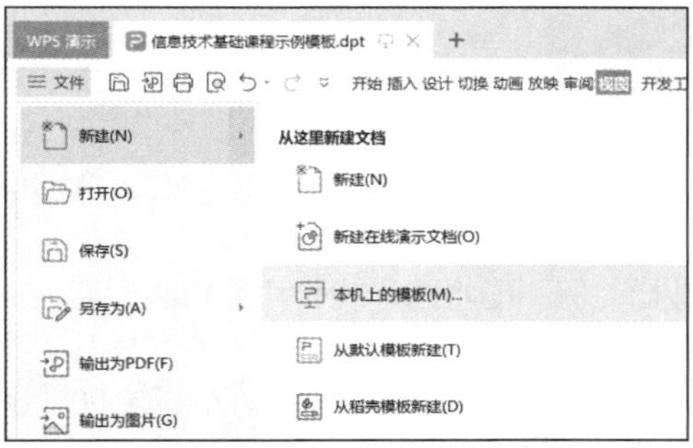

图 5.31　单击“本机上的模板”命令

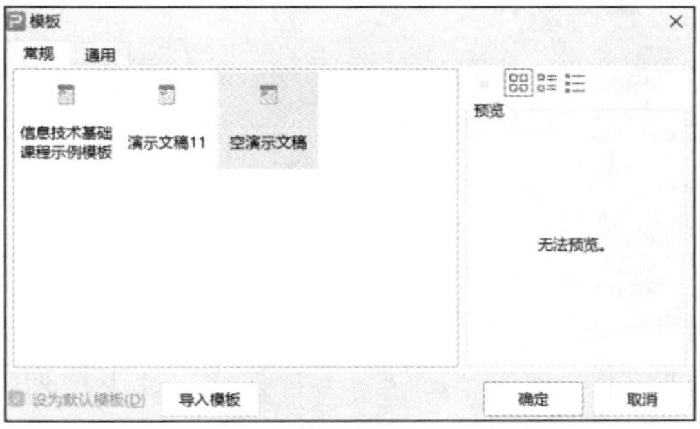

图 5.32　“模板”对话框

5.5　幻灯片媒体对象的编辑

演示文稿中不仅可以插入文本，还可以插入剪贴画、图片、表格、音频与视频及艺术字等媒体对象。充分、合适地使用这些对象，可以使演示文稿获得意想不到的效果。

5.5.1　使用图片

编辑图片和形状

图形是特殊的视觉语言，能加深人对事物的理解和记忆，避免对单调的文字和乏味的数据产生厌烦心理。在幻灯片中使用图形可以使演示效果变得更加生动。将图形和文字有机地结合在一起，可以获得极好的展示效果。可以插入的图片主要有两类：第一类是剪贴画（在 WPS 演示中有大量剪贴画，它们分门别类地存放，方便用户使用）；第二类是以文件形式存在的图片，用户可以在平时收集到的图片文件中选择精美图片以美化幻灯片。

插入图片有两种方式：第一种是使用功能区中的命令；另一种是单击幻灯片内容区占位符中的剪贴画或图片的图标。

下面以“大学生职业生涯规划.pptx”演示文稿的制作为例，主要以功能区中命令的使用方法介绍插入图片的方法。

1. 插入图片

单击“插入”选项卡下的“图片”命令，打开“插入图片”对话框。

单击选中的图片，选择“打开”命令，将图片插入到幻灯片中，根据需要调整图片大小和位置。

2. 插入联机图片

若用户想插入的图片来自网络，可以在联机状态下用如下方法插入图片。

单击“插入”选项卡下的“图片”下拉按钮，在弹出的图片窗格的搜索框内输入图片信息，选中所需的图片文件，然后单击“插入”按钮，将该图片插入到幻灯片中。

3. 图片大小和位置的调整

默认情况下，插入图片的大小和位置可能不合适，可以用鼠标来调节图片的大小和位置。

（1）调节图片大小。选择图片，按住鼠标左键并拖动左右（上下）边框的控制点，可以在水平（垂直）方向缩放图片。若拖动四角之一的控制点，会在水平和垂直两个方向同时进行缩放。

（2）调节图片位置。选择图片，将鼠标指针移到图片上，按住鼠标左键并拖动图片，可以将该图片移动到目标位置。

也可以精确设置图片的大小和位置。首先选择图片，单击“图片工具”选项卡下“大小和位置”组的对话框启动器按钮，弹出“对象属性”任务窗格，如图 5.33 所示，单击“大小”选项，在“高度”“宽度”栏中输入图片的高和宽。单击“位置”选项，输入图片左上角距幻灯片边缘的水平和垂直位置的数值，即可确定图片的精确位置。

4. 旋转图片

如果需要，也可以旋转图片。旋转图片能使图片按要求向不同的方向倾斜，可以以手动方式大致旋转，也可以精确旋转。

（1）手动旋转图片。单击要旋转的图片，图片四周出现控制点，拖动上方的顺时针弯曲箭头即可随意旋转图片。

（2）精确旋转图片。手动旋转图片的操作简单易行，但不能将图片旋转角度精确到度（例如，将图片顺时针旋转 30°），可以利用设置图片格式功能精确旋转图片。选择图片，在“图片工具”选项卡排列组中单击“旋转”下拉按钮，在下拉列表中选择“向右旋转 90°”（“向左旋转 90°”）命令可以顺时针（逆时针）旋转 90°，也可以选择“垂直翻转”（“水平翻转”）命令。

若要精确旋转图片，可以选择下拉列表中的“其他旋转选项”，弹出“设置图片格式”对话框。在“旋转”栏中输入要旋转的角度，正数表示顺时针旋转，负数表示逆时针旋转。例如，要顺时针旋转 30°，则输入“30”即可；输入“-30”则逆时针旋转 30°。

5. 图片裁剪

图片可以按形状裁剪成规则图形，在“图片工具”选项卡下单击“裁剪”命令，控制点变为黑色短线形状，拖动控制点可以沿水平和垂直两个方向裁剪图片。也可在裁剪列表中选择“按形状裁剪”或“按比例裁剪”选项，进一步精细设置图片的形状，如图 5.34 所示。WPS 也提供了更多创意裁剪图形，将其供用户使用。单击“图片工具”选项卡下的“创意裁剪”命令，打开“创意裁剪”列表，可以选择合适的创意裁剪图形。

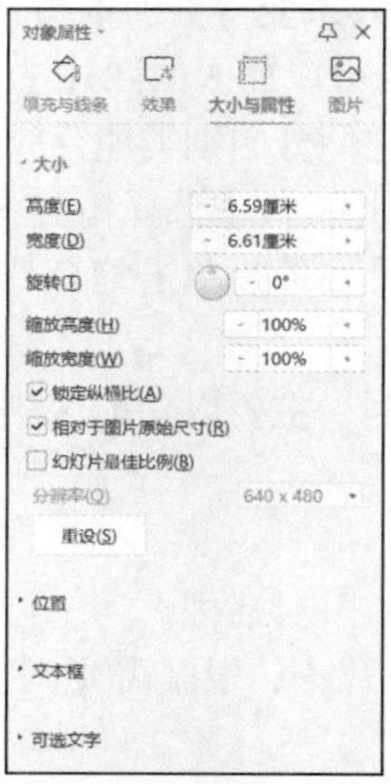

图 5.33　设置图片的大小和位置

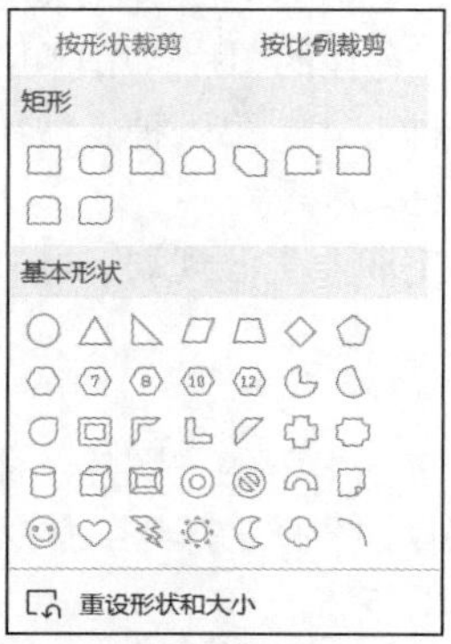

图 5.34　“创意裁剪”列表

6. 图片颜色设置

WPS 演示提供了简单的抠像，调整色彩亮度、对比度的功能。

在“图片工具”选项卡下单击“设置透明色”按钮，鼠标指针变为一个吸管形状，在图片中单击需要设置透明色的背景区域，图片自动完成抠像操作，背景变为透明。

在“图片工具”选项卡下单击“颜色”下拉按钮，下拉列表中有“自动”“灰度”“黑白”“冲蚀”四种颜色效果可供选择。也可使用“颜色”按钮左侧的四个圆形按钮来增加和降低图片的亮度和对比度。

7. 为图片增加阴影、映像、发光等特效

为图片设置阴影、映像、发光等特定视觉效果可以使图片更加美观、真实，增强感染力。对图片的阴影、映像、发光、柔化边缘、三维旋转等效果进行适当设置，可以达到满意的图片效果。

以设置图片阴影、柔化边缘和三维旋转效果为例，说明自定义图片效果的方法，其他效果的设置类似。

首先选择要设置效果的图片，单击“图片工具”选项卡下的“效果”下拉按钮，如图 5.35 所示，将鼠标指针指向下拉列表中的“阴影”选项，在弹出的阴影列表的“透视”组中单击“左上对角透视”选项。单击“效果”下拉按钮，将鼠标指针指向下拉列表中的“柔化边缘”选项，在弹出的柔化边缘列表中单击“2.5 磅”选项。再次单击“图片效果”下拉按钮，将鼠标指针指向下拉列表中的“三维旋转”选项，在弹出的三维旋转列表的“平行”组中单击“离轴 1 右”选项。

图 5.35　图片效果

通过以上一系列设置，图片效果会发生很大变化，图片变得更立体、美观。也可从“图片工具”的“效果”下拉列表中选择“更多设置”选项，打开“对象属性”的“效果”任务窗格，在其中可以集中设置效果。

图片对象右侧有快速工具栏，其中包括“图片预览”“裁剪图片”“图片边框”“图片转 PDF”“抠除背景”等快捷功能，方便快速设置图片样式。

5.5.2　使用形状

学会使用形状，有助于制作专业水平的演示文稿。可用的形状包括线条、基本几何形状、箭头、公式形状、流程图形状、星、旗帜和标注等。这里以直线、矩形和椭圆为例，说明形状的绘制、移动、复制和格式化的基本方法，其他形状的用法与此类似，不再赘述。

插入形状有如下两个途径。

① 单击“插入”选项卡下的“形状”命令。

② 单击“开始”选项卡下的“形状”命令。

在弹出的各类形状的列表中选取所需形状即可，如图 5.36 所示。

（1）直线的绘制。将“大学生职业生涯规划.pptx”演示文稿的第 1 张幻灯片选为当前幻灯片，单击“插入”选项卡下的“形状”下拉列表中的“直线”命令，此时，鼠标指针呈十字形。将鼠标指针移到幻灯片中所画直线的起点，按住鼠标左键并拖动鼠标指针到直线终点，即可在幻灯片上绘制出一条直线，如图 5.37 所示。

若在画线的同时按住 Shift 键，可以绘制出特定方向的直线，例如水平线和垂直线。若选择“箭头”命令，则按以上步骤可以绘制带箭头的线条。

单击直线，直线两端出现控制点。将鼠标指针移到直线的一个控制点上，鼠标指针变成双向箭头，拖动这个控制点，就可以改变直线的长度和方向。直线的右侧还有快速工具栏，可以利用其设置叠放次序、选择线条样式。

图 5.36　形状列表

图 5.37　绘制直线

将鼠标指针移到直线上，鼠标指针呈十字箭头形，拖动鼠标指针就可以移动直线；按住 Ctrl 键的同时拖动鼠标指针可以复制该直线，也可以用复制和粘贴命令实现直线的复制。

（2）矩形和椭圆的绘制。在形状列表中单击“矩形”或“椭圆”命令，鼠标指针呈十字形。

将鼠标指针移到幻灯片上某点，按住鼠标左键的同时拖动鼠标指针可画出一个矩形或椭圆，向不同的方向拖动，绘制的矩形的长边或椭圆的长轴方向也不同。若按住 Shift 键的同时拖动鼠标指针可以画出标准正方形或标准正圆。

将鼠标指针移到矩形或椭圆周围的控制点上，鼠标指针变成双向箭头，拖动控制点，就可以改变矩形或椭圆的大小和形状。拖动弯曲箭头，可以旋转矩形或椭圆。

（3）在形状中添加文本。有时希望在绘出的封闭形状中增加文字，以表达更清晰的含义，实现图文并茂的效果。选中形状后直接输入所需的文本即可。也可以右击形状，在弹出的快捷菜单中单击“编辑文字”命令，形状中出现光标，输入文字即可。

（4）形状的移动和复制。移动和复制形状的操作是类似的。

单击要移动或复制的形状，其周围出现控制点，表示它被选中。

将鼠标指针指向形状边框或其内部，鼠标指针变成十字箭头状，按住鼠标左键并拖动鼠标指针到目标位置，则该形状将被移动到目标位置；若按住 Ctrl 键的同时拖动鼠标指针，则该形状将被复制到目标位置。

复制形状还可以用复制和粘贴命令实现。

（5）形状的旋转。与图片一样，形状也可以按需要进行旋转，可以手动随意旋转，也可以按指定的角度精确旋转。单击要旋转的形状，形状四周出现控制点，拖动上方弯曲箭头即可随意旋转形状。精确旋转形状的方法如下。

单击形状，单击“绘图工具”选项卡下的“旋转”下拉按钮，在下拉列表中选择“向右旋转 90°”（“向左旋转 90°”）命令，可以使图片顺时针（逆时针）旋转 90°。选择“垂直翻转”或“水平翻转”命令，可以使图片垂直（水平）翻转。

若要以其他角度旋转形状，可以选中该形状并单击鼠标右键，在弹出的快捷菜单中选择“设置对象格式”命令，在“形状选项”任务窗格中选择“大小与属性”标签，在“旋转”栏中输入要旋转的角度。例如，输入“-30”，则图片逆时针旋转 30°；输入正值，图片可顺时针旋转。

（6）更改形状。绘制形状后，若不喜欢当前形状，可以将形状删除后重新绘制，也可以直接将其更改为喜欢的形状。方法是选择要更改的形状（如矩形），单击“绘图工具”选项卡“设置形状格式”组中的“编辑形状”命令，在展开的下拉列表中选择“更改形状”命令，然后在弹出的形状列表中单击要更改的目标形状（如直角三角形）。

（7）形状的组合。有时需要将几个形状作为整体进行移动、复制或改变大小。把多个形状组合成一个形状，称为形状的组合；将组合形状恢复为组合前的状态，称为取消组合。

组合多个形状的方法如下。

① 选择要组合的各形状，即按住 Shift 键并依次单击要组合的每个形状，使每个要参与组合的形状周围都出现控制点：

② 单击“绘图工具”选项卡下排列组中的“组合”下拉按钮，在弹出的下拉列表中选择“组合”命令。

此时，这些形状已经成为一个整体。如图 5.38 所示。独立形状有各自的边框，而组合形状是一个整体，它们共有一个边框。

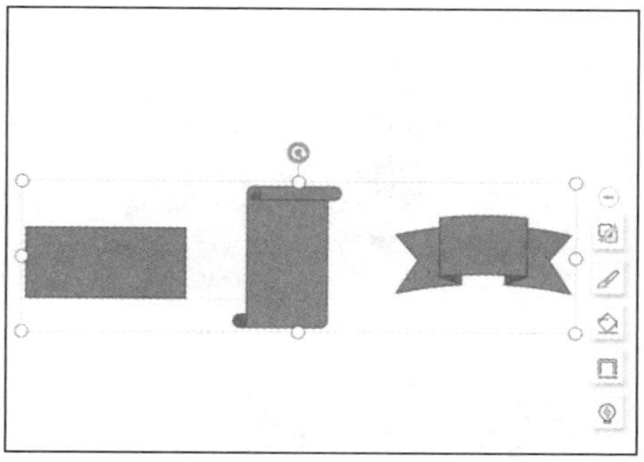

图 5.38 组合形状

如果想取消组合，则首先选中组合形状，然后单击“绘图工具”选项卡下排列组中的“组合”下拉按钮，并在弹出的下拉列表中选择“取消组合”命令。此时，组合形状又恢复为组合前的几个独立形状。

此外，文本框、剪贴画、图片、智能图形、图表、艺术字等也都可以根据需要互相组合。

（8）形状的格式化。套用系统提供的形状样式可以快速美化形状，若对这些形状的样式不完全满意，也可以对样式进行调整，以满足自己的需要。例如，调整线条的轮廓线型（实线或虚线）、粗细、颜色等，封闭形状内部的填充颜色、纹理、图片等，还可以调整形状的阴影、倒影、发光、柔化边缘、三维旋转等方面的形状效果。

① 套用形状样式。首先选择要套用样式的形状，然后单击“绘图工具”选项卡下形状样式组中形状样式列表右侧的下拉按钮，弹出下拉列表，如图 5.39 所示，其中提供了供选择的 42 种样式。选择其中一种样式，则形状按所选样式立即发生变化。

② 自定义形状线条的线型和颜色。选择形状，然后单击“绘图工具”选项卡下形状样式组中的“轮廓”下拉按钮，在弹出的下拉列表中，可以修改线条的颜色、粗细、线型等，也可以取消形状的轮廓线。例如，在下拉列表中选择“线型”命令，在下一级列表中可选择 0.25～6 磅之间的 9 种线条的粗细，如图 5.40 所示。若单击“其他线条”命令，可调出“形状选项”任务窗格，从中可以任意设置线条的线型和颜色等。例如，可以将线条设置为 0.75 磅、方点虚线，若是带箭头的线条，还可以设置箭头的样式。

③ 设置封闭形状的填充色和填充效果。可以在封闭形状内部填充指定的颜色，还可以利用渐变、纹理、图片填充形状。选择要填充的封闭形状，单击“绘图工具”选项卡下形状样式组中的“填充”下拉按钮，在弹出的下拉列表中可以设置形状内部填充的颜色，也可以用渐变、纹理、图片来填充形状。例如，在下拉列表中选择“图片或纹理”选项，在“预设图片”列表中选择纹理选项，如选择“皮革”选项，可以看到封闭形状中填充了“皮革”纹理。

④ 设置形状的效果。选择要设置效果的形状，在“绘图工具”选项卡下形状样式组中单击“形状效果”下拉按钮，在弹出的下拉列表中可对形状的阴影、倒影、发光、柔化边缘、三维旋转等效果进行设置，以达到满意的形状效果。具体方法类似图片效果的设置，不再赘述。

注意

上述的效果选项，如“皮革”，当鼠标指针指向某选项，停留 1～2s 后，选项旁会出现该选项的有关提示文字，以便识别和选择。后面的许多操作也都有类似的提示功能，不再一一赘述。

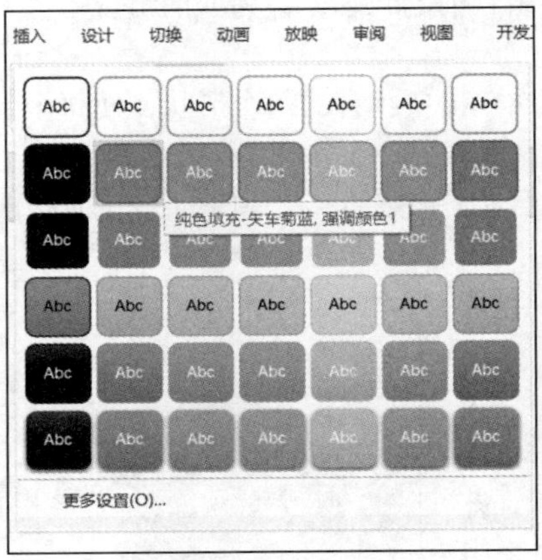

图 5.39　形状样式

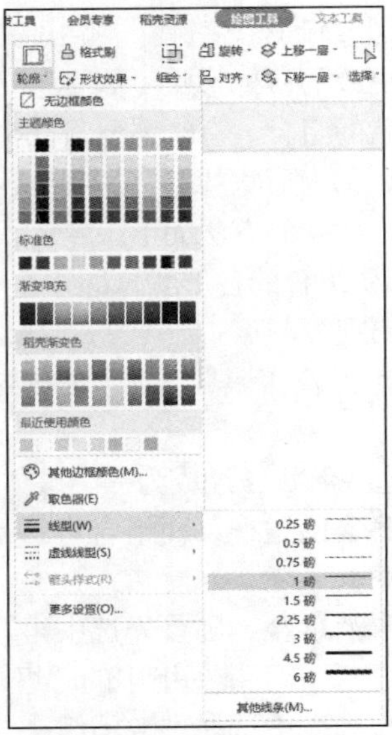

图 5.40　选择线型

5.5.3　使用艺术字

编辑艺术字、图表、音频视频

除了对文本的字体、字形、颜色进行格式化设置，还可以对文本做进一步的艺术化处理，使其具有特殊的艺术效果。例如，可以拉伸标题、对文本进行变形、使文本适应预设形状、为文本应用渐变填充等。艺术字具有美观、有趣、突出显示、醒目张扬等特点，尤其适用于需特别强调的文本。在幻灯片中既可以创建艺术字，也可以将现有文本转换成艺术字。

1. 创建艺术字

创建艺术字的步骤如下。

（1）选中要插入艺术字的幻灯片。

（2）单击“插入”选项卡下文本组中的“艺术字”命令，弹出艺术字样式列表，如图 5.41 所示。

图 5.41　艺术字样式列表

（3）在艺术字样式列表中选择一种艺术字样式（如“填充-黑色，文本 1，阴影”），幻灯片中出现指定样式的艺术字文本框，文本框中的内容为“请在此放置您的文字”，在艺术字文本框中删除这几个字并输入所要填写的文本（如“Thank You!”）。和普通文本一样，艺术字也可以进行字体、字号等的设置。

2. 艺术字效果的修饰

创建艺术字后，如果不满意，还可以对艺术字的填充（颜色、渐变、图片、纹理等）、轮廓线（颜色、粗细、线型等）和文本外观效果（阴影、发光、倒影、三维旋转和转换等）进行修饰和处理，使艺术字的效果更佳。

修饰艺术字，首先要选中艺术字。单击艺术字，其周围出现 8 个白色控制点和一个顺时针弯曲箭头。拖动顺时针弯曲箭头可以任意旋转艺术字。选择艺术字后，窗口中会出现“文本工具”选项卡，其中的“文本填充”“文本轮廓”“文本效果”选项主要用于修饰艺术字和设置艺术字的外观。

（1）改变艺术字的填充颜色。选择艺术字，单击“文本工具”选项卡下的“文本填充”命令，在下拉列表中选择一种颜色，则艺术字内部用该颜色填充，或选择列表中的“渐变填充”颜色，使用预设渐变色（如“红色-栗色渐变”）填充文字。也可以用自定义渐变、图片或纹理填充艺术字，具体操作与设置幻灯片的背景非常类似，在此不再赘述。

（2）改变艺术字的轮廓。为美化艺术字，可以改变艺术字轮廓线的颜色、粗细和线型。选择艺术字，单击“文本工具”选项卡下艺术字样式组中的“文本轮廓”命令，弹出下拉列表，可以从中选择一种颜色作为艺术字轮廓线的颜色。在下拉列表中选择“线型”选项，弹出各种尺寸的线条列表，选择一种尺寸（如 1.5 磅），即可将艺术字轮廓线设置为该尺寸。

在下拉列表中选择“虚线线型”选项，可以选择线型（如“长划线-点-点”），将艺术字轮廓线设置为该线型。

（3）改变艺术字的效果。如果不满意当前的艺术字效果，可以以阴影、发光、倒影、三维旋转和转换等效果对艺术字进行修饰，其中转换效果可以使艺术字变形为各种弯曲形式，增加艺术感。选中艺术字，单击“文本工具”选项卡下的“文本效果”命令，弹出下拉列表，可以选择其中的各种效果进行设置。以“转换”为例，将鼠标指针指向“转换”选项，弹出转换方式列表，选择其中的一种转换方式，如“弯曲”组中的“朝鲜鼓”效果（位于第 6 行第 2 列），可将艺术字立即转换成“朝鲜鼓”形式，效果如图 5.42 所示，拖动艺术字中的黄色控制点可改变变形幅度。

图 5.42　艺术字效果

（4）编辑艺术字文本。单击艺术字，直接编辑文字即可。

（5）旋转艺术字。选择艺术字，拖动顺时针弯曲箭头，可以自由旋转艺术字。

（6）确定艺术字的位置。用拖动艺术字的方法可以将它大致定位在某位置。如果希望精确定位艺术字，选择艺术字后右击，在弹出的快捷菜单中选择“设置对象格式”命令，打开“对象属性”窗格，单击“形状选项”选项卡下的“大小与属性”标签，展开“位置”组，如图 5.43 所示，在“水平位置”栏输入数据（如 4.5 cm），在“相对于”下拉列表中选择度量依据（如左上角），在“垂直位置”栏输入数据（如 8.24 cm），在“相对于”栏选择度量依据，单击“确定”按钮，即可设置艺术字的左上角距幻灯片左边缘 4.5 cm，距幻灯片上边缘 8.24 cm。

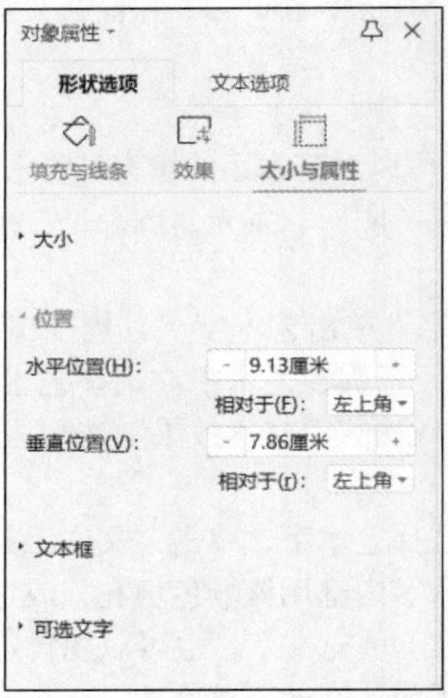

图 5.43 精确设置艺术字的位置

3. 转换普通文本为艺术字

若想将幻灯片中已经存在的普通文本转换为艺术字，则首先选择这些文本，然后单击“插入”选项卡下文本组中的“艺术字”按钮，在弹出的艺术字样式列表中选择一种样式，即可将普通文本转换为艺术字。

5.5.4 使用图表

可以使用 WPS 表格提供的图表功能，在幻灯片中嵌入 WPS 图表。

（1）插入“标题和内容”版式幻灯片，单击“插入”选项卡下的“图表”命令，弹出“图表”对话框，如图 5.44 所示，双击要插入的图表模板即可。

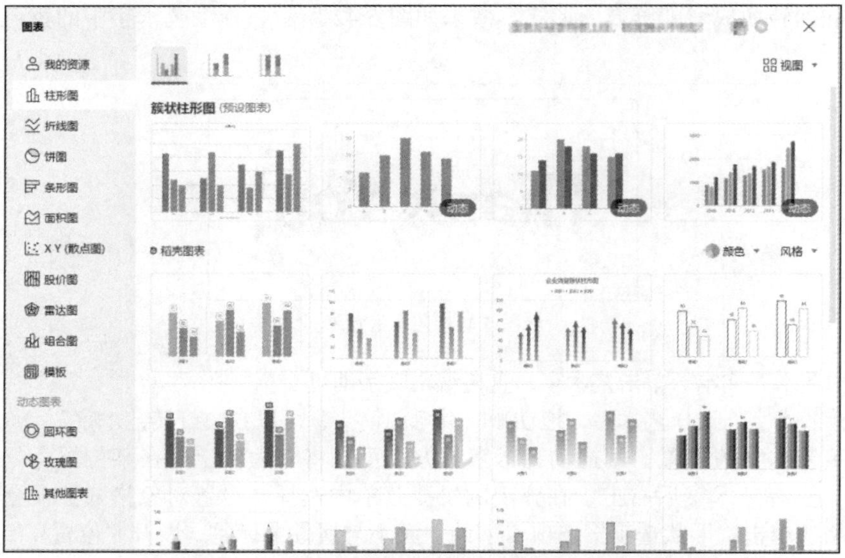

图 5.44 “图表”对话框

（2）确定预插入的图表后，右击图表，在弹出的快捷菜单中选择“编辑数据”命令，启动 WPS 表格程序，在 WPS 表格中编辑数据，相应的修改会显示在幻灯片的图表中。

5.5.5　使用音频和视频

在幻灯片可以插入一些简单的音频和视频。

（1）选中要插入音频的幻灯片，单击“插入”选项卡下的“音频”下拉按钮，弹出的下拉列表中有四个插入音频的选项。其中“音频”“背景音乐”选项的区别主要是音频的播放范围，选择“音频”选项，默认在当前幻灯片中播放音频，切换到下一页，音频就会停止播放；选择“背景音乐”选项，则默认在多个幻灯片中跨页播放。“嵌入”“链接到”选项的区别主要是音频是嵌入到演示文稿中，还是以本机独立文件或云端的形式链接到演示文稿中。在幻灯片中插入音频后，幻灯片中会出现音频图标，还会出现浮动音频控制栏，如图 5.45 所示。单击控制栏中的“播放”按钮，可以试听音频效果。外部的音频文件可以是 MP3 文件、WAV 文件、WMA 文件等。

（2）选中要插入视频的幻灯片，单击“插入”选项卡下的“视频”下拉按钮，可以选择“嵌入视频”或“链接到视频”等命令，也支持插入 FLASH 动画。在幻灯片中插入视频后，幻灯片中会出现“视频”播放区，还会出现浮动视频控制栏，如图 5.46 所示，单击控制栏中的“播放”按钮，可以预览播放效果。拖动“视频”播放区可以改变“视频”播放区在幻灯片中的位置。

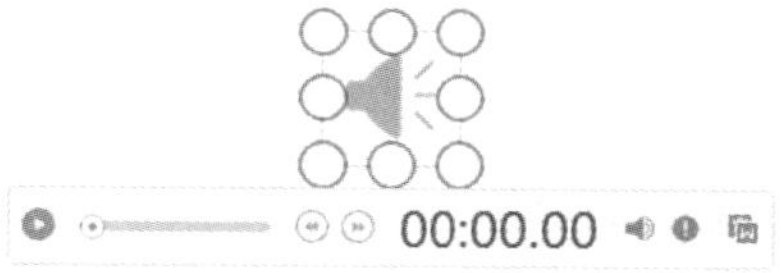

图 5.45　浮动音频控制栏

图 5.46　浮动视频控制栏

5.5.6　制作条形码和二维码

WPS 演示支持插入条形码与二维码。

单击“插入”选项卡下的“更多”按钮，在下拉列表中选择“条形码”命令，打开“插入条形码”对话框，在“输入”文本框中输入订单号、会员号、书号等数字编码，WPS 演示自动生成条形码，单击“插入”按钮，将条形码插入到幻灯片中。

二维码的插入与之类似，单击“插入”选项卡下的“更多”按钮，在下拉列表中选择“二维码”选项，打开“插入二维码”对话框，在“输入内容”文本框中输入网址等文本信息，WPS 演示自动生成二维码，单击“插入”按钮，将二维码插入到幻灯片中。

5.6　使用表格

在幻灯片中除了插入文本、形状、图片，还可以插入表格，使演示文稿的表达方式更加丰富。

表格的应用十分广泛，它是显示和表达数据的较好方式。在演示文稿中常使用表格呈现数据信息，呈现方式简单、直观、高效，且一目了然。

5.6.1 创建表格

创建表格的方法有使用功能区中的命令创建和利用内容区中的占位符创建两种。和插入图片一样，在内容区占位符中也有“插入表格”图标，单击“插入表格”图标，出现“插入表格”对话框，输入表格的行数和列数后单击“确定”按钮，即可创建指定行、列数的表格。

利用功能区中的命令创建表格的方法如下。

（1）打开演示文稿，并切换到要插入表格的幻灯片。

（2）单击“插入”选项卡下表格组中的“表格”下拉按钮，在弹出的下拉列表中单击“插入表格”命令，弹出“插入表格”对话框，输入要插入表格的行数和列数，如图 5.47 所示。单击“确定”按钮，幻灯片中出现一个指定行、列数的表格，拖动表格的控制点可以改变表格的大小，拖动表格边框可以移动表格。

（3）可以快速生成行列数较少的小型表格，方法是单击“插入”选项卡下表格组中的“表格”下拉按钮，在弹出的下拉列表顶部的示意表格中移动鼠标指针，示意表格中显示当前表格的行、列数，确定好行、列数（如 4×7 表格）后单击，则可在当前幻灯片中快速插入相应行、列数的表格，如图 5.48 所示。

图 5.47 “插入表格”对话框

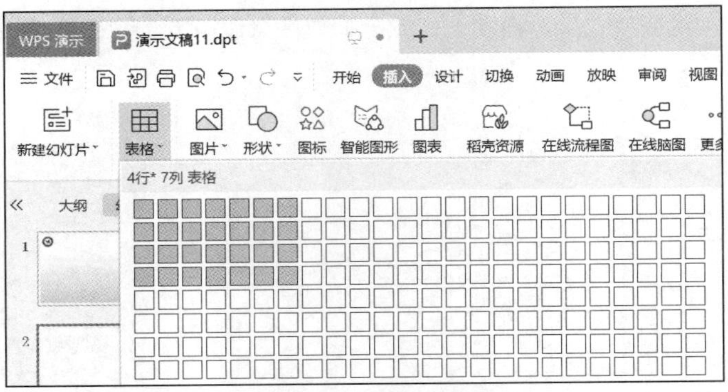

图 5.48 快速生成表格

创建表格后，单击某单元格，单元格中出现光标，即可在该单元格中输入内容。

5.6.2 编辑表格

表格制作完成后，若对表格效果不满意，可以编辑、修改表格。例如，修改单元格的内容，设置文本对齐方式，调整表格的大小、行高、列宽，插入和删除行或列，合并与拆分单元格等。在修改表格对象前，应首先选择这些对象。表格相关的操作命令可以在“表格工具”选项卡中找到。

（1）选择表格对象。编辑表格前，必须先选择要编辑的表格对象，如整个表格、行或列、单元格、单元格区域等。选择整个表格、行或列的方法：在表格的任一单元格中单击，在“表格工具”选项卡中单击“选择”按钮，在弹出的下拉列表中有“选择表格”“选择列”“选择行”命令，单击“选择表格”命令，即可选择该表格；单击“选择行”或“选择列”命令，则光标所在的行或列被选中。

选择行或列的另一种方法是将鼠标指针移至目标行的左侧或目标列的上方，当鼠标指针变为向右或向下的黑箭头时单击，即可选中该行或列。

（2）设置单元格文本的对齐方式。在单元格中输入文本的默认格式是左对齐。若希望改变文本的对齐方式，可以选择所在的单元格，按要求单击“表格工具”选项卡的对齐方式组中的对齐方式按钮（例如“居中”），共有 6 个对齐方式按钮，这 6 个按钮中的上面 3 个按钮分别是文本水平方向的“左对齐”“居中对齐”“右对齐”，下面 3 个按钮分别是文本垂直方向的“顶端对齐”“水平居中”“底端对齐”。

（3）调整表格的大小、行高、列宽。调整表格的大小、行高、列宽均有两种方法。

① 拖动鼠标指针。选择表格，表格四周出现 8 个小空心圆组成的控制点，将鼠标指针移至控制点处，当鼠标指针变为双向箭头时拖动鼠标指针，即可改变表格大小。沿水平或垂直方向拖动可改变表格的宽度或高度，拖动表格四角的控制点，可同时缩放表格的宽度和高度。

② 精确设定法。单击表格内任意单元格，在“对象属性”窗格中，若勾选“锁定纵横比”复选框，则可以按比例缩放表格。在“表格工具”选项卡下的“高度”“宽度”框中输入高度和宽度的数值，可以精确设定当前选定单元格所在行的行高和所在列的列宽。

单击“分布行”命令，可平均分布所选区域的行高；单击“分布列”命令，可平均分布所选区域的列宽。

（4）插入行和列。若表格的行或列不够用，可以在指定位置插入空行或空列。首先将光标置于某行的任意单元格中，然后单击“表格工具”选项卡下行和列组中的“在上方插入”或“在下方插入”命令，即可在当前行的上方或下方插入空白行。

用同样的方法，在“表格工具”选项卡下的行和列组中单击“在左侧插入”或“在右侧插入”命令，可以在当前列的左侧或右侧插入空白列。

（5）删除表格的行、列和整个表格。若表格的某些行或列已经无用，可以将其删除。将光标置于要删除的行或列的任意单元格中，单击“表格工具”选项卡下行和列组中的“删除”按钮，在弹出的下拉列表中选择“删除行”或“删除列”命令，则该行或列被删除。若选择“删除表格”命令，则光标所在的整个表格被删除。

（6）合并和拆分单元格。合并单元格是指将若干相邻单元格合并为一个单元格，合并后的单元格的宽度或高度是被合并的几个单元格的宽度或高度之和。而拆分单元格是指将一个单元格拆分为多个单元格。

合并单元格的方法：选择要合并的所有单元格（如同一行相邻的 3 个单元格），单击“表格工具”选项卡下合并组中的“合并单元格”按钮，即可将所选单元格合并为 1 个大单元格。

拆分单元格的方法：选择要拆分的单元格，单击“表格工具”选项卡下合并组中的“拆分单元格”按钮，弹出“拆分单元格”对话框，在对话框中输入行数和列数，即可将单元格拆分为指定行、列数的多个单元格。例如，设置行为 1、列为 2，如图 5.49 所示，则原单元格被拆分为 1 行中的 2 个相邻小单元格。

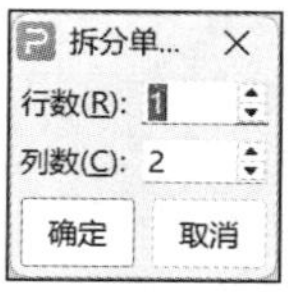

图 5.49　拆分单元格

5.6.3　表格格式的设置

为了美化表格，系统提供了大量预设的表格样式，用户不必费心设置表格的字体、边框和底纹效果，只要从预设的表格样式中选择喜欢的表格样式即可。若不满意表格样式中的边框和底纹效果，也可以手动设置自己喜欢的表格边框和底纹效果。

（1）套用表格样式。单击表格中的任意单元格，单击“表格样式”选项卡下样式列表右侧的下拉按钮，弹出的下拉列表中包含“最佳匹配”“浅色系”“中色系”“深色系”这 4 类表格样式，当鼠标指针指向某样式时，幻灯片中的表格随之出现该样式的预览效果，如图 5.50 所示。从中单击自己喜欢的表格样式即可。

若对已经选用的表格样式不满意，可以清除该样式，然后重新选用其他表格样式。具体方法为：单击表格中的任意单元格，在“表格样式”选项卡下单击“清除表格样式”命令，将表格的样式去除，然后重新选用其他表格样式即可。

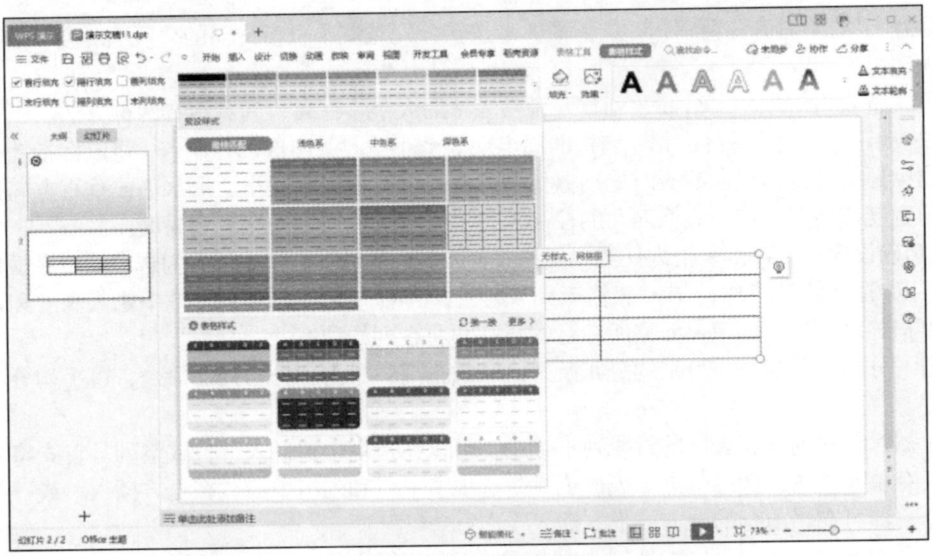

图 5.50　套用表格样式

（2）设置表格框线。系统提供的表格样式已经设置了相应的表格框线和底纹，如对其不满意，可以自己重新定义。

单击表格中的任意单元格，单击“表格样式”选项卡下的“绘图边框”组中的“笔颜色”下拉按钮，在弹出的下拉列表中选择边框线的颜色（如红色），如图 5.51 所示。单击“笔样式”下拉按钮，在弹出的下拉列表中选择边框线的线型（如实线），如图 5.52 所示。单击“笔划粗细”下拉按钮，在弹出的下拉列表中选择线条宽度（如 3 磅），如图 5.53 所示。选择边框线的颜色、线型和线条宽度后，再确定设置该边框线的对象。选择整个表格，单击“表格样式”选项卡下的“边框”下拉按钮，在弹出的下拉列表中可选择“所有框线”“外侧框线”等各种设置选项，例如选择“外侧框线”，如图 5.54 所示。此时，表格的外侧框线被设置为红色 3 磅实线，如图 5.55 所示。

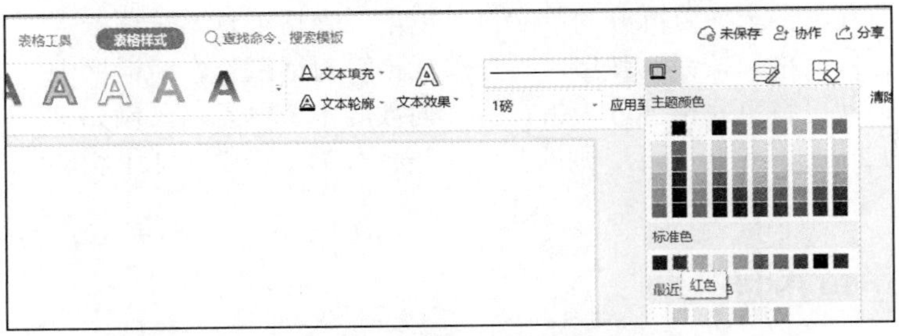

图 5.51　“笔颜色”下拉列表

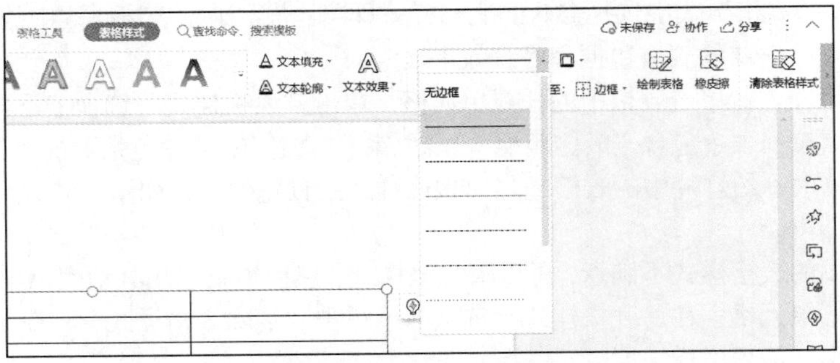

图 5.52　“笔样式”下拉列表

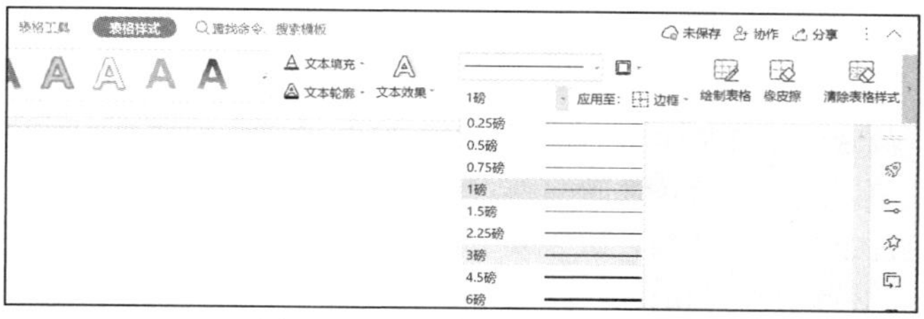

图 5.53　“笔划粗细”下拉列表

图 5.54　“边框”下拉列表

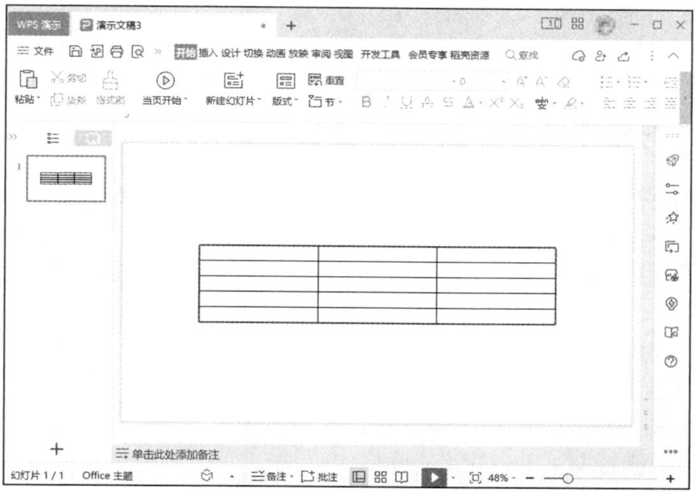

图 5.55　自定义边框效果

用同样的方法，可以对表格的内部、行或列等设置不同的边框线。

（3）设置表格填充。也可以自定义表格的填充背景，可以将其设置为纯色填充、渐变色填充、图片填充、纹理填充等。

选择要设置填充背景的表格区域，单击“表格样式”选项卡下的“填充”下拉按钮，弹出的下拉列表中显示各种设置命令。设置方法与幻灯片背景、形状填充的设置基本一致，不再赘述。

（4）设置表格效果。选择表格，单击“表格样式”选项卡下的“效果”下拉按钮，弹出的下拉列表中提供了“阴影”“倒影”两类效果命令。其中，“阴影”效果可以为表格内部或外部设置各种方向的光晕，而“倒影”效果是在表格四周创建倒影的特效。

在下拉列表中选择一种效果即可。例如，选择“阴影”命令，从列表中选择“右下斜偏移”阴影效果。

5.7　演示文稿的放映设计

演示文稿的放映设计

目前，计算机屏幕演示已经取代了传统的 35 mm 幻灯片放映方式，若观众较多，可使用投影仪，在大屏幕上放映幻灯片。利用计算机放映幻灯片的显著优点是可以设计动画效果、加入视频和音乐、设计灵活的切换方式和适合在各种场合放映等。

用户创建演示文稿，其目的是向观众放映和演示。要想获得满意的效果，除了精心策划、细致制作演示文稿外，更为重要的是设计出引人入胜的演示过程。为此，可以从如下几个方面入手：设置幻灯片中对象的动画效果和声音、变换幻灯片的切换效果、选择适当的放映方式等。

下面首先讨论放映演示文稿的方法，然后从动画设计、切换效果设计、放映方式设计等方面讨论如何提高演示文稿的放映效果。

5.7.1 演示文稿的放映

制作演示文稿的最终目的就是向观众放映演示文稿，以表达观点和信息。放映当前的演示文稿必须先进入幻灯片放映视图，用如下方法可以进入幻灯片放映视图。

（1）单击“放映”选项卡下放映幻灯片组中的“从头开始”或“当页开始”按钮；

（2）单击窗口右下角的“幻灯片放映”按钮，从当前幻灯片开始放映。

第一种方法中的单击“从头开始”按钮是从演示文稿的第一张幻灯片开始放映，而单击“当页开始”命令和利用第二种方法是从当前幻灯片开始放映。

进入幻灯片放映视图后，在全屏幕放映方式下，单击鼠标左键或按下光标键或向下翻页键，可以切换到下一张幻灯片，直到放映完毕。在放映过程中，右击会弹出放映控制菜单。利用放映控制菜单中的命令可以改变放映顺序、做即兴标注等。

1. 改变放映顺序

一般情况下，幻灯片按顺序依次放映。若需要改变放映顺序，可以右击，弹出放映控制菜单。单击“上一页”或“下一页”命令，即可放映当前幻灯片的上一张或下一张幻灯片。若要放映特定幻灯片，单击放映控制菜单的“定位”命令，弹出所有幻灯片标题，单击目标幻灯片标题，即可从该幻灯片开始放映。

2. 即兴标注和擦除墨迹

放映过程中，可能要强调或勾画某些重点内容，有时也会即兴标注。为了从放映状态转换到标注状态，可以单击放映控制菜单中的“墨迹画笔”命令，在弹出的子菜单中单击“圆珠笔”或“水彩笔”或“荧光笔”命令，鼠标指针呈笔状或条块状，按住鼠标左键并拖动鼠标指针，即可在幻灯片上书写。图 5.56 中“启航”二字就是用“荧光笔”工具书写的。

图 5.56　即兴标注

如果希望改变笔画的颜色，可以单击放映控制菜单中“墨迹画笔”子菜单中的“墨迹颜色”命令，在弹出的颜色列表中选择所需颜色。

如果希望删除已标注的墨迹，可以单击放映控制菜单中“指针选项”子菜单中的“橡皮擦”命令，鼠标指针呈橡皮擦状，在需要删除的墨迹上单击，即可清除该墨迹。若选择“擦除幻灯片上的所有墨迹”命令，则可以擦除全部标注墨迹。

要从标注状态恢复到放映状态，可以右击，调出放映控制菜单，并单击“指针选项”子菜单中的“箭头”命令，或按 Esc 键。

3. 使用激光笔

为指明重要内容，可以使用激光笔功能。单击放映控制菜单中的“演示焦点”命令，在弹出的激光笔颜色列表中选取一个颜色，比如“红色”，屏幕中便会出现十分醒目的红色圆圈的激光笔，移动激光笔，可以明确指示重要内容的位置。

4. 中断放映

有时希望在放映过程中退出放映，可以右击，调出放映控制菜单，从中单击“结束放映”命令，或按 Esc 键。

除通过右击调出放映控制菜单外，也可以通过屏幕左下角的控制按钮实现放映控制菜单的功能。其中，左箭头、右箭头按钮相当于放映控制菜单的“上一页”或“下一页”命令；笔状按钮相当于放映控制菜单的“墨迹画笔”命令。

5.7.2　幻灯片对象的动画设计

动画技术可以使幻灯片的内容以丰富多彩的活动方式展示出来，赋予它们进入、退出、大小或颜色的变化甚至移动等视觉效果，是必须掌握的幻灯片制作技术。

实际上，在制作演示文稿的过程中，常对幻灯片中的各种对象适当地设置动画效果和声音效果，并根据需要设计各对象动画出现的顺序。这样，既能突出重点，吸引观众的注意力，又使放映过程十分有趣。不使用动画，可能会使观众感觉枯燥无味；然而过多使用动画也会显得凌乱、烦琐，分散观众的注意力，不利于传达信息。应尽量化繁为简，以突出表达信息为目的。另外，具有创意的动画也能抓住观众的眼球。因此，设置动画应遵从适当、简化和创意的原则。

1. 设置动画效果

动画效果有四类：进入、强调、退出和动作路径。

（1）进入动画。进入动画是指对象进入幻灯片时显示的动画效果。例如，可以设置对象从左下角飞入幻灯片等。

设置进入动画的方法如下。

在幻灯片中选择需要设置动画效果的对象，在“动画”选项卡下的动画组中单击动画样式列表右侧的下拉按钮，弹出动画效果列表，如图 5.57 所示。其中有“进入”“强调”“退出”“动作路径”四类动画，每类动画又包含若干不同的动画效果。

在“进入”类中选择一种动画效果，例如“飞入”，则所选对象被赋予该动画效果。

对象被添加动画效果后，旁边将会自动出现数字编号，它表示该动画的出现顺序。

如果对列表中的动画效果不满意，可以单击动画样式列表右侧的“更多选项”命令，展开动画效果列表，其中按“基本型”“细微型”“温和型”“华丽型” 4 类列出了更多动画效果，供用户选择，如图 5.58 所示。

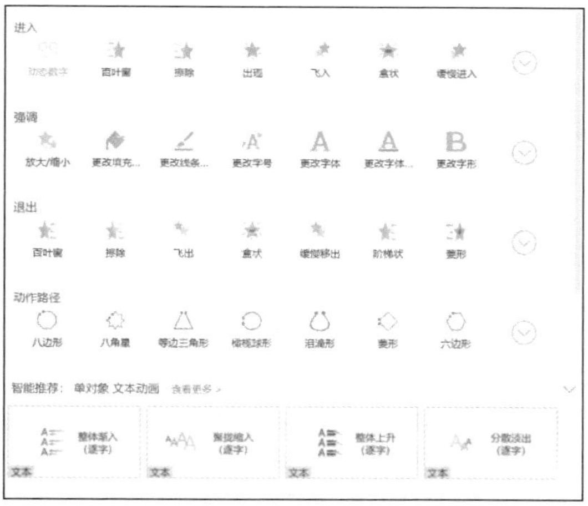

图 5.57　动画效果列表

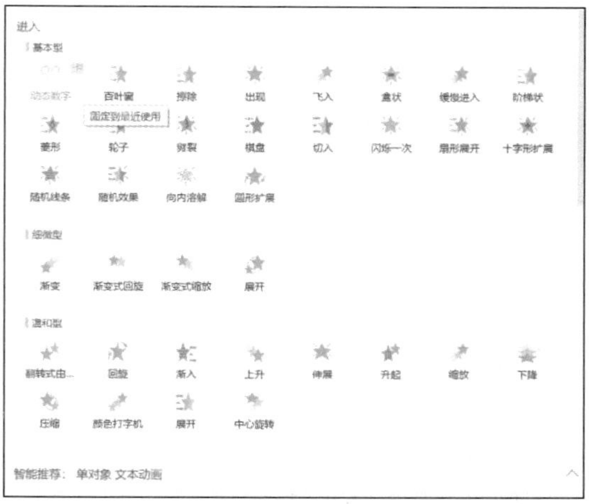

图 5.58　展开动画效果列表

（2）强调动画。强调动画主要用于对幻灯片中的对象进行突出显示，起强调的作用。设置方法类似于设置进入动画的方法。选择需要设置动画效果的对象，在“动画”选项卡下的动画组中单击动画效果列表右侧的下拉按钮，弹出动画效果列表，如图 5.57 所示。

在“强调”类中选择一种动画效果，例如“陀螺旋”，则所选对象被赋予该动画效果。同样，还可以单击动画样式列表下方的“更多选项”命令，展开动画效果列表，可以选择更多类型的强调动画效果。

（3）退出动画。退出动画是指幻灯片中的对象离开幻灯片画面时显示的动画效果。例如，“飞出”

动画使对象以飞出的方式离开幻灯片画面。设置退出动画的方法如下。

选择需要设置动画效果的对象，在“动画”选项卡下的动画组中单击动画样式列表右下角的下拉按钮，弹出动画效果列表，如图 5.57 所示。

在“退出”类中选择一种动画效果，例如“飞出”，则所选对象被赋予该动画效果。同样，还可以单击动画样式列表下方的“更多选项”命令，展开动画效果列表，可以选择更多类型的“退出”动画样式。

（4）动作路径动画。动作路径动画是指幻灯片中的对象按指定路径移动的动画效果。例如，“自定义路径”动画效果可以使对象沿着用户自己画出的任意路径移动。设置动作路径动画的方法如下。

① 在幻灯片中选择需要设置动画效果的对象，在“动画”选项卡下的动画组中单击动画效果列表右下角的下拉按钮，出现动画效果列表，如图 5.57 所示。

② 在“动作路径”类中选择一种动画效果，例如“八边形”，则所选对象被赋予该动画效果，效果为沿着八边形路径移动一周。

同样，还可以单击动画效果列表下方的“绘制自定义路径”列表中的一种动画效果，例如选择“直线”效果，可以使校徽实现从左到右的移动效果，如图 5.59 所示。播放动画，图形将沿着这一路径从路径起始点（左侧点）移动到路径结束点（右侧点）。选择“曲线”效果，拖动路径的各控制点可以改变路径方向，而拖动路径上方的顺时针弯曲箭头可以改变路径的角度。

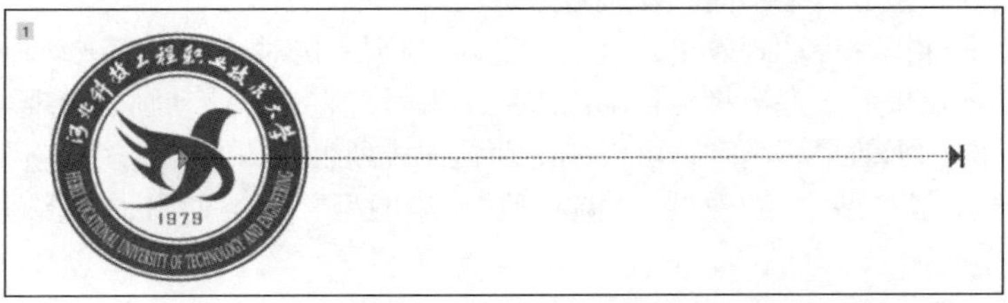

图 5.59 “直线”动画

2. 设置动画属性

为对象添加动画后，如不设置动画属性，系统将采用默认的动画属性。例如，为对象设置“陀螺旋”动画，则其效果选项中的“数量”选项默认为“360° 顺时针”，开始动画方式为“单击时”等。若对默认的动画属性不满意，可以进一步对动画效果选项、动画开始方式、动画音效等重新设置。

（1）设置动画效果选项。动画效果包括动画的方向和形式。选择设置动画的对象，单击“动画”选项卡动画组右侧的“动画属性”下拉按钮，弹出效果选项下拉列表。例如，“陀螺旋”动画的效果选项为旋转方向、旋转数量等。通过预览各种动画选项的设置效果，从而选择满意的效果选项。

（2）设置动画的开始方式、持续时间和延迟时间。动画的开始方式是指开始播放动画的方式，动画的持续时间是指动画开始到结束的播放时间，动画的延迟时间是指当前动画被触发后延迟播放的时间。选择动画对象，单击“动画”选项卡下计时组中的“开始播放”下拉按钮，在弹出的下拉列表中选择动画的开始方式。动画的开始方式有三种：单击时、与上一动画同时和上一动画之后。

“单击时”是指单击鼠标时开始播放该动画；“与上一动画同时”是指播放前一动画的同时播放该动画，可以在同一时间组合多个效果；“上一动画之后”是指前一动画播放之后开始播放该动画。

另外，还可以在“动画”选项卡下计时组中的“持续时间”栏中调整动画的持续时间，在“延迟时间”栏中调整动画的延迟时间。

（3）设置动画音效。设置动画时，默认动画无音效，音效需要自行设置。以“陀螺旋”动画的音效设置为例，说明设置音效的方法。选择设置动画音效的对象（该对象已设置“陀螺旋”动画），单击“动画”选项卡下动画组右下角的扩展按钮，弹出“陀螺旋”动画效果对话框，如图 5.60 所示。在对话框的“效果”选项卡中单击“声音”栏的下拉按钮，在弹出的下拉列表中选择一种音效，如“打字机”。

在对话框中的“效果”选项卡中可以设置动画的数量、形式和音效效果，在“计时”选项卡中可以设置动画的开始方式、持续时间和延迟时间等。因此，需要设置多种动画属性时，可以直接调出该动画效果对话框，分别设置各种动画效果。

3. 调整动画播放顺序

给对象添加了动画效果后，对象旁边出现该动画播放顺序的序号（默认从 1 开始，以此类推）。一般情况下，该序号与设置动画的顺序一致，即按设置动画的顺序播放动画。对多个对象设置动画效果后，如果对原有播放顺序不满意，可以调整对象动画的播放顺序，方法如下。

单击“动画”选项卡下高级动画组中的“动画窗格”按钮，调出动画窗格，如图 5.61 所示。动画窗格中显示所有的动画对象，动画对象左侧的数字表示该动画播放的顺序，数字与幻灯片中的动画对象旁边显示的序号一致。选择动画对象，并单击下方的“ ”或“ ”按钮，即可改变该动画对象的播放顺序。

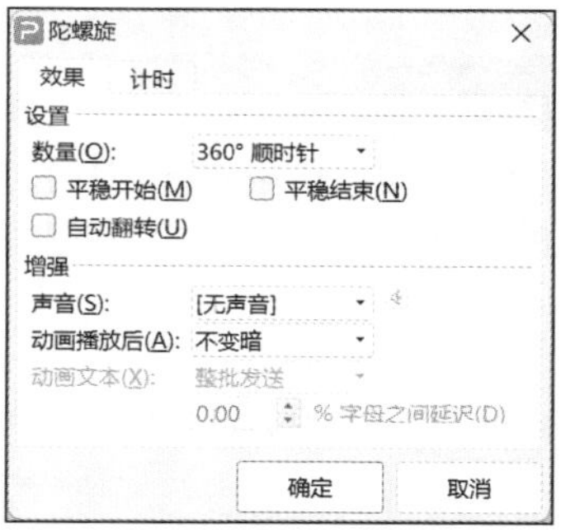

图 5.60　“陀螺旋”动画效果对话框

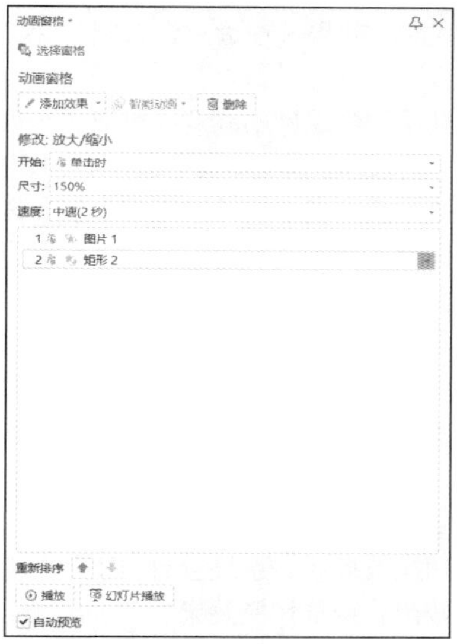

图 5.61　动画窗格

4. 预览动画效果

动画效果设置完成后，可以预览动画的播放效果。单击“动画”选项卡下预览组中的“预览”按钮或单击动画窗格上方的“播放”按钮，即可预览动画。

5.7.3　幻灯片的切换效果设计

幻灯片的切换效果是指放映时，幻灯片离开和进入播放画面所产生的视觉效果。系统提供多种切换样式，例如，可以使幻灯片从右上部覆盖，或者自左侧擦除等。幻灯片的切换效果不仅使幻灯片的过渡衔接更为自然，也能吸引观众的注意力。幻灯片的切换效果设计包括幻灯片的切换样式（如“覆盖”）设计和切换属性（包括效果选项、换片方式、持续时间和声音效果等）设计。

1. 设置幻灯片的切换样式

（1）打开演示文稿，选择要设置幻灯片切换效果的幻灯片（组）。在“切换”选项卡下单击切换效果列表右侧的下拉按钮，弹出切换效果列表，如图 5.62 所示。

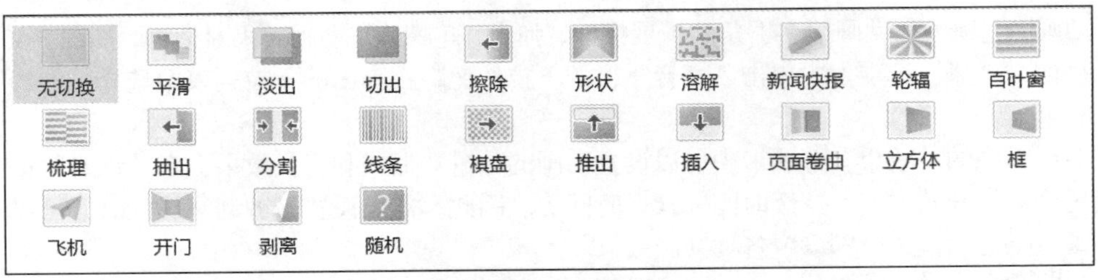

图 5.62　切换效果列表

（2）在切换效果列表中选择一种切换样式（如“百叶窗”）。

设置的切换效果对所选幻灯片（组）有效，如果希望全部幻灯片均采用该切换效果，可以单击计时组中的“应用到全部”按钮。

2. 设置切换属性

幻灯片的切换属性包括效果选项（如“自左侧”）、换片方式（如“单击鼠标时”）、持续时间（如“2 秒”）和声音效果（如“打字机”）。

设置幻灯片的切换效果时，如不设置切换属性，则切换属性均采用默认设置。例如，采用“擦除”切换样式时，效果选项为“自右侧”，换片方式为“单击鼠标时”，持续时间为“1 秒”，声音效果为“无声音”。

如果对默认切换属性不满意，可以自行设置。在“切换”选项卡下的切换到此幻灯片组中单击“效果选项”按钮，在下拉列表中选择一种切换效果（如“自底部”）。

在“切换”选项卡下的计时组的右侧可以设置换片方式，例如，勾选“单击鼠标时”复选框，表示单击鼠标时才切换幻灯片。勾选“设置自动换片时间”复选框，并设置自动换片时间，经过该时间后，会自动切换到下一张幻灯片。

在“切换”选项卡下的计时组的左侧，可以设置切换声音，单击“声音”下拉按钮，在弹出的下拉列表中选择一种切换声音（如“爆炸”）。在“持续时间”栏中输入切换持续时间。单击“应用到全部”按钮，表示全体幻灯片均采用所设置的切换效果，否则切换效果只作用于当前所选幻灯片（组）。

3. 预览切换效果

设置完切换效果后，系统会自动播放一遍设置了切换效果的当前幻灯片。也可以单击预览组中的“预览”按钮，预览切换效果。

5.7.4　幻灯片的放映方式设计

完成演示文稿的制作后，最终要向观众放映演示文稿。在不同场合中，选择适合的放映方式是十分重要的。

演示文稿的全屏幕放映方式有两种：演讲者放映和展台自动循环放映。

1. 演讲者放映

演讲者放映是全屏幕放映，这种放映方式适合会议或教学的场合，放映进程完全由演讲者控制。

2. 在展台自动循环放映

这种放映方式采用全屏幕放映，适合无人看管的场合，例如展示产品的橱窗和展览会上自动播放产品信息的展台等。演示文稿自动循环放映，观众只能观看而不能控制播放进程。采用该方式的演示文稿应事先进行排练计时。

放映方式的设置方法如下。

（1）打开演示文稿，单击“放映”选项卡下的“放映设置”按钮，出现“设置放映方式”对话框，如图 5.63 所示。

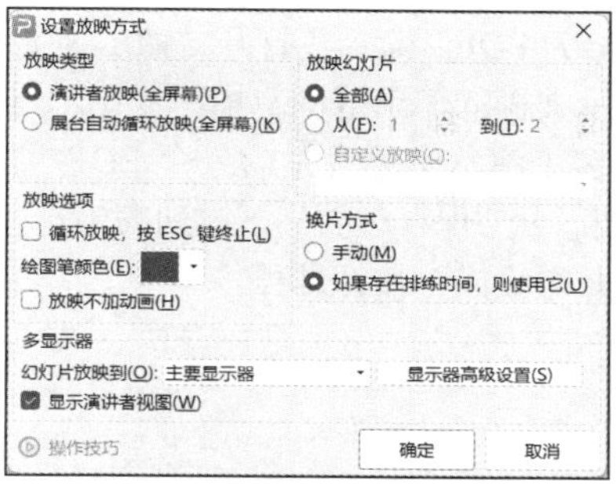

图 5.63 “设置放映方式”对话框

（2）在“放映类型”栏中，可以选择“演讲者放映（全屏幕）”“展台自动循环放映（全屏幕）”两种方式之一。若选择“展台自动循环放映（全屏幕）”方式，则演示文稿会自动循环放映，按 Esc 键，演示文稿才会终止放映。

（3）在“放映幻灯片”栏中，可以确定幻灯片的放映范围（全体或部分幻灯片）。放映部分幻灯片时，可以指定放映幻灯片的开始序号和终止序号，或通过自定义放映方式选择要放映的幻灯片。

（4）在“换片方式”栏中，可以选择控制放映速度的换片方式。“演讲者放映（全屏幕）”方式强调自行控制放映，所以常采用“手动”换片方式；而“展台自动循环放映（全屏幕）”方式通常无人控制，应事先对演示文稿进行排练计时，并选择“如果存在排练时间，则使用它”的换片方式。

（5）在多显示器的情况下，可以为演讲者后端显示和观众前台显示设置不同的显示方式。例如勾选“显示演讲者视图”复选框，可以使演讲者同时查看每一页幻灯片和备注笔记等内容；而观众查看的是正常放映的幻灯片。

5.8 在其他计算机上放映演示文稿

演示文稿制作完成后，可将其以其他形式保存，以便在不同的设备上查看。

5.8.1 打包演示文稿

在制作 WPS 演示文稿时，我们常常会在其中插入各种媒体文件，如图片、音频和视频，以增强演示的生动性和吸引力。然而，当我们将这些演示文稿移动到其他设备或分享给他人时，如果未进行适当地打包，很可能会出现媒体文件缺失的情况，导致演示无法正常进行。

可以将演示文稿和其他相关的资料打包成一个文件夹，方便管理。也可以将其打包成压缩文件，减少文件体积，方便网络传输。要将制作好的演示文稿打包，并存放到磁盘的某文件夹下，可以按如下方法操作。

打开要打包的演示文稿。单击“文件”菜单中的“文件打包”命令，然后单击“将演示文稿打包成文件夹”命令，出现“演示文件打包”对话框。选择合适的保存文件夹，单击“确定”按钮，则系统开始打包并将文件存放到指定的文件夹中。

打包完成后，可以在保存文件夹中看到一个以演示文稿命名的文件夹，例如“演示文稿 11”。双击这个文件夹，将其打开，会看到里面包含了该演示文稿文件以及所有相关的媒体文件，如图片、音频和视频等。

5.8.2 将演示文稿输出为 PDF

PDF 是一种流行的电子文档格式，将演示文稿输出为 PDF 文档后，就无须再用 WPS 演示而可以使用专门的 PDF 阅读软件查看演示文稿，从而便于演示文稿的阅读和传播。

单击“文件”菜单中的“输出为PDF”命令，打开“输出为PDF”对话框，如图5.64所示。勾选文件左侧的复选框，并设置演示文稿的输出范围，填写起始幻灯片和结束幻灯片的页码。也可以单击“继续添加文件”按钮，将多个演示文稿合并为一个PDF文件并进行输出，还可以单击文件最右侧的“×”按钮去掉某个文件。从“保存位置”下拉列表中选择PDF的保存位置，可以是网盘，也可以是本地目录。最后单击“开始输出”按钮即可。

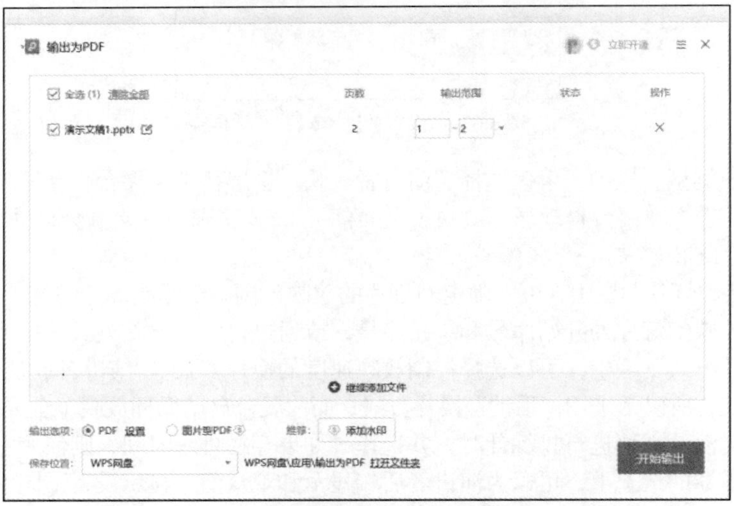

图5.64　将演示文稿输出为PDF

5.8.3　将演示文稿输出为图片

WPS演示可以将每张幻灯片输出为独立的图片，这样不但可以在任意设备上浏览幻灯片，还可以防止重要文字及数据被直接复制。将演示文稿输出为图片的方法如下。

单击“文件”菜单中的“输出为图片”命令，打开“批量输出为图片”对话框，如图5.65所示。单击“添加文件”命令或“清空列表”命令，可以增删需要输出的演示文稿。对话框的中央显示图片的输出效果。图片可以按幻灯片逐张输出，也可以合并成一个长图，然后输出。支持输出的图片格式有“PNG”“JPG”“BMP”“TIF”等。可以按“彩色”“灰度”“黑白”三种颜色风格进行输出。选好输出目录文件夹后，单击“开始输出”按钮即可。

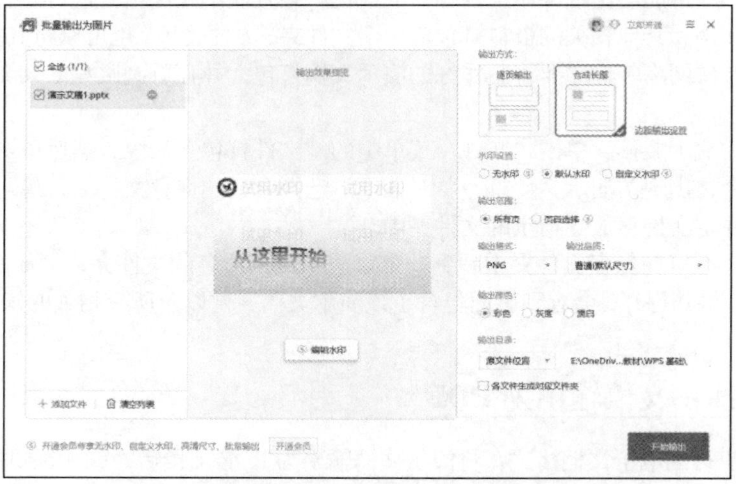

图5.65　将演示文稿输出为图片

5.8.4 将演示文稿转换为直接放映格式

将演示文稿转换成直接放映格式，可以在没有安装 WPS 演示的计算机上放映它。转换方法如下。

① 打开演示文稿，单击“文件”菜单中的“另存为”命令，打开“另存文件”对话框。

② 将文件类型更改为“*.pps”，然后单击“保存”按钮即可。

双击*.pps 格式的放映文件，即可放映该演示文稿。

习题

一、选择题

1. 在 WPS 演示中，“插入”选项卡中不能插入的选项是（　　）。

A. 表格　　B. 图片　　C. 艺术字　　D. 动画效果

2. 按（　　）键可进入幻灯片放映视图并从第一张幻灯片开始放映。

A. Esc　　B. F5　　C. F7　　D. F10

3. 在 WPS 演示中，下列说法中错误的是（　　）。

A. 可以动态显示文本和对象　　B. 可以更改动画对象的出现顺序

C. 可以设置幻灯片的切换效果　　D. 图表中的元素不可以设置动画效果

4. 将幻灯片文档中的一部分文本内容复制到别处，先要进行的操作是（　　）。

A. 粘贴　　B. 复制　　C. 选择　　D. 剪切

5. 在 WPS 演示中，有关图片的操作，下列说法中错误的是（　　）。

A. 图片的大小和位置可以更改　　B. 不能对图片进行裁切

C. 可以插入静态和动态的图片　　D. 图片的亮度与对比度都可以调整

6. （　　）视图方式下，显示的是幻灯片的缩略图，适用于对幻灯片进行组织和排序，添加切换功能和设置放映时间。

A. 普通　　B. 大纲　　C. 幻灯片浏览　　D. 备注页

7. 演示文稿中每一个演示的单页称为（　　），它是演示文稿的核心。

A. 模板　　B. 母版　　C. 版式　　D. 幻灯片

8. 在 WPS 演示中，下列关于幻灯片背景描述错误的是（　　）。

A. 可以使用图片文件　　B. 可以使用纯色填充

C. 可以应用到全部幻灯片　　D. 背景图片应用后不能更改

二、填空题

1. WPS 演示的窗口主要由标题栏、________、选项卡、________和状态栏几个部分组成。

2. 使用 WPS 演示制作的演示文稿的扩展名为________，模板的扩展名为________。

3. 在 WPS 演示中创建演示文稿的方法有：________、________、________、________等。

4. WPS 演示的视图分为________、________、________、备注页视图、阅读视图、幻灯片放映视图和母版视图 7 种。

三、问答题

1. 在 WPS 演示中，如何插入一个新幻灯片？

2. 幻灯片的模板和母版有何区别？

3. 如何为幻灯片添加文件中的图片、音频和视频动画？

第6章 计算机网络及信息检索技术

互联网是20世纪最伟大的发明之一。互联网是由成千上万个计算机网络组成的，包括大学校园网、企业局域网到大型的运营商骨干网，几乎涵盖了社会的各个领域，如政务、科研、文化、教育、经济等。人们只要使用鼠标、键盘就可以从互联网上找到大量的信息，可以与地球另一端的人们通信交流，一起参加视频会议。

互联网已经深深地影响和改变了人们的工作和生活方式，并以飞快的速度在不断发展和更新。

通过对本章的学习，读者应该掌握如下内容。

（1）计算机网络的基本概念、组成和分类以及计算机网络的性能指标；

（2）计算机网络的基础知识，主要包括网络硬件和软件、TCP / IP 的工作原理、C/S 体系结构以及网络应用中常见的概念，如域名、IP 地址、DNS 服务和接入方式等；

（3）互联网网络服务的概念、原理和应用。能够熟练掌握 IE 浏览器的使用、电子邮件的收发、信息的搜索、FTP 下载，以及流媒体和手机电视的使用方法；

（4）信息检索的分类、发展历程、检索流程；使用搜索引擎检索信息的方法；学术信息、商标信息、专利信息、标准信息的检索方法及检索平台。

6.1 计算机网络的基本概念

计算机网络是通信技术和计算机技术高度发展、紧密结合的产物，是信息社会最重要的基础设施之一，并逐步发展为构筑人类信息社会的“高速公路”。

6.1.1 计算机网络的定义

了解计算机网络

在计算机网络发展过程的不同阶段，人们对计算机网络提出了不同的定义。当前较为准确的定义为：地理上分散的多台自主计算机按一定协议互连的、以实现资源共享和信息交换的系统，即将分布在不同地理位置上的具有独立工作能力的多个计算机系统，通过通信设备和通信线路互相连接起来，实现数据传输和资源共享的系统。图 6.1 所示为一个具有四个结点和三条链路的网络。一台服务器、一台台式计算机、一台笔记本计算机通过三条链路连接到一个交换机上，构成了一个简单的网络。

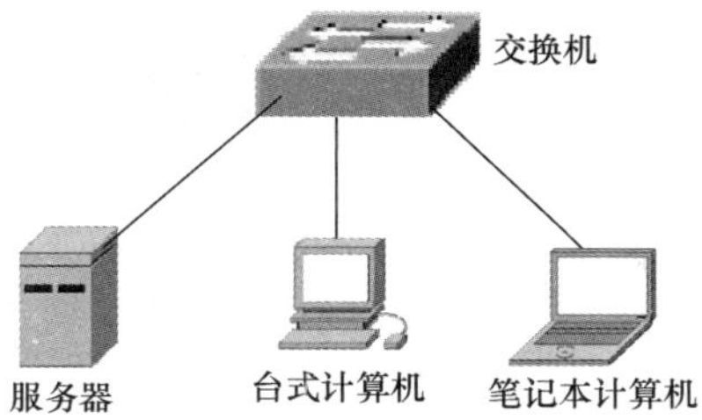

图 6.1 计算机网络示意图

从以上计算机网络的定义可以看出。

（1）一个计算机网络可以包含多个结点，结点可以是计算机、集线器、交换机或路由器等。

（2）计算机网络通过通信设备和通信线路把有关的计算机有机地连接起来。所谓“有机地连接”是指连接时彼此必须遵循约定和规则。

（3）建立计算机网络的主要目的是通信、实现信息的交流、计算机分布资源的共享或协同工作。其中最基本的目的之一是资源共享，包括硬件资源、软件资源和数据资源的共享。

6.1.2 数据通信

数据通信是通信技术和计算机技术相结合而产生的一种新的通信方式。数据通信是指通过传输信道将数据终端与计算机连接起来，使不同地点的数据终端实现软件、硬件和信息资源共享的通信方式。

（1）信道。信道是信息传输的媒介或渠道，作用是把携带有信息的信号从它的输入端传递到输出端。根据传输媒介的不同，信道可分为有线信道和无线信道。

（2）信号。信号是数据的载体。信号可分为数字信号和模拟信号两类。数字信号是一种离散的脉冲序列，在计算机系统中，数字信号以高低电平实现二进制编码，高电平为 1，低电平为 0。模拟信号是一种连续变化的信号，如电话线上传输的按照声音强弱幅度连续变化所产生的电信号。

（3）调制与解调。将发送端数字信号转换成模拟信号的过程称为调制。将接收端模拟信号还原为数字信号的过程称为解调。将调制和解调两种功能结合在一起的设备称为调制解调器（Modem）。

（4）带宽与传输速率。在模拟信道中，以带宽表示信道传输信息的能力。带宽以信号的最高频率和最低频率之差表示。频率（Frequency）是模拟信号波每秒的周期数，常用 Hz、MHz 或 GHz 作为单位。在一定范围内，信道的带宽越宽，其可用的频率范围就越广，传输的数据量就越大。

在数字信道中，用比特率表示信道的传输能力，即每秒传输的二进制数，常用单位为 bps、kbps、Mbps、Gbps、Tbps。

（5）误码率。误码率是指在数据传输过程中，错误的比特数与传输的总比特数的比值，是通信系统的可靠性指标。在计算机网络中，一般要求误码率低于 10^{-6}。

6.1.3 计算机网络的分类方式

从不同的角度出发，计算机网络有多种分类方法，常见的分类方法有以下几种。

1. 按作用范围分类

根据计算机网络所覆盖的地理范围及其应用目的，计算机网络通常被分为个人局域网、局域网、城域网和广域网。

（1）个人局域网（Personal Area Network，PAN）。个人局域网就是在个人工作的地方，把个人使用的电子设备用无线技术连接起来的网络，因此也常被称为无线个人局域网（Wireless Personal Area Network，WPAN），其范围大约在 10 m。

（2）局域网（Local Area Network，LAN）。局域网是指将有限的地理区域内的各种通信设备互连在一起的通信网络。它具有很高的传输速率（通常为 100 Mbps 甚至更高），其覆盖范围一般不超过几十千米。通常可以将一座大楼或一个校园内分散的计算机连接起来构成局域网。

（3）城域网（Metropolitan Area Network，MAN）。城域网介于局域网和广域网之间，其覆盖范围通常为一个城市或地区，覆盖范围从几十千米到上百千米。城域网中可包含若干个彼此互连的局域网，局域网可以采用不同的系统硬件、软件和通信传输介质，从而使不同类型的局域网能有效地共享信息资源。城域网通常采用光纤作为网络的主干介质。

（4）广域网（Wide Area Network，WAN）。广域网是指远距离连接计算机的计算机网络，可以把众多的城域网、局域网连接起来。广域网覆盖的范围较大，一般从几百千米到几千千米，用于通信的传输装置和介质一般由电信部门提供，能实现大范围的资源共享。

2. 按用户性质分类

按计算机网络的用户性质的不同，可以将计算机网络分为以下两类。

（1）公用网（Public Network）。公用网通常是指所有用户可以租用的网络，如公用电视网、公用电话网等。这类网络是由电信公司等大型单位出资建设的大规模网络，一般归国家或大型单位所有。

（2）专用网（Private Network）。专用网通常是指单位自行构建的网络，如军队、医院、研究机构、电力、铁路等系统内部的网络，这类网络由单位出资建设，网络归属于其建设者，不向本单位以外的用户提供服务。

3. 按传输介质分类

按传输介质的不同，可将计算和网络分为以下两类。

（1）有线网。有线网是指以双绞线、同轴电缆以及光纤作为传输介质的计算机网络。

（2）无线网。无线网是指以电磁波作为传输介质的计算机网络，它可以传输无线电波和卫星信号。

6.1.4　计算机网络的功能

计算机网络的主要功能是共享资源和传输数据，主要包括以下几点。

（1）数据通信。数据通信是计算机网络最基本的功能之一，可以使分散在不同地理位置的计算机之间相互传送信息。该功能是计算机网络实现其他功能的基础。

（2）资源共享。计算机网络中的资源可分成三大类：硬件资源、软件资源和信息资源。相应地，资源共享也分为硬件资源共享、软件资源共享和数据资源共享。

（3）分布式处理。对于综合性的大型问题可采用合适的算法，将任务分散到网络中不同的计算机上进行分布式处理。

（4）综合信息服务。计算机网络的发展使应用日益多元化，可以在一套系统上提供集成的信息服务，如收发电子邮件、网上交易、视频点播、文件传输、办公自动化等。

6.1.5　计算机网络的组成

一个典型的计算机网络主要由终端设备、中间网络设备、传输介质、网络适配器、网络软件及协议 5 个部分组成。

1. 终端设备

连接到网络的设备称为终端设备或主机。终端设备包括传统的桌面个人计算机，工作站、笔记本计算机、服务器以及智能手机、平板计算机和物联网设备（电视、游戏机、家用电器、交通信号灯、监控系统、智能手表、智能眼镜、温度调节装置、汽车控制系统等）。

主机是通过网络传输的消息的信源或目的地。为了区分不同主机，网络中的每台主机都用一个地址加以标识。当主机发起通信时，会使用目的地主机的地址来指定消息的发送地址。数据从一台终端设备出发，经网络传输到另一台终端设备。

2. 中间网络设备

中间网络设备与终端设备互连，将每台主机连接到网络，并且可以将多个独立的网络连接成互联网络。这些设备在后台运行，以确保数据在网络中的顺利传输。

中间网络设备包括以下几种。

- 网络接入设备（交换机和无线接入点）
- 网络互联设备（路由器）
- 网络安全设备（防火墙、入侵检测设备）

中间网络设备确定数据的传输路径，但不生成或修改数据。

物理端口：网络设备上的接口或插口，介质通过它连接到终端设备或其他网络设备。

接口：网络设备连接到网络的专用端口。由于路由器用于互连不同的网络，路由器上的端口称为网络接口。

3. 传输介质

网络通信在传输介质中进行，传输介质为消息从源设备传送到目的设备提供了通道。现代网络主要使用以下三种传输介质来连接设备并提供传输数据的路径。

- 金属导体电缆（双绞线或同轴电缆）
- 光纤
- 无线介质

每种介质都采用不同的信号编码来传输数据。对于金属导体电缆，数据要编码成符合特定模式的电子脉冲；光纤传输依赖红外线或可见光频率范围内的光脉冲；无线传输则使用电磁波来传输数据。

4. 网络适配器

网络适配器又称网络接口卡（简称为网卡），主要负责主机和网络之间的信息传输控制，它的主要功能是线路传输控制、差错检测、物理信号转换以及数据帧的封装与解封等。

5. 网络软件及协议

计算机网络的设计除了前面介绍的硬件，还需要考虑网络软件，网络软件一般包括网络操作系统、网络协议和通信软件等。

（1）网络操作系统。它是网络软件的重要组成部分，是进行网络系统管理和通信控制的核心软件的集合，负责整个网络软、硬件资源的管理以及网络通信和任务的调度，并提供用户与网络之间的接口。常用的网络操作系统有 Linux、Windows、UNIX 等。

（2）网络协议。计算机网络是由多个互联的结点组成的，结点之间需要不断地交换数据与控制信息。要做到有条不紊地交换数据，每个结点都必须遵守一些事先约定好的规则。这些规则规定了所交换数据的格式和时序。这些为网络数据交换而制定的规则、约定与标准称为网络协议（Network Protocol），简称协议。网络协议主要由以下三个要素组成。

- 语法：即用户数据与控制信息的结构和格式；
- 语义：即需要发出何种控制信息、完成何种动作以及做出何种响应；
- 时序：即对事件发生顺序的详细说明。

由此可见，网络协议是计算机网络不可缺少的组成部分。

目前，两个计算机网络协议标准得到了公认和应用。

① OSI/RM：国际标准化组织提出的开放系统互联参考模型（Open System Interconnection Basic Reference Mode，OSI/RM），该模型结构严谨，理论性强，学术价值高，为各种网络模型提供了理论参考。

② TCP/IP（Transmission Control Protocol/Internet Protocol，传输控制协议/网际协议）：TCP/IP参考模型相对于OSI/RM来说更简单，实用性强，现在已成为事实上的互联网协议标准，现代计算机网络大多遵循这一标准。

TCP/IP参考模型有时又称DoD（Department of Defense，国防部）模型。TCP/IP 参考模型只有四层，自上而下依次是：应用层、传输层、网际层和网络接口层。图6.2列出了TCP/IP参考模型的结构。

应用层
传输层
网际层
网络接口层

图 6.2 TCP/IP 参考模型

- 在 TCP/IP 参考模型中，网络接口层是 TCP/IP 参考模型的最底层，负责接收从网际层发送来的 IP 数据报并将 IP 数据报通过底层物理网络发送出去，或者从底层物理网络接收物理帧，抽出 IP 数据报，将其交给网际层。网络接口层使采用不同技术和网络硬件的网络之间能够互连，包括属于操作系统的设备驱动器和计算机网络接口卡，以处理具体的硬件物理接口。
- 网际层负责将分组从源主机送往目的主机，涉及为分组提供最佳路径的选择和交换功能，并使这一过程与它们所经过的路径和网络无关。TCP/IP参考模型的网际层在功能上非常类似于 OSI 模型中的网络层，通过检查网络拓扑结构，以决定传输报文的最佳路由。
- 传输层的作用是在源结点和目的结点的两个对等实体间提供可靠的端到端的数据通信。为保证数据传输的可靠性，传输层协议也提供了确认、差错控制和流量控制等机制。传输层从应用层接收数据，并且在必要的时候把它分成较小的单元并传递给网际层，确保到达对方的各段信息正确无误。
- 应用层涉及为用户提供网络应用，并为这些应用提供网络支撑服务，把用户的数据发送到传输层，为应用程序提供网络接口。由于TCP/IP将所有与应用相关的内容都归为一层，所以应用层主要处理高层协议、数据表达和对话控制等任务。

（3）通信软件。通信软件是通过网络实现实时信息交换、文件传输及多人协作的数字化工具。

6.2 局域网组网技术

从网络的规模看，传统的计算机网络的基本网络都是局域网。把局域网相互连接可以构成满足不同需要的网络。

6.2.1 局域网概述

1975年美国施乐公司推出的实验性以太网和1974年英国剑桥大学研制的剑桥环网，都是局域网的典型代表。通常将具有下列基本属性的网络称为局域网。

（1）覆盖范围较小。通常局域网内的计算机限于一幢大楼或建筑群内，覆盖范围一般只有几千米，甚至只在一个园区、一幢建筑或一个房间内。

（2）传输速率较高。局域网通信线路的传输速率的数量级通常为10^6，传输速率高达100 Mbps、1000 Mbps，甚至10 Gbps，能很好地支持计算机间的高速通信。

（3）通常为一个部门所有。局域网一般仅被一个部门所控制，这点与广域网有明显的区别，广域网可能分布在一个国家的不同地区，甚至不同的国家之间，可能被几个组织所共有。

（4）误码率低。局域网传输信息的误码率一般为10^{-11}～10^{-8}。

局域网的出现，使计算机网络的优势获得更充分的发挥，在很短的时间内，计算机网络就深入到各个领域。各种局域网技术层出不穷，并得到广泛应用，极大地推进了信息化社会的发展。

6.2.2 网络拓扑结构

计算机网络上的每一台计算机称为一个结点，网络中各个节点相互连接的方式称为网络的拓扑。网络的拓扑结构通常有总线型、星型、环型、树型和网状结构，如图6.3所示。

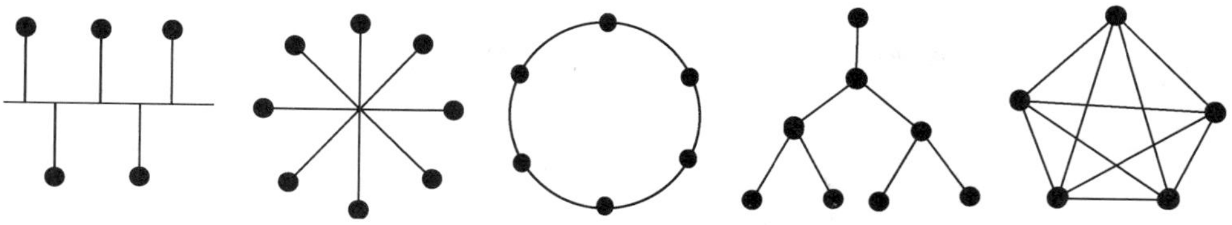

图 6.3　各种不同的拓扑结构

（1）总线型结构。它采用单根传输线，所有的结点都通过相应的硬件接口直接连接到传输总线上。任何一个结点发送的信息都可以沿着传输总线传播，而且能被所有其他的结点接收。目前这种拓扑结构正在被淘汰。

（2）星型结构。它由中央结点和通过点对点链路接到中央结点的各结点（网络工作站等）组成。中央结点一般为交换机（点到点式）。星型结构是局域网中最常用的拓扑结构之一。

（3）环型结构。环型结构是将各结点通过一条首尾相连的通信线路连接起来形成封闭的环。

（4）树型结构。它从星型结构派生而来，各结点按一定层次连接起来，任意两个结点之间的通路都支持双向传输，网络中存在一个根结点，由该结点引出其他多个结点，形成一个分级管理的集中式网络，越顶层的结点处理能力越强。树型结构是目前局域网最常用的结构之一。

（5）网状结构。它分为全连接网状和不完全连接网状两种形式。在全连接网状结构中，每一个结点和网中其他结点均有链路连接。在不完全连接网状网中，两结点之间不一定有直接的链路连接，它们之间的通信依靠其他结点转接。

6.2.3　局域网传输介质

局域网传输介质

传输介质是数据传输的物质基础，它是两结点间传输数据的“道路”。目前网络的传输介质有多种，可以分为两大类：有线传输介质和无线传输介质。有线传输介质包括双绞线、同轴电缆和光导纤维；无线传输介质是在自由空间（空气、真空）中传输数据的通信媒介，如无线电波、微波、红外线和激光。

传输介质则是传输质量的基本保证，传输介质在很大程度上决定了通信的质量。

1. 双绞线

双绞线（Twisted Pair Wire，TP）是目前局域网中使用最广泛、价格最低廉的有线传输介质之一。其内部由若干对相互绞缠在一起的绝缘铜导线组成。采用两两相绞的绞线技术可以抵消相邻线对之间的电磁干扰，减少近端串扰。双绞线电缆一般由多对双绞线外包缠护套组成，其护套称为电缆护套。电缆根据对数可分为 4 对双绞线电缆、大对数双绞线电缆（包括 25 对、50 对、100 对等）。

在计算机网络中通常用到的双绞线是 4 对结构。为了便于安装与管理，每对双绞线有颜色标识。4 对电缆的线对颜色分别是蓝色、橙色、绿色、棕色。在每个线对中，其中一根的颜色为线对颜色，另一根的颜色是白色底色加线对颜色的条纹或斑点。

EIA/TIA 经过多次修订，根据双绞线电缆性能，定义了表 6.1 中列出的常用的双绞线的类别、带宽和典型应用。

表 6.1　常用的双绞线的类别、带宽和典型应用

双绞线类型	带宽	典型应用
3 类	16 MHz	语音、10 Mbps 的以太网和 4 Mbps 的令牌环网
4 类	20 MHz	语音、10 Mbps 的以太网和 16 Mbps 的令牌环网
5 类	100 MHz	语音、100 Mbps 的快速以太网

续表

双绞线类型	带宽	典型应用
超 5 类	100 MHz	100Base-T 快速以太网
6 类	250 MHz	1000Base-T Gbps 以太网
超 6 类	500 MHz	10GBase-T10 Gbps 以太网
7 类	600 MHz	只使用 STP，可用于 10GBase-T10 Gbps 以太网

2. 同轴电缆

同轴电缆（Coaxial Cable）由 4 层组成：一根中央铜导线、包围铜导线的绝缘层、一个网状金属屏蔽层以及一个塑料保护外皮。它内部的两层导体排列在同一轴上，所以称为“同轴”。其中，铜导线传输电磁信号，它的粗细直接决定信号衰减程度和传输距离；绝缘层将铜导线与金属屏蔽物隔开；网状金属屏蔽层（网状金属屏蔽层在各个方向上围绕着铜导线）一方面可以屏蔽噪声，另一方面可以作为信号地线，能够很好地隔离外来的电信号。

同轴电缆具有辐射小和抗干扰能力强等特点，常用于电视工业，也曾经是局域网中应用最多的传输介质，现已不常使用。

3. 光导纤维

光导纤维（光纤）是一种新型传输媒介，具有误码率低、频带宽、绝缘性能高、抗干扰能力强、体积小和质量轻的特点。光纤是光缆的纤芯，光纤由光纤芯、包层和涂覆层三部分组成。最里面的是光纤芯，包层将光纤芯围裹起来，使光纤芯与外界隔离，以防止其与其他相邻的光导纤维相互干扰。包层的外面涂覆一层涂覆层，涂覆材料为硅酮树脂或聚氨基甲酸乙酯，涂覆层的外面是套塑（或称二次涂覆），套塑的原料大都采用尼龙、聚乙烯或聚丙烯等塑料，如图 6.4 所示。

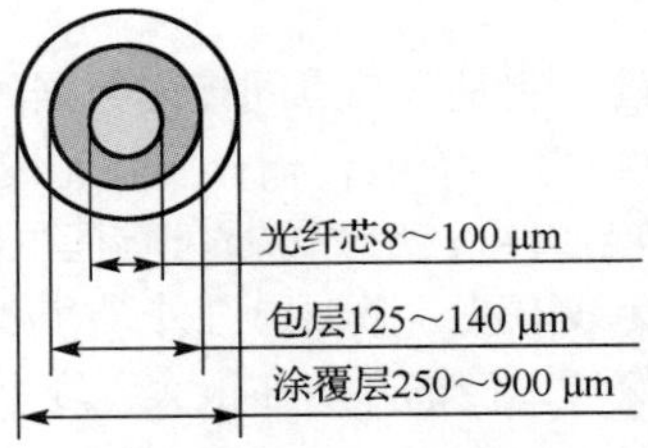

图 6.4　光纤结构的示意图

（1）单模光纤：采用注入型激光二极管作为光源并以此产生激光，激光的定向性强，在给定的波长上，只能以单一的模式进行传输，其传输距离可达 100 km。

（2）多模光纤：采用发光二极管作为光源并以此产生荧光（可见光），荧光的定向性较差，在给定的波长上，通过反射，以多种模式进行传输，多模光纤的传输距离一般在 2 km 以内。

4. 无线传输介质

无线传输是指通过无线电波在自由空间内的传播进行通信，常用于电（光）缆铺设不便的特殊地理环境，或者作为地面通信系统的备份和补充。

（1）微波：微波在空间中只能直线传输，长距离通信时需要在地面上架设微波塔，或者在人造同步地球卫星上安装中继器，将其作为微波传输中继站，来延伸信号传输的距离。

（2）红外线和激光：通信的收发设备必须处于视线范围之内，均具有很强的方向性，因此防窃取能力较强，但对环境因素较为敏感。

6.2.4 局域网标准

局域网出现之后，发展迅速，类型繁多，为了实现不同类型局域网之间的通信，国际标准化组织将 IEEE 802 标准确定为局域网标准。

IEEE 802 是一个标准体系，为了适应局域网技术的发展，正不断地增加新的标准和协议。在这里我们介绍最常用的 IEEE 802.3 标准。

（1）IEEE 802.3i 标准：定义了 10Base-T 的访问控制方法和物理层技术规范。采用星型拓扑结构，以集线器为中心设备，再用两端是 RJ-45 插头的双绞线电缆一端连接主机，另一端连接到集线器的 RJ-45 端口。10Base-T 使用 UTP（Unshielded Twisted Pair，非屏蔽双绞线）电缆中的两对线：一对用于发送，另一对用于接收。主机与集线器之间的双绞线的最大距离为 100 m，传输速率为 10 Mbps。

（2）IEEE 802.3u 标准：定义了三种不同的物理层标准 100Base-Tx（2 对 5 类及以上 UTP 电缆）、100Base-T4（4 对 3、4、5 类 UTP 电缆）、100Base-Fx（2 芯光纤）。100Base-TX 使用 5 类及以上 UTP 电缆，传输距离为 100 m，RJ-45 连接器的顺序也相同。100Base-TX 传输数据的速度为 100 Mbps，比 10Base-T 快 10 倍。

（3）IEEE 802.3z 标准：定义了 1000 Mbps 以太网（光纤、同轴电缆）的标准。千兆位以太网标准是对以太网技术的再次扩展，其数据传输率为 1000 Mbps，即 1 Gbps，也称吉比特以太网。IEEE 802.3z 千兆位以太网标准定义了三种传输介质标准，其中两种是光纤介质标准，包括 1000Base-SX[仅支持 62.5 μm（最大传输距离 275 m）和 50 μm（最大传输距离 550m）这两种多模光纤]和 1000Base-LX[光纤规格为 62.5 μm 和 50 μm 的多模光纤（最大传输距离 550 m）、9 μm 的单模光纤（最大的传输距离可达 3 km）]；另一种是铜线介质标准，称为 1000Base-CX（短距离屏蔽铜缆，最大传输距离为 25 m）。

（4）IEEE 802.3ab 标准：定义了 1000 Mbps 以太网（双绞线）的标准。IEEE 802.3ab 千兆位以太网标准定义了双绞线标准，称为 1000Base-T。1000Base-T 采用 4 对 cat5e 类 UTP 双绞线，传输距离为 100 m，传输速率为 1 Gbps。1000BASE-T 能与 10BASE-T、100BASE-T 完全兼容，它们都使用 5 类 UTP 介质，从中心设备到结点的最大距离也是 100 m，这使得千兆位以太网应用于桌面系统成为现实。

（5）IEEE 802.3ae 标准：定义了 10 Gbps 以太网的标准，10 Gbps 以太网技术也称万兆位以太网技术，只支持光纤作为传输介质，但提供了两种物理连接类型。一种是与传统以太网进行连接的、速率为 10 Gbps 的局域网物理层设备即“LAN PHY”；另一种是与 SDH/SONET 进行连接的、速率为 9.58464 Gbps 的广域网物理层设备即“WAN PHY”。

（6）IEEE 802.3an 标准：定义了 10 Gbps 以太网的标准，10 Gbps 以太网采用 6A 类铜缆，频率约为 500 MHz，采用 4 对全双工工作方式，传输距离为 100 m。

6.2.5　无线网络

无线网络是指允许用户使用红外线技术及射频技术建立近距离或远距离的无线连接，从而实现网络资源的共享。无线网络与有线网络的用途类似，二者最大的差别在于传输介质的不同，无线网络利用无线电技术，可以和有线网络互为补充。

1. 无线网络的分类

无线网络可以基于频率、频宽、范围、应用类型等要素进行分类。从覆盖的范围，可以将无线网络分为无线个人局域网、无线局域网、无线城域网、无线广域网等。

（1）无线个人局域网。应用于个人或家庭等较小应用范围内的无线网络被称为无线个人局域网络，简称无线个域网。支持无线个人局域网的技术包括蓝牙、ZigBee、超频波段等，其中蓝牙技术在无线个人局域网中的使用最广泛。

（2）无线局域网。无线局域网是计算机网络与无线通信技术相结合的产物，通常是指采用无线传输介质的局域网。

（3）无线城域网。无线城域网是指覆盖主要城市区域的多个场所的无线网络，用户通过城市公共网络或专用网络建立无线网络连接。

（4）无线广域网。无线广域网是指覆盖主要城市或整个国家的无线网络。无线广域网主要用于全球及大范围的无线覆盖和接入，包括 IEEE 802.20 技术以及 4G/5G 等技术的接入。

2. 无线局域网

无线局域网（Wireless Local Area Network，WLAN）是目前常见的无线网络之一，其原理、结构、应用和传统有线计算机网络的较为接近。它以无线信道作为传输介质，如无线电波、激光和红外线等，无须布线，而且可以随需要移动或变化。

IEEE 802.11 是现今无线局域网通用的标准，在十几年的发展过程中，形成了多个子协议标准，常见的子协议标准包括 IEEE 802.11b、802.11a、802.11g、802.11n（Wi-Fi 4）、802.11ac（Wi-Fi 5）、802.11ax（Wi-Fi 6）等。

无线局域网可独立存在，也可与有线局域网共同存在并进行互联。WLAN 由无线终端、无线网卡、无线路由器、分布式系统、无线接入点、无线接入控制器及天线等组成。

（1）无线终端和无线网卡。无线终端是配置支持 IEEE 802.11 协议的无线网卡的终端。无线网卡能收发无线信号，作为工作站的接口实现与无线网络的连接，作用相当于有线网络中的以太网卡。

（2）无线接入点。无线接入点是 WLAN 的重要组成部分，其工作机制类似于有线网络中的集线器。无线终端可以通过无线接入点进行与终端之间的数据传输，也可以通过无线接入点的“WAN”口与有线网络互通。

（3）无线接入控制器。无线接入控制器是一种网络设备，用来集中化控制无线接入点，是一个无线网络的核心，负责管理无线网络中的所有无线接入点。

6.3 计算机网络的性能

计算机网络的性能是指计算机网络在数据传输过程中表现出的效率、稳定性和可靠性。

6.3.1 计算机网络的性能指标

影响计算机网络性能的因素有很多，如传输的距离、使用的线路、传输技术、带宽等。对用户而言，计算机网络的性能则主要体现在所获得的网络速度不一样。计算机网络性能的主要指标包括速率、带宽、吞吐量和时延等。

1. 速率

计算机通信需要将发送的信息转换成二进制数字来传输，一位二进制数称为一个“比特”（bit）。

网络技术中的速率指的是每秒传输的比特数量，称为“数据率”（Data Rate）或“比特率”（bit Rate），速率的单位是 bit/s。当速率较高时，就可以使用 kbit/s（$k=10^3$）、Mbit/s（$M=10^6$）、Gbit/s（$G=10^9$）、Tbit/s（$T=10^{12}$）作为单位。

2. 带宽

带宽（Bandwidth）有以下两种不同的含义。

（1）在通信线路上传输模拟信号时，将通信线路允许通过的信号频带范围称为线路的带宽（或通频带）。带宽的单位为 Hz（或 kHz、MHz、GHz 等）。如电话信号的标准带宽是 300Hz 到 3.4kHz。

（2）在计算机网络中，带宽用来表示网络中某通道传送数据的能力，即在单位时间内，网络中的某一点到另一点所能通过的“最高数据率”。本书提到的“带宽”就是这个意思，单位是“比特每秒”，记为“bit/s”。

3. 吞吐量

吞吐量（throughput）表示在单位时间内通过某个网络（或信道、接口）的数据量。吞吐量更常用于对现实世界中的网络测量，以便知道实际上到底有多少数据量能够通过传输介质。因为诸多原因，吞吐量常常小于所用介质本身可以提供的最大数字带宽。例如，对于 100Mb/s 的以太网，其典型的吞吐量可能只有 70～80Mb/s。决定吞吐量的因素包括网络互联设备、所传输的数据类型、网络的拓扑结构、网络上的并发用户数量、用户的计算机、服务器和拥塞情况。

4. 时延

时延（delay 或 latency）是指数据从一个网络（或链路）的一端传送到另一端所需要的时间。通常来讲，时延是由以下几个不同的部分组成的。

（1）发送时延。发送时延是结点在发送数据时使数据块从结点进入传输介质所需的时间，也就是从数据块的第一个比特开始发送算起，到最后一个比特发送完毕所需的时间，又称为传输时延。发送时延发生在机器内部的发送器中（一般就是发生在网络适配器中）。

（2）传播时延。传播时延是电磁波在信道中传播一定的距离需要花费的时间。传播时延发生在机器外部的传输信道媒介上。

（3）处理时延。处理时延是指网络设备对数据包进行一些必要的处理所花费的时间。

（4）排队时延。网络传输中的数据分组在进入路由器后要先在输入队列中排队并等待处理。当路由器确定了转发接口后，还要在输出队列中排队，等待转发。这一过程就产生了排队时延。排队时延的长短取决于网络当时的通信量。

数据在网络中经历的总时延就是以上四种时延之和。

总时延=发送时延+传播时延+处理时延+排队时延。

一般来说，小时延的网络要优于大时延的网络。在某些情况下，一个低效率、小时延的网络很可能要优于一个高效率但大时延的网络。

6.3.2　计算机网络的非性能特征

计算机网络还有一些非性能特征也很重要。这些非性能特征与前面介绍的性能指标有很大的关系。

计算机网络的非性能特征主要包括费用、质量、标准化、可靠性、可扩展性和可升级性、管理和维护特性等。

6.4　互联网基础

互联网（Internet）建立在全球网络互联的基础上，是一个全球范围内的信息资源网。互联网大大缩短了人们的生活距离，世界因此变得越来越小。互联网提供资源共享、数据通信和信息查询等服务，已经逐渐成为人们了解世界、学习研究、购物休闲、工作交流、结识朋友的重要途径。

6.4.1　什么是互联网

1. 互联网的发展历史

互联网起源于 1968 年美国国防部高级研究计划局（ARPA）提出并资助的 ARPANET 网络计划，其目的是将各地不同的主机以一种对等的通信方式连接起来，最初只有四台主机。这就是互联网的技术原型。

1980 年，ARPA 开始把 ARPANET 上运行的计算机转向采用新的 TCP/IP。1983 年，ARPANET 又被分离成供军方专用的 MILNET 和服务于研究活动的民用网络。这是互联网的发展的重要一步。

1985 年，美国国家科学基金会（National Science Foundation，NSF）筹建了 6 个超级计算中心。1986 年，用于支持科研和教育的全国性规模的计算机网络 NSFNET 形成并面向全社会开放，实现超级计算机中心的资源共享。NSFNET 同样采用 TCP/IP，并连接 ARPANET，从此互联网开始迅速发展起来。NSFNET 的建立标志着互联网的第一次快速发展。

随着互联网面向全社会的开放，在 20 世纪 90 年代初，商业机构开始进入互联网领域。1992 年，美国高级网络和服务公司建立了 ANSNET 网，其成为互联网的骨干网，传输速度达到 45 Mbps。互联网的商业化标志着互联网的第二次快速发展。

全世界其他国家和地区也都在 20 世纪 80 年代以后先后建立了各自的互联网骨干网，逐渐形成了今天连接上百万个网络、拥有数十亿个网络用户的庞大的国际互联网。随着互联网规模的不断扩大，它向全世界提供的信息资源和服务也越来越丰富，可以实现全球范围内的电子邮件通信、信息查询与浏览、电子新闻收看、文件传输、语音与图像通信、网上购物等功能。互联网的出现与发展，极大地推动了全球由工业化向信息化的转变。

互联网主要是通过路由器将世界不同地区、规模大小不一、类型不一的网络互相连接起来的网络，是一个全球性的计算机互联网络，由此也称为“国际互联网”，是一个信息资源极其丰富的世界上最大的计算机网络。

2. 中国互联网的发展概况

互联网在中国的发展起步较晚，但由于起点比较高，所以发展速度很快。1986 年，北京市计算机应用技术研究所开始与国际联网，建立了中国学术网（Chinese Academic Network，CANET）。1987 年 9 月，CANET 建成中国第一个国际互联网电子邮件节点。

1994 年 4 月，中关村地区教育与科研示范网完成了与互联网的全功能 IP 连接，我国正式被国际承认为第 77 个接入互联网的国家。

6.4.2 TCP/IP 的工作原理

TCP/IP 是一组通信协议的集合，这组协议使任何具有网络设备的用户能访问和共享互联网上的信息，其中最重要的协议是传输控制协议（TCP）和网际协议（IP）。TCP 和 IP 是两个独立且紧密结合的协议，负责管理和引导数据报文在互联网上的传输。二者使用专门的报文头定义每个报文的内容。TCP 负责和远程主机的连接，IP 负责寻址，使报文去往其该去的地方。

1. IP 的工作原理

IP（Internet Protocol，网际协议）是 TCP/IP 体系中的网际层协议，它的主要作用是将不同类型的物理网络互联在一起。为了达到这个目的，需要将不同格式的物理地址转换成统一的 IP 地址，将不同格式的帧（物理网络传输的数据单元）转换成“IP 数据报”，从而屏蔽下层物理网络的差异，向上层传输层提供 IP 数据报，实现无须连接的数据报传送服务；IP 的另一个功能是路由选择，简单地说，就是从网上某个结点到另一个结点的传输路径的选择，将数据从一个结点按路径传输到另一个结点。

2. TCP 的工作原理

TCP（Transmission Control Protocol，传输控制协议）位于传输层。TCP 向应用层提供面向连接的可靠数据传输服务，一旦某个数据包丢失或损坏，TCP 发送端可以通过协议机制重新发送这个数据包，以确保发送端到接收端的可靠传输。其数据传输的单位是报文段（Segment）。依赖于 TCP 的应用层协议需要高可靠性，如远程登录协议 Telnet、简单邮件传输协议 SMTP（Simple Mail Transfer

Protocol）、文件传输协议 FTP（File Transfer Protocol）、超文本传输协议 HTTP（Hypertext Transfer Protocol）等。

6.4.3　互联网的工作模式

互联网向用户提供了众多服务，例如 WWW 服务、FTP 服务、E-mail 服务、Telnet 服务、视频播放、即时聊天等。就本质而言，这些服务都是由运行在计算机上相应的服务程序提供的，把运行某种服务程序的计算机称为服务器（Server），如 WWW 服务器等。

在互联网中，把向服务器发出服务请求的计算机称为客户机（Client）。用户要想获得网络服务，除了要让自己的客户机通过互联网与相应的服务器建立连接，还必须运行相应的客户程序，如 Web 浏览器、FTP 客户程序等。客户程序通过客户机向用户提供与服务器上的服务程序相互通信的人机交互界面。

1. 客户机/服务器模式

当用户通过客户机上的客户程序提供的界面向服务器上的服务程序发出请求时，服务程序对用户的请求做出响应，完成相应的操作，然后返回处理结果并予以应答，应答的结果再通过客户程序的交互界面以规定的形式展示给用户。图 6.5 给出了互联网客户机/服务器间交互过程的示意图。QQ 聊天、Telnet 远程登录、FTP 文件传输服务、HTTP 超文本传输服务、电子邮件服务、DNS 域名解析服务等都属于客户机/服务器模式。

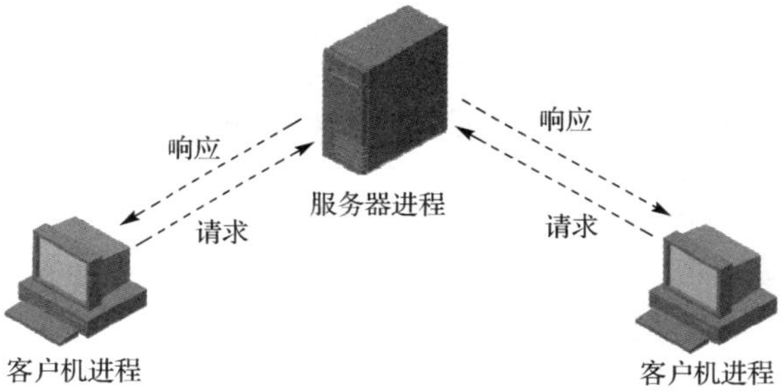

图 6.5　互联网的客户机/服务器模式

2. 浏览器/服务器模式

目前，浏览器作为访问互联网各种信息服务的通用客户程序与公共工作平台，许多用户使用浏览器访问互联网资源，它的工作模式称为浏览器/服务器模式。

6.4.4　互联网的地址

为了实现互联网上不同计算机之间的通信功能，每台计算机都必须有一个不与其他计算机重复的地址，它相当于通信时每个计算机的名字。在使用互联网的过程中，常用的地址有 IP 地址、域名地址和电子邮件地址等。

了解互联网地址

1. IP 地址

（1）什么是 IP 地址

IP 地址是网络上的通信地址，是计算机、服务器、路由器的接口地址，每一个公网 IP 地址在全球是唯一的，是运行 TCP/IP 的唯一标志。

IPv4 的 IP 地址是一个 32 位的二进制数，一般用小数点隔开的十进制数表示（称为点分十进制表示法），如 121.255.255.154。

IP 地址由网络标志（Netid）和主机标志（Hostid）两部分组成，网络标志用来区分互联网中互连的各个网络，主机标志用来区分同一网络上的不同计算机（主机）。

（2）IP 地址的分类及格式

IP 地址按结点计算机所在网络规模的大小可分为 A、B、C、D、E 五类，如图 6.6 所示。常用的是前三类，其余的留作备用。A、B、C 类的地址编码如下。

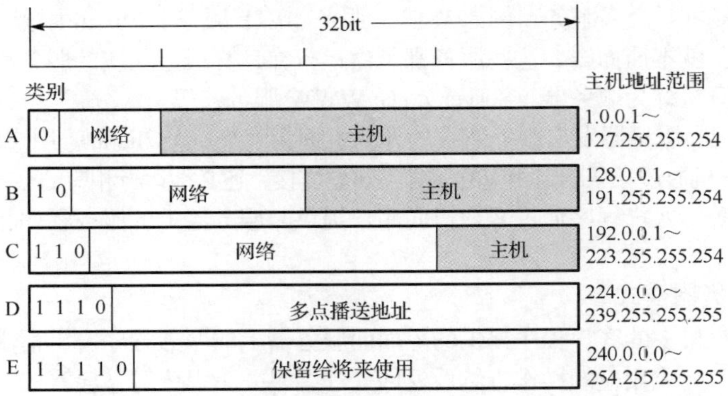

图 6.6　IP 地址的组成

① A 类：A 类地址用于规模特别大的网络。其前 8 位是网络标志号，后 24 位是主机标志号，有效范围为 1.0.0.1～127.255.255.254，主机数可以达到 16 777 214 个。

② B 类：B 类地址用于规模适中的大型网络。其前 16 位为网络标志号，后 16 位为主机标志号，其有效范围为 128.0.0.1～191.255.255.254，主机数最多只能为 65 535 个。

③ C 类：C 类地址用于规模较小的网络。其前 24 位为网络标志号，后 8 位为主机标志号，其有效范围为 192.0.0.1～223.255.255.254，主机数最多只能为 254 个。

为了确保 IP 地址在互联网中的唯一性，IP 地址统一由互联网名称与数字地址分配机构分配。我国的 IP 地址由中国互联网络信息中心（China Internet Network Information Center，CNNIC）分配。总之，要加入互联网，必须申请到合法的 IP 地址。

2. 域名系统

互联网对每台计算机的命名方案称为域名系统（Domain Name System，DNS）。从语法上看，每台计算机的域名由一系列字母和数字构成的段组成。

（1）域名的结构

域名采用分层次的方法命名，每一层都有一个子域名。域名由一串用小数点分隔的子域名组成。其一般格式为：

计算机名.组织机构名.网络名.最高层域名

例如，netra.sjzri.edu.cn 就是一个由 4 部分组成的主机域名（也称域名地址）。

在域名格式中，最高层域名也称第一级域名，在互联网中是标准化的，代表主机所在的国家，由两个字母组成。例如，cn 代表中国，jp 代表日本，us 代表美国（通常省略）。

网络名是第二级域名，反映主机所在单位的性质，常见的网络名有 edu（教育机构）、gov（政府部门）、mil（军队）、com（商业系统）、net（网络信息中心和网络操作系统）、org（非营利组织）、int（国际上的组织）等。

组织机构名是第三级，一般表示主机所属的域或单位。例如，pku 表示北京大学。

计算机名是第四级，一般根据需要由网络管理员自行定义。

注意

① 域名不区分大小写字母。

② 域名在整个互联网中是唯一的，当高级域名相同时，低级子域名不允许重复。

（2）DNS 的顶级域名

DNS 采用树状结构来为互联网建立域名体系结构。互联网国际特别委员会（Internet International AdHoc Committee，IAHC）负责最高域名的登记。IAHC 将国际最高域名分为三类。

① 国家顶级域名（nTLD）：国家顶级域名的代码由 ISO3166 规定，例如，cn 代表中国，us 代表美国。国家顶级域名下的二级域名由各国自行协调和管理。

② 国际顶级域名（iTLD）：在此域名下注册二级域名的是具有国际特性的实体，例如，国际联盟、国际组织等。

③ 通用顶级域名（gTLD）：现有的通用顶级域名有 com、net、org、edu、gov、mil、web、arts、rec、info、nom 等。

（3）中国域名简介

在我国，用户可以在国家顶级域名 cn 下进行注册。根据 CNNIC 的规划，cn 下的第二级域名有两种情况，一种是组织机构的类别，通常由 2～3 个字母组成，例如 edu、or、ac、net 等；另一种是省市地区，例如 bj、tj、gd、hb 等。

（4）中文域名

中文域名是含有中文文字的域名。中文域名原则上遵照国际惯例，采用树状分级结构，系统的根不被命名，其下一级称为“顶级域”，顶级域一般由“地理域”组成，二级域为“类别/行业/市地域”，三级域为“名称/字号”。中文域名的格式如下。

名称/字号.类别/行业/市地域.地理域

中文域名的结构符合 DNS 层级规则，例如，北京航空航天大学的中文域名是“北京航空航天大学.教育.北京”，其中北京航空航天大学域下的子域名由其自行定义，例如经济管理学院 MBA.北京航空航天大学.教育.北京”。

中文域名分为 4 种类型：中文.cn、中文.中国、中文.公司和中文.网络。

使用中文域名时，用户只需在浏览器地址栏中直接输入中文域名，例如“http://北京大学.cn”，即可访问相应网站。如果用户觉得输入 http 的引导符比较麻烦，并且不愿意切换输入法，希望用“。”来代替“.”，那么只要到“中国互联网络信息中心”网站中下载并安装中文域名的软件就可以实现此功能，例如，在浏览器地址栏中输入“北京大学。cn”即可访问北京大学的网站。

3. URL 地址

统一资源定位符（Uniform Resource Locator，URL）是对可以从互联网上得到的资源的位置和访问方法的一种简洁的表示。URL 给资源的位置提供一种抽象的识别方法，并用这种方法为资源定位。只要能够为资源定位，系统就可以对资源进行各种操作，如存取、更新、替换和查找等。

上述“资源”是指在互联网上可以被访问的任何对象，包括文件、文档、图像、声音，以及与互联网相连的任何形式的数据等。

URL 相当于一个在网络范围内扩展的文件名。因此，URL 是与互联网相连的机器上的任何可访问对象的一个指针。由于对不同对象的访问方式（如通过 WWW、FTP 等）不同，所以 URL 还指出读取某个对象时所使用的访问方式。URL 的一般形式如下所示。

<URL 的访问方式>：//<主机域名>:<端口>/<路径>

其中，“<URL 的访问方式>”用来指明资源类型，除了 HTTP 之外，还可以是 FTP、News 等；“<主机域名>”表示资源所在机器的 DNS 名字，是必需的，主机域名可以是域名，也可以是 IP 地址；“<端口>”“<路径>”有时可以省略，“<路径>”用以指出资源所在机器上的位置，包含路径和文件名，通常是“目录名/文件名”的形式，也可以不含有路径，例如，河北科技工程职业技术大学的 WWW 主页的 URL 就表示为 http://www.xpc.edu.cn/index.htm。

在输入 URL 时，资源类型和服务器地址不分字母的大小写，但目录名和文件名会区分字母的大小写。

HTTP 是超文本协议，与其他协议相比，HTTP 简单、通信速度快、用时短，而且允许传输任意类型的数据，包括多媒体文本，因而在万维网中可方便地浏览多媒体。此外，URL 还使用 Gopher、Telnet、FTP 等标志来表示其他类型的资源。互联网中的所有资源都可以用 URL 来表示。表 6.2 列出了由 URL 地址表示的各种类型的资源。

表 6.2 URL 地址表示的资源类型

URL 资源名	功能	URL 资源名	功能
HTTP	多媒体资源，由 Web 访问	Wais	广域信息服务
FTP	与 Anonymous 文件服务器连接	News	新闻阅读与专题讨论
Telnet	与主机建立远程登录连接	Gopher	通过 Gopher 访问
Mailto	提供 E-mail 功能		

6.4.5 互联网的接入

1. 互联网接入服务提供商

用户在使用互联网上的资源前，首先必须将自己的计算机接入互联网，用户的计算机接入互联网后，用户便成为互联网中的一员，可以使用互联网中提供的各类服务，访问丰富的信息资源。

互联网服务提供商（Internet Service Provider，ISP）是用户接入互联网的服务代理。ISP 具体是指为用户提供互联网接入服务，为用户定制基于互联网的信息发布平台，以及提供基于物理层面技术支持的服务商，包括一般意义上所说的互联网接入服务商（Internet Access Provider，IAP）、互联网平台服务商（Internet Platform Provider，IPP）和互联网目录服务提供商（Internet Directory Provider，IDP）。各国和各地区几乎都有自己的 ISP。在我国，具有国际出口线路的三大网络运营商中国电信、中国联通、中国移动是全国最大的 ISP，它们在全国各地区都设置了自己的 ISP 机构。ISP 与互联网络相连的网络被称为接入网络，其管理单位称为接入单位。ISP 是用户和互联网之间的桥梁，用户通过某种通信线路连接到 ISP，借助于 ISP 与互联网的连接通道便可以接入互联网。

接入网负责将用户的局域网或计算机连接到骨干网。它是用户与互联网连接的最后一步，因此又叫它“最后一公里”设备。

2. 互联网接入方式

接入网（Access Network，AN），也称为用户环路，是指业务结点接口到用户网络接口之间的所有设备，主要用来完成用户接入核心网（骨干网）的任务。

接入网根据使用的媒介可以分为有线接入网和无线接入网两大类，其中有线接入网又可分为铜线接入网、光纤接入网和光纤同轴电缆混合接入网等，无线接入网又可分为固定接入网和移动接入网。

（1）数字用户线路（Digital Subscriber Line，DSL）接入。DSL 是以铜电话线为传输介质的点对点传输技术的统称。DSL 的家族如表 6.3 所示。

表 6.3 DSL 的家族

中文名称	英文名称	特性
高比特率数字用户线	HDSL（High bit rate Digital Subscriber Line）	对称
不对称数字用户线	ADSL（Asymmetric Digital Subscriber Line）	不对称
单线对称数字用户线	SDSL（Single Pair Digital Subscriber Line）	对称
甚高比特数字用户线	VDSL（Very-high-bit-rate Digital Subscriber Line）	不对称

表 6.3 中的“对称”指的是从局端到用户端的下行数据速率和从用户端到局端的上行数据速率相同；而“不对称”则指下行方向和上行方向的数据速率不同，并且通常上行速率要远小于下行速率。由于大部分互联网资源，特别是视频传输需要很大的下传带宽，而用户对上传带宽的需求不是很大，因此，“不对称”的 ADSL 和 VDSL 得到了大量的应用。

目前用电话线接入互联网的主流技术是 ADSL。由于 ADSL 安装简单，不需重新布线就可提供高速的网络服务，因此被用户广为接受。而 VDSL 可以提供更高速率的数据传输，短距离内的最大下传速率可达 55 Mbps，上传速率可达 19.2 Mbps，甚至更高。

（2）光纤接入。光纤接入是宽带接入网的发展方向，但是光纤接入需要对电信部门过去的铜缆接入网进行相应的改造，所需投入的资金巨大。光纤接入分为多种情况，可以表示成 FTTx，其中的 FTT 表示“Fiber To The”，“x”可以是路边（Curb，C）、大楼（Building，B）和家庭（Home，H），如图 6.7 所示。

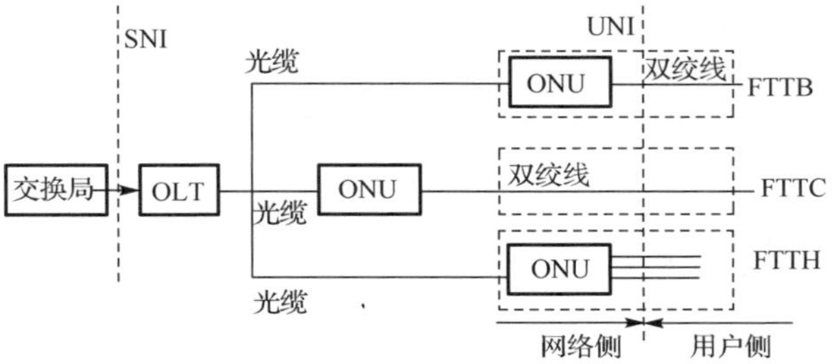

图 6.7　光纤接入方式

图 6.7 中，OLT（Optical Line Terminal）为光线路终端，ONU（Optical Network Unit）为光网络单元，SNI（Service Network Interface）为业务网络接口，UNI（User Network Interface）为用户网络接口。ONU 是用户侧光网络单元，根据 ONU 位置的不同，可分为 3 种主要的光纤接入网。

（3）高速局域网接入。局域网（如校园网等）中的结点（终端或计算机），可以通过局域网中的服务器接入互联网。

（4）HFC 宽带接入。光纤同轴混合网（Hybrid Fiber Coax，HFC）是目前 CATV（Cable Television）有线电视网采用的网络传输技术。骨干网采用光纤到路边的方式，然后通过同轴电缆及信号放大器等设备把有线电视信号传送到用户。

用户端的 Cable Modem 为电缆调制解调器，是用户上网的主要设备。Cable Modem 一般有以太网和通用串行总线（Universal Serial Bus，USB）两种接口。以太网接口通过双绞线与个人计算机的以太网卡相连。

（5）无线接入。无线接入有两种情况，一种是通过无线接入点连接到有线局域网，进而接入互联网。另一种是用户终端通过无线网络直接接入互联网。目前常用的方式是用户终端通过 4G 网络或 5G 网络接入互联网。

（6）电力线接入。电力线接入是把户外通信设备插入到变压器用户侧的输出电力线上，该通信设备可以通过光纤与主干网相连，向用户提供数据、语音和多媒体等服务。户外设备与各用户端设备之间的所有连接都可看成是具有不同特性和通信质量的信道，如果通信系统支持室内组网，则室内任意两个电源插座间的连接也可看作一个通信信道。

总之，各种各样的接入方式都有其自身的优、劣势，不同需求的用户应该根据自己的实际情况作出合理选择。目前还出现了两种或多种方式综合接入的趋势，如 FTTx+ADSL、FTTx+HFC、ADSL+WLAN、FTTx+LAN 等。

6.5 常用的互联网应用

互联网的发展之所以迅速，一个很重要的原因是它提供了许多受大众欢迎的服务。这些服务可以使广大用户快捷地检索并浏览各类信息资源，方便自如地进行文件的传输，迅速、准确地将消息传递到世界各地，轻轻松松地在网上选购各种商品、听音乐、看电影、玩游戏以及进行各类休闲娱乐活动。

6.5.1 互联网的相关概念

（1）万维网（World Wide Web，WWW，又称 Web，中文名称为万维网）是一种建立在互联网上的全球性的、交互的、动态的、多平台的、分布式的超文本超媒体信息查询系统，也是建立在互联网上的一种网络服务，是网络应用的典范。它可以让用户从 Web 服务器上得到文档资料，运行的模式为客户机/服务器模式。用户计算机上的万维网客户程序就是通常所用的浏览器，万维网服务器运行后可以让万维网文档驻留。客户程序向服务器程序发出请求，服务器程序向客户程序送回客户所要的万维网文档。

（2）网页（Web Pages）。网页又称“Web 页”，它是浏览 WWW 资源的基本单位。每个网页对应磁盘上一个单一的文件，包括文字、表格、图像、声音、视频等。万维网服务器通常被称为“Web 站点”或者“网站”。每个这样的站点中，都有许许多多的作为其资源的 Web 页。

（3）主页（Home Page）。网站或应用程序的起始页称为主页。

（4）超文本（Hypertext）。超文本文档中可以有用来说明问题的大段文字，除此之外它最大的特色是文档之间的链接。互相链接的文档可以分布在同一个主机上，也可以分布在网络上的不同主机上，超文本就因为有这些链接才具有更好的表达能力。用户在阅读超文本信息时，可以随意跃过一些章节，直接阅读下面的内容，也可以阅读存放在计算机中另一个文本文件中的相关内容，甚至可以从网络上的另一台计算机中获取相关的信息。

（5）超媒体（Hypermedia）。就信息的呈现形式而言，除文本信息外，还有语音、图像和视频等，它们统称为多媒体。在多媒体的信息浏览中引入类似超文本的概念，就得到了超媒体。

（6）超链接（Hyperlink）。在超文本/超媒体页面中，通过指针可以转向其他的网页，而新的网页又包含指向另一些网页的指针……这样一种没有顺序、没有层次结构，如同蜘蛛网般的链接就是超链接。

（7）超文本传输协议（HTTP）：超文本传输协议 HTTP 是用来在浏览器和万维网服务器之间传送超文本的协议。HTTP 由两部分组成：从浏览器到服务器的请求集和从服务器到浏览器的应答集。HTTP 定义了请求报文和响应报文的格式。

- 请求报文：从万维网客户向万维网服务器发送请求的报文。
- 响应报文：从万维网服务器到万维网客户的应答报文。

6.5.2 信息浏览

在互联网上浏览信息是互联网最普遍也是最受欢迎的功能之一，用户可以随心所欲地在信息的海洋中冲浪，获取各种有用的信息。

互联网上的信息是以网页的方式呈现在用户面前的，网页是由网站提供的。用户要想访问网页，需要借助浏览器。浏览器把用户对信息的请求转换成网络上计算机能够识别的命令。目前常用的 Web 浏览器有微软公司的 Microsoft Edge 浏览器；除此之外，还有很多浏览器，如 QQ 浏览器、搜狗浏览器、2345 智能浏览器、360 安全浏览器、猎豹安全浏览器、火狐浏览器等。这些浏览器各有特色和侧重，根据对浏览器的速度、安全还是广告拦截等功能需求，用户可以选择符合自身需要的浏览器。

默认情况下，用户可以使用 Windows 11 操作系统自带的 Microsoft Edge 浏览器。在 Microsoft Edge 浏览器中，用户能够直接在网页上记笔记、书写、涂鸦，可以方便地在地址栏中输入搜索内容来获得搜索建议、来自 Web 的搜索结果等。

6.5.3　使用 FTP 传输文件

文件传输协议 FTP 是互联网中使用最广泛的文件传送协议。FTP 允许提供交互式的访问，允许用户指明文件的类型和格式，并赋予文件存取权限。FTP 屏蔽了各计算机系统的细节，因而适合于在异构网络中的任意计算机之间传送文件。

1. FTP 的基本工作原理

FTP 使用客户机/服务器模式，即由一台作为 FTP 服务器的计算机提供文件传输服务，由另一台作为 FTP 客户端的计算机提出文件服务请求并得到授权的服务。一个 FTP 服务器进程可同时为多个客户进程提供服务。FTP 的服务器进程由两部分组成：一个主进程，负责接收新的请求；另外有若干个从进程，负责处理单个请求。

2. 从 FTP 站点下载文件

浏览器可以以 Web 方式访问 FTP 站点，如果访问的是匿名 FTP 站点，则浏览器可以自动匿名登录。

当要登录一个 FTP 站点时，需要打开浏览器，在地址栏中输入 FTP 站点的 URL。一个完整的 FTP 站点的 URL 如下（北京大学的 FTP 站点 URL）。

ftp://ftp.pku.edu.cn

使用浏览器访问 FTP 站点并下载文件的操作步骤如下。

（1）打开浏览器，在地址栏中输入要访问的 FTP 站点地址，如 ftp://ftp.pku.edu.cn，按 Enter 键。

（2）如果该站点不是匿名站点，则浏览器会提示输入用户名和密码，输入后可以登录。如果是匿名站点，浏览器会自动登录。FTP 站点上的资源以链接的方式呈现，可以单击链接进行浏览。当需要下载某个文件时，在链接上右击，在弹出的快捷菜单中选择“目标另存为”命令，然后就可以将其下载到本地计算机上了。

6.5.4　收发电子邮件

电子邮件是指计算机之间通过网络传送信件、文档或图像等各种信息的通信方式。它提供了一种简便、迅速的通信方法，加速了信息的交流与传递的效率，是互联网上使用最多的服务之一。电子邮件（Electronic Mail，E-mail）是互联网上最受欢迎、应用最为广泛的应用之一。电子邮件将邮件发送到互联网服务提供商的邮件服务器，并放在其中的收信人邮箱（Mail Box）中，收信人可随时上网到互联网服务提供商的邮件服务器进行读取。电子邮件服务是一种通过计算机网络与其他用户进行联系的快速、简便、高效、廉价的现代化通信手段。电子邮件之所以受到广大用户的喜爱，是因为与传统通信方式相比，其具有成本低、速度快、安全与可靠性高、可达范围广、内容表达形式多样等优点。

1. 电子邮件地址

电子邮件有自己规范的格式，电子邮件的格式有信封和内容两大部分，即由邮件头（Header）和邮件主体（Body）两部分组成。邮件头包括收信人的 E-mail 地址、发信人的 E-mail 地址、发送日期、标题和发送优先级等，其中，前两项是必选的。邮件主体是发件人和收件人要处理的内容，早期的电子邮件系统使用简单邮件传输协议（Simple Mail Transfer Protocol，SMTP），只能传递文本信息，而通过使用多用途互联网邮件扩展（Multipurpose Internet Mail Extensions，MIME）协议，还可以发送语音、图像和视频等信息。E-mail 主体不存在格式上的统一要求，但对信封即邮件头有严格的格式要求，尤其是 E-mail 地址。E-mail 地址的标准格式如下所示。

<收信人信箱名>@主机域名

其中，“<收信人信箱名>”是指用户在某个邮件服务器上注册的用户标志，通常用收信人姓名的缩写来表示；“@”为分隔符，一般把它读作英文的 at；“主机域名”是指信箱所在的邮件服务器的域名。

例如“chujl@mail.xpc.edu.cn”，表示在河北科技工程职业技术大学的邮件服务器上的收信人信箱名为“chujl”的用户信箱。

2. 电子邮件系统的组成

有了标准的电子邮件格式，电子邮件的发送与接收还要依托由用户代理、邮件服务器和邮件协议组成的电子邮件系统。图 6.8 给出了电子邮件系统组成的简单示意图。

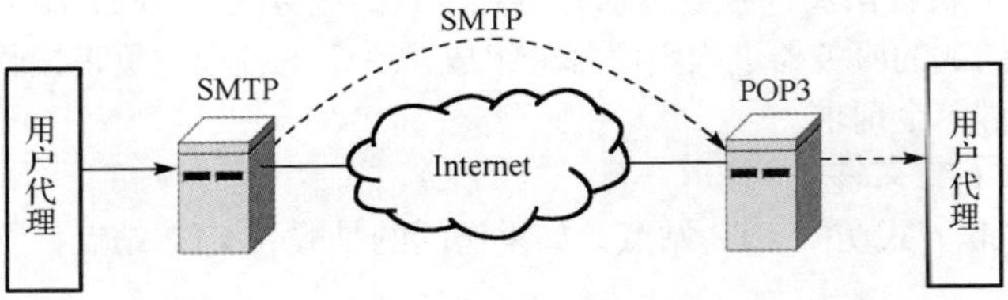

图 6.8　电子邮件系统的组成

① 用户代理：用户代理（User Agent，UA）是运行在用户机上的一个本地程序，它提供命令行、菜单或图形的界面来与电子邮件系统交互，允许人们读取和发送电子邮件，如 Outlook Express、Hotmail，以及基于 Web 界面的用户代理程序等。用户代理至少应当具有撰写、显示、处理 3 个基本功能。

② 邮件服务器：邮件服务器是电子邮件系统的核心构件，包括邮件发送服务器和邮件接收服务器。邮件服务器按照客户机/服务器方式工作。顾名思义，邮件发送服务器是指为用户提供邮件发送功能的邮件服务器，如图 6.8 所示的 SMTP 服务器；而邮件接收服务器是指为用户提供邮件接收功能的邮件服务器，如图 6.8 所示的 POP3（Post Office Protocol，POP3）服务器。

③ 邮件协议：用户在发送邮件时，要使用邮件发送协议，常见的邮件发送协议有 SMTP、MIME 协议和邮局协议。通常，SMTP 使用 TCP 的 25 号端口，而 POP3 则使用 TCP 的 110 号端口。图 6.9 给出了一个电子邮件发送和接收的具体实例示意图。

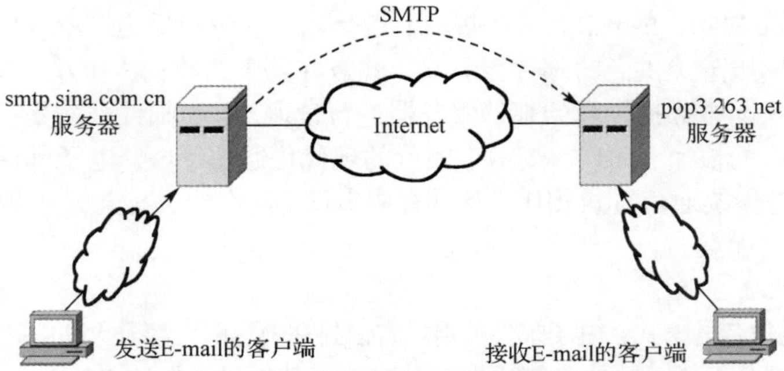

图 6.9　电子邮件的发送和接收

假定用户 XXX 使用“XXX@sina.com.cn”发信人地址向用户 YYY 发送一个文本格式的电子邮件，该发信人地址所指向的邮件发送服务器为 smtp.sina.com.cn，收信人的 E-mail 地址为“YYY@263.net”。

首先，用户 XXX 在自己的机器上使用独立式的文本编辑器、字处理程序或是用户代理内部的文本编辑器来撰写邮件正文，然后使用电子邮件用户代理程序（如 Outlook Express）完成标准邮件格式的创建，填写收件人地址、主题、邮件的正文、邮件的附件等。

一旦用户单击邮件发送按钮之后，用户代理程序即将用户的邮件传给负责邮件传输的程序，由其在 XXX 所用的主机和名为 smtp.sina.com.cn 的邮件发送服务器之间建立一个关于 SMTP 的连接，并通过该连接将邮件发送至服务器 smtp.sina.com.cn。

发送方服务器 smtp.sina.com.cn 在获得用户 XXX 所发送的邮件后，根据邮件接收者的地址，在发送服务器与 YYY 的接收邮件服务器之间建立一个 SMTP 的连接，并通过该连接将邮件送至 YYY 的接收服务器。

接收方邮件服务器 pop3.263.net 接收到邮件后，根据邮件接收者的用户名，将邮件放到用户的邮箱中。

当邮件到达邮件接收服务器后，用户随时都可以接收邮件。当用户 YYY 需要查看自己的邮箱并接收邮件时，首先要在自己的机器与邮件接收服务器 pop3.263.net 之间建立一条关于 POP3 的连接，该连接也通过系统提供的用户代理程序进行。连接建立之后，用户就可以从自己的邮箱中“取出”邮件进行阅读、处理、转发或回复等操作。

电子邮件的“发送→传递→接收”是异步的，邮件在发送时并不要求接收者正在使用邮件系统，邮件可存放在接收用户的邮箱中，接收者随时可以接收。

目前应用最为广泛的集成化互联网软件 Netscape 和 Microsoft Edge 浏览器都带有电子邮件收发程序的插件，因此，如果用户的计算机中装有 Netscape 或 Microsoft Edge 浏览器，就可使用其携带的电子邮件收发程序收发邮件。另外，还有很多专用的电子邮件软件，常见的有 Eudora、Becky、Foxmail、Mailtaik2.21、Microsoft Office Outlook 2016、Pegasus Mail、Newmail12.1、方正飞扬电子邮件等。

6.6 信息检索

互联网就像一个浩瀚的信息海洋，如何在其中搜索到自己需要的有用信息，是每个互联网用户都会遇到的问题。利用像雅虎、搜狐、新浪等网站提供的分类站点导航，是一个比较好的寻找有用信息的方法，但其搜索的范围还是太大，操作也较多。最常用的方法是利用搜索引擎，根据关键词来搜索有用的信息。

“信息检索”是指将信息按照一定的方式组织和存储起来，并根据用户的需要找出相关信息的过程。在互联网中，用户经常会通过搜索引擎搜索各种信息，像这种从一定的信息集合中找出所需要的信息的过程，就是狭义的信息检索，也就是我们常说的信息查询。广义的信息检索包括信息存储和信息获取两个过程。信息存储是指通过对大量的无序信息进行选择、收集、著录、标引后，组建各种信息检索工具或系统，使无序信息转化为有序信息集合的过程。

6.6.1 信息检索的分类

信息检索的划分方式多种多样，可以按照检索手段、信息来源、检索方式、信息类型四种方式对其进行详细划分。

1. 按检索手段划分

信息检索按存储的载体和实现查找的技术手段为标准，可以分为以下几类。

- 手工检索：手工检索以手工操作的方式，利用检索工具书进行信息检索，依靠检索者的手翻、眼看、大脑判断。它的优点是便于控制检索的准确性，缺点是检索速度慢、漏检现象比较严重、工作量较大。
- 机械检索：机械检索利用机械化的方式，通过特定的检索系统进行信息检索。这种方式相对于手工检索来说，检索速度更快，但需要特定的设备和环境。
- 计算机检索：计算机检索以计算机为基础，利用特定的软件和数据库进行信息检索。这种方式具有检索速度快、信息量大、检索方式灵活多样等优点，是现代信息检索的主要方式。

2. 按信息来源划分

- 文献检索：文献检索以文献为检索对象，其检索结果是文献线索或具体的文献，主要借助于检索工具书和文献型数据库。
- 数据检索：数据检索从各种数值数据库和统计数据库存储的数据中查找用户所需的数据信息，检索结果包括各种参数、调查数据、统计数据等。
- 事实检索：事实检索以某一客观事实为检索对象，检索结果主要是客观事实或为说明客观事实而提出的数据。数据需要进一步处理，才能得出与事实相应的结论。检索过程要借助各种参考工具书及事实型数据库，有时还需借助文献检索系统。

3. 按检索方式划分

- 直接检索：用户利用检索工具或系统，直接输入检索词或检索式，从而获取所需信息的方式。这种方式简单直接，适用于明确知道所需信息的关键词或主题的情况。
- 间接检索：用户通过其他途径或工具间接获取所需信息的方式。例如，通过参考文献、引文索引等方式追踪相关文献或信息。

4. 按信息类型划分

- 文本检索：文本检索以文本特别是二次文献为检索信息源，结果是以文本形式反映特定信息的文献。
- 多媒体检索：多媒体检索是指能够支持两种以上媒体的数据库检索，是一种查找多媒体文献的检索方式，其结果是以多媒体形式反映特定信息的文献，如文字、图像、声音、视频等。

6.6.2 信息检索的发展历程

1. 手工检索阶段

手工检索阶段是指通过印刷型的检索工具来进行检索的阶段。在这一阶段主要存在两种检索工具类型。

- 书本式检索工具：书本式检索工具是以图书、期刊、附录等形式出版的各种检索工具书，如各种目录、索引、百科全书、年鉴等。
- 卡片式检索工具：卡片式检索工具就是可以帮助检索的各类卡片，如图书馆的各种卡片目录。

2. 计算机检索阶段

随着社会的进步和不断发展，各种信息呈爆炸式增长，手工检索已经无法满足日益增长的信息检索需求；同时，计算机技术、网络技术及数据传输技术也在飞速发展，为计算机检索提供了技术保障，信息检索从此迈入了计算机检索阶段。计算机检索经历了以下 4 个阶段。

（1）脱机批处理阶段

脱机批处理阶段主要是指自 20 世纪 50 年代初至 20 世纪 60 年代中期，此阶段的计算机检索系统是利用单台计算机的输入输出装置进行检索，用磁带作存储介质。由于计算机只能顺序检索磁带上记录的信息，每检索一次都必须从头到尾读一遍磁带，因此检索过程非常耗时。为了满足用户需求，系统通常采用批处理方式，即收集一批用户要求后，预先制定好检索策略，再定期检索数据库中新增加的内容，然后把检索到的文献信息分发给用户。1954 年，美国马里兰银泉海军军械实验室利用 BM701 型电子计算机，将文献号和少量标引词存储在计算机中，进行了计算机存储与检索的试验，建立了世界上第一个计算机信息检索系统。

（2）联机检索阶段

联机检索阶段主要是指自 20 世纪 60 年代中期至 20 世纪 80 年代初，联机检索是脱机检索的进一步发展。用户可以使用终端设备，通过通信线路与中央计算机连接，直接通过与计算机对话的方式进行检索，结果由终端输出。联机检索系统具有检索速度快、信息更新及时、检索方式灵活多样等优点。20 世纪 60 年代中后期及 20 世纪 70 年代，世界发达国家建立了几个大型的国际联机检索系统，如 DIALOG、ORBIT、BRS、ESA-IRS 等。这些系统的建立标志着联机检索得到了迅猛发展。

（3）光盘检索阶段

光盘检索主要是指自 20 世纪 80 年代初至 20 世纪 90 年代初，以光盘数据库为基础的一种独立的计算机检索方式。它以操作方便、不受通信线路影响等特点而异军突起。光盘检索系统通常包含大量的光盘数据库，用户可以通过光盘驱动器读取光盘上的数据，并进行检索。20 世纪 80 年代以来，激光光盘作为一种新型的信息载体在信息检索系统中得到了越来越广泛的应用。

（4）互联网检索阶段（网络化检索阶段）

互联网检索阶段自 20 世纪 90 年代初至今。随着互联网技术的迅猛发展，计算机检索发展成了网络化检索。搜索引擎应运而生，成为人们获取信息的主要工具。用户只需在搜索框中输入关键词，就能快速找到相关信息。互联网检索具有检索范围广、信息更新快、检索方式灵活多样等优点。现代搜索引擎不仅支持关键词搜索，还能够理解用户的语义意图，提供更为精准的搜索结果。同时，个性化推荐、智能问答等功能的加入也使得信息检索更加贴近用户的需求。

6.6.3　现代信息检索流程

信息检索是用户获取知识的一种快捷方式，它有助于用户高效、准确地从海量信息中筛选出所需内容。一般来说，信息检索流程可以细化为以下六个步骤。

1. 分析问题

需要明确检索课题的主题内容、时间范围、课题类型等，确保对所需信息的范围、类型、深度以及时效性等方面有全面的认识。通过细致的分析，细化检索目标，为后续步骤奠定基础。

2. 选择检索工具

根据分析问题的结果，选择适合的检索工具和平台。不同的检索工具和平台在覆盖范围、检索算法、用户界面等方面存在差异，因此选择时需考虑用户自身的需求和偏好。例如，对于学术研究者，CNKI 等学术搜索引擎可能更为合适；而对于普通用户，百度等通用搜索引擎则可能更为便捷。

3. 确定检索词

根据检索课题，选择直接反映用户需求的关键词。同时考虑同义词、近义词以及可能的拼写错误等因素，以扩大检索范围，提高检索结果的全面性。可以利用关键词分析工具，发现与主题相关的热门关键词和长尾关键词。

4. 构建检索提问式

检索提问式是用户根据需求分析，将关键词和运算符组合而成的查询表达式，用于连接关键词，形成复杂的查询逻辑。常见的运算符包括布尔逻辑运算符（如 AND、OR、NOT）、位置运算符（如 NEAR、WITH 等）以及字段限定符（如 TITLE、ABSTRACT 等）。

5. 执行检索并调整检索策略

在选定的检索工具中输入检索提问式，执行检索操作。对检索结果进行快速浏览，阅读标题和摘要以及初步的相关性评价。根据评估的结果，可能需要调整检索策略，进行再次检索。这一步骤涉及对原有检索式的修改、关键词的替换或增加、运算符的调整等。

6. 检索结果的处理

对检索结果进行深入的评估和相关性判断，涉及对检索结果的详细阅读、内容分析以及与其他资源的对比等。对检索结果进行整理和总结，以便后续的使用和分享。这一步骤涉及对检索结果的分类、归纳、提取摘要以及可视化处理等。

6.6.4 使用搜索引擎检索信息

搜索引擎是指根据一定的策略、运用特定的计算机程序从互联网上采集信息，在对信息进行组织和处理后，为用户提供检索服务，将检索的相关信息展示给用户的系统。搜索引擎旨在提高用户搜集信息的速度，为用户提供更好的网络使用条件。目前，搜索引擎已经发展成为信息检索最主要的方式。

1. 搜索引擎的发展历程

搜索引擎是伴随互联网的发展而产生和发展的，已成为人们学习、工作和生活中不可缺少的软件，几乎每个人都会使用搜索引擎上网。搜索引擎大致经历了四代的发展。

（1）第一代搜索引擎

1994 年，第一代真正基于互联网的搜索引擎 Lycos 诞生，它以人工分类目录为主，代表厂商是 Yahoo，它的特点是人工分类存放网站的各种目录，用户通过多种方式寻找网站。

（2）第二代搜索引擎

随着网络应用技术的发展，用户开始希望对内容进行查找，第二代搜索引擎就此诞生。它建立在网页链接分析技术的基础上，使用关键字对网页进行搜索，能够覆盖互联网的大量网页内容，通过分析网页的重要性后，将重要的结果呈现给用户。

（3）第三代搜索引擎

随着网络信息的爆炸式增长，用户希望能快速并且准确地查找到自己所要的信息，因此出现了第三代搜索引擎。相比前两代，第三代搜索引擎更加注重个性化、专业化、智能化，使用自动聚类、分类等人工智能技术，采用区域智能识别及内容分析技术，实现技术和人工的完美结合，增强了搜索引擎的查询能力。

（4）第四代搜索引擎

随着信息多元化的快速发展，通用搜索引擎在目前的硬件条件下要得到互联网上比较全面的信息是不太可能的，因此出现了数据全面、更新及时、分类细致的面向主题的搜索引擎。这种搜索引擎采用特征提取和文本智能化等策略，相比前三代搜索引擎更准确有效，被称为第四代搜索引擎。

2. 搜索方式的分类

选择搜索方式是搜索的一个关键环节，大致可将其分为四种：全文搜索、元搜索、垂直搜索和目录搜索，它们各有特点并适用于不同的搜索环境。所以，灵活选用搜索方式是提高搜索效率的重要途径。

（1）全文搜索

一般网络用户适用于全文搜索。这种搜索方式方便、简捷，并容易获得所有的相关信息。但搜索到的信息过于庞杂，因此用户需要逐一浏览并甄别出所需信息。尤其在用户没有明确检索意图的情况下，这种搜索方式非常有效。

（2）元搜索

元搜索适用于广泛、准确地收集信息。不同的全文搜索方式由于其性能和信息反馈能力的差异，导致其各有利弊。元搜索恰恰解决了这个问题，有利于各基本搜索引擎间的优势互补。而且元搜索有利于对基本搜索方式进行全局控制，引导全文搜索方式的持续改善。

（3）垂直搜索

垂直搜索适用于有明确搜索意图的情况。例如，用户购买机票、火车票、汽车票时，或想要浏览网络视频资源时，都可以直接选用行业内的专用搜索引擎，可以准确、迅速获得相关信息。

（4）目录搜索

目录搜索是网站内部常用的检索方式。这种搜索方式可以对网站内信息整合处理并分目录呈现给用户，但其缺点在于用户需预先了解本网站的内容，并熟悉其主要模块构成。总体来看，目录搜索方式的适应范围非常有限，且需要较高的人工成本来维护。

3. 搜索引擎的基本结构

搜索引擎主要由搜索器、索引器、检索器和用户接口四个部分组成。

- 搜索器：搜索器负责在互联网中漫游，发现和搜集信息。
- 索引器：索引器负责理解搜索器所搜索的信息，从中抽取出索引项，将其用于表示文档以及生成文档库的索引表。
- 检索器：检索器根据用户的检索式在索引库中快速检出文档，进行文档与检索式的相关度评价，对将要输出的结果进行排序。
- 用户接口：用户接口是搜索引擎与用户进行交互的纽带，包括输入查询、显示查询结果等。

4. 搜索引擎的功能模块

搜索引擎中各关键功能模块功能简介如下。

- 爬虫：爬虫模块从互联网爬取原始网页数据，并将其存储于文档知识库服务器。
- 文档知识库服务器：文档知识库服务器用于存储原始网页数据，通常是分布式 Key-Value 数据库，能根据 URL/UID 快速获取网页内容。
- 索引：索引模块用于读取原始网页数据，解析网页，抽取有效字段，生成索引数据。索引数据的生成方式通常是增量的、分块/分片的，并会进行索引进行合并、优化和删除。生成的索引数据通常包括：字典数据、倒排表、正排表、文档属性等。生成的索引存储于索引服务器。
- 索引服务器：索引服务器用于存储索引数据（主要是倒排表），通常是分块、分片存储，并支持增量更新和删除。数据内容量非常大时，索引服务器还会根据类别、主题、时间、网页质量划分数据分区和分布，更好地服务在线查询。
- 检索：检索模块用于读取倒排表索引，响应前端查询请求，将列表数据返回相关文档。
- 排序：排序模块基于文档和查询的相关性、文档的链接权重等属性，对检索器返回的文档列表进行排序。
- 链接分析：链接分析模块收集各网页的链接数据和锚文本（Anchor Text），以此计算各网页链接评分，最终会将其作为网页属性参与返回结果排序。
- 网页去重：网页去重模块提取各网页的相关特征属性，计算相似网页组，提供离线索引和在线查询的去重服务。
- 网页反垃圾：网页反垃圾模块收集各网页和网站的历史信息，提取垃圾网页的特征，从而对在线索引中的网页进行判定，去除垃圾网页。
- 查询分析：查询分析模块用于分析用户查询，生成结构化的查询请求，将其指派到相应的类别、主题数据服务器中进行查询。
- 页面描述/摘要：页面描述/摘要模块为检索和排序完成的网页列表提供相应的描述和摘要。
- 前端：前端模块接受用户请求并将其分发至相应的服务器，返回查询结果。

5. 搜索引擎的工作过程

搜索引擎的整个工作过程可以分为 4 个步骤：抓取网页、建立网页索引库、用户搜索、展示搜索结果，如图 6.10 所示。

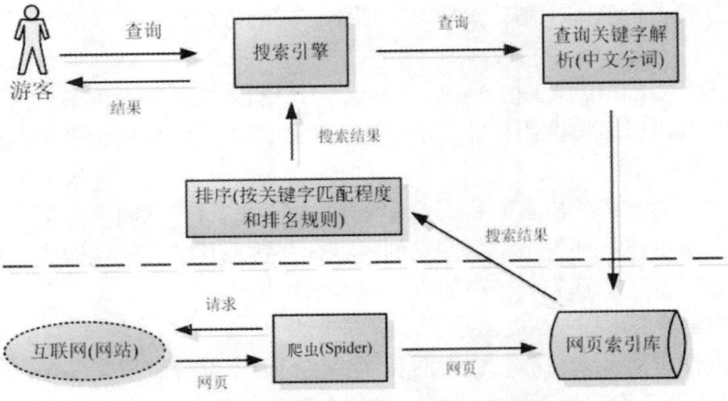

图 6.10　搜索引擎工作过程的示意图

（1）抓取网页

网络爬虫按照一定规则在互联网上自动化抓取网页。爬虫每遇到一个新文档，都要搜索其页面的链接网页。爬虫访问 web 页面的过程类似普通用户使用浏览器访问其页面的过程。爬虫先向页面提出访问请求，服务器接受其访问请求并返回 HTML 代码后，把获取的 HTML 代码存入原始页面数据库中。搜索引擎使用多个爬虫分布爬行以提高爬行速度。搜索引擎的服务器遍布世界各地，每一台服务器都会派出多只爬虫同时去抓取网页。在抓取网页时，搜索引擎会建立两张不同的表，一张表记录已经访问过的网站，一张表记录没有访问过的网站。当爬虫抓取某个外部链接页面的 URL 的时候，需把该网站的 URL 下载回来分析，当爬虫全部分析完这个 URL 后，将这个 URL 存入相应的表中，这时当另外的爬虫从其他的网站或页面又发现了这个 URL 时，它会对比已访问的列表，如果访问列表中有此 URL，爬虫会自动丢弃该 URL，不再访问。

（2）建立网页索引库

为了便于用户在数万亿级别的原始网页数据库中快速、便捷地找到搜索结果，搜索引擎必须将爬虫抓取的原始 web 页面做预处理。网页预处理最主要过程是为网页建立全文索引，之后开始分析网页，最后建立倒排文件（也称反向索引）。Web 页面分析有以下步骤：判断网页类型，衡量其重要程度和丰富程度，对超链接进行分析、分词，把重复网页去掉。经过搜索引擎分析和处理后，Web 网页已经不再是原始的网页页面，而是浓缩成能反映页面主题内容的、以词为单位的文档。

（3）用户搜索

在搜索引擎界面输入关键词，单击“搜索”按钮之后，搜索引擎程序开始对搜索词进行以下处理：分词处理、根据情况对整合搜索是否需要启动进行判断、找出错别字和拼写中出现的错误、把停止词去掉。

（4）展示搜索结果

搜索引擎程序把包含搜索词的相关网页从索引数据库中找出，然后对网页进行排序，最后按照一定格式将网页返回搜索页面。网页的排序决定了搜索结果的好坏及用户的满意度。实际搜索结果排序的因素很多，但最主要的因素之一是网页内容的相关度。影响相关度的主要因素包括如下 5 个方面。

- 关键词的常用程度。经过分词后的多个关键词，对整个字符串的搜索贡献并不相同。越常用的词对搜索词的贡献越小，越不常用的词对搜索词的贡献越大。常用词发展到一定极限后就是停止词，对页面不产生任何影响。所以搜索引擎用词的加权系数高，常用词加权系数低，排名算法更多关注的是不常用的词。
- 词频及密度。通常情况下，搜索词的密度和其在页面中出现的次数成正相关，次数越多，说明密度越大，页面与搜索词关系越密切。

- 关键词的位置及形式。关键词出现在比较重要的位置或形式特殊的，如标题标签、黑体等，说明页面与关键词越相关。页面关键词出现的格式和位置都被记录在索引库中。
- 关键词之间的距离。关键词被切分之后，如果匹配后再次出现，说明其与搜索词相关程度越大。例如，当“搜索引擎”在页面上连续完整地出现或者“搜索”“引擎”出现的时候距离比较近，认为其与搜索词相关。
- 链接分析及页面权重。页面之间的链接和权重关系也影响关键词的相关性，其中最重要的是锚文字。页面有越多以搜索词为锚文字的导入链接，说明页面的相关性越强。链接分析还包括链接源页面本身的主题、锚文字周围的文字分析等。

6. 搜索引擎的使用技巧

百度搜索引擎作为中文互联网用户常用的搜索工具，掌握其使用技巧可以大幅提高搜索效率。以下是一些百度搜索引擎的使用技巧。

（1）基础搜索技巧

- 精确匹配：在搜索关键词前后加上双引号，可以精确匹配搜索关键词。例如，搜索“信息技术基础”，搜索结果中的“信息技术基础”6个字就不会被拆分。
- 过滤无关内容：使用减号“-”来过滤掉不需要的内容。语法是“A -B”，前一个关键词A和减号之间必须有空格，减号和后一个关键词B之间有无空格均可。例如，要搜寻关于“武侠小说”但不含“金庸”的资料，可使用：“武侠小说 -金庸”。
- 并行搜索：使用“|”运算符进行并行搜索，即搜索包含关键词X或关键词Y的网页。例如，“计算机|电脑”可以搜索到包含“计算机”或“电脑”的网页。
- 指定搜索标题：使用“intitle:”语法可以限定搜索范围在网页的标题中。例如，intitle:冬奥会吉祥物，网页结果标题中均含“冬奥会吉祥物”。注意，intitle:和后面的关键词之间不要有空格。
- 指定网站搜索：在关键字后面加上“site:”和指定网站域名，可以在指定网站内搜索相关内容。例如，搜索“site:qq.com 新闻”，就会得到qq.com网站内的新闻内容。注意，“site:”后面跟的是站点域名，不要带“http://”；另外，site:和站点域名之间不要有空格。
- 指定文件类型搜索：使用“filetype:”语法可以指定搜索的文件类型。例如，搜索“excel进销存账簿 filetype:xls”，就会得到Excel格式的进销存账簿文件。

（2）高级搜索技巧

- 模糊匹配：在搜索内容中使用星号“*”可以进行模糊匹配搜索，找到更多相关内容。例如，搜索“电*技巧”，就可以找到包含“电脑技巧”“电子技巧”等内容的网页。
- 位置索引：通过一些特定算符来表达检索词之间位置关系的过程叫位置检索，常用算符有NEAR、WITH等，这些算符后面加上数字，表示间隔几个词的位置。例如：“人工智能 /NEAR10 深度学习”，可检索同时出现“人工智能”“深度学习”的句子，且两个词的间隔不超过10个字词。
- 利用百度快照：百度快照是爬虫爬取网页时得到的临时储存信息页。如果网页暂时无法访问，可以单击“百度快照”按钮来查看网页的快照页面。
- 使用百度高级搜索：百度高级搜索提供了更丰富的筛选条件，如时间范围、文件类型、站点选择等，可以更加精细地筛选搜索结果。

（3）其他实用技巧

- 利用书名号搜索电影或小说：书名号是百度中文搜索引擎特有的一个查询语法，可以用来搜索名字通俗、常用的电影或小说。例如，搜索《手机》，可搜索出关于手机的电影。
- 中英文混搜：百度搜索引擎支持中英文混合搜索，可以用来查找英文单词或短语的中文翻译或相关信息。
- 相关检索：如果不确定要查找的词，可以先输入一个大范围的关键词进行检索，然后利用百度提供的相关搜索词作为参考进行选择。

- 组合指令：组合运用多种搜索指令，例如，输入 intitle:研究报告 site:edu.cn filetype:pdf，搜索高校发布的 PDF 版研究报告。
- 快速获取答案：可以直接根据关键字给出答案，例如，搜索北京今天气温，结果页面中会直接显示天气信息；搜索 100 美元=？人民币，页面会直接给出换算结果；搜索 translate hello，页面会直接给出翻译结果。

百度搜索引擎还提供了很多的专用搜索，主要包括以下几种。

- 百度图片搜索：通过以图搜图、上传图片或输入图片的 URL，可查找相似图片或来源。
- 百度学术：可搜索学术论文、期刊、专利。例如，输入人工智能综述 site:xueshu.baidu.com 可查找相关的综述论文。
- 百度指数：可分析关键词搜索趋势、地域分布、人群画像。例如可用其对比“新能源汽车”“燃油车”的搜索热度变化。
- 百度地图：可搜索地点并查看实时路况。例如，搜索河北科技工程职业技术大学图书馆，可直接跳转到地图进行导航。
- 百度知道：用于提问或搜索用户生成的问答。例如，输入如何修复手机可获取具体操作指南。
- 百度文库：可搜索 PPT、Word、Excel 等格式的文档。例如，输入高中数学公式总结，可查找多种格式的教学课件。
- 百度贴吧：可搜索兴趣社区中的讨论内容。例如，输入摄影技巧 site:tieba.baidu.com，查找摄影爱好者分享的摄影技巧。

6.6.5 学术信息检索平台

学术信息检索是科研工作的重要一环，它能够帮助科研人员快速、准确地获取所需的学术资料和信息，从而提高科研效率和质量。除了通过如百度等搜索引擎进行检索，各种专业学术平台是开展学术研究时必须借助的权威数据库和学术文献获取来源。以下是一些常用的学术平台。

1. 中文学术平台

（1）中国知网（CNKI）

中国知网是国内最大的学术文献数据库之一，涵盖各类期刊、学位论文、会议论文、专利等资源。它的更新速度快，能帮助用户快速地了解到学术的前沿动态。中国知网提供初级检索、高级检索和专业检索三种检索功能。

（2）万方数据服务平台

万方数据服务平台收录了大量的期刊、学位论文、专利等资源，涵盖理、工、农、医、人文社科等各个专业。它的核心期刊占比高，包括高质量的文献。

（3）维普网

维普网是综合性的中文文献数据库，提供多种类型的学术资源，涵盖自然科学、工程技术、农业、医药卫生、经济、教育和图书情报等学科。

（4）百度学术

百度学术的资源种类齐全，从小学作文到期刊论文应有尽有。可以通过筛选时间、标题、关键字、摘要、作者、出版物、文献类型以及被引用的次数等细化指标，提高检索的精准性。

（5）中国国家图书馆

中国国家图书馆是资源丰富的免费文献检索平台，提供电子图书、期刊等多种资源。用户只需注册账号，即可免费使用丰富的文献资料。

（6）全国图书馆参考咨询联盟

全国图书馆参考咨询联盟联合了全国多家图书馆的服务平台，可以查找和获取各类文献资源，包括齐全的中英期刊文献，可免费使用。

（7）小木虫

小木虫聚焦于理工科领域，覆盖化学、化工、生物医药、物理、材料等多个专业。它采用论坛形式，用户可交流学术问题。

（8）梅斯医学（MedSci）

梅斯医学是适用于医学生的综合平台，涵盖临床研究进展、病历、文献等资源。

（9）中国社会科学图书馆

中国社会科学图书馆收录了人文社科领域的全部核心期刊，适用于人文社科领域的科研人员和学生。

（10）OA 图书馆（Open Access Library）

OA 图书馆致力于让中国人免费获得高质量的文献，涵盖物理、化学、数学、生物、材料、医学以及人文科学等领域的资源，文章可免费下载。

2. 外文学术平台

（1）PubMed

PubMed 主要用于生物医学领域的文献搜索，由美国国立医学图书馆提供，适用于生物医学领域的科研人员和学生。

（2）IEEEXplore

IEEEXplore 是电子电气工程师协会（IEEE）出版的电子期刊、会议论文和标准全文的数据库，适用于电子电气工程领域科研人员和学生。

（3）ACM Digital Library

ACM Digital Library 是美国计算机协会（ACM）出版的期刊和会议论文的全文数据库，适用于计算机科学领域的科研人员和学生。

（4）JSTOR

JSTOR 提供多学科期刊和图书的在线数据库，包括艺术、人文科学、社会科学、自然科学等。

（5）ScienceDirect

ScienceDirect 是全球最著名的科技医学全文数据库之一，使用界面直观、友好，研究人员可迅速链接到 Elsevier 出版社的电子资源。

（6）Sci-Hub

可在 Sci-Hub 中根据 URL、DOI、PMID 或字符搜索文献，用户可以免费获取全文。

（7）Engineering Village

Engineering Village 是跨学科的工程学术信息平台，提供工程领域的文献检索服务。

学术信息检索平台种类繁多，各有特色。在选择时，用户应根据自己的学科领域、研究需求和平台特点进行合理选择。

6.6.6　商标信息检索平台

商标信息检索平台种类繁多，各有特色。在选择时，用户应根据自己的需求和平台特点进行合理选择。对于国际商标的注册情况，可以选择 WIPO、USPTO、EUIPO 等国际平台进行查询；对于国内商标的注册情况，可以选择中国商标网、中国商标信息服务平台等国内平台进行查询。同时，也可以考虑使用权大师、路标网、标库网、社标网等提供一站式商标服务的平台，以满足更全面的商标信息检索需求。

1. 国内平台

（1）中国商标网（中国国家知识产权局商标局网站）

中国商标网是国家知识产权局商标局的网上门户，是国内商标查询的官方网站。自 2005 年起，中国商标网免费向公众提供商标注册信息的网上查询服务，为社会公众提供商标网上申请、商标网上查询、政策文件查询、商标数据查询以及常见问题解答等查询服务。

（2）中国商标信息服务平台

该平台拥有海量的商标数据信息，覆盖了各个行业和领域的商标情况，包括注册、申请、异议、撤销等情况。用户可以通过平台快速了解所需商标的基本信息、历史记录以及相关企业情况。此外，平台还提供了多样化的查询方式，如根据关键词、申请人、申请号等进行查询，并提供了详细的商标分类和商品服务项目。

（3）权大师

权大师是北京梦知网科技有限公司旗下的平台，是以技术和数据为核心驱动力的知识产权产业服务平台。它为用户提供智能搜索、智能注册、监控、交易等全流程的数据资源以及工具产品，同时还为用户提供高效的商标、专利、版权等全链条知识产权服务解决方案。

（4）路标网

路标网现为猪八戒网旗下的平台，主要提供商标查询、商标分类查询、商标公告查询、商标交易查询、商标智能申报、商标监测等服务，可实时更新已申请商标的专利状态信息。其中商标监测服务能为商标所有人和代理机构解决商标监测困难。

（5）标库网

标库网是集商标查询、商标注册、商标监测、商标工具为一体的平台，已收录超过 6000 万条准确的商标基本信息，其中的信息与中国商标网基本同步，可实时更新已申请商标信息，并收录了全国超 2 万家已备案的代理机构和商标事务所。

（6）社标网

社标网是北京社文科技有限公司打造的国内颇具规模的商标大数据服务平台，采用自主研发的商标检索算法，依托强大的技术实力及庞大的商标数据库，将商标数据服务与互联网技术深度融合。社标网的商标数据库覆盖中国、美国、澳大利亚等国家，拥有 4600 多万条商标基础数据。

2. 国际平台

（1）世界知识产权组织（World Intellectual Property Organization，WIPO）商标数据库

WIPO 是全球性的知识产权组织，其商标数据库提供了全球范围内的商标信息查询服务。用户可以通过关键词、商标名称、商标注册号等多种方式进行查询，查询结果包含商标的注册国家、注册号、注册日期、商标持有人等详细信息。

（2）美国商标局（United States Patent and Trademark Office，USPTO）商标电子搜索系统（Trademark Electronic Search System，TESS）

USPTO 是美国政府负责商标注册和保护的机构，其官方网站提供了全面的商标查询服务。用户可以通过 TESS 系统查询美国范围内的商标信息，包括商标的注册号、注册日期、商标持有人等详细信息。

（3）欧洲联盟商标局（European Union Intellectual Property Office，EUIPO）商标查询网站

EUIPO 是欧盟负责商标注册和管理的官方机构，其商标查询网站提供了欧盟范围内的商标信息查询服务。用户可以通过关键词、商标名称、商标注册号等多种方式进行查询，查询结果包含欧盟范围内的商标信息。

（4）新加坡商标局（Intellectual Property Office of Singapore，IPOS）商标查询网站

IPOS 是新加坡政府负责商标注册和保护的机构，其官方网站提供了全面的商标查询服务。用户可以通过商标搜索系统查询新加坡范围内的商标信息，包括商标的注册号、注册日期、商标持有人等详细信息。

6.6.7　专利信息检索平台

专利信息检索是创新过程中不可或缺的一环，它有助于了解现有技术、避免重复研发、评估竞争对手以及规划研发策略。以下是对一些常用专利信息检索平台的详细介绍。

1. 官方平台

（1）中国专利公布公告网

该平台包含自 1985 年 9 月 10 日以来公布的全部中国专利信息，检索功能全面，可以按照发明公布、发明授权、实用新型和外观设计四种公布公告数据进行查询。数据涵盖中国专利公布公告信息，以及实质审查生效、专利权终止、专利权转移、著录事项变更等事务数据信息。

（2）专利检索及分析网

该平台由国家知识产权局主办，收录了 103 个国家、地区和组织的专利数据，以及引文、同族、法律状态等数据信息。其分析功能强大，能够快速分析、定制分析、高级分析以及生成分析报告等。

（3）中国及多国专利审查信息查询

该平台提供多国发明专利审查信息查询服务，包括中国国家知识产权局、欧洲专利局、日本特许厅、韩国特许厅、美国专利商标局受理的发明专利申请及审查信息，数据全面且权威。

2. 专业平台

（1）佰腾专利检索

该平台由常州佰腾科技公司研发，具有独立知识产权。其数据更新及时，能检索到专利最新的基本信息、费用信息、法律状态等。它支持 IPC（International Patent Classification，国际专利分类）检索、二次检索、高级检索等多种检索方式，并可以检索多个国家的数据以及专利的法律状态等内容。

（2）智慧芽（PatSnap）

智慧芽围绕科技创新与知识产权已构建起产品矩阵，旗下产品包括 PatSnap 全球专利数据库、Innosnap 知识产权管理系统等。PatSnap 全球专利数据库提供全面的专利信息检索和分析服务，支持多种检索方式和高级分析功能。

（3）专利汇

专利汇平台提供简单检索、高级检索、语义检索、法律检索、批量检索、图片检索、IPC 检索、LOC（Library of Congress Classification，美国国会图书馆分类法）检索等多种检索方式。它具有数据更新快、内容全，检索简单、灵敏、支持图像检索、下载方便等特点，适合新手使用。不过，该平台每日限下载 20 篇，且没有过多高级的使用功能。

（4）SooPat

SooPat 是全球专利信息检索平台，支持多语言检索。该平台提供了专利分析功能，可以对专利申请人、申请量、专利号分布等进行分析，并生成专利图表，且分析功能是免费的。

（5）IncoPat

IncoPat 提供了国外专利的中文标题和翻译，支持用中英文检索和浏览全球专利。其多语言版本的信息有助于提高检索的查全率，避免遗漏重要信息。此外，IncoPat 还整合了 40 余种常用的专利分析模板，可以快速对专利法律状态、技术发展趋势、竞争对手技术倾向等项目进行分析。

3. 其他平台

（1）中国知网

与通常的专利数据库相比，中国知网每条专利的知网节集成了与该专利相关的最新文献、科技成果、标准等信息。这有助于用户完整地了解专利产生的背景、最新发展动态以及相关领域的发展趋势。

（2）万方数据服务平台

万方数据服务平台不仅提供专利信息检索服务，还运用先进的分析和咨询方法，为用户提供信息增值服务。其专利数据库包含了丰富的专利信息，并支持多种检索方式和分析功能。

（3）中国国家专利信息网

该平台由国家知识产权局主办，提供一站式的专利检索、分析、管理等功能。平台数据覆盖面广、权威性高，且更新及时。用户可以根据关键词、专利号、申请人等信息快速查找所需专利，并利用平台提供的数据分析工具对检索到的专利进行深入分析。

（4）粤港澳创新创业知识产权综合服务平台

该平台提供免费查询专利和商标的服务。除了高级检索功能，它还具有对比功能以及通过词云图展示专利核心关键词的特色功能，有助于用户更便捷地阅读专利详情。

（5）专利之星

专利之星是一个综合性的专利服务平台，提供全方位的专利服务。其专利信息检索功能全面且高效，支持多种检索方式和高级分析功能，有助于用户快速找到所需专利并进行深入分析。

专利信息检索平台种类繁多且各具特色。在选择时，用户应根据自己的需求和平台特点进行合理选择。对于需要全面了解国内外专利信息的用户来说，官方平台和专业平台都是不错的选择；而对于需要特定功能或服务的用户来说，则可以根据平台特点进行筛选和比较。

6.6.8 标准信息检索

各类标准信息检索平台为用户提供了便捷的途径来查找和获取所需的标准信息。

1. 综合性标准信息检索平台

（1）全国标准信息公共服务平台

该平台由国家市场监督管理总局主办，提供国内国家标准、行业标准、地方标准、团体标准、企业标准、国际标准的查阅服务，支持大部分国家标准的在线阅读。用户可以通过该平台快速找到所需的标准信息。

（2）国家标准全文公开系统

该系统收录了大量现行有效的国家标准，包括强制性国家标准和推荐性国家标准。用户可以通过普通检索、标准分类以及高级检索三种模式来查找所需的标准信息。同时，该系统还提供在线阅读和下载服务。

2. 行业性标准信息检索平台

国家工程建设标准化信息网

该平台提供工程建设的国家标准（特别是强制性标准）及工程建设行业标准的查阅服务。用户可以通过该平台了解最新的工程建设标准信息，利用其为工程建设提供有力支持。

3. 其他常用标准信息检索平台

（1）工标网

工标网是一个专业的标准信息检索平台，收录了大量工业领域的标准信息。用户可以通过该平台查找和获取所需的工业领域标准信息。

（2）中国标准服务网

中国标准服务网是一个综合性的标准信息服务平台，提供了大量的国家标准、行业标准、地方标准等信息。用户可以通过该平台查找和获取所需的标准信息，并享受专业的解读和咨询服务。

（3）中国知网标准数据库

中国知网是一个综合性的学术资源平台，其标准数据库收录了大量的标准信息。用户可以通过该平台查找和获取所需的标准信息，并了解相关的研究论文和报告。

各类标准信息检索平台为用户提供了便捷的途径来查找和获取所需的标准信息。用户可以根据自己的需求和平台特点进行合理选择，以获取最新的、全面的标准信息。

习题

一、填空题

1. 计算机网络是__________和_________高度发展、紧密结合的产物。
2. 互联网的核心是________协议。
3. ________是用于 Web 浏览程序与 Web 服务器之间进行通信的协议，采用客户机/服务器模式。
4. 电子邮件地址由用户名和主机名两部分构成，中间用________隔开。
5. 在万维网上，每一个信息资源都有统一的且在网络中唯一的地址，该地址叫_________。它是万维网的统一资源定位标志。URL 由三部分组成：资源类型、存放资源的主机域名和资源文件名。
6. URL 的地址格式为________。
7. HTML 是建立、发表联机文档采用的语言，称为________。

二、选择题

1. 网络中计算机之间的通信是通过（　　）实现的，它们是通信双方必须遵守的约定。
   A. 网卡　B. 通信协议　C. 磁盘　D. 电话交换设备
2. 为了能在互联网上正确地通信，为每个网络和每台主机都分配了唯一的地址，该地址由纯数字并用小数点隔开，称为（　　）。
   A. WWW 服务器地址　B. TCP 地址
   C. WWW 客户机地址　D. IP 地址
3. 域名是（　　）。
   A. IP 地址的 ASCII 码表示形式
   B. 按接入互联网的局域网的地理位置所规定的名称
   C. 按接入互联网的局域网的大小所规定的名称
   D. 按分层的方法为互联网中的计算机所取的直观名字
4. Web 中的信息资源的基本构成是（　　）。
   A. 文本信息　B. Web 页　C. Web 站点　D. 超链接
5. 用户在浏览 Web 网页时，可以通过（　　）进行跳转。
   A. 文本　B. 多媒体
   C. 导航文字或图标　D. 鼠标
6. 网络主机的 IP 地址由一个（　　）的二进制数字组成。
   A. 8 位　B. 16 位　C. 32 位　D. 64 位
7. 正确的域名结构顺序由（　　）构成。
   A. 计算机主机名、组织机构名、网络名、最高层域名
   B. 最高层域名、网络名、计算机主机名、机构名
   C. 计算机主机名、最高层域名
   D. 域名、网络名、计算机主机名
8. 主机域名 www.xpc.edu.cn 由 4 个子域组成，其中（　　）表示计算机名。
   A. cn　B. edu　C. xpc　D. www
9. 访问清华大学的 WWW 站点，需在浏览器地址栏中输入（　　）。
   A. FTP://FTP.TSINGHUA.EDU.CN　B. HTTP://WWW.TSINGHUA.EDU.CN
   C. HTTP://BBS.TSINGHUA.EDU.CN　D. GOPHER://GOPHER.TSINGHUA.EDU.CN

10. 能够使用无线移动网络的是（　　）。

A. 内置无线网卡的笔记本计算机　　B. 部分具有上网功能的手机

C. 部分具有上网功能的平板计算机　　D. 以上全部

11. 接入互联网的每台主机都有一个唯一的、可识别的地址，将其称为（　　）。

A. TCP 地址　　B. IP 地址　　C. TCP/IP 地址　　D. URL

12. 信息检索的主要目的是什么？（　　）

A. 存储信息　　B. 查找和获取相关信息

C. 保护信息安全　　D. 分析数据

13. 以下哪个不是信息检索的基本步骤？（　　）

A. 需求分析　　B. 信息源选择　　C. 信息过滤　　D. 信息存储

14. 布尔逻辑运算符中，表示“或”的符号是？（　　）

A. AND　　B. OR　　C. NOT　　D. XOR

15. 在搜索引擎中，用户输入的查询词被称为什么？（　　）

A. 关键词　　B. 索引词　　C. 检索词　　D. 标题词

16. 信息检索技术的核心任务是什么？（　　）

A. 存储大量信息

B. 从大量信息中查找和获取用户所需的信息

C. 保护信息安全

D. 分析数据并生成报告

17. 布尔逻辑运算符“AND”在信息检索中的作用是？（　　）

A. 查找包含所有指定关键词的文档　　B. 查找包含任意指定关键词的文档

C. 查找不包含指定关键词的文档　　D. 查找包含指定关键词组合的文档

18. 在信息检索中，通过关键词匹配来查找相关文档的技术属于哪种分类？（　　）

A. 语义检索　　B. 文本检索　　C. 多媒体检索　　D. 跨媒体检索

19. 根据内容特征对图像进行检索的方法属于哪种信息检索分类？（　　）

A. 文本检索　　B. 图像检索　　C. 视频检索　　D. 音频检索

20. 在进行健康信息检索时，为了确保信息的准确性和可靠性，你通常会选择哪种信息来源？（　　）

A. 社交媒体　　B. 医学数据库　　C. 博客文章　　D. 论坛讨论

21. 信息检索流程的第一步通常是什么？（　　）

A. 分析问题　　B. 选择检索工具　　C. 执行检索操作　　D. 分析检索结果

22. 当检索结果不满足需求时，应该采取什么措施？（　　）

A. 放弃检索　　B. 修改检索策略　　C. 扩大检索范围　　D. 直接接受结果

23. 按照搜索范围和信息的组织形式，搜索引擎主要可以分为哪两大类？（　　）

A. 全文搜索引擎和目录搜索引擎　　B. 通用搜索引擎和垂直搜索引擎

C. 网页搜索引擎和图片搜索引擎　　D. 学术搜索引擎和商业搜索引擎

24. 专注于某一特定领域或主题的搜索引擎被称为什么？（　　）

A. 全文搜索引擎　　B. 目录搜索引擎

C. 垂直搜索引擎　　D. 通用搜索引擎

25. 元搜索引擎的主要特点是什么？（　　）

A. 依赖人工编辑的目录　　B. 专注于特定领域或主题

C. 同时查询多个搜索引擎并整合结果　　D. 提供学术资源搜索服务

26. 搜索引擎中的“爬虫”模块主要负责什么任务？（　　）
A. 解析用户查询　B. 创建索引　C. 抓取网页内容　D. 排序搜索结果
27. 在搜索引擎工作流程中，哪个步骤是用户直接可见的？（　　）
A. 网页抓取　B. 预处理　C. 索引创建　D. 搜索结果展示
28. 在百度搜索框中输入多个关键词进行搜索时，关键词之间应使用什么符号分隔？（　　）
A. 逗号　B. 空格　C. 竖线　D. 加号
29. 在百度搜索结果中，如何只查看与某个网站相关的结果？（　　）
A. 使用“site:”命令　B. 使用“intitle:”命令
C. 使用“inurl:”命令　D. 使用“related:”命令
30. 百度搜索引擎提供的“高级搜索”功能主要用于什么？（　　）
A. 搜索特定文件类型的文档　B. 搜索包含特定格式的网页
C. 更精确地设置搜索条件　D. 搜索特定时间范围内的网页
31. 在百度中搜索特定文件类型的文档（如 PDF），应使用什么命令？（　　）
A. filetype:　B. doctype:　C. format:　D. type:
32. 如何使用百度搜索引擎搜索特定时间范围内的网页？（　　）
A. 在搜索框中直接输入时间范围　B. 使用高级搜索功能设置时间范围
C. 无法实现　D. 使用“time:”命令
33. 如何使用百度搜索引擎查找特定省份或城市的新闻？（　　）
A. 在搜索框中输入省份或城市名称和“新闻”
B. 使用高级搜索功能并设置地域条件
C. 使用“news:”命令并输入省份或城市名称
D. 无法实现
34. 如何使用百度搜索引擎查找特定领域的学术论文？（　　）
A. 在搜索框中输入领域名称和“学术论文”
B. 使用高级搜索功能并设置学术论文条件
C. 使用“scholar:”命令
D. 在百度学术中搜索
35. 如何使用百度搜索引擎查找特定公司的招聘信息？（　　）
A. 在搜索框中输入公司名称和“招聘信息”
B. 使用高级搜索功能并设置招聘信息条件
C. 使用“job:”命令
D. 在招聘网站上搜索
36. 如何使用百度搜索引擎查找特定书籍的电子版或 PDF 版本？（　　）
A. 在搜索框中输入书籍名称和“电子版”或“PDF”
B. 使用高级搜索功能并设置书籍条件
C. 使用“ebook:”或“pdf:”命令
D. 在电子书网站上搜索
37. 当我们需要进行学术论文检索时，通常会选择哪个专用平台？（　　）
A. 百度　B. 标库网　C. 百度学术　D. 微博
38. 哪个平台是专门用于检索专利信息的？（　　）
A. 中国知网　B. 万方数据
C. 国家知识产权局专利检索平台　D. 维普资讯

39. 哪个平台提供了丰富的电子图书资源，适合进行学术阅读和文献检索？（　　）

A. 京东读书　　B. 中国知网　　C. 当当网　　D. 掌阅

40. 在进行科研项目申报和成果评价时，常用的信息检索平台是？（　　）

A. 国家自然科学基金委员会网站　　B. 豆瓣电影

C. 网易云音乐　　D. 携程

41. 若想查找国内外最新的教育政策和改革动态，应首选哪个平台？（　　）

A. 教育部官网　　B. 腾讯课堂　　C. 知乎教育　　D. 好未来官网

三、简答题

1. 计算机网络如何分类？有哪些功能？
2. 局域网是由哪几部分组成的？有哪些特点？
3. 在计算机局域网中常用的传输介质有哪几种？
4. 在计算机局域网中常用的拓扑结构有哪几种？
5. 什么是互联网？它所使用的协议是什么？
6. IP 地址分几类？
7. 什么是 URL？

四、实训题

1. 在浏览器的地址栏中输入“http://www.hevute.edu.cn”，浏览河北科技工程职业技术大学网站，打开“教育教学”网页，浏览这个网页的内容，然后把它以“jyjx.html”文件名保存在 E 盘根目录下。

2. 在浏览器的地址栏中输入“http://www.hevute.edu.cn”，浏览河北科技工程职业技术大学网站，将首页保存到文件夹中，文件名为“河北科技工程职业技术大学”，保存类型为“文本文件(*.txt)”。

3. 浏览河北科技工程职业技术大学网站，将首页上的图片保存到文件夹中，文件名为“picture”，保存类型为“位图（*.bmp）”。

4. 搜索网站

搜索河北省的大学网站，打开其中的任一主页，截取主页的屏幕图像，将其存入 U 盘。以“网站”作为文件名，保存类型为“.jpg”，保存截取的图像。

5. 向某知名校友企业家发送一个电子邮件，邀请他参加我校举办的人才交流会的开幕式。具体内容如下。

[收件人] xxx@126.com

[抄送]

[主题] 毕业生人才交流会

[函件内容]“尊敬的×××总经理：我校定于×月××日（星期三）上午九点钟举办第六届毕业生人才交流会，敬请您的光临。会议地点：校体育馆。谢谢！”

[附件] 毕业生人才交流会邀请函

第7章 信息规范与信息安全

信息安全对于保护个人隐私、企业数据和国家安全至关重要。现代社会的运转高度依赖信息技术，信息作为人们生产、生活、娱乐、交流的重要载体，信息的保护与安全直接关系到社会稳定、国家安全和经济发展。

掌握信息规范与信息安全的相关知识并提高应用能力，是保障信息系统稳定运行、保护数据安全、维护个人隐私和社会秩序的基础。通过对本章的学习，读者应掌握以下内容。

（1）信息、信息安全以及其基本要素和三大支柱；

（2）信息安全相关的法律法规；

（3）信息安全面临的常见威胁；

（4）信息安全常用的防御技术。

7.1 信息安全概述

信息的广泛应用也带来了诸多安全风险，如数据泄露、网络攻击、恶意软件等问题，这些问题不仅威胁个人隐私和企业利益，还可能危及国家安全。因此，信息安全对现代社会至关重要。要深入理解信息安全的内涵和重要性，首先需要理解信息的基本概念。

7.1.1 信息概述

认识信息安全

1. 信息的定义

在通信领域中，信息通常被编码为符号序列，这些信息通过信道进行传输，并被接收端所接收、识别和理解。

在管理领域中，信息被视为经过加工处理进而对生产经营活动产生影响的数据。这些数据包括企业内部的生产数据、财务数据、销售数据等，以及外部的市场数据、竞争对手数据等。通过对这些数据的收集、整理、分析和利用，企业可以更好地了解自身和市场状况，从而作出更加明智的决策。

2. 信息的特性

信息具有多种特性，这些特性使得信息在人类社会和自然界中发挥着重要的作用。

（1）客观性：信息是客观存在的，它不以人的主观意志为转移。

（2）普遍性：信息无处不在，无时不有。无论是宏观的宇宙天体，还是微观的粒子世界，其中都存在着大量的信息。同时，信息也是人类社会生活的重要组成部分，人们通过信息交流来传递思想、情感和经验。

（3）无限性：信息是无穷无尽的。随着人类社会的发展和科技的进步，新的信息不断涌现。同时，旧的信息也在不断被更新和替代。

（4）共享性：信息是可以被多人共享的。一个人拥有的信息可以通过各种传播方式被其他人所获取和利用。共享性使得信息成为人类社会进步的重要动力之一。

（5）时效性：信息是有时效性的。随着时间的推移，一些信息可能会变得过时或无效。因此，人们需要及时获取和利用最新的信息来适应社会的变化和发展。

3. 信息的分类

信息可以根据不同的标准和角度进行分类，以便人们更好地理解和利用它。

（1）按内容分类：信息可以分为自然信息、社会信息、科技信息等。自然信息主要指的是自然界中的物理、化学、生物等信息；社会信息则主要指的是人类社会生活中的政治、经济、文化等信息；科技信息则主要指的是科技领域中的新技术、新发明、新成果等信息。

（2）按载体分类：信息可以分为口头信息和书面信息等。口头信息主要通过人的语言交流来传递；书面信息则主要通过文字、图表等方式来传递。

（3）按作用分类：信息可以分为有用信息、无用信息和干扰信息等。有用信息是指对人们有用处、有价值的信息；无用信息是指对人们没有用处或价值的信息；干扰信息则是指对人们产生干扰或误导的信息。

4. 信息的价值

信息在现代社会中具有极高的价值，它已经成为一种重要的资源和生产力要素。

（1）经济价值：信息在现代经济中发挥着越来越重要的作用。通过收集和利用市场信息，企业可以更好地了解市场需求和竞争态势，从而制定更加有效的市场策略和产品策略。同时，信息技术的发展也推动了传统产业的升级和转型，提高了生产效率和产品质量。

（2）政治价值：信息在政治领域中也具有重要的价值。政府通过收集和利用社会信息来了解民意和舆情，从而制定更加符合民众需求的政策和法规。

（3）文化价值：信息在文化领域中也发挥着重要的作用。通过信息的传播和交流，不同文化之间的交流和融合变得更加容易和便捷。同时，信息也可以成为文化创新的源泉和动力之一，推动文化的繁荣和发展。

（4）社会价值：信息在社会生活中具有广泛的应用价值。例如，在教育领域中，信息技术的应用可以提高教学效果和学习效率；在医疗领域中，医疗信息技术的应用可以提高医疗水平和服务质量；在交通领域中，智能交通系统的应用可以提高交通效率和安全性等。

5. 信息的应用与发展

随着信息技术的不断发展和普及，信息在社会各个领域中的应用也越来越广泛和深入。

（1）信息技术的发展：信息技术的快速发展使得信息的获取、处理、传输和利用变得更加便捷和高效。例如，云计算、大数据、人工智能等先进技术的应用使得信息的处理和分析能力得到了极大的提升。

（2）信息化社会的建设：随着信息化建设的不断深入，越来越多的国家和地区开始构建信息化社会。信息化社会的建设包括信息化基础设施的建设、信息化应用系统的开发和推广以及信息化人才的培养等方面。

（3）信息安全与隐私保护：随着信息的广泛传播和互联网的普及，信息安全和隐私保护问题也日益凸显。为了保障信息安全和隐私权益，需要采取一系列的技术手段和管理措施来加强信息安全防护和隐私保护。

7.1.2 信息安全概述

信息安全是一个涵盖众多领域的概念，其核心在于保护信息免受未经授权的访问、使用、泄露、破坏、篡改或销毁等威胁。随着信息技术的迅猛发展，信息安全已经成为维护国家安全、社会稳定、经济发展和个人隐私的重要基石。

1. 信息安全的基本定义

信息安全是指信息系统（包括硬件、软件、数据、人、物理环境及其基础设施）受到保护，不因偶然的或者恶意的原因（如灾害或病毒攻击等）而遭到破坏、篡改等，系统连续、可靠、正常地运行，信息服务不中断，最终保障业务连续性。具体来说，信息安全的目标是确保信息的机密性（Confidentiality）、完整性（Integrity）和可用性（Availability），通常将这三者简称为 CIA 三要素。

2. 信息安全的重要性

（1）维护国家安全：信息安全在保护国家机密、维护社会稳定和防止恐怖主义袭击等方面发挥着战略性作用。

（2）保护个人隐私：随着信息技术的发展，个人隐私越来越容易受到侵犯。信息安全防护措施能够确保个人信息得到适当的保护，有效防止未经授权的访问和滥用。

（3）保障企业利益：企业的核心资产之一是其信息和数据。信息安全防护措施能够保护企业的知识产权、商业秘密和客户信息，从而有效维护企业的声誉和竞争力。

（4）促进经济发展：信息安全是电子商务、金融科技等新兴产业发展的基础。通过提高信息的安全性和可靠性，可以推动这些产业的快速发展，从而带动经济的增长。

7.1.3 信息安全的基本属性

信息安全的基本属性是确保信息免受未经授权的访问、使用、泄露、破坏、篡改或销毁的一系列关键特性。这些属性共同构成了信息安全体系的基石，对于维护信息系统的稳定性和可靠性至关重要。以下是对信息安全基本属性的详细阐述。

1. 机密性（保密性）

机密性，又称保密性，是指信息只能被经过授权的人或系统访问，对未经授权的人或系统保持不可见状态。机密性是信息安全的基本要求，旨在防止敏感信息泄露或被盗用。机密性的实现通常依赖于加密技术，如对称加密和非对称加密。这些技术能够将信息转换为只有持有相应密钥的人才能解读的形式，从而有效防止信息泄露。

（1）定义与重要性：机密性要求信息在存储、传输和处理的过程中，必须得到充分的保护，以防止未经授权的访问和泄露，这关乎国家安全、商业秘密和个人隐私的守护。

（2）实现方式：加密技术是机密性的主要实现方式。加密算法可以将信息转换为密文形式，只有持有相应密钥的合法用户才能解密并访问信息。除了加密技术，访问控制和身份认证也是关键措施。

（3）应用场景：机密性对于军事、商业等领域至关重要。例如，在军事领域中，通过加密技术保护通信内容，防止敌方窃取；在商业领域中，通过加密技术保护商业秘密和客户信息，防止竞争对手获取。

2. 完整性

完整性是指信息在传输、存储和处理的过程中不被篡改、损毁或丢失。保持数据的完整性可以防止数据被非法修改或损坏，保证数据的可信度和可靠性。

（1）定义与重要性：完整性要求信息在存储或传输过程中保持不变，数据不被篡改或损坏，这是确保信息准确性和一致性的基石。

（2）实现方式：为了实现完整性，通常采用数字签名、哈希函数等技术手段。数字签名可以验证信息的来源和完整性，而哈希函数则用于生成数据的唯一标识，便于识别数据的任何变动。

（3）应用场景：完整性在金融交易、医疗记录等需要高度准确性的领域尤为重要。例如，在金融交易中，通过数字签名验证交易信息的完整性，确保交易的真实性和可靠性；在医疗领域，需要保护患者医疗记录的完整性，防止医疗记录被篡改或损坏。

3. 可用性

可用性是指信息在需要的时候可以被授权用户访问和使用，这是保障信息系统能够持续正常运行的基础。

（1）定义与重要性：可用性要求信息系统在面对各种威胁（如网络攻击、系统故障等）时，仍能保持正常运行，确保用户能够访问所需的信息和服务，这是保障用户体验和业务连续性的关键。

（2）实现方式：为了实现可用性，需要采取一系列措施，如备份与恢复、负载均衡、容错设计等，这些措施可以确保信息系统能够迅速恢复并继续提供服务。备份与恢复可以确保数据在丢失或损坏时能够及时恢复，保证信息的连续性；负载均衡则能够分散系统压力，提高系统的响应速度；而容错设计则能够在系统出现故障时自动切换至备用系统，确保信息的持续可用性。

（3）应用场景：可用性在电子商务、在线服务等领域至关重要。例如，在电子商务平台上，可用性确保用户能够随时访问和购买商品；在在线服务平台上，可用性确保用户能够随时访问和使用所需的服务。

4. 其他属性

除了上述基本属性外，信息安全还具有其他多个重要属性，如可控性、时效性、合规性和隐私性等。

（1）可控性：可控性指网络信息系统责任主体对网络信息系统具有管理、支配的能力。管理者能够有效地控制系统的行为和信息的使用，确保系统按照既定的安全策略运行。

（2）时效性：时效性确保信息的及时性和有效性。在快速变化的信息环境中，确保信息有效且及时更新信息对于决策至关重要。

（3）合规性：合规性确保信息系统的运行符合相关法律法规和标准要求，确保信息系统的合法合规运行。

（4）隐私性：隐私性强调保护用户的个人信息，防止滥用。在处理用户数据时，必须确保用户的隐私权益得到充分尊重和保护，防止个人信息的泄露或滥用。

7.1.4 保障信息安全的三大支柱

信息安全是现代社会中日益重要的议题，随着数字化、网络化的不断发展，信息安全问题日益严峻且复杂多变。信息安全的保障可以通过三个关键支柱来实现：技术、管理和法律。这三者相互依存，共同构成了信息安全防护的整体框架。

1. 技术

技术是信息安全的基础，它主要通过各种技术手段和工具来保护信息的机密性、完整性和可用性。随着网络攻击手段的不断演变和升级，技术手段也在持续创新和进步，以应对日益复杂的安全威胁。

2. 管理

除了技术层面的防护，管理同样至关重要。信息安全管理涉及对信息资产的全面管理，包括政策制定、人员培训、漏洞管理、应急响应等内容。管理不仅能确保技术手段得到正确使用，还能维护其长期有效性和适应性，以应对不断变化的安全环境。

3. 法律

法律是信息安全保障体系的第三个支柱，它能够确保信息安全的实施与管理。在现代社会中，信息安全已成为全球性问题，不仅关乎企业内部，更关乎国家和国际社会的安全与稳定。因此只有制定和完善法律来规范和保护信息安全，才能为信息安全提供坚实的法律保障。

7.2 信息安全相关的法律法规

信息安全相关的法律法规的制订是为了保障个人、企业及国家的信息安全，确保数据和隐私得到有效维护。

7.2.1 我国信息安全法律规范的体系

了解信息安全法律法规

随着信息技术的飞速发展，网络安全和数据保护问题日益受到社会各界的关注。尤其是在数字化、网络化进程加速的背景下，信息安全已成为国家安全的重要组成部分。我国针对信息安全的问题，已逐步构建起一个全面覆盖、多层次的法律规范体系，力图通过法律手段确保信息安全、保护公民的隐私和数据安全，推动信息社会的可持续发展。

我国信息安全法律体系的基本构成

我国信息安全法律体系主要由三大部分组成：基本法律、行政法规和地方性法规。这些法律法规从不同的层面、不同的视角对信息安全进行规制和保护，共同构筑起一个严密而多维度的法律框架。

（1）基本法律

我国信息安全的基本法律以《中华人民共和国网络安全法》《中华人民共和国数据安全法》《中华人民共和国个人信息保护法》为核心，它们共同构成了我国网络空间治理和信息保护的坚固基石。

（2）行政法规

除基本法律以外，我国还出台了一系列行政法规，对信息安全的具体保护措施进行了细化和补充。这些行政法规包括《互联网信息服务管理办法》《信息安全技术 个人信息安全规范》等，它们为网络安全、数据保护等领域提供了具有可操作性的实施细则。

（3）地方性法规

在基本法律和行政法规的框架下，部分地区根据本地经济、社会环境的实际情况，制定了一些具有地方特色的信息安全法规。这些地方性法规往往针对本地行业特征、地域特点等具体情况，进一步细化了信息安全的监管要求，为信息安全保障工作提供了更加具体、更加有力的法律支撑。

7.2.2 信息安全法律规范的基本原则

随着信息技术的迅猛发展，信息安全的法律规范逐渐成为保障社会秩序、经济稳定以及个人隐私的基石。信息安全法律规范的基本原则不仅涉及对信息系统的保护，还涉及如何通过法律手段规范行为，确保信息技术应用的合法性、正当性和安全性。

1. 合法性原则

合法性原则是信息安全法律规范的核心原则之一，它要求所有信息安全行为必须符合国家和地区的法律法规。这一原则不仅适用于信息的收集、存储和处理过程，同样适用于了信息安全措施的实施和监管行为。

2. 必要性与最小权限原则

必要性和最小权限原则是信息安全管理中的基本原则之一。根据必要性原则，信息收集和处理应当只限于业务和安全的需要，避免过度收集或不必要的处理。这一原则的核心思想是避免信息的滥用，同时降低泄露风险。例如，在个人数据的处理上，应仅收集必需的信息，而非随意采集不相关的个人数据。

最小权限原则则要求组织和个人在访问信息时，仅访问限于其履行职责所必需的信息。这意味着，系统管理员、业务人员、第三方服务提供商等只应当根据其角色获取必要的信息访问权限，防止信息过度暴露。例如，只有财务人员可以访问公司财务数据，而普通员工则不应当拥有这些权限。这一原则有效防止了内部人员信息权限的滥用，减少了内部威胁。

3. 公开透明原则

公开透明原则要求信息安全政策和措施的制定、执行、监督应当具有高度的透明性和公开性。信息主体（如用户、员工、消费者等）应当知悉如何收集、使用和保护其个人数据，以及在信息安全方面采取的具体措施。信息安全管理机构应定期发布安全报告，向社会公众通报信息安全事件的处理进展和结果。

4. 隐私保护原则

隐私保护原则在信息安全法律规范中占据着重要地位，尤其是在互联网和大数据时代，个人隐私面临的威胁愈加严重。隐私保护要求任何主体在收集和处理个人信息时，采取充分的安全措施，以保障用户的隐私权。

7.2.3 信息安全法律规范的法律地位

信息安全在中国的社会、经济和政治生活中日益重要。随着数字化经济的快速发展以及互联网、云计算、大数据、人工智能等技术的普及，信息安全问题已经成为国家安全、社会稳定、经济发展和个人隐私保护的核心问题。为应对日益严峻的信息安全挑战，我国已经构建了较为完善的信息安全法律体系，并逐步强化其在法律体系中的地位。

1. 信息安全法律规范在我国的地位

信息安全法律规范在我国的国家治理中占有重要地位，尤其是在信息化、数字化、网络化日益加深的背景下，信息安全治理已成为国家治理体系的重要组成部分。以下几个方面突出体现了其在国家治理体系中的地位。

（1）信息安全与国家安全的融合

信息安全在我国的国家安全战略中占据重要地位。《中华人民共和国国家安全法》明确规定了信息安全是国家安全的重要组成部分，这一规定表明信息安全与国家安全战略紧密相连。在信息化时代，信息安全不仅关乎公民个人的隐私保护和企业数据安全，更直接关系到国家的政治、经济、文化安全及社会稳定。尤其是网络攻击、信息战等新型安全威胁的出现，进一步凸显了信息安全在国家安全中的重要性。

（2）信息安全与社会治理的结合

信息安全法律规范在社会治理中发挥着重要作用。随着社会信息化程度的提高，社会管理者需要利用信息技术来加强社会管理，而这必然涉及大量的数据收集、处理与分析。因此，信息安全不仅关乎企业和政府的数据保护，也直接关系到公众利益。

例如，《中华人民共和国网络安全法》要求各级政府加强对网络安全的监管，明确了各级政府在信息安全治理中的责任。

（3）信息安全与经济发展的互动

信息安全法律规范不仅影响社会治理，还直接关系到我国经济的数字化转型。随着电子商务、数字货币、金融科技等新兴行业的崛起，信息安全已经成为保障经济健康发展的关键因素之一。通过立法加强对企业信息安全的保护，确保企业能够有效管理其信息资产，防范网络攻击和数据泄露等安全风险，是推动经济数字化和创新发展的重要保障。

2. 信息安全法律规范在国际法律中的地位

随着信息技术的全球化发展，信息安全问题已经不再是单一国家能够解决的议题，国际合作成为应对全球安全威胁的重要手段。我国在这一领域的法律地位也逐渐与国际接轨，在国际法律框架中日益重要。

信息安全法律规范不仅在我国国内起到重要作用，也为我国参与国际信息安全合作提供了法律依据。例如，我国积极参与联合国网络安全领域的合作，并在全球范围内推动国际网络空间治理的规则制定。《中华人民共和国网络安全法》《中华人民共和国数据安全法》等法律推动了国际信息安全法治环境的建设，提升了我国在全球信息安全治理中的话语权。

7.3 信息安全面临的常见威胁

随着信息技术的飞速发展以及互联网的普及，信息安全已逐渐成为全球范围内的重大问题。从企业到个人，从政府机关到各类组织，信息的安全性直接关系到业务的持续运营、个人的隐私保护以及国家的安全稳定。信息安全面临的威胁种类繁多，且随着技术的进步、攻击手段的不断创新，这些威胁的复杂性和隐蔽性也日益增强。

7.3.1 网络攻击

了解信息安全常见威胁

网络攻击是信息安全领域中最常见的威胁之一。攻击者通过各种手段对信息系统进行入侵、篡改、破坏，进而实现对数据的窃取或毁坏。随着网络环境复杂性的增加，网络攻击的手段日益多样化，规模和影响力也在不断扩大。

1. 分布式拒绝服务攻击

分布式拒绝服务（Distributed Denial of Service，DDoS）攻击通过僵尸网络向目标服务器发起海量请求，导致目标服务器的带宽、计算能力或其他资源耗尽，从而使得合法用户无法访问目标系统或网站。这类攻击不仅影响目标网站的可用性，而且常常伴随恶意软件的传播或数据泄露。

随着 DDoS 攻击技术的演进，攻击的规模不断增大，且其更难追踪。例如，攻击者使用反射型 DDoS 攻击，通过伪造源 IP 地址向公开的服务请求数据包，使得攻击流量更加难以追踪。对于大多数企业而言，DDoS 攻击可能会导致网站宕机、品牌声誉受损以及业务中断，进而带来巨大的经济损失。

2. 中间人攻击

中间人（Man-in-the-Middle，MITM）攻击是指攻击者伪装成通信两端中的一方或双方，截获、篡改或伪造双方的通信内容。攻击者通过监听和干扰双方的正常通信，窃取敏感信息（如用户名、密码、信用卡信息等），甚至可以改变通信内容，制造虚假信息，诱使受害者作出错误决策。

MITM 攻击通常发生在不安全的网络环境下，特别是在没有加密的通信链路中，攻击者可以通过 ARP（Address Resolution Protocol，地址解析协议）欺骗、DNS（Domain Name Sytem，域名系统）劫持等手段使目标用户与伪造的服务器建立连接，从而进行攻击。

3. 跨站脚本攻击

跨站脚本（Cross-Site Scripting，XSS）攻击是指攻击者在网站中插入恶意 JavaScript 脚本，使得这些脚本在用户浏览页面时自动执行。存储型 XSS 攻击可以不需要任何受害者的参与，窃取用户的会话信息、输入的密码或其他敏感数据，甚至可以通过脚本进行后续攻击（如网络钓鱼等）。

常见的 XSS 攻击方式包括反射型 XSS 攻击、存储型 XSS 攻击和 DOM 型 XSS 攻击。存储型 XSS 攻击通常是在 Web 应用程序中存储用户提交的恶意内容后，当其他用户访问时，程序自动执行攻击命令；而反射型 XSS 攻击则是通过诱导用户点击恶意链接或提交包含恶意代码的表单，将恶意代码返回用户的浏览器并进行攻击。

4. SQL 注入攻击

SQL（Structured Query Language，结构化查询语言）注入攻击是一种常见的 Web 攻击方式，攻击者通过在输入点插入恶意的 SQL 代码，绕过身份验证或追加恶意查询，从而获取、篡改或删除数据库中的数据。SQL 注入攻击通常是利用 Web 应用程序没有有效的输入验证和参数化查询机制进行攻击的。

SQL 注入攻击不仅可以窃取敏感数据，还可能导致整个系统的控制权被攻击者掌握。攻击者可以通过注入的 SQL 代码执行操作系统命令、获得管理员权限，甚至删除整个数据库。

5. 暴力破解与字典攻击

暴力破解攻击是攻击者通过系统化尝试可能的密码组合来破解认证凭证。这种攻击方式通常需要较长时间，但如果密码过于简单，或者密码强度较低，暴力破解就能在短时间内成功破解。常见的暴力破解攻击对象包括网站登录接口、VPN 服务器、SSH 服务器。

字典攻击是暴力破解的变种，攻击者使用包含常见密码的字典来进行快速尝试，这大大提高了攻击效率。

7.3.2 恶意软件

恶意软件（Malware）是指一种专门用于破坏计算机、窃取数据或控制设备的程序。恶意软件可以通过多种途径感染计算机和网络，成为信息安全的重大威胁。常见的恶意软件包括计算机病毒、木马、蠕虫、勒索软件等。

1. 计算机病毒与蠕虫

在《中华人民共和国计算机信息系统安全保护条例》中，计算机病毒被明确定义为："计算机病毒是指编制或在计算机程序中插入的破坏计算机功能或毁坏数据，影响计算机使用，并能自我复制的一组计算机指令或者程序代码。"计算机病毒具有以下主要特征。

（1）传播性。传播性是计算机病毒的重要特征。计算机病毒一旦进入计算机并得以执行，它就会搜寻符合其传播条件的程序或存储介质，并将自身代码插入其中，达到自我复制的目的。而被感染的程序或存储介质又成了新的传播源，通过网络共享或移动介质，计算机病毒会继续进行传播。

（2）隐蔽性。隐蔽性主要表现在传播的隐蔽性和自身存在的隐蔽性。计算机病毒通常附着在正常程序或磁盘的隐蔽位置，用户难以发现其存在。

（3）寄生性。计算机病毒程序嵌入宿主程序中，依赖宿主程序的执行而触发恶意行为，这就是计算机病毒的寄生性。

（4）潜伏性。计算机病毒侵入系统后，一般不会立即发作，而是有一定的潜伏期，达到触发条件后才会发作并进行破坏。计算机病毒的种类不同，触发条件也不同，潜伏期也不同。

（5）不可预见性。不同种类的计算机病毒，它们的代码千差万别，且随着计算机病毒制作技术的不断提高，这些病毒使人防不胜防。

（6）破坏性。不同计算机病毒的破坏表现各异，有的干扰计算机的正常工作，有的占用系统资源，有的修改或删除文件及数据，有的甚至破坏计算机硬件。

计算机病毒和蠕虫都是能够自我复制并传播的恶意程序。计算机病毒通常需要借助某些宿主文件或程序进行传播，能进一步感染其他文件。蠕虫与计算机病毒不同，它能够在没有宿主程序的情况下独立传播。蠕虫通过网络自我复制，将恶意代码传播到其他计算机中，造成大规模的网络感染。

蠕虫和计算机病毒通常会导致系统资源的耗尽，严重时还可能使计算机瘫痪、数据丢失，甚至成为黑客攻击的跳板。通过电子邮件、共享文件、恶意网站等，计算机病毒和蠕虫可以快速传播并感染大量计算机。

2. 木马

木马是一种伪装成正常程序的恶意软件，它通过欺骗用户执行其恶意代码，一旦木马程序运行，它能够在后台偷偷执行攻击者的指令。木马通常用于窃取用户的登录信息、控制受感染的计算机、监控用户的行为，甚至在计算机上安装其他恶意软件。

木马病毒的危害十分广泛，它能够利用计算机进行各种非法操作，包括数据窃取、远程操控等。它们通常通过电子邮件附件、虚假软件或破解工具等途径传播。

3. 勒索软件

勒索软件是一种通过加密受害者计算机中的文件，要求受害者支付赎金才能恢复文件访问权限的恶意软件。勒索软件的攻击方式通常是通过电子邮件、恶意网站、社交媒体等途径将病毒传播给目标计算机。一旦感染，勒索软件会加密计算机中的文件，并显示勒索信息，要求受害者支付赎金后才能解锁文件。

勒索软件的危害极大，特别是对企业来说，它可能导致重要业务数据的丢失、运营中断，并造成巨大的经济损失。即便受害者支付了赎金，文件也不能保证恢复。

4. 间谍软件与广告软件

间谍软件是一种偷偷安装在计算机上的恶意程序，用来监视用户的活动、记录键盘输入、窃取敏感信息等。广告软件通常会在用户的计算机上显示恼人的广告，并通过监视用户的浏览习惯进行广告投放。尽管广告软件在许多情况下并不具备恶意行为，但它同样会损害用户体验，侵犯用户隐私。

间谍软件的传播通常依赖于恶意网站、恶意广告、共享软件等途径。它们往往会以“免费”软件或插件的形式出现，诱使用户下载并安装。

7.3.3　社交工程

社交工程是一种通过操控人们的行为和心理，获取敏感信息或发起攻击的手段。与其他技术性攻击不同，社交工程攻击往往利用人性的弱点和疏忽，实施欺骗、诱导或操控。社交工程攻击的成效往往超出预期，因为攻击者可以直接攻击目标的决策过程，而无须绕过系统的技术防护。

1. 网络钓鱼攻击

网络钓鱼攻击是一种常见的网络诈骗手段，它利用精心设计的欺骗性信息来诱骗用户泄露敏感信息，如登录凭据、银行账户信息或个人身份数据。攻击者通常会通过伪造看似来源可信的电子邮件、短信或网站，诱使用户点击恶意链接、下载恶意软件或填写敏感信息表格。

2. 诱骗攻击

诱骗攻击是一种通过伪造身份，诱使目标提供敏感信息的社交工程攻击方式。攻击者通常会构造一个看似合理的情境，并伪装成公司员工、银行工作人员等角色，通过电话、电子邮件或面对面接触，要求目标提供个人或公司的敏感数据。

3. 尾随攻击

尾随攻击是一种物理层面的社交工程攻击，攻击者通常伪装成合法员工，跟随员工一起进入受限区域。尾随攻击在某些情况下非常有效，尤其是在安保措施不到位或员工疏忽时，攻击者可以轻松绕过物理安全措施，从而窃取信息或进行破坏。

7.3.4　内部威胁

内部威胁通常由组织内部的人员或有接触权限的人引起，可能是无意的或恶意的。与外部攻击相比，内部威胁由于攻击者往往具有合法的访问权限而具有隐蔽性，通常更难检测和防范。内部威胁的危害包括数据泄露、权限滥用与过期权限、恶意破坏等。

1. 数据泄露

数据泄露是指由公司或组织内部的人员无意或故意泄露敏感数据。泄露的渠道不限于邮件、U盘、云存储、文件共享等常见方式，还可能通过社交媒体、公共论坛等渠道进行泄露。内部数据泄露不仅会影响客户和用户的隐私，也可能对公司的声誉和业务造成严重损害。

2. 恶意破坏

恶意破坏通常是由那些拥有访问权限的员工、合同工或合作伙伴发起的。这些攻击者可能利用对系统的深入了解，在未经授权的情况下窃取公司的敏感数据、篡改信息或进行破坏性操作。由于内部人员对系统有更深的了解，他们的攻击往往难以检测且更具破坏性。

3. 权限滥用与过期权限

权限滥用与过期权限是另一种常见的内部威胁。当员工离职或调岗时，如果没有及时撤销或调整其访问权限，就可能导致过期权限问题，使得原员工仍然能够访问敏感数据或发起攻击。此外，一些内部员工可能滥用自己获得的权限，对数据进行未授权的访问、篡改或其他不当行为。

7.3.5 物理安全威胁

物理安全威胁主要指对信息系统的硬件和数据存储设备的物理攻击或损害。虽然这种威胁相对少见，但当它发生时，其影响往往是深远的且难以挽回的，因此对物理安全威胁的防范同样重要。常见的物理安全威胁包括以下几点。

1. 设备盗窃与丢失

硬盘、笔记本计算机、移动存储设备等重要设备的丢失或盗窃可能导致信息泄露。为了防止这种情况发生，企业或个人应做好数据加密工作，并确保敏感数据在设备丢失时不会被轻易访问。同时，建立完善的设备管理制度，对设备的借用、归还进行登记和追踪也是必要的。此外，如果设备确实丢失，应立即启动应急预案，以防止信息进一步泄露。

2. 自然灾害与硬件故障

自然灾害（如洪水、火灾、地震等）或硬件故障可能导致系统瘫痪、数据丢失、设备损坏等严重的安全问题。为了降低这种威胁带来的风险，应制定并严格执行灾备措施，如定期进行数据备份、建立灾难恢复计划、部署冗余硬件等。同时，加强物理设施的安全防护，如安装防火、防水、防震设施，以及确保设备处于适宜的工作环境中，也是预防自然灾害和硬件故障的重要手段。

7.4 常用的安全防御技术

随着信息技术的飞速发展以及网络攻击手段的不断演变，信息安全问题日益严峻。如何有效地防御各种网络攻击，保障信息的安全，已成为各个组织和个人必须面对的挑战。安全防御技术是保护计算机系统、网络和数据免受未经授权的访问和损害的关键。通过合理运用这些防御技术，可以有效地抵御各类恶意攻击、数据泄露、系统入侵等风险。

7.4.1 防火墙技术

了解信息安全常用的防御技术

防火墙是网络安全的第一道坚实防线，其主要作用是对网络流量进行监控和过滤，从而有效阻止未授权的访问或攻击。防火墙通常位于内网与外网之间，根据精心预设的安全策略来判断哪些流量可以通过，哪些流量需要被拦截。防火墙的主要功能包括包过滤、状态检测、代理服务等。

1. 包过滤防火墙

包过滤防火墙是一种最基础的防火墙类型，它通过检查每个数据包的源 IP 地址、目标 IP 地址、端口号和协议类型等信息，来决定是否允许该数据包通过。包过滤防火墙的优点是简单、高效，能够快速地筛选大量网络流量。但它缺乏对流量状态的跟踪，因此可能无法有效应对一些日益复杂的攻击方式。

2. 状态检测防火墙

状态检测防火墙是一种高级的防火墙技术，它不仅具有包过滤防火墙的基本功能，能检查每个数据包的基本信息，还会动态地跟踪数据包的状态。状态检测防火墙能够有效防止伪造源 IP 等攻击，并且能够识别和阻止多种复杂的攻击行为。

3. 应用层防火墙

应用层防火墙也称为代理防火墙，它能够检查网络应用层的数据流，如 HTTP、FTP、SMTP 等协议的内容，从而识别和阻止一些特定的攻击，如 SQL 注入、跨站脚本攻击等。这种更为精细化的流量控制，为 Web 应用、邮件系统等提供更为坚实的保障。

4. 下一代防火墙

下一代防火墙是防火墙技术发展的趋势，它不仅具备传统防火墙的基本功能，还集成了应用程序识别、入侵检测与防御、恶意软件阻止、VPN（Virtual Private Network，虚拟专用网络）支持等多种高级安全功能。下一代防火墙可以提供全方位、多层次的安全防护，有效防御针对应用层、网络层的多种攻击手段。

7.4.2　入侵检测与防御技术

入侵检测与防御技术是网络安全中不可或缺的防御手段。入侵检测系统主要用于监控和分析网络流量，精准识别潜在的攻击行为，并及时向管理员发出警报。而入侵防御系统则更进一步，不仅能够检测到攻击，还能够主动采取措施，阻止攻击的进一步蔓延。

1. 入侵检测系统

入侵检测系统通过对网络流量的分析，使用已知攻击特征（如签名）或行为分析（如异常检测）来识别攻击行为。入侵检测系统通常部署在网络的关键节点，能够实时检测到网络中的恶意活动。一旦发现潜在的入侵行为，入侵检测系统会发送警报，及时提醒管理员采取进一步的应对措施。

入侵检测系统的工作模式主要分为两类：基于签名的检测和基于异常的检测。

（1）基于签名的检测：通过比对已知攻击特征的签名来识别入侵行为，具有高效性，但它可能无法识别未知的攻击类型。

（2）基于异常的检测：通过监控网络行为，检测到与正常行为不符的异常活动。其优势在于能够发现新的攻击类型，但可能会面临较高的误报风险，需要管理员仔细甄别。

2. 入侵防御系统

入侵防御系统是入侵检测系统的增强版，它不仅能够检测到攻击行为，还能自动采取防御措施，例如阻止攻击流量、断开攻击连接等。入侵防御系统通常通过实时分析网络流量，采用深度包检测技术，识别和阻止各种网络攻击，包括但不限于分布式拒绝服务攻击、缓冲区溢出攻击以及恶意软件传播等。

入侵防御系统与入侵检测系统的主要区别在于：入侵检测系统主要侧重于被动检测和报警，而入侵防御系统则主动干预网络攻击过程，从而有效防止攻击进一步扩展。

7.4.3　加密技术

加密技术是保护信息安全的核心技术之一。加密的主要目的是确保信息在传输和存储过程中，敏感数据能够避免被未经授权的第三方访问或篡改。常见的加密技术包括对称加密、非对称加密和哈希算法。

1. 对称加密

对称加密是指加密和解密的过程使用同一个密钥。在这种加密方式中，发送方和接收方需要事先共享一个密钥，通过该密钥加密和解密数据。对称加密算法速度较快，因而适用于大规模数据的加密，但其密钥的管理和传输过程是一个潜在的安全问题。

常见的对称加密算法包括高级加密标准、数据加密标准等。

2. 非对称加密

非对称加密使用一对密钥，即公钥和私钥。公钥用于加密数据，私钥用于解密数据。非对称加密主要用于数据加密、数字签名和身份认证等关键场景。由于非对称加密算法计算复杂，速度较慢，因此其通常用于少量数据的加密和密钥交换过程。

常见的非对称加密算法包括椭圆曲线加密等。

3. 哈希算法

哈希算法是一种不可逆的单向加密算法，可将任意长度的数据映射为固定长度的哈希值。哈希值是原始数据的唯一“指纹”，不能反向解密为原始数据。哈希算法主要用于数据完整性校验、数字签名等应用场景。

常见的哈希算法包括 MD5、SHA1、SHA256 等。

7.4.4 访问控制技术

访问控制技术是保护计算机系统和网络的核心防线，旨在确保只有授权的用户和设备能够访问特定的资源。访问控制技术通常依据用户的身份、角色、权限等信息，动态且智能地决定是否允许访问。

1. 基于角色的访问控制

基于角色的访问控制（Role-Based Access Control，RBAC）是目前最常用的访问控制技术之一，它将用户按照角色进行分类，并将访问权限分配给角色，而不是直接分配给用户，用户通过扮演特定角色来获得相应的访问权限。RBAC 具有易于管理、权限清晰等优点，因此广泛应用于企业和大型组织中。

2. 多因素认证技术

多因素认证（Multi-Factor Authentication，MFA）技术要求用户提供两种或两种以上的认证方式，如密码、指纹、动态验证码等，以此来证明其身份。通过多重认证方式，可以显著提升攻击者破解身份的难度，从而提高系统的安全性。

7.4.5 漏洞管理

漏洞管理是指对计算机系统和网络中的安全漏洞进行识别、评估、修复和监控的综合性过程。通过及时修复漏洞，能够有效防止攻击者利用漏洞进行入侵和攻击。漏洞管理的关键环节包括漏洞扫描、补丁管理、漏洞响应等。

1. 漏洞扫描

漏洞扫描工具通过自动化的方式，扫描计算机系统和网络设备，以识别已知的安全漏洞。常见的漏洞扫描工具包括 Nessus、OpenVAS 等。漏洞扫描可以及时发现潜在的安全风险，从而确保系统的安全性。

2. 补丁管理

补丁管理是漏洞管理中的重要环节，它包括对操作系统、应用程序、网络设备等的软件补丁的统一管理，通过定期安装安全补丁，及时修复已知的安全漏洞，以防止漏洞被恶意利用。

3. 漏洞响应

漏洞响应是指在发现漏洞后，应采取快速有效的措施对漏洞进行修复和应急响应。漏洞响应包括漏洞分析、漏洞修复、受影响系统的隔离以及后续的监控和报告等工作。

7.4.6 反病毒技术

反病毒技术用于检测、拦截和清除恶意软件（如病毒、木马、蠕虫等）。随着恶意软件种类的增加，传统的反病毒技术面临着日益严峻的挑战。

1. 病毒检测与清除

传统的病毒检测与清除技术主要依赖于已知病毒的特征码（病毒库）。当系统检测到与特征码匹配的文件时，便会认为该文件为病毒并对其进行隔离或删除，尽管该方法在一定程度上能够有效防范已知病毒，但其局限性在于无法抵御新型病毒和变种病毒。

2. 行为分析

行为分析是通过监控程序行为的方式来检测恶意软件。行为分析能够识别未知病毒、零日攻击等威胁，特别适用于防御日益复杂的新型恶意软件。通过沙箱技术，恶意软件在隔离环境中运行，安全软件对其行为进行深入分析，判断其是否为恶意程序。

3. 云安全

随着云计算的大规模应用，传统的反病毒软件逐渐转向云安全平台，通过云端病毒数据库和行为分析，可以显著提升病毒检测和响应速度。

7.4.7 备份与恢复技术

备份与恢复技术是数据保护的重要组成部分，通过定期备份数据并建立完善的灾难恢复机制，企业可以在遭受攻击或发生故障时迅速恢复数据和系统。备份可以分为全量备份、增量备份和差异备份等方式。

1. 数据备份

数据备份是确保数据在丢失、损坏或遭受勒索软件攻击时能够恢复的重要手段。常见的数据备份方式包括磁带备份、硬盘备份、云备份等，根据业务需求和数据的重要性，企业可以选择合适的备份方式和策略。

2. 灾难恢复

灾难恢复是指在发生灾难性事件（如自然灾害、数据中心失效等）时，通过预设的恢复流程恢复服务。灾难恢复通常包括数据恢复、系统恢复、业务连续性保障等方面。

7.4.8 零信任架构

零信任架构（Zero Trust Architecture）是一种新兴的网络安全模型，强调“不信任任何人、任何设备”，即使是内部员工，也必须经过严格的身份验证和授权。零信任架构通过动态身份验证、最小权限控制和持续监控来提高网络安全性。

1. 零信任访问机制

零信任访问控制通过细粒度的身份验证和权限管理，确保只有授权用户和设备能够访问敏感资源。它要求对每次访问请求进行验证，无论访问者位于内网还是外网，这种机制有效防止了未经授权的访问和潜在的安全威胁。

2. 微分段技术

微分段（Micro-Segmentation）是零信任架构中的一种关键技术，通过对网络进行精细化划分，可以限制攻击者的横向移动，从而防止内部威胁的扩展，它提高了网络的隔离性和安全性。

7.4.9 人工智能在网络安全中的应用

人工智能（Artificial Intelligence，AI）和机器学习（Machine Learning，ML）技术在网络安全中具有广泛应用，可以帮助自动化监控、检测攻击、识别异常行为等。人工智能技术在信息安全中的应用能够显著提高安全事件的响应速度和精确度，降低人为错误和误报率。

1. 威胁检测与响应

人工智能技术可以通过对大量网络流量和系统日志的分析，及时识别潜在的威胁，机器学习算法可以通过不断学习和训练，提高对新型和复杂攻击的识别能力。

2. 恶意软件分析

人工智能技术可以帮助安全系统自动分析恶意软件的行为模式，通过行为分析和模型识别，检测和阻止未知的恶意软件，提升安全系统的防御能力和响应速度。

习题

一、单项选择题

1. 在通信领域中，信息通常通过什么方式进行表示和传输？（ ）
   A. 仅通过声音　B. 仅通过文字
   C. 符号、声音、文字、图像等　D. 仅通过图像
2. 下列哪项不是信息的特性？（ ）
   A. 客观性　B. 主观性　C. 普遍性　D. 共享性
3. 信息的无限性主要体现在哪些方面？（ ）
   A. 信息数量的固定不变
   B. 信息总是保持不变，不会更新
   C. 随着人类社会的发展和科技的进步，新的信息不断涌现
   D. 信息总是过时的，没有新的内容
4. 根据内容分类，以下哪项不属于信息的分类？（ ）
   A. 自然信息　B. 社会信息　C. 个人信息　D. 科技信息
5. 电子信息主要通过什么现代技术手段来传递？（ ）
   A. 报纸　B. 电视　C. 计算机、网络　D. 广播
6. 以下不属于信息安全 CIA 三要素的是？（ ）
   A. 机密性　B. 可用性　C. 真实性　D. 完整性
7. 以下哪项是机密性的主要实现方式？（ ）
   A. 时间戳　B. 访问控制　C. 身份认证　D. 加密技术
8. 完整性要求信息在何种过程中保持不变？（ ）
   A. 存储　B. 传输　C. 处理　D. 所有上述过程
9. 可用性主要关注的是什么？（ ）
   A. 信息的机密性　B. 信息系统的稳定性
   C. 信息的完整性　D. 信息的真实性
10. 真实性通常通过哪种技术实现？（ ）
    A. 加密技术　B. 数字证书　C. 负载均衡　D. 冗余设计
11. 不可否认性在以下哪个应用中尤为重要？（ ）
    A. 社交媒体　B. 在线服务　C. 电子合同　D. 医疗记录

12. 我国信息安全法律体系的核心法律是？（　　）

A.《中华人民共和国数据安全法》　　B.《中华人民共和国个人信息保护法》

C.《中华人民共和国网络安全法》　　D.《互联网信息服务管理办法》

13. 下列哪部法律主要规范了数据的采集、处理、存储和跨境流动等方面？（　　）

A.《中华人民共和国数据安全法》　　B.《中华人民共和国个人信息保护法》

C.《中华人民共和国网络安全法》　　D.《互联网信息服务管理办法》

14. 我国首部全面规范个人信息保护的专门法律是？（　　）

A.《中华人民共和国数据安全法》　　B.《中华人民共和国个人信息保护法》

C.《中华人民共和国网络安全法》　　D.《网络安全审查办法》

15.《中华人民共和国个人信息保护法》规定，收集个人信息时必须告知用户信息的使用目的、范围及方式，并取得什么？（　　）

A. 用户同意　　B. 用户签名　　C. 用户指纹　　D. 用户身份证复印件

16. 根据信息法，以下哪项不属于信息保护的范围？（　　）

A. 个人隐私信息　　B. 商业秘密

C. 公开的政府信息　　D. 医疗记录中的患者隐私信息

17. 以下哪项最能体现信息安全法律法规在现代社会中的重要性？（　　）

A. 它们确保了个人隐私的完全不受侵犯，无论在任何情况下

B. 它们为网络犯罪提供了严格的法律制裁，从而完全消除了网络风险

C. 它们为网络空间的安全和稳定提供了法律框架，保护了个人、企业和国家的信息安全

D. 它们仅适用于大型企业，对中小企业和个人用户没有实际意义

18. 以下哪个案例是典型的信息安全犯罪？（　　）

A. 小王在社交媒体上分享了自己的旅行照片和行程安排

B. 小李在公司内部网络上传了一份包含敏感客户信息的 Excel 表格，但未设置访问权限

C. 小张通过破解某电商平台的密码保护机制，非法获取并出售了数千名用户的个人信息

D. 小赵利用公共 WiFi 浏览网页，但未进行任何敏感信息的输入或交易

19. 信息安全法律规范的核心原则之一，要求所有信息安全行为必须符合国家和地区的法律法规的是？（　　）

A. 必要性与最小权限原则　　B. 合法性原则

C. 公开透明原则　　D. 隐私保护原则

20. 下列哪部法律是全球范围内最严格的数据隐私保护法律之一，于 2021 年 11 月 1 日在中国生效？（　　）

A.《中华人民共和国数据安全法》　　B.《中华人民共和国个人信息保护法》

C.《中华人民共和国网络安全法》　　D.《关键信息基础设施安全保护条例》

21. 数据最小化原则强调收集和存储的数据应当限于什么？（　　）

A. 实现特定目的所必需的最小范围　　B. 法律法规规定的范围

C. 个人隐私保护的需要　　D. 信息安全管理的需求

22. 以下哪种攻击是通过多个受控计算机向目标系统发起海量流量请求，导致目标服务器资源耗尽？（　　）

A. SQL 注入攻击　　B. 分布式拒绝服务攻击

C. 中间人攻击　　D. 跨站脚本攻击

23. 跨站脚本攻击（XSS）主要通过哪种方式窃取用户的敏感数据？（　　）

A. 伪造源 IP 地址　　B. 插入恶意 JavaScript 脚本

C. 使用反射型 DDoS 攻击　　D. 通过 ARP 欺骗

24. 哪种攻击方式中，攻击者在通信的两端之间伪装成一方或双方，截获、篡改或伪造双方的通信内容？（　　）

A. DDoS 攻击　B. MITM 攻击　C. XSS 攻击　D. 暴力破解攻击

25. SQL 注入攻击通常是由于 Web 应用程序缺少哪种机制？（　　）

A. 有效的输入验证　B. 防火墙保护

C. 加密通信　D. 定期备份

26. 蠕虫病毒与计算机病毒的主要区别在于什么？（　　）

A. 蠕虫病毒不能自我复制　B. 病毒需要宿主程序传播，蠕虫可以独立传播

C. 病毒不能通过网络传播　D. 蠕虫病毒不能感染文件

27. 下列哪种方式不是恶意软件的传播途径？（　　）

A. 电子邮件附件　B. 恶意网站

C. 正规软件商店下载的软件　D. 破解工具

28. 以下哪项是计算机病毒的特点？（　　）

A. 自我复制　B. 自我修复　C. 自我销毁　D. 自我卸载

29. 社交工程攻击主要是利用什么来实施欺骗、诱导或操控？（　　）

A. 技术漏洞　B. 人性的弱点和疏忽

C. 物理安全措施　D. 合法访问权限

30. 网络钓鱼攻击通常通过什么方式诱导用户提供个人信息？（　　）

A. 伪造的电子邮件和虚假网站　B. 系统漏洞

C. 破解密码　D. 恶意软件

31. 内部威胁的主要来源是什么？（　　）

A. 外部黑客　B. 内部人员　C. 系统漏洞　D. 恶意软件

32. 哪种情况可能导致内部员工滥用系统权限？（　　）

A. 未及时撤销离职员工的权限　B. 系统定期更新

C. 严格的安全培训　D. 强大的防火墙

33. 下列哪种防火墙技术缺乏对流量状态的跟踪？（　　）

A. 状态检测防火墙　B. 包过滤防火墙

C. 应用层防火墙　D. 下一代防火墙

34. 应用层防火墙能够检查哪种数据流？（　　）

A. 网络物理层　B. 网络数据链路层

C. 网络应用层　D. 网络传输层

35. 入侵检测系统（IDS）的主要功能是什么？（　　）

A. 阻止网络攻击　B. 加密网络数据

C. 监控和分析网络流量，识别潜在攻击　D. 提供网络存储

36. IPS 与 IDS 的主要区别在于 IPS 能够（　　）

A. 仅检测攻击　B. 仅发出警报

C. 主动采取措施以阻止攻击　D. 仅分析网络流量

37. 漏洞管理的关键环节不包括（　　）

A. 漏洞扫描　B. 补丁管理　C. 漏洞响应　D. 数据备份

38. 基于角色的访问控制（RBAC）的核心思想是（　　）

A. 每个用户拥有所有权限

B. 每个用户只拥有完成其工作所必需的最小权限

C. 权限直接分配给用户，而不是角色

D. 用户通过角色获得访问权限

39. 对称加密与非对称加密的主要区别在于（　　）

A. 对称加密使用公钥和私钥，非对称加密使用相同的密钥

B. 对称加密使用相同的密钥，非对称加密使用公钥和私钥

C. 两者都使用公钥和私钥

D. 两者都使用相同的密钥

40. 反病毒技术中，用于检测未知病毒和零日攻击的主要方法是（　　）

A. 特征码匹配　B. 行为分析　C. 云安全　D. 数据备份与恢复

二、判断题

1. 机密性要求信息只能被经过授权的人或系统访问，对于非授权访问的人或系统保持不可见。（　　）

2. 完整性的实现主要依赖于数字签名和哈希函数。（　　）

3. 可用性确保信息系统在面对各种威胁时，仍能保持正常运行。（　　）

4. 真实性通过身份验证等技术手段，可以确保用户身份的真实性和合法性。（　　）

5. 可信性要求信息系统和通信网络具有高度的可靠性和安全性，但不需要考虑硬件、软件和网络设备的可信度。（　　）

6.《中华人民共和国数据安全法》要求所有数据处理主体在处理数据时都必须遵循合法、合理、必要的原则，但敏感数据除外。（　　）

7.《中华人民共和国个人信息保护法》赋予数据主体对其信息的控制权，包括访问、更正、删除等权利。（　　）

8. 在信息安全法律法规的执行上，我国主要通过行政执法与司法救济相结合的方式来保障法律的实施。（　　）

9. 最小权限原则要求组织和个人在访问信息时，可以拥有超过其履行职责所必需的权限。（　　）

10. 公开透明原则体现了对公众知情权的尊重，并通过公开透明的方式促进信息安全的信任建设。（　　）

11. 隐私保护原则要求企业在收集个人数据时，可以随意采集不相关的个人数据。（　　）

12.《中华人民共和国网络安全法》是我国信息安全法律体系的基础性法律，规定了网络安全的基本要求、网络运营者的责任等内容，但并未涉及数据保护。（　　）

13. 分布式拒绝服务（DDoS）攻击通常不会导致数据泄露。（　　）

14. 暴力破解攻击通常对密码强度较高的账户无效。（　　）

15. 木马软件一旦运行，便能够在后台偷偷执行攻击者的指令，但无法安装其他恶意软件。（　　）

16. 勒索软件对企业来说，可能导致重要业务数据的丢失和运营中断，造成巨大的经济损失。（　　）

17. 社交工程攻击通常比技术性攻击更容易被检测和防范。（　　）

18. 诱骗攻击中，攻击者通常会构造一个看似合理的情境来诱使目标提供敏感信息。（　　）

19. 内部威胁通常更难检测和防范，因为攻击者往往具备合法的访问权限。（　　）

20. 当员工离职或调岗时，如果没有及时撤销其访问权限，这些员工将无法再访问公司系统。（　　）

21. 自然灾害与硬件故障对信息系统的影响相对较小，因此不需要过多关注。（　　）

22. 状态检测防火墙能够有效防止伪造源 IP 的攻击。（　　）

23. 应用层防火墙只能识别和阻止 SQL 注入攻击，不能防御其他类型的攻击。（　　）

24. IPS 系统通过深度包检测（DPI）技术，可以识别和阻止各种网络攻击。(　　)

25. 对称加密算法由于计算复杂，速度较慢，因此通常用于少量数据的加密。(　　)

26. 哈希算法生成的哈希值可以将数据反向解密为原始数据。(　　)

27. 最小权限原则要求系统中的每个用户都拥有最高权限，以便快速完成工作。(　　)

28. 漏洞扫描工具可以自动地识别计算机系统和网络中的已知安全漏洞。(　　)

29. 反病毒技术中的云安全平台主要通过云端病毒数据库提升病毒检测速度，但无法提升响应速度。(　　)

30. 备份与恢复技术只能用于数据恢复，无法帮助企业在遭受攻击时恢复系统。(　　)

第8章 新一代信息技术

新一代信息技术是指以5G、人工智能、大数据、云计算、物联网等为代表的新兴技术，这些技术不仅推动了传统信息技术的升级换代，还催生了全新的应用场景和商业模式。中国新一代信息技术的发展历程是一个从起步到快速追赶，再到领先的历程。21世纪初，随着互联网的普及，中国的信息技术产业开始快速发展。2000年后，中国政府出台了一系列政策，支持信息技术产业的发展。进入21世纪的第二个十年，中国在信息技术领域取得了显著进展，特别是在移动互联网、人工智能、大数据和云计算等新兴技术领域。近年来，新一代信息技术不仅在消费市场得到了广泛应用，还在工业制造、交通运输、医疗健康等领域展现出了巨大的潜力。

通过对本章的学习，读者应该掌握如下内容。

（1）物联网技术的基本概念及主要应用；
（2）云计算技术的基本概念及主要应用；
（3）大数据技术的基本概念及主要应用；
（4）人工智能技术的基本概念及主要应用；
（5）区块链技术的基本概念及主要应用；
（6）虚拟现实技术的基本概念及主要应用；
（7）下一代互联网IPv6的基本概念及主要应用；
（8）新一代移动通信（5G）的基本概念及主要应用。

8.1 新一代信息技术概述

新一代信息技术概述

新一代信息技术的定义是在5G、人工智能、大数据、云计算、物联网等技术发展的基础上提出的，旨在概括当前和未来一段时间内最具影响力和发展潜力的信息技术。

各国政府纷纷出台政策，支持新一代信息技术的发展。例如，中国的“十三五”规划和“十四五”规划明确将新一代信息技术列为战略性新兴产业，推动其与实体经济的深度融合。

对新一代信息技术的研究是当今世界创新性最活跃、渗透性最强、影响力最广的领域之一，正在全球范围内引发新一轮的科技革命，并以前所未有的速度将其转化为现实生产力。

新一代信息技术的主要特点有以下几点。

- 高速率：新一代信息技术提供了更高的数据传输速率，使得实时高清视频传输等应用成为可能。
- 低延迟：新一代信息技术降低了数据传输的延迟时间，提高了应用的响应速度和用户体验。
- 大连接：新一代信息技术支持更多的设备连接和互联互通，为物联网等应用提供了基础。
- 智能化：新一代信息技术通过人工智能等技术实现了设备的自主决策和智能化管理。

8.1.1 物联网概述

物联网（Internet of Things，IoT）是指通过各种信息传感设备，如射频识别设备、红外感应器等，按照约定的协议，把物品与互联网连接起来，进行信息交换和通信，以实现智能化识别、定位、跟踪、监控和管理的一种网络。

物联网在智能家居、工业制造和智慧农业等领域有着广泛的应用。通过物联网技术，可以实现家电设备的互联互通和智能控制，提高生产效率和设备利用率，以及实现土壤湿度、温度等环境参数的实时监测和智能调控。

8.1.2 云计算概述

云计算（Cloud Computing）是一种基于互联网的计算模式，通过互联网提供计算资源、存储资源和应用程序等服务。云计算的核心是将很多计算资源集合为一个共享资源池，通过软件实现自动化管理，用户通过网络就可以获取无限的资源。同时，获取的资源不受时间和空间的限制。这种计算资源共享池称为“云”。也就是说，计算能力作为一种商品，可以在互联网上流通，可以方便地取用。随着数字化、网络化、智能化的深入发展，云计算技术在经济、社会各领域的应用将更加广泛和深入。

8.1.3 大数据概述

大数据（Big Data）是指无法在一定时间范围内用常规软件工具进行捕捉、管理和处理的数据集合，是在新处理模式下才能具有更强的决策力、洞察力和流程优化能力的海量、高增长率和多样化的信息资产。

大数据的特点可以用 5V 进行概括：Volume（大量）、Velocity（高速）、Variety（多样）、Value（低价值密度）、Veracity（真实性）。

8.1.4 人工智能概述

人工智能（Artificial Intelligence，AI）是指通过计算机程序来模拟和扩展人类智能的技术。人工智能的主要特点包括自主学习、自主决策和自主行动。人工智能技术在医疗健康、金融和智能制造等领域得到了广泛应用。人工智能技术可以实现疾病的早期诊断和个性化治疗，提高金融服务的精准性和安全性，以及实现生产过程的智能监控和优化控制。全球人工智能市场规模预计将持续增长，展现出强劲的发展势头。

8.1.5 区块链概述

区块链是一种分布式账本，通过密码学方法将数据以“区块”的形式连接成链，具备分布式协同管理、高防篡改和可追溯等特性。作为共享账本，它能降低对中心化机构的依赖。共识机制和哈希链结构使数据在实践层面具有极高的安全性。在公有链中，公开透明性和全程留痕机制进一步确保了信息的可验证与可追溯。

8.2　物联网

物联网是指通过信息传感设备，按约定的协议，将物体与网络相连接，物体通过信息传播媒介进行信息交换和通信，以实现智能化识别、定位、跟踪、监管等功能的技术。

物联网技术与应用

8.2.1　物联网的概念

物联网可以理解为“物物相连的互联网”。从网络结构上看，物联网就是通过互联网将众多信息传感设备与应用系统连接起来，并在广域网范围内对物品的身份进行识别，对状态进行感知等的技术体系。

物联网是通过 RFID（Radio Frequency Identification，射频识别）装置、红外感应器、定位设备、激光扫描器等信息传感设备，按约定的协议，将物品与互联网相连接，进行信息交换和通信，以实现智能化识别、定位、跟踪、监控和管理的智能化应用体系。当每个物品被唯一标识后，利用识别、通信和计算等技术，在互联网基础上，构建的连接各种物品的网络，就是人们常说的物联网。

物联网中的“物”要满足以下条件才能够被纳入“物联网”的范围：①有相应的信息接收器；②有数据传输通路；③有一定的存储功能；④有计算能力；⑤有操作系统或固件；⑥有专门的应用程序；⑦有数据发送器；⑧遵循物联网的通信协议；⑨有可被唯一识别的编号。

物联网的发展和互联网是分不开的，物联网的核心和基础仍然是互联网，它是在互联网基础上的延伸和扩展。物联网是比互联网更为庞大的网络，其网络连接延伸到了几乎所有的物品和物品之间，这些物品可以通过各种信息传感设备与互联网连接在一起，进行更为复杂的信息交换和通信。

一般来讲，物联网具有以下三大特征。

（1）全面感知：利用 RFID 技术、传感器、二维码等随时随地获取和采集物体的信息。

（2）可靠传递：通过无线网络与互联网，将物体的信息实时、准确地传递给用户。

（3）智能处理：利用云计算、数据挖掘以及模糊识别等技术，对海量的数据和信息进行分析和处理，对物体实施智能化的控制。

8.2.2　物联网的层次结构

物联网的层次结构如图 8.1 所示，物联网分为感知层、网络层和应用层三层。

（1）感知层。感知层包括二维码标签和识读器、RFID 标签和读写器、摄像头、定位设备、传感器、终端、传感器网络等，可实现对物理世界的智能识别、信息采集处理和自动控制，并通过通信模块将物理实体连接到网络层和应用层。

（2）网络层。网络层主要实现信息的传递、路由和控制，包括延伸网、接入网和核心网。网络层可以依托公众电信网和互联网，也可以依托行业专用通信网络。

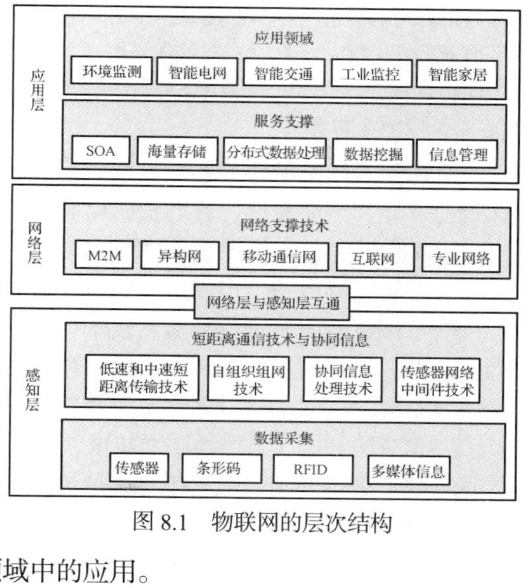

图 8.1　物联网的层次结构

（3）应用层。应用层包括应用基础设施（中间件）和各种物联网应用，应用基础设施（中间件）为物联网应用提供信息处理、计算等的通用基础服务设施、能力及资源调用接口，以此为基础实现物联网在众多领域中的应用。

8.2.3 物联网的应用

物联网的应用领域涉及方方面面，在工业、农业、环境、交通、物流、安保等领域的应用，物联网技术有效地推动了这些领域的智能化发展，使得有限的资源得到更加合理的分配和使用，从而提高了行业效率和效益。在家居、医疗健康、教育、金融与服务业、旅游业等与生活息息相关的领域的应用，物联网技术使服务范围、服务方式和服务质量等方面都有了极大的改进，大大提高了人们的生活质量；在国防军事领域，大到卫星、导弹、飞机、潜艇等装备系统，小到单兵作战装备，物联网技术有效提升了军事的智能化、信息化、精准化，极大提升了军事战斗力，是未来军事装备变革的关键。

1. 工业互联网

工业互联网是开放的、全球化的网络，将人、数据和机器连接起来，属于泛互联网。它是全球工业系统与高级计算、分析、传感技术及互联网的高度融合。工业互联网的本质和核心是通过工业互联网平台把设备、生产线、工厂、供应商、产品和客户紧密地连接起来。它可以帮助制造业拉长产业链，实现跨设备、跨系统、跨厂区、跨地区的互联互通，从而提高效率，推动整个制造服务体系的智能化。工业互联网有以下几个方面的特点。

（1）智能化生产，即实现从单台机器到生产线、车间乃至整个工厂的智能决策和动态优化。

（2）网络化协同，即形成众包众创、协同设计、协同制造、垂直电商等一系列新模式，大幅降低新产品的开发和制造成本、缩短产品上市周期。

（3）个性化定制，即基于互联网获取用户个性化需求，通过灵活柔性组织设计、制造资源和生产流程，实现低成本、大规模的定制。

（4）服务化转型，即通过产品运行的实时检测，提供远程维护、故障预测、性能优化等一系列服务，并反馈产品优化设计，实现企业服务化转型。

2. 农业应用

物联网技术有助于发展数字农业，实施智慧农业工程和“互联网+”现代农业行动，对农业生产进行数字化改造，深化农业遥感应用，提高农业精准化水平，推动农业环境监测、精准农业生产、农产品溯源、设备诊断、农产品电商贸易等应用。

3. 物流应用

物流是物联网技术最重要的应用领域之一，物联网技术是实现智慧物流的重要技术基础，伴随物流行业的高速发展，物联网应用越来越广泛。依靠物联网技术，可实现物流全过程的透明可视化、产品的可追溯管理，在仓储、配送、流通加工、信息服务等各个物流环节可实现系统感知、全面分析、及时处理和自我调节等功能。现代综合性物流系统具有自动化、智能化、可视化、网络化、柔性化等特点。

4. 建筑应用

未来建筑的发展趋势之一是智能建筑，将物联网技术应用到智能建筑中，最主要的应用就体现在智能家居、节能减排、智能安防以及监控管理等方面。

（1）设备监控。智能建筑中包含空调、照明、给排水等多个子系统，采用物联网技术，通过传感器、控制器等设备，可以实时掌握建筑设备中各个子系统的运行情况。

（2）环境监测。采用物联网技术，通过分布在建筑中的光照、温度、湿度、噪声等各类环境监测传感器，将建筑室内的环境参数信息进行实时传输，使相关管理人员可以实时掌握建筑室内的环境质量状况。同时，通过联动空调系统，可以对环境质量进行改善。

（3）节能管理。采用物联网技术，通过建筑中的智能能耗计量仪表，可以对用电、用水、用气、供暖等数据进行分项采集、统计和分析，并且可根据数据的挖掘分析建立用能模型，为建筑的节能改造提供支持。

（4）智能家居。采用物联网技术，可对家居中的主要设备如灯光、电视、空调、冰箱、音响、窗帘等进行智能控制，在这些家居设备中嵌入智能控制芯片，通过相关无线技术，实现智能家居设备的集中或远程控制。

（5）安防管理。智能建筑中的安防管理主要有出入口控制、视频监控、家庭安防、电子巡更等。其中，家庭安防尤为重要，在家庭中布防红外线感应器、门磁、玻璃碎裂传感器、感烟探测器及燃气泄漏传感器等，可以有效保障家庭安全，一旦发生意外，安防系统将自动发出报警信号，向小区保安或业主传递信息。

8.3　云计算

云计算技术与应用

云计算是计算机领域最令人关注的技术之一，同样也是大型企业、互联网建设着力研究的重要方向。因为云计算概念的提出，互联网技术和信息技术服务出现了新的模式，引发了一场变革。云计算不是一种全新的网络技术，其核心概念就是以互联网为中心，在网站上提供快速且安全的云计算服务与数据存储，让企业、开发者及普通互联网用户都可以使用网络上的庞大计算资源与数据中心。

8.3.1　云计算的概念

云计算是一种便捷且能按需提供可配置计算资源（包括网络、服务器、存储、应用和服务）并进行网络访问的模式，它能够通过少量的管理以及与服务提供商的互动实现计算资源的迅速供给和释放。如图 8.2 所示，用户通过自己的计算机发送指令给云计算服务商部署在云端的大量计算资源进行高效计算，云服务商会根据负载自动分配或释放资源，这就是云计算的模式。

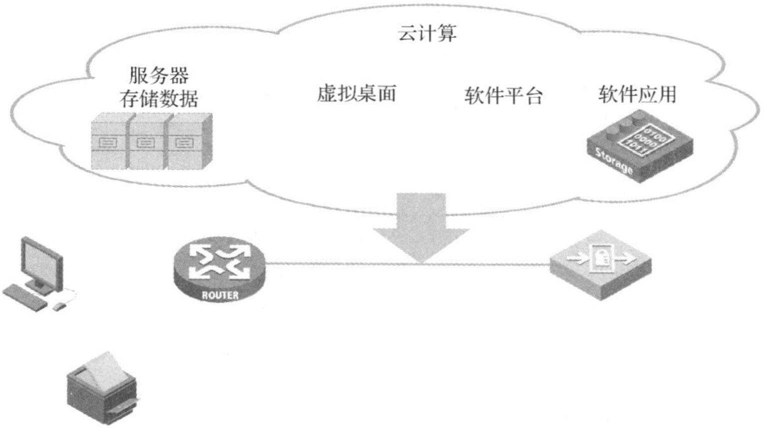

图 8.2　云计算的模式

“云”是云计算服务模式和技术的形象说法。云由大量基础单元组成，这些基础单元之间通过网络汇聚为庞大的资源池。云可看作一个庞大的网络系统，一个云可包含数千甚至上万台服务器。云计算利用分布式计算和虚拟资源管理等技术，通过网络将分散 ICT（Information and Communications Technology，信息与通信技术）资源（包括计算与存储、应用运行平台、软件等）集中形成共享资源池，并以动态、按需和可度量的方式向用户提供服务。用户可使用各种形式的终端（如个人计算机、平板个人计算机、智能手机甚至智能电视等）通过网络获取 ICT 资源服务。云计算的物理实体是数据中心，由云基础单元和云操作系统，以及连接云基础单元的数据中心网络等组成。

8.3.2　云计算的基本特征

云计算采用计算机集群构建数据中心，并以服务的形式将云计算资源交付给用户使用，用户可以像使用水、电一样按需购买云计算资源。云计算的基本特征主要包括以下几点。

（1）按需服务，即自助式服务。云计算以服务的形式为用户提供应用程序、数据存储、基础设施等资源，并根据用户需求自动分配资源，而不需要系统管理员干预。

（2）泛在接入，即随时随地使用。用户可以利用各种终端设备（如个人计算机、笔记本计算机、智能手机等），随时随地通过互联网访问云计算服务。

（3）计费服务，即可度量的服务。云平台监控用户的自用使用量，并根据资源的使用情况对提供的服务进行计费。

（4）弹性服务，即资源规模可快速扩展或收缩。云计算服务的规模可快速扩展或收缩，以自动适应业务负载的动态变化。

（5）资源池化。资源以共享资源池的方式进行统一管理，并能分享给不同用户。

8.3.3 云计算服务的分类

根据云计算服务侧重点的不同，云计算服务大致可以分为三类:基础设施即服务（Infrastructure as a Service，IaaS）、平台即服务（Platform as a Service，PaaS）和软件即服务（Software as a Service，SaaS）。三种云计算服务模式的差别见图 8.3。

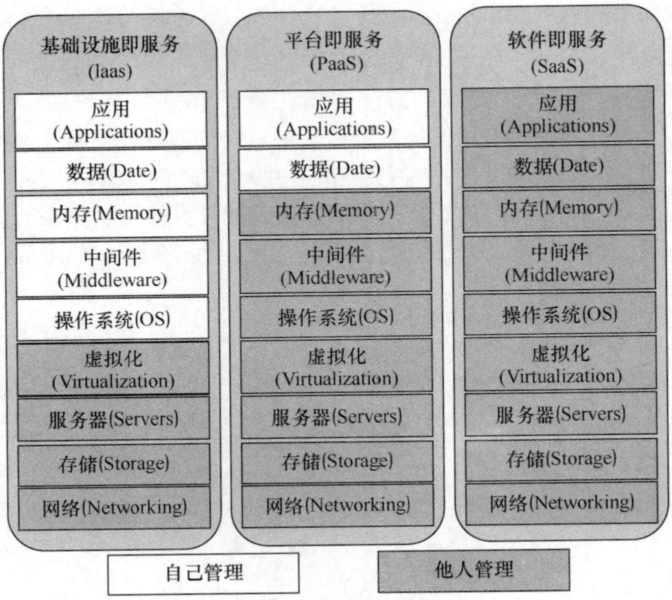

图 8.3 三种云计算服务模式的差别

1. 基础设施即服务（IaaS）

云计算最初的目标是对资源进行管理，管理的对象主要是计算资源、网络资源、存储资源三个方面。IaaS 采用服务器虚拟化、存储虚拟化、网络虚拟化技术，将计算、网络、存储以及搭建应用环境所需的一些基础环境当作服务提供给用户，使得用户能够按需获取 IT 基础设施。IaaS 主要由计算机硬件、网络、存储设备、平台虚拟化环境、效用计费法、服务级别协议等组成。

IaaS 的主要产品有国外的亚马逊云、微软云，国内的阿里云、腾讯云、华为云等。

2. 平台即服务（PaaS）

PaaS 通常建立在 IaaS 之上，为用户提供应用程序的开发与运行环境的服务，并为某些软件提供云组件，这些组件主要用于应用程序。PaaS 为开发人员提供了一个框架，使他们可以基于它创建自定义应用程序。所有服务器、存储和网络都可以由企业或第三方提供商进行管理，而开发人员可以负责应用程序的管理。通用的 PaaS 平台技术难度很高，成熟的产品很少。PaaS 的产品主要有国外的 Openshift 及 Cloud Foundry 等，国内的阿里云 EDAS（Enterprise Distributed Application Service，企业级分布式应用服务）和腾讯云开发等。

有实力的大公司会同时提供 IaaS 和 PaaS 服务，如阿里巴巴、腾讯、华为、浪潮、中国电信、中国移动等。

3. 软件即服务（SaaS）

SaaS 是一种通过互联网提供软件服务的模式，厂商将应用软件统一部署在云端，客户可以根据自己的实际需求，通过互联网向厂商订购所需的应用软件服务，按订购的服务多少和时间长短向厂商支付费用，并通过互联网获得厂商提供的服务。SaaS 的产品主要有在线教育平台职教云、用友新一代云 ERP（Enterprise Resource Planning，企业管理计划）等。

8.3.4　云计算的部署模型

云计算有 4 种部署模型，每一种都具有独特的功能，可以满足用户的不同需求。

（1）公有云。公有云是一种对公众开放的云服务，由云服务提供商建设与运营，为用户提供各种 IT 资源，可以支持大量用户的并发请求，按流量或服务时长计费。

（2）私有云。私有云是指组织机构建设或托管的、专供自己使用的云平台。这种云服务专门为某一个机构服务，可以由自己管理，也可以委托第三方管理。

（3）社区云。社区云是指一个特定范围的群体共享一套基础设施的服务。它既不是一个单位内部的服务，也不是一个完全公开的服务，而是介于两者之间的服务。社区云具有很强的区域性或行业性。

（4）混合云。混合云是指两种或两种以上的云计算模式的混合体，如公有云和私有云的混合体。它们既相互独立运行与管理，又相互结合。部署混合云时，不同云计算模式的优势可以互补，机构可以在公有云上运行非核心应用程序，而在私有云上运行其核心程序，存储内部敏感数据。

8.3.5　云计算的典型应用

云计算作为一种服务模式，通过互联网以“服务”的形式向外部交付灵活、可扩展的 IT 功能，有着丰富应用场景。

（1）政务云。政务云统筹计算、存储、网络、安全、应用支撑等资源，利用云平台的虚拟化、高可靠性、高通用性、高可扩展性及快速、按需、弹性服务等特征，提供基础设施、支撑软件、应用系统、信息资源、运行保障和信息安全等综合服务。政务云的典型代表有青海省电子政务云平台、贵政通 2.0、邢台政务云等。

（2）金融云。建设银行、工商银行、兴业银行等成立科技公司，提供包括 IaaS、PaaS、SaaS 的全方位云计算服务。银行与 ICT 服务商成立的互联网金融公司、阿里成立的蚂蚁金服、京东成立的京东金融都提供金融云服务。

（3）能源云。电力、石油、化工等传统能源企业纷纷推出自己的云服务，如国家电网发布的“国网新能源云”，中国石油发布的“勘探开发梦想云”等。

（4）电信云。云计算技术的成熟和网络业务的升级驱动电信云的发展。2012 年 3 月，中国电信股份有限公司云计算分公司成立，国内首家运营商级的云计算公司诞生。该公司是中国电信旗下的专业公司，是国内较大的云计算服务提供商，定位于互联网企业。随后中国移动、中国联通都推出了各自的云服务。

8.4　大数据

大数据技术与应用

大数据是信息技术发展的必然产物，其发展推动了数字经济的形成与繁荣。全球范围内，研究和发展大数据技术、运用大数据推动经济发展、完善社会治理、提升政府服务和监管能力已成为趋势。

8.4.1　大数据的特点

大数据的特点可用“5V”进行概括。

（1）数据量（Volume）大，即采集、存储和计算的数据量都非常大。

（2）数据类型（Variety）繁多，即数据种类和来源多样化。数据类型包括结构化、半结构化和非结构化的数据，具体表现为网络日志、音频、视频、图片、地理位置信息等，多类型的数据对数据的处理能力提出了更高的要求。

（3）处理速度（Velocity）快。数据增长速度快，处理速度也快，时效性要求高。比如搜索引擎要确保几分钟前的新闻能够被用户查询到，个性化推荐算法要求尽可能实时完成推荐，这是大数据区别于传统数据的显著特征。数据处理遵循“1秒定律”，可从各种类型的数据中快速获得高价值的信息。

（4）价值密度（Value）低，即数据价值密度相对较低。随着互联网以及物联网的广泛应用，海量信息无处不在，但价值密度较低，如何结合业务逻辑并通过强大的机器算法来挖掘数据价值，是大数据时代最需要解决的问题之一。以视频为例，一小时的视频，在不间断的监控过程中，可能有用的数据只有一两秒。

（5）具有真实性（Veracity）。真实性是指数据具有准确性和可信赖度。

8.4.2 大数据技术

大数据技术是指用于采集、存储、处理、管理、分析超出传统数据库软件工具处理能力的海量、高速增长、多样化的数据集合的一系列技术、架构、工具和方法的总称。大数据技术通过分布式架构、并行计算、先进存储和分析方法，赋予企业和组织从海量、多样、快速变化的数据中挖掘价值、优化决策和驱动创新的能力。大数据技术区别于传统数据处理技术，主要具备以下优势。

（1）分布式处理：这是大数据技术的基石。庞大的数据集被分割成小块，分发到成百上千台（甚至更多）普通的服务器节点上并行处理，极大地提高了处理速度和效率。

（2）海量存储能力：大数据技术采用分布式文件系统或分布式数据库/数据仓库（如 HBase，Cassandra，Hive，ClickHouse），能够在廉价的硬件集群上可靠地存储 PB 甚至 EB 级别的数据。

（3）高可扩展性：系统可以通过简单地增加服务器节点来线性扩展存储容量和计算能力，满足不断增长的数据需求。

（4）高容错性：分布式架构设计使得系统在部分节点或硬件发生故障时，不会丢失数据，任务可以自动转移到其他节点完成，保证服务的持续性和数据的可靠性。

（5）支持多种数据类型：大数据技术能够有效处理结构化、半结构化和非结构化数据，突破了传统关系型数据库的限制。

（6）实时/近实时处理：除了传统的批量处理，现代大数据技术的核心工具（如 Spark Streaming，Flink，Kafka Streams，Storm）能够对流式数据进行实时或准实时的处理和分析，满足快速响应的需求。

（7）高级分析与挖掘能力：大数据技术集成了机器学习、深度学习、统计分析、图计算等高级分析框架（如 Spark MLlib，TensorFlow on Spark，H2O），它们可以从数据中挖掘深层次模式、预测趋势和进行复杂决策。

（8）灵活性与开放性好：大数据技术的生态系统（如 Hadoop 生态、Spark 生态）庞大且开源软件占据主导地位，技术选型灵活，可以根据不同场景需求组合使用不同工具。

8.4.3 大数据技术的应用

大数据技术的应用已渗透到各行各业，以下是一些典型的应用场景。

（1）智能商业。利用大数据技术分析用户行为、购买历史、社交数据，进行客户细分，理解客户需求，实现个性化推荐和精准广告投放，构建 360° 客户视图。利用大数据技术还可以分析社交媒体、新闻、搜索数据，预测市场趋势和消费者偏好，优化库存和供应链。

（2）金融服务。利用大数据技术可以实时分析交易流水、用户行为，识别异常模式和潜在欺诈；对用户进行更精准地信用评估；分析海量市场数据进行高频交易决策；还可以监测复杂的资金流动网络，识别可疑的洗钱活动。

（3）医疗健康。利用大数据技术可以分析基因组数据、电子病历、可穿戴设备数据，预测疾病风险和进行早期干预；还可以基于患者基因、生活习惯等数据制定个性化的治疗方案和用药建议。

（4）智慧城市。在智能交通管理领域，利用大数据技术可以分析交通摄像头、传感器、GPS 数据优化交通信号灯，预测拥堵、规划路线；在公共安全领域，利用大数据技术可以分析监控视频、社交媒体、传感器数据进行犯罪预测和应急响应；在智能电网领域，利用大数据技术可以分析能源消耗数据，优化电力分配，预测设备故障；在环境监测领域，利用大数据技术可以分析来自各种传感器的空气质量、水质、气象等数据。

（5）制造业与工业互联网。利用大数据技术，可以分析设备传感器数据，预测机器故障，减少停机时间；分析生产线数据，识别瓶颈，提高效率和质量；整合供应链各环节数据，实现更精准的需求预测和物流调度；收集产品使用数据，将其用于改进下一代产品设计。

（6）互联网与电信。利用大数据技术可以分析网络流量、用户行为数据，优化网络性能和用户体验，优化产品设计和内容推送；实时监控网络流量，检测 DDoS 攻击、入侵等安全威胁。

8.5　人工智能

人工智能技术与应用

人工智能是新一轮科技革命和产业变革的重要驱动力量，是模拟、延伸和扩展人的智能的理论、方法、技术及应用系统的一门新的技术科学。近十几年来，它获得了迅速的发展，在很多学科领域都获得了广泛应用，并取得了丰硕的成果。

8.5.1　人工智能的概念

人工智能可利用数字计算机或者数字计算机控制的机器模拟、延伸和扩展人的智能，感知环境、获取知识并使用知识做出决策。

人工智能作为一门交叉学科，涉及计算机科学、信息论、控制论、自动化、仿生学、生物学、心理学、数理逻辑、语言学、医学和哲学等多门学科，是自然科学和社会科学的融合。

8.5.2　人工智能关键技术

1. 机器学习

机器学习（Machine Learning）是一门涉及统计学、概率论、优化理论、计算机科学、脑科学等诸多领域的交叉学科，研究计算机怎样模拟实现人类的学习行为，以获取新的知识或技能，重新组织已有的知识结构并使之不断改善自身的性能，是人工智能技术的核心。基于数据的机器学习是现代智能技术中的重要方法之一，从观测数据（样本）出发寻找规律，利用这些规律对未来的数据或无法观测的数据进行预测。

2. 知识图谱

知识图谱本质上是结构化的语义知识库，是一种由节点和边组成的图数据结构，以符号形式描述物理世界中的概念及其相互关系，其基本组成单位是“实体-关系-实体”三元组，以及实体及其相关“属性-值”对。

知识图谱可用于反欺诈、不一致性验证、组团欺诈等公共安全保障领域，需要用到异常分析、静态分析、动态分析等数据挖掘方法。知识图谱在搜索引擎、可视化展示和精准营销方面有很大的优势，已成为业界的热门工具。但是，知识图谱的发展还有很大的挑战，如数据的噪声问题，即数据本身有错误或者数据存在冗余。随着知识图谱应用的不断深入，还有一系列关键技术需要突破。

3. 自然语言处理

自然语言处理是人工智能领域中的一个重要方向，研究人与计算机之间用自然语言进行有效通信的各种理论和方法，涉及的领域较多，主要包括机器翻译、机器阅读理解和问答系统等。

4. 人机交互

人机交互主要研究人和计算机之间的信息交换，主要包括人到计算机和计算机到人的两部分信息交换，是人工智能领域的重要技术。人机交互是与认知心理学、人机工程学、多媒体技术、虚拟现实技术等密切相关的综合学科。传统的人与计算机之间的信息交换主要依靠交互设备进行，主要包括键盘、鼠标、操纵杆、数据服装、眼动跟踪器、位置跟踪器、数据手套、压力笔等输入设备，以及打印机、绘图仪、显示器、头盔式显示器、音箱等输出设备。人机交互技术除了传统的基本交互和图形交互，还包括语音交互、情感交互、体感交互及脑机交互等技术。

5. 计算机视觉

计算机视觉是使用计算机模仿人类视觉系统的技术，让计算机拥有类似人类提取、处理、理解和分析图像以及图像序列的能力。自动驾驶、机器人、智能医疗等领域均需要通过计算机视觉技术从视觉信号中提取并处理信息。近年来随着计算机视觉技术的发展，预处理、特征提取与算法处理渐渐融合，形成端到端的人工智能算法技术。计算机视觉技术可分为计算成像学、图像理解、三维视觉、动态视觉和视频编解码五大类。

6. 生物特征识别

生物特征识别技术是指通过个体生理特征或行为特征对个体身份进行识别认证的技术。从应用流程看，生物特征识别通常分为注册和识别两个阶段。注册阶段通过传感器对生物表征信息进行采集，如利用图像传感器对指纹和脸等光学信息、利用麦克风对说话声音等声学信息进行采集，利用数据预处理以及特征提取技术对采集的数据进行处理，得到相应的特征并进行存储。识别过程采用与注册过程一致的信息采集方式，对待识别的生物进行信息采集、数据预处理和特征提取，然后将提取的特征与存储的特征进行比对分析，完成识别。

生物特征识别技术涉及的内容十分广泛，包括指纹、掌纹、人脸、虹膜、指静脉、声纹、步态等多种生物特征，其识别过程涉及图像处理、计算机视觉、 语音识别、机器学习等多项技术。目前生物特征识别作为重要的智能化身份认证技术，在金融、公共安全、教育、交通等领域得到广泛的应用。

8.5.3 人工智能行业应用

人工智能与行业领域的深度融合正在改变甚至重新塑造传统行业，本节重点介绍人工智能在制造、家居、金融、交通行业的应用。

1. 智能制造

智能制造是基于新一代信息通信技术与先进制造技术的深度融合，贯穿于设计、生产、管理、服务等制造活动的各个环节，具有自感知、自学习、自决策、自执行、自适应等功能的新型生产方式。智能制造对人工智能的需求主要表现在以下三个方面：一是智能装备，包括自动识别设备、人机交互设备、工业机器人以及数控机床等具体设备，涉及跨媒体分析推理、自然语言处理、虚拟现实智能建模等关键技术；二是智能工厂，包括智能设计、智能生产、智能管理以及集成优化等具体内容，涉及跨媒体分析推理、大数据智能、机器学习等关键技术；三是智能服务，包括大规模个性化定制、远程运维以及预测性维护等具体服务模式，涉及跨媒体分析推理、自然语言处理、大数据智能、高级机器学习等关键技术。例如，现有涉及智能装备故障问题的纸质化文件，可通过自然语言处理形成数字化资料，再通过非结构化数据向结构化数据的转换，形成深度学习所需的训练数据，从而构建设备故障分析的神经网络，为下一步故障诊断、优化参数设置提供决策依据。

2. 智能家居

智能家居以住宅为平台，基于物联网技术，由硬件（智能家电、智能硬件、安防控制设备等）、软件系统、云计算平台构成的家居生态圈，实现人远程控制设备、设备间互联互通、设备自我学习等功能，并通过收集、分析用户行为数据为用户提供个性化生活服务，使家居生活安全、节能、便捷等。例如，借助智能语音技术，用户应用自然语言实现对家居系统各设备的操控，如开关窗帘、操控家用电器和照明系统、打扫卫生等操作；借助机器学习技术，智能电视可以从用户看电视的历史数据中分析其兴趣和爱好，并将相关的节目推荐给用户；通过应用声纹识别、脸部识别、指纹识别等技术进行开锁等；通过大数据技术可以使智能家电实现对自身状态及环境的自我感知，具有故障诊断能力。

3. 智能金融

人工智能技术在金融业中可以用于服务客户，支持授信、各类金融交易和金融分析中的决策，并用于风险防控和监督，将大幅改变金融业的现有格局，金融服务将会更加个性化与智能化。智能金融对于金融机构的业务部门来说，可以帮助获客，精准服务客户，提高效率；对于金融机构的风控部门来说，智能金融可以提高风险控制，增加安全性；对于用户来说，智能金融可以实现资产优化配置。人工智能在金融领域的应用主要包括：智能获客，依托大数据对金融用户进行画像，通过需求响应模型提升获客效率；身份识别，以人工智能为内核，通过人脸识别、声纹识别、指静脉识别等生物识别手段，再加上各类票据、身份证、银行卡等证件票据的 OCR（Optical Character Recognition，光学字符识别）识别等技术手段，对用户身份进行验证，大幅降低核验成本，有助于提高安全性；大数据风控，通过大数据、算力、算法的结合，搭建反欺诈、信用风险等模型，多维度控制金融机构的信用风险和操作风险，同时避免资产损失；智能投顾，基于大数据和算法能力，对用户与资产信息进行标签化，精准匹配用户与资产；智能客服，基于自然语言处理能力和语音识别能力，拓展客服领域的深度和广度，大幅降低服务成本，提升服务体验；金融云，依托云计算能力的金融科技，为金融机构提供更安全、高效的全套金融解决方案。

4. 智能交通

智能交通系统（Intelligent Traffic System，ITS）是通信、信息和控制技术在交通系统中集成应用的产物。ITS 借助现代科技手段和设备，将各核心交通元素联通，实现信息互通与共享以及各交通元素的彼此协调、优化配置和高效使用，形成人、车和交通的高效协同环境，建立安全、高效、便捷和低碳的交通。

例如，通过交通信息采集系统采集道路中的车辆流量、行车速度等信息，经信息分析处理系统处理后形成实时路况，决策系统据此调整道路红绿灯时长，调整可变车道或潮汐车道的通行方向等，通过信息发布系统将路况推送到导航软件和广播中，让人们合理规划行驶路线。通过电子不停车收费（Electronic Toll Collection，ETC）系统，实现对通过 ETC 出入口站的车辆身份及信息自动采集、处理、收费和放行，有效提高通行能力、简化收费管理、降低环境污染。

8.6 其他技术

除物联网、云计算、大数据、人工智能等新兴技术外，新一代信息技术还包括区块链、虚拟现实、下一代互联网、新一代移动通信（5G）等技术。

8.6.1 区块链技术

随着全球经济一体化的深入和数字经济的快速发展，数字经济正成为全球发展的新动能，区块链作为数字经济的重要组成部分，正加速与实体经济融合，推动传统生产关系与商业模式的变革。

1. 区块链的概念

区块链（blockchain）是一种由多方共同维护，使用密码学保证传输和访问安全，实现数据一致存储、难以篡改、防止抵赖的记账技术。区块链是数字货币的底层技术之一。

在区块链中，每个区块包含上一区块的哈希散列，这个散列对于排序和块验证非常重要，如图 8.4 所示。

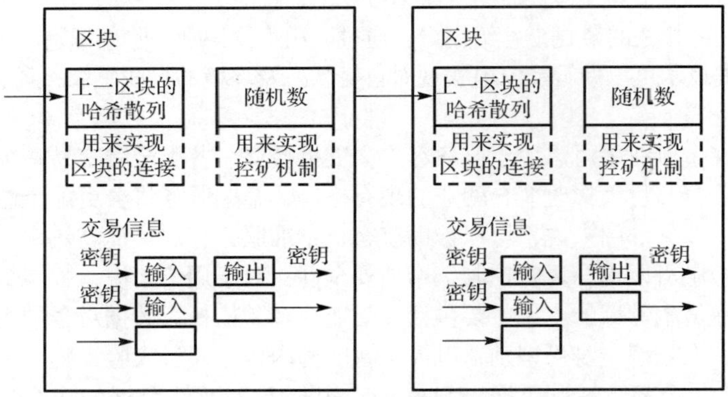

图 8.4　区块链的基本结构

区块链的基本结构有两个非常重要的特点：①每个区块的块头包含了前一区块的交易信息的哈希值，因此从创始块到当前区块形成了链条；②每个区块主体上的交易记录是前一区块创建后、该区块创建前发生的所有价值交换活动。

区块链本质上是一个去中心化的数据库，是一串使用密码学方法相关联产生的数据区块，每一个数据区块中包含了一批信息，用于验证其信息的有效性（防伪）和生成下一个区块。

区块链作为点对点网络、密码学、共识机制、智能合约等多种技术的集成创新，提供了一种在不可信网络中进行信息与价值传递交换的可信通道。区块链技术是一门多学科、跨领域的技术，涉及操作系统、网络通信、密码学、数学、金融等。

2. 区块链的特性

区块链的特性包括去中心化、透明性和可溯源性、不可篡改性等。

（1）去中心化。与传统的中心化系统不同的是，区块链并不是由某一特定中心处理数据的记录、存储和更新，每一个节点都是对等的，整个网络数据的维护由所有节点共同参与。在传统中心化系统中，如攻击者攻击中心节点将导致整个网络不可控，而区块链的去中心化特点提高了整个系统的安全性。

（2）透明性和可溯源性。在区块链中，所有交易都是公开的，通过任何节点都可得到一份区块链上所有交易的记录，除了交易双方的私有信息被加密，区块链上的数据都可通过公开接口查询。区块链以区块+链的形式保存了从第一个区块开始的所有历史数据，连接的形式是上一个区块的哈希散列值，区块链上任意一条记录都可以通过链式结构追溯本源。

（3）不可篡改性。区块链上的所有信息一旦通过验证共识并写入区块链后，是不可篡改的，如想篡改数据就必须面对修改 51%（工作证明机制）以上节点的数据的挑战，代价很大且很难实现。

3. 区块链的应用

（1）个人层面。区块链在个人层面的应用主要体现在娱乐、就业、医疗、支付等领域。比如浙江省 2019 年 6 月建立了全国首个区块链电子票据平台。市民无论在哪里看病，都能直接在网上下载电子票据作为商业报销的依据，部分保险公司已经可以直接线上提交理赔申请，并实时赔付。

此外，由于地区之间、部门之间信息大多不互通，个人查询或跨地区办理公积金极不方便。而应用区块链技术之后，这些问题都将不是问题。

（2）企业层面。区块链可以解决物流、票据、供应链金融等数据流转中的造假问题。过去传统的供应链金融服务，仅能为供应链上不超过 30%的供应商（中小微企业）提供融资服务，而采用区块链技术以后，一半以上的供应商都能享受融资便利。

（3）国家层面。区块链是互联网基础设施的更新，意味着全社会由“数字互联网”向“信任互联网”的转型。基于区块链网络的交易和支付系统，将不需要使用银行之间的清算网络。

现在，区块链技术可以作为支付机构与商业银行之间的接口技术。跨境汇款中的多方通过区块链技术将汇款报文传递给各参与方，从而实现多方协同信息处理，将原本机构间的串行处理并行化，提高了信息传递及处理效率。

在大数据平台、区块链技术的驱动之下，构建一个新的清结算网络已经成为当前许多国家的共识。区块链技术具有去中心化、信息不可篡改、公开透明等特征，在清结算方面有着透明、安全、可信的天然优势。

8.6.2　虚拟现实技术

1. 虚拟现实的概念

虚拟现实技术（Virtual Reality，VR），又称灵境技术，是 20 世纪发展起来的一项全新的实用技术。虚拟现实技术囊括计算机技术、电子信息技术、仿真技术，其基本实现方式是通过计算机模拟虚拟环境，给人以环境沉浸感。

虚拟现实，顾名思义，就是以虚拟的形式模拟现实。从理论上来讲，虚拟现实技术是一种可以创建和体验虚拟世界的计算机仿真技术，它利用计算机生成一种模拟环境，使用户沉浸在该环境中。虚拟现实技术就是利用现实生活中的数据，通过计算机技术产生的电子信号，将其与各种输出设备结合，使其转化为能够让人们感受到的对象，这些对象可以是现实中真真切切的物体，也可以是虚拟的对象。因为虚拟现实技术营造出的场景是通过计算机技术模拟出来的，让人仿佛置身于现实世界中，故将其称为虚拟现实。

2. 虚拟现实的关键技术

虚拟现实的关键技术主要包括以下几种。

（1）动态环境建模技术。虚拟环境的建立是 VR 系统的核心内容，目的就是获取实际环境的三维数据，并根据应用的需要建立相应的虚拟环境模型。

（2）实时三维图形生成技术。三维图形的生成技术已经较为成熟，那么关键就是“实时”生成。为保证实时，图形的刷新频率至少高于 30 帧/秒。

（3）立体显示和传感器技术。虚拟现实的交互能力依赖于立体显示和传感器技术的发展。现有的设备、力学和触觉传感装置的研究有待进一步深入，虚拟现实设备的跟踪精度和跟踪范围也有待提高。

（4）系统集成技术。由于 VR 系统中包括大量的感知信息和模型，因此系统集成技术起着至关重要的作用。系统集成技术包括信息的同步技术、模型的标定技术、数据转换技术、数据管理技术、识别与合成技术等。

3. 虚拟现实技术的应用

（1）在影视娱乐中的应用。近年来，由于虚拟现实技术在影视业的广泛应用，以虚拟现实技术为主而建立的第一现场 9DVR 体验馆在影视娱乐市场中的影响力非常大，此体验馆可以让体验者体会到仿佛置身于真实场景之中的感觉，让体验者沉浸在影片所创造的虚拟环境之中。同时，随着虚拟现实技术的不断创新，此技术在游戏领域也得到了快速发展。虚拟现实技术利用计算机产生三维虚拟空间，而三维游戏刚好是建立在此技术之上的，使游戏在保持实时性和交互性的同时，也大幅提升了真实感。

（2）在教育中的应用。如今，虚拟现实技术已经成为促进教育发展的一种新型教育手段。利用虚拟现实技术可以帮助学生打造生动、逼真的学习环境，使学生通过真实感受来增强记忆。相比于被动地灌输，利用虚拟现实技术来进行自主学习更容易让学生接受，这种方式更容易激发学生的学习兴趣。此外，各大院校利用虚拟现实技术还建立了与学科相关的虚拟实验室来帮助学生更好地学习。

（3）在设计领域的应用。虚拟现实技术在设计领域也有广泛的应用。例如在室内设计中，人们可以利用虚拟现实技术把室内结构、房屋外形表现出来，使之可视化。同时，在设计初期，设计师可以将自己的想法通过虚拟现实技术模拟出来，可以在虚拟环境中预先看到室内的实际效果，这样既节省了时间，又降低了成本。

（4）在医学方面的应用。医学专家利用计算机，在虚拟空间中模拟出人体组织和器官，让学生对其进行模拟操作，并且能让学生感受到手术刀切入人体肌肉组织、触碰到骨头的感觉，使学生能够更快地掌握手术要领。而且，主刀医生们在手术前，也可以建立患者身体的虚拟模型，在虚拟空间中先进行一次手术预演，这样能够大大提高手术的成功率。

（5）在军事方面的应用。由于虚拟现实的立体感和真实感，在军事方面，人们将地图上的山川地貌、海洋湖泊的数据输入计算机，利用虚拟现实技术，能将原本的平面地图变成一幅三维地形图，再通过全息技术将其投影出来，使军事演习等训练更具实战性。

（6）在航空航天方面的应用。航空航天是一项耗资巨大，非常复杂的工程，人们利用虚拟现实技术和计算机的统计模拟，在虚拟空间中重现现实中的航天飞机与飞行环境，使宇航员、飞行员在虚拟空间中进行飞行训练和实验操作，可以极大地降低实验经费和实验的危险系数。

8.6.3 下一代互联网

IPv6是互联网协议第四版（IPv4）的下一版，早期被称为互联网下一代网际协议（Internet Protocol next generation，IPng），是被正式广泛使用的第二版互联网协议。

1. IPv6地址的表达方式

和IPv4相比，IPv6的地址长度为128位，也就是说理论上可以有 2^{128} 个IP地址。在可以想象的将来，IPv6的地址是不可能用完的。

巨大的地址数量还必须使维护互联网的人易于阅读和管理这些地址。IPv4所用的点分十进制记法不够方便，因为即使采用点分十进制，IPv6也需要16组十进制数来表示。

IPv6地址有3种表示方式，分别是首选方式、压缩方式和内嵌IPv4地址的IPv6地址。

（1）首选方式

IPv6的地址在表示和书写时，用冒号将128位分割成8个16位的段。每段被转换成一个4位十六进制数，并用冒号隔开。这种表示方式称为冒号十六进制记法。IPv6地址不区分大小写，即可用大写或小写。下面是一个二进制的128位IPv6地址。

0010000000000101000000110000100000000000000000000000000000000000001000000000000000000
0000000000000000000000000000000010001011111111

将其划分为每16位一段。

0010000000000101 0000010000010000 0000000000000000 0000000000000001
0000000000000000 0000000000000000 0000000000000000 0110011111111111

将每段转换为十六进制数，并用冒号隔开：

2005:0610:0000:0001:0000:0000:0000:67ff

（2）压缩方式

① 忽略前导零。忽略16位部分或十六进制数中的所有前导零。

00AB可表示为AB；09B0可表示为9B0；0D00可表示为D00

此规则仅适用于前导零，不适用于后缀零，否则会造成地址不明确。例如，十六进制数“CBD”

可能是“0CBD”，也可能是“CBD0”。

② 忽略全零数据段。使用双冒号（::）替换任何一个或多个由全 0 组成的 16 位数据段（十六进制数）组成的连续字符串。

双冒号（::）只能在一个地址中出现一次，可用于压缩一个地址中的前导、末尾或相邻的 16 位零。

例如：2005:0610:0000:0001:0000:0000:0000:67ff 可以表示为 2005:610:0:1::67ff

表 8.1 展示了几个 IPv6 地址的压缩表示方式。

表 8.1　IPv6 地址压缩表示方式举例

首选方式	忽略前导 0	忽略全 0 数据段
2001:0DB8:0000:1111:0000:0000:0000:0100	2001:DB8:0:1111:0:0:0:100	2001:DB8:0:1111::100
2001:0db8:0000:a300:abcd:0000:0000:1234	2001:db8:0:a300:abcd:0:0:1234	2001:db8:0:a300:abcd::1234
Dd80:0000:0000:0000:0123:4567:89ab:cdef	Dd80:0:0:0:123:4567:89ab:cdef	Dd80::123:4567:89ab:cdef
0000:0000:0000:0000:0000:0000:0000:0001	0:0:0:0:0:0:0:1	::1

（3）内嵌 IPv4 地址的 IPv6 地址

当处理拥有 IPv4 和 IPv6 结点的混合环境时，可以使用 IPv6 地址的另一种形式。即 x:x:x:x:x:x:d.d.d.d，其中，“x” 是 IPv6 地址的 96 位高位顺序字节的十六进制值，“d” 是 32 位低位顺序字节的十进制值。通常，“映射 IPv4 的 IPv6 地址”以及“兼容 IPv4 的 IPv6 地址”可以采用这种表示法表示。这其实是过渡机制中使用的一种特殊表示方法，举例如下。

0:0:0:0:0:0:192.167.2.3 或者::192.167.2.3

0:0:0:0:0:34ff:192.167.2.3 以及::34ff: 192.167.2.3

2. IPv6 地址的结构

IPv6 地址的结构为子网前缀+接口 ID。子网前缀相当于 IPv4 中的网络部分，接口 ID 相当于 IPv4 的主机号，如图 8.5 所示。

IPv6 地址前缀或网络部分采用前缀长度（斜线记法）进行标识。

前缀长度范围为 0～128。局域网和大多数其他网络类型的 IPv6 使用/64 前缀，这意味着地址前缀或网络部分的长度为 64 位，该地址的接口 ID（主机部分）部分的长度也是 64 位。

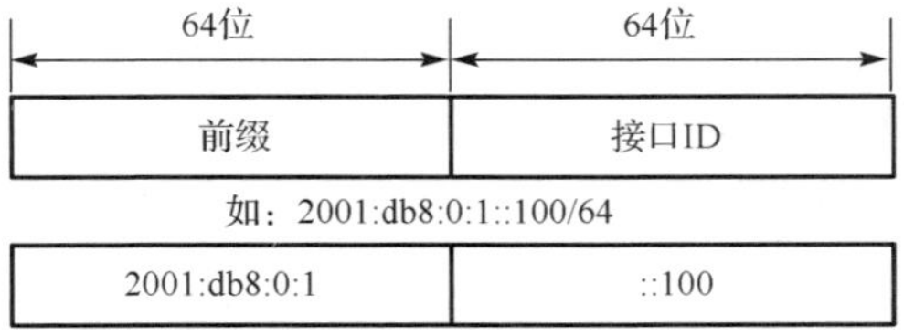

图 8.5　IPv6 地址的结构

3. IPv6 地址的应用

IPv6 作为 IPv4 的下一代协议，其核心价值在于解决了 IPv4 地址的枯竭问题，并带来了更高效、更安全、更灵活的网络架构。比如，在物联网大规模部署方面，IPv6 可以支持海量设备的接入，可以为每个传感器、智能家电、可穿戴设备分配公网唯一的 IPv6 地址。在移动互联网与 5G 网络中，每个终端设备可保留固定的 IPv6 地址，确保跨基站切换时业务不中断，实现终端设备的无缝漫游。

8.6.4　新一代移动通信（5G）

1. 5G 的概念

5G 是第五代移动通信技术（5th Generation Mobile Communication Technology）的简称，是具有

高速率、低时延和大连接特点的新一代移动通信技术，能实现人、机、物的互联。

5G 的性能指标相较于 4G 的有明显提升，主要体现在以下几点。

（1）传输速率方面。5G 的峰值速率需要达到 10～20 Gbps，相较于 4G 的峰值速率提升了 10～20 倍，以满足高清视频、虚拟现实等需求的大数据量传输。

（2）流量密度方面。5G 的目标值为 10 Tbps/km^2 以上，相较于 4G 的提升 100 倍。

（3）可连接密度方面。5G 具备百万连接数/平方千米的设备连接能力，相较于 4G 的提升了 10 倍，可满足物联网通信的需求。

（4）端到端时延方面。5G 时延可达到 1 ms 级，相较于 4G 时延提升了 10 倍，可满足自动驾驶、远程医疗等实时应用。

（5）频谱效率方面。5G 的频谱效率要比 4G 的提升 3 倍以上。

（6）用户体验速率方面。连续广域覆盖和高移动性条件下，用户的 5G 体验速率达到 100 Mbps。

（7）移动性方面。5G 支持 500 km/h 的高速移动。

2. 5G 应用领域

5G 作为一种新型移动通信网络，不仅要解决人与人通信的问题，为用户提供增强现实、虚拟现实、超高清视频等服务，更要解决人与物、物与物的通信问题，满足移动医疗、车联网、智能家居、工业控制、环境监测等物联网应用需求。最终，5G 将渗透到社会的各行业、各领域，成为支撑社会数字化、网络化、智能化转型的关键新型基础设施。

习题

一、填空题

1. 物联网是指通过_______设备，按_______将物体与网络相连接，物体通过_______介质进行信息交换和通信，以实现智能化识别、定位、跟踪、监管等功能。

2. 物联网的层次结构共有_______、_______和_______三层。

3. 条形码分为_______条形码和_______条形码。

4. _______是点阵形式，通常为方形结构，不单由横向和纵向的条码组成，而且码区内还会有多边形的图案。同样二维码的纹理也是黑白相间，粗细不同的。

5. _______是物联网实现自动检测和自动控制的首要环节。

6. _______是一种分布式传感网络，它的末梢是可以感知和检测外部世界的传感器。

7. EPC 系统主要由 EPC 编码标准、_______、识读器、_______、对象名解析服务、_______ 6 方面组成。

8. 云计算是一种无处不在、便捷且_______对一个共享的可配置计算资源进行网络访问的模式，它能够通过少量的管理以及与服务提供商的互动实现_______的迅速供给和释放。

9. 根据云计算服务侧重点的不同，云计算大致可以分为三类：_______（Infrastructure as a Service，IaaS）、_______（Platform as a Service，PaaS）和_______（Software as a Service，SaaS）。

10. PaaS 通常建立在_______之上，为用户提供应用程序的开发与运行环境，为某些软件提供云组件，这些组件主要用于应用程序。

11. 目前，主流云计算管理系统有开源软件_______和商业软件_______。

12. IBM 提出的大数据的 5V 特点是指：_______、Velocity（处理速度快）、Variety（数据类型繁多）、Value（价值密度低）、_______。

13. 数据挖掘就是从大量的、不完全的、有噪声的、模糊的、随机的_______中，提取隐含在其中的、人们事先不知道的、但又是潜在_______的信息和知识的过程。

14. 根据挖掘方法来划分，数据挖掘可分为：_______、统计方法、_______和数据库方法等。

15. _______可利用数字计算机或数字计算机控制的机器模拟、延伸和扩展_______，感知环境、获取知识并使用知识做出决策。

16. _______本质上是结构化的语义知识库，是一种由节点和边组成的图数据结构，以符号形式描述物理世界中的概念及其相互关系。

17. _______研究能实现人与计算机之间用自然语言进行有效通信的各种理论和方法，主要包括机器翻译、机器阅读理解和问答系统等。

18. 人机交互主要研究人和计算机之间的信息交换，主要包括_______和_______的两部分信息交换，是人工智能领域的重要的技术。

19. 计算机视觉是使用计算机模仿_______的科学，让计算机拥有类似人类提取、处理、理解和分析图像以及图像序列的能力。

20. _______利用现实生活中的数据，通过计算机技术产生的电子信号，将其与各种输出设备结合，使其转化为能够让人们感受到的现象并通过三维模型表现出来。

二、选择题

1. “智慧地球”是（　　）公司提出的。

A. Intel　B. IBM　C. TID　D. 百度

2. 物联网的信息传感设备包括（　　）。

A. RFID 装置　B. 红外感应器

C. 全球定位系统（GPS）　D. 激光扫描器

3. RFID 属于物联网的（　　）。

A. 应用层　B. 网络层　C. 业务层　D. 感知层

4. 物联网具有（　　）特征。

A. 全面感知　B. 可靠传递　C. 数据加工　D. 智能处理

5. 无线传感器网络所具有的众多类型的传感器，可探测包括（　　）等周边环境中多种多样的现象。

A. 地震　B. 噪声　C. 压力　D. 速度

6. ZigBee 设备的地址包括（　　）。

A. 16 位地址　B. 32 位地址　C. 64 位地址　D. 128 位地址

7. 目前，全世界的卫星导航系统包括（　　）。

A. GPS　B. 伽利略　C. 北斗　D. GLONASS

8. 云计算的可配置计算资源包括（　　）。

A. CPU　B. 网络　C. 存储　D. 内存

9. 下列属于云计算核心技术的是（　　）。

A. 虚拟化技术　B. 分布式存储技术

C. 超大规模资源管理技术　D. 大数据技术

10. 云计算的部署模式包括（　　）。

A. 公有云　B. 私有云　C. 混合云　D. 虚拟云

11. 可以被虚拟化的对象包括（　　）。

A. 服务器　B. 网络　C. 存储　D. 软件应用

12. 大数据预处理技术主要包括（　　）。

A. 辨析　B. 抽取　C. 清洗　D. 整理

参 考 文 献

[1] 教育部考试中心. 全国计算机等级考试一级教程：计算机基础及 WPS Office 应用[M]. 北京：高等教育出版社，2022.

[2] 教育部教育考试院. 全国计算机等级考试二级教程：WPS Office 高级应用与设计[M]. 北京：高等教育出版社，2023.

[3] 教育部教育考试院. 全国计算机等级考试二级教程：WPS Office 高级应用与设计上机指导[M]. 北京：高等教育出版社，2023.

[4] 褚建立，路俊维. 信息技术基础技能训练教程[M]. 6 版. 北京：电子工业出版社，2017.

[5] 刘彦舫、胡利平. 信息技术基础教程[M]. 6 版. 北京：电子工业出版社，2017.

[6] 杨竹青. 新一代信息技术导论[M]. 北京：人民邮电出版社，2020.

[7] 熊辉，赖家材. 党员干部新一代信息技术简明读本[M]. 北京：人民出版社，2020.

[8] 路俊维，刘彦舫. 信息技术基础教程[M]. 7 版. 北京：电子工业出版社，2021.